진로와 자기계발 ^{3판}

유채은 · 조규판 공저

Career and
Self-Development
(3rd ed.)

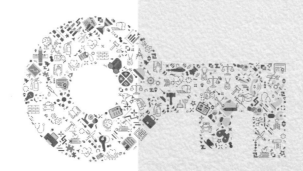

학지사

머리말

학령인구의 급격한 감소와 4차 산업혁명으로 인한 산업구조와 인력 수요의 변화는 대한민국 고등교육 패러다임 일대에 변혁을 예고하고 있다. 급변하는 시대 상황에 선제적으로 대응하지 못하면 도태될 수밖에 없는 현실은 대학교육의 혁신이 선택이 아니라 필수임을 말해 주고 있다. 2030년까지 현재 대학의 50%가 사라지고, 20억 개 이상의 일자리가 사라질 것이라는 세계경제포럼 회장인 클라우스 슈밥(Klaus Schwab)이나 다빈치연구소의 미래학자인 토마스 프레이(Thomas Frey)의 예측이 우리의 현실로 성큼성큼 다가오고 있다.

학령인구의 감소와 대학의 범람으로 인해 '학문의 상아탑'이나 '대학 졸업장은 취업의 보증수표'라는 말들이 사라진 지 오래다. 대학의 양적 팽창으로 교육의 기회는 늘어났지만 학문의 질적 수준은 답보하고 있는 실정이며, 대학 졸업 후 진로 또한 경기 침체의 영향으로 점점 불투명해지고 있다. 많은 대학생이 좋은 직장에 취업하기 위해 노력하고 있지만 취업은 그렇게 호락호락하지 않다.

상황이 녹록지 않다 보니 취업 준비를 어떻게 해야 할지 막막한 상태에서 그저 책상에 앉아 머리로만 고민하는 학생이 많다. 취업에 대한 열의가 큰 학생들마저도 미래의 진로에 대해 고민만 할 뿐 행동으로 옮기지 못하는 이가 많다. 또 다른 학생들은 열의는 있으나 구체적인 전략을 세우지 못한 채 대학생활을 보내고 있다. 대학 시절은 취업뿐만 아니라 한 사람의 인생을 결정짓는 매우 중요한 시기다. 그러므로 자신이 처해 있는 현실을 무작정 한탄하거나 비판만 할 것이 아니라, 어떻게 현명한 전략을 세워 극복할 것인가를 깊이 고민하여 헤쳐 나아가야 한다.

이 책은 저자들이 지금까지 대학에서 상담 및 진로지도를 하면서 경험한 사례를 분석하여 성공적인 취업을 위해 무엇을 준비해야 할지를 알려 주는 안내서다. 이를 위해 각 장은 진로 및 자기계발에 관한 이론과 정보 그리고 이와 관련된 다양한 활동으로 구성되어 있다. 즉, 이 책은 취업과 관련된 내용을 머리로만 이해하도록 제공하는 것이 아니라 다양한 활동을 통해 자연스럽게 취업 관련 행동으로 연결될 수 있도록 지도한다.

이 책은 총 12개의 장과 부록으로 이루어져 있다. 제1장과 제2장에서는 자기분석과 적성 및 흥미를 파악하는 방법을 제시하고, 취업 준비에 앞서 자기 자신에 대한 정확한 이해가 선결되어야 함을 기술하였다. 제3장에서는 대학생들이 직업의 진정한 의미와 가치를 발견할 수 있도록 올바른 직업가치관 형성에 관한 내용을 담았다. 제4장과 제5장에서는 사회생활에서 가장 중요한 인간관계 및 의사소통에 대한 이해와 유형·기법·전략을, 그리고 제6장에서는 스트레스의 이해, 원인, 반응, 대처에 관해 기술하였다. 제7장에서는 효율적인 취업 준비를 위한 시간 관리의 원칙과 전략 등을 제시하였다. 제8장에서는 직업 선택의 의미와 중요성에 관해 설명하고, 직업흥미 및 전공계열에 따른 다양한 정보 및 진출 분야를 소개하였다. 제9, 10장, 11장에서는 취업을 위한 스펙 및 경험 쌓기의 일환인 어학연수와 워킹홀리데이, 봉사활동과 서포터즈, 인턴십과 공모전에 관한 자세한 정보를 제시하였다. 제12장에서는 성공적인 취업을 위한 비전 수립의 필요성과 비전 달성을 위해 대학에서 필요한 학점 관리, 도전과 경험, 인맥관리 등에 관한 내용을 제시하였다.

2014년에 처음으로 이 책을 발간하였으며, 3년 후인 2017년에 초판의 기본적인 틀을 유지하면서 사회적 변화에 맞게 일부 내용을 수정·보완하여 2판을 선보였다. 급속하게 변화하는 진로 및 취업 세계에 발맞추기 위해 3판의 수정이 필요하였다. 이에 저자들은 2판의 전반적인 부분을 수정하였으며, 특히 제9장 어학연수 및 워킹홀리데이, 제10장 봉사활동 및 서포터즈, 제11장 인턴십 및 공모전과 부록을 중심으로 수정·보완하였다.

계속적으로 개정을 하고 있지만 이 책의 내용은 아직 미흡한 부분이 많다. 이 책의 부족한 부분들은 지속해서 수정·보완해 나아갈 것을 독자 여러분께 약속드린다. 마지막으로, 출판과 2, 3차 개정판을 흔쾌히 허락해 주신 학지사 김진환 사장님과 김은석 이사님께 감사드린다. 이 책이 대학생들의 취업 준비 활동에 조금이나마 도움이 되었으면 한다.

2022년
승학골 연구실에서
저자 일동

차례

| 제1장 |

자기분석

1. 자기분석의 이해

1) 자기분석의 의미

"자신에 대해 잘 아는가?"라는 질문에 대해 그렇다고 말하는 사람들도 있지만, 많은 사람은 자신이 어떤 사람인지, 자신이 원하는 것이 무엇인지, 자신의 관심 분야가 무엇인지에 대해 쉽게 대답하지 못한다. 이는 자기분석이라는 작업이 그리 쉽지 않은 과정임을 말해 준다. 넓은 의미에서 자기분석이란 자신의 당면과제를 해결하기 위하여 그에 적합한 원리와 이론을 적용하는 모든 과정을 말한다. 이러한 자기분석은 자신을 객관적으로 관찰할 수 있는 능력, 현실 검증 능력, 논리적 사고, 수용적인 태도 및 용기 등을 전제로 한다. 특히 자신에게 알맞은 진로 결정을 위해서는 자신이 좋아하는 관심 분야와 자신의 성격, 가치관 그리고 적성 등에 대한 정확한 자기분석이 필요하다. 고든, 코스카렐리와 시어스(Gordon, Coscarelli, & Sears, 1986)는 진로 결정에 관한 연구들을 분석하여 흥미, 가치, 능력, 욕구, 자아개념, 성숙도, 동기, 의존성, 독단성, 불안, 성, 사회 도덕적 태도, 학교 성적, 방과 후 활동, 생애 목표와 포부, 성취도, 부모의 수입, 부모의 교육 수준 등과 같은 특성들이 진로 결정과 관련이 있음을 밝히고 있다.

대학생의 진로 결정에는 개인의 다양한 심리적 특성뿐만 아니라 환경적·상황적 변인이 복합적으로 영향을 미친다. 따라서 하나의 변인이나 특성으로 개인의 진로발달 전체를 설명하기는 어렵다. 진로계획이나 진로 결정을 할 때 무엇보다도 선행되어야 할 것은 자신의 신체적 조건, 성격, 능력, 가치관 등에 대한 정확한 자기분석이다. 자기분석은 단기간에 완성되는 것이 아니므로 마음의 여유를 가지고 자기 스스로에 대한 지속적이고 객관적인 관찰이 필요하다. 진로는 개인의 특성, 환경, 가치관, 심지어는 문화적 영향 등 모든 것이 개입되는 과정을 반영한다. 그중에서 개인의 성격적 특성은 모든 사회적 생활 및 적응과 밀접한 관련을 맺고 있다. 그래서 많은 진로발달 이론가나 연구자는 개인의 특성과 진로발달과의 관련성을 규명하려는 데 관심을 가지고 인간의 특성을 유형화하여 개인차를 설명하려는 시도와 연구를 계속하고 있다.

2) 자기분석의 중요성

최근 많은 대학에서 발표한 학생실태조사 결과들에 따르면, 대학생들의 가장 큰 고민은 진로 및 직업 선택의 문제인 것으로 나타났다. 이러한 결과는 대학생들에게 있어 취업문제가 가장 큰 고민거리임을 말해 준다. 그러나 이러한 현실에도 불구하고 한국고용정보원 조사결과에 따르면, 대졸 청년층의 첫 직장 근속기간이 1년에 불과한 것으로 조사되었다. 기업체 인사 담당자들은 이와 같은 현상의 주요 원인으로 자기이해의 부족을 들고 있다. 그러므로 선택한 전공에 대한 지식과 자신의 적성을 올바로 파악하고 자신의 성격, 소질과 흥미, 능력을 바탕으로 한 합리적인 진로 결정이 필요하다. 즉, 자신을 좀 더 명확하게 이해하는 가운데 주체적으로 자신에게 가장 적합한 진로를 결정하고 그에 따른 준비를 하는 것이 무엇보다 중요하다.

자기분석은 자신에 대한 정확한 이해를 바탕으로 적합한 진로를 선택하여 진로계획을 세울 수 있게 하는 데 목적이 있다. 자기분석을 위한 시간을 많이 가질수록 자신이 원하는 일과 직업이 무엇인가에 대해 깊이 생각하게 된다. 정확한 자기분석을 한 후에 직업을 선택하면 쉽게 일을 그만두거나 포기하는 일이 상당히 줄어들 것이다. 자신이 하고 싶은 것이 무엇인지 알아야 미래에 어떠한 일을 할 것인지에 대한 진로계획을 세울 수 있기에 자기분석은 매우 중요하다. 미래를 진지하게 고민해 볼 시기에 있는 대학생에게 있어 자기분석이 가장 필요한 것이고, 또한 그 결과를 잘 활용하면 스스로가 삶의 주인이 되는 자신의 원하는 인생을 경영할 수 있다.

자기분석은 자신의 성향과 장단점, 그리고 자신이 겪었던 과거와 현재, 앞으로 다가올 미래에 대해서 진지하게 생각해 보는 시간을 갖게 해 준다. 자기분석은 또한 사람들로 하여금 자신이 진정으로 원하는 일이 무엇인지 어떠한 생각과 태도로 임해야 하는지를 안내해 준다. 정확한 자기분석을 통해 결정된 진로는 타인의 권유나 지시, 안내로 결정된 진로보다 더 즐겁고 의미가 있다. 자신이 좋아하는 일을 할 때 사람들은 더 많은 보람을 느끼며 더 적극적으로 활동하게 된다. 철저한 자기분석을 위해서는 스스로 문제를 해결 할 수 있는 다양한 기회 제공을 통하여 자신의 적성, 성격 등과 같은 개인적 특성을 평가할 수 있는 능력을 키워 주어야 한다. 직업 선택은 단기간의 일회성 결정이 아니라 장기간에 걸쳐서 이루어지는 일련의 과정이며, 직업 선택의 과정은 흥미, 능력, 가치관 등의 주관적 요소와 현실 세계와의 타협으로 이루어진다. 그러므로 이러한 과정을 거치지 않고 진로나 직업을 선택할 경우 시행착오를 겪을 수 있으므로, 자기분석은 진로나 직업 선택 전에 반드시 선행되어야 할 것이다.

2. 자기분석의 방법

1) 자기질문하기

자기질문하기란 자기탐색 및 문제해결을 위한 질문을 스스로에게 하는 자기분석의 가장 보편화된 한 방법이다. 이는 자기성장을 도와줄 뿐만 아니라 일상생활 중에서 부딪치는 내면의 갈등을 스스로 이해하고 보다 나은 대안을 선택할 수 있는 능력을 기르도록 도와준다. 이 활동에서는 먼저 과거 자신의 모습을 돌이켜 보고 자기 자신을 이해한 후 자신을 있는 그대로 인정하고 받아들이는 자기수용의 시간을 갖는다. 자신을 이해하고 수용한다는 것은 간단한 일이 아니며, 매우 구조적이고 지속적이며 체계적인 노력이 있어야만 가능한 일이다. 과거의 자신을 돌아보고 정리하는 시간이 마무리되면 그 다음 작업으로 현재의 나를 점검한다. 나는 무엇을 존중하고 가치 있게 보고 있는지, 무엇을 바라고 무엇에 심신을 투입하여 행동하고 있는지, 내가 지금 하고 있는 행동은 있는 그대로의 나의 것인지 아니면 타인의 기대에 부응하기 위해 꾸며 낸 것인지, 나의 행동이 나 자신의 직업성취와 일반적인 삶에 어떤 결과를 초래할 수 있는지 등에 대하여 정리하는 시간을 가진다.

　　지금부터 과거에서부터 지금까지의 자신을 돌아보고 정리하는 시간을 가져 보도록 하자. 자신의 학창 시절을 초등학교, 중학교, 고등학교 및 대학으로 나누어서 접근해 보면 좀 더 쉽게 자기 자신을 정리할 수 있다. 이제 본격적으로 자기분석을 위한 자기 질문하기를 시작한다. 차분히 마음을 가라앉히고 다음의 질문을 자신에게 던져 보자. 잠시 눈을 감고 자신의 내면의 소리를 들어 보자.

자기분석을 위한 탐색하기

◆ **초등학교 시절 전반적으로**

① 나의 성격적 특성은 어떠했는가?

_____

_____

_____

_____

_____

② 즐거워하며 몰입했던 순간을 떠올려 보자.

_____

_____

_____

_____

_____

③ 남다른 능력이나 자랑거리가 있었다면 무엇이었는가?

_____

_____

_____

_____

_____

◆ 중학교 시절 전반적으로

① 나의 성격적 특성은 어떠했는가?

_____

_____

_____

_____

_____

_____

② 즐거워하며 몰입했던 순간을 떠올려 보자.

_____

_____

_____

_____

_____

_____

③ 남다른 능력이나 자랑거리가 있었다면 무엇이었는가?

_____

_____

_____

_____

_____

_____

◆ **고등학교 시절 전반적으로**

① 나의 성격적 특성은 어떠했는가?

_____

_____

_____

_____

_____

② 즐거워하며 몰입했던 순간을 떠올려 보자.

_____

_____

_____

_____

_____

③ 남다른 능력이나 자랑거리가 있었다면 무엇이었는가?

_____

_____

_____

_____

◈ 지금 현재 전반적으로

① 나는 무엇을 가치 있다고 생각하는가?

_____

_____

_____

_____

_____

② 나는 무엇을 하고 있을 때 즐겁고 집중이 잘 되는가?

_____

_____

_____

_____

_____

③ 지금 하고 있는 활동은 진정으로 내가 원해서 하는 것인가?

_____

_____

_____

_____

_____

④ 지금 나의 행동이 직업성취에 어떤 영향을 줄 것 같은가?

_____

_____

_____

_____

_____

_____

◆ 자신을 돌아본 소감은 어떠한가?

_____

_____

_____

_____

_____

_____

_____

_____

_____

_____

_____

_____

_____

2) 성격 요인 분석하기

성격이란 특정한 상황에서 개인이 어떻게 행동할 것인가를 예측할 수 있게 해 주는 것, 즉 인간의 욕구, 흥미, 기질, 생리현상 등의 모든 행동과 관련되어 있는 것을 말한다. 성격은 인간이 태어나면서부터 오랫동안 헤아릴 수 없는 많은 요인에 의해서 형성된다. 성격에 관한 이론은 심리학에서 가장 관심을 받고 있는 주제 중 하나다. 이는 그만큼 우리 인간이 지닌 성격의 특성과 구조가 복잡하기 때문이다. 심리학자 한스 아이젱크(Hans Eysenck)는 다양한 성격 요인을 '외향성-내향성'과 '안정성-불안정성'의 두 가지 차원과 정신병적 경향성 차원을 중심으로 분류하였다. 아이젱크의 성격 분류 이후 차원의 종류를 늘려 인간의 성격을 이해하고자 하는 접근들이 나왔다. 가장 대표적인 것이 이른바 '성격의 5요인(Big 5)' 이론이다. 성격의 5요인 이론은 사람들이 지니고 있는 수많은 성격 요인을 보다 포괄적인 범주로 묶어서 어떤 사람의 성격을 좀 더 쉽고 빠르게 이해하려는 것이다. 이 이론에 따르면, 성격은 외향성(Extraversion), 호감성(친화성, Agreeableness), 성실성(Conscientiousness), 경험에 대한 개방성(Openness to experience), 정서적 불안정성(신경증, Neuroticism)이라는 다섯 가지의 특성으로 구분될 수 있다. 이 다섯 가지 요인은 대부분의 문화나 인종에서 보편적으로 사람의 성격 특성을 이해하거나 사람들 간의 성격의 차이를 이해하는 데 사용되어 왔다.

성격의 5요인에 대한 내용을 살펴보면 다음과 같다.

◆ **외향성(E)**
- 자신의 감정을 자유롭게 표현하고 자극과 활력을 추구하는 성향
- 타인과의 교제나 상호작용을 원하고 타인의 관심을 끌고자 하는 정도
- 사회성, 자극 추구, 지배성, 높은 활동성, 리더십 등의 기준
- 사회와 현실 세계에 대해 의욕적으로 접근하는 속성과 관련된 것으로, 주도성, 적극성, 사교성과 같은 특성을 포함
- 인사 관리, 교육, 영업 등과 같은 활동적인 일에 즐거움을 느끼며 다양한 상호작용의 기회를 가지려 함

◆ 호감성(A)

- 타인에게 관대하며 협조적인 태도를 보이는 성향
- 타인과 편안하고 조화로운 관계를 유지하는 정도
- 양보심, 인내심, 따뜻함, 보살핌, 신뢰, 협조, 포용 등의 기준
- 사회적 적응성과 타인에 대한 공동체적 속성을 나타내는 것으로, 이타심, 애정, 신뢰, 배려, 겸손 등과 같은 특성을 포함
- 조직 구성원들이나 외부 이해관계자들과의 원만한 관계를 형성하고 유지함

◆ 성실성(C)

- 목표를 성취하기 위해 성실하게 노력하는 성향
- 사회적 규칙, 규범, 원칙들을 기꺼이 지키려는 정도
- 조직력, 신중성, 계획성, 논리성, 책임감, 신뢰감의 기준
- 미래 및 목적 지향성을 촉진하는 속성과 관련된 것으로, 규준이나 규칙의 준수, 계획 세우기, 조직화 등과 같은 특성을 포함
- 자신의 직무 이행에 철저하고, 과제에 대한 조직력과 계획성이 있고 신뢰감을 주는 특성과 유능함, 조직화 능력, 자기통제력으로 구성되어 있음

◆ 경험에 대한 개방성(O)

- 상상력과 호기심, 모험심, 예술적 감각 등으로 보수주의에 반대되는 성향
- 새로운 경험, 지적 자극, 다양성이나 변화를 선호하는 정도
- 풍부한 상상력, 창의성, 독창성, 지적 민감성을 판단하는 기준
- 경험의 다양성과 관련된 것으로, 미학적인 감각, 상상력, 고정관념의 타파, 심미적인 것에 대한 관심, 다양성에 대한 욕구 등과 관련된 특성을 포함
- 조직생활에서 새로운 것에 호기심을 갖고, 새로운 정보를 잘 받아들이며, 새로운 환경을 즐김

◆ 정서적 불안정성(N)

- 불안, 분노, 우울, 충동성과 같은 불쾌한 정서를 쉽게 느끼는 성향
- 특정한 상황에서 부정적 정서를 보이는 정도
- 정서적 불안정, 피로감, 긴장감, 민감성, 과민성 등을 가려 주는 기준

- 스트레스 취약성, 충동 등과 같은 바람직하지 못한 행동과 관계된 것으로 걱정, 두려움, 슬픔 등과 같은 특성을 포함
- 정서적으로 불안정한 경우 만성적으로 부정적 감정들을 경험하고 다양한 정신병리가 발달하기 쉬움

성격 5요인은 영문 철자의 머리글자를 따서 OCEAN 모델이라고 불리기도 한다. 고용노동부 워크넷의 직업정보 심리검사 중 직업선호도(L형) 검사의 성격 5요인별 하위 요인은 〈표 1-1〉과 같다.

.ıll 표 1-1 **성격 5요인별 하위 요인**

성격 요인	하위 요인
외향성	온정성, 사교성, 리더십, 적극성, 긍정성
호감성	타인에 대한 믿음, 도덕성, 타인에 대한 배려, 수용성, 겸손, 휴머니즘
성실성	유능성, 조직화 능력, 책임감, 목표 지향, 자기통제력, 완벽성
경험에 대한 개방성	상상력, 문화, 정서, 경험 추구, 지적 호기심
정서적 불안정성	불안, 분노, 우울, 자의식, 충동성, 스트레스 취약성

출처: 워크넷(www.work.go.kr).

자신의 성격 5요인 분석하기

◈ 성격 5요인 심리검사 결과는 어떠한가?

성격 요인	점수	하위 요인 및 점수			
		하위 요인	점수	하위 요인	점수
외향성		온정성		적극성	
		사교성		긍정성	
		리더십		–	
호감성		타인에 대한 믿음		수용성	
		도덕성		겸손	
		타인에 대한 배려		휴머니즘	
성실성		유능성		목표 지향	
		조직화 능력		자기통제력	
		책임감		완벽성	
경험에 대한 개방성		상상력		경험 추구	
		문화		지적 호기심	
		정서		–	
정서적 불안정성		불안		자의식	
		분노		충동성	
		우울		스트레스 취약성	

◈ 성격 5요인에서 가장 높은 하위 요인과 가장 낮은 하위 요인을 살펴보자.

성격 요인	가장 높은 요인	가장 낮은 요인
외향성		
호감성		
성실성		
경험에 대한 개방성		
정서적 불안정성		

◈ 성격 5요인을 통해 자신을 분석해 본 소감은 어떠한가?

3) SWOT 분석하기

SWOT 분석은 켄 앤드루스(Ken Andrews)가 1971년에 기업의 자원 및 역량과 외부 환경 간의 전략적 적합성(strategic fit)을 개념화하는 과정에서 탄생하였다. SWOT 분석이란 강점(Strength), 약점(Weakness), 기회(Opportunity), 위협(Threat)을 기본으로 하여 내부, 외부에서 발생하는 긍정적인 그리고 부정적인 요소를 분석하여 방향성을 잡고 대처하기 위해 쓰이는 분석 방법이다.

SWOT 분석의 가장 큰 강점은 내부 및 외부 요인들의 긍정적인 요소와 부정적인 요소를 동시에 파악할 수 있기 때문에 장기적 측면에서도 유리하다는 것이다. 또한 SWOT 분석은 분석 자체가 간단명료하게 정리되기 때문에 쉽게 문제점을 파악할 수 있다. 그러므로 SWOT 분석은 자신의 현재 위치를 발견하고, 자신을 마케팅하는 데도 매우 큰 도움을 준다. SWOT은 내부 요인(내부 환경)과 외부 요인(외부 환경), 긍정적인 요소와 부정적인 요소로 나누어진다. 이 가운데 강점(S)과 기회(O)는 긍정적인 요소이고, 약점(W)과 위협(T)은 부정적인 요소다.

.₀₀Ⅱ 표 1-2 ｜ SWOT 분석표

	긍정적 요소	부정적 요소
내부 요인	강점 (Strength)	약점 (Weakness)
외부 요인	기회 (Opportunity)	위협 (Threat)

개인의 내부 요인을 분석하여 강점과 약점을 발견하고 외부 요인을 분석하여 기회와 위협을 찾아 긍정적인 점(S, O)은 극대화하고, 부정적인 점(W, T)은 억제하는 전략이 필요하다.

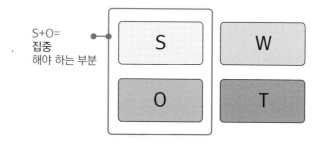

[그림 1-1] SWOT 분석표에서 집중해야 하는 부분

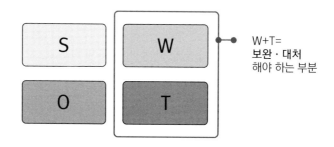

[그림 1-2] SWOT 분석표에서 보완 · 대처해야 하는 부분

SWOT 분석의 가장 큰 장점은 내부 · 외부 환경 변화를 동시에 파악할 수 있다는 것이다. 내부 요인을 분석하여 강점과 약점을 찾아내며, 외부 요인 분석을 통해서는 기회와 위협을 찾아낸다.

표 1-3 SWOT 분석표상의 강점 · 약점 · 기회 · 위협

	긍정적 요소	부정적 요소
내부 요인	**강점** 자신의 강점, 자신의 핵심 역량	**약점** 자신의 약점, 부족한 점
외부 요인	**기회** 외부 요인 중 나에게 기회가 되는 부분	**위협** 외부 요인 중 나에게 위협이 되는 부분

SWOT 분석을 할 때 가장 어려운 부분은 내부 요인과 외부 요인을 구분하는 것이다. 강점과 기회의 차이점은 강점의 경우 내가 가진 역량이 남들에 비해 뛰어난 요소이고, 기회는 내가 가진 내부 요인과 상관없이 환경적 요소 중 나에게 유리한 부분을 말하는 것이다. 마찬가지로 약점과 위협의 차이는 약점의 경우 내가 가지고 있는 역량이 남들보다 부족한 요소이고, 위협의 경우 내 역량과 상관없이 환경적 요소가 나에게 불리한 부분을 말하는 것이다. 이렇게 SWOT 각각의 요인을 분석한 후 강점과 기회를 조합하여 자신의 강점을 극대화하고, 약점과 위협을 해소하여야 한다.

나의 SWOT 분석하기

강점(Strength)	약점(Weakness)
· · · ·	· · · ·
기회(Opportunity)	위협(Threat)
· · · ·	· · · ·

◈ SWOT 분석 중 자신의 내부 요인을 살펴본 소감은 어떠한가?

_____

_____

_____

_____

_____

◈ SWOT 분석 중 자신의 외부 요인을 살펴본 소감은 어떠한가?

_____

_____

_____

_____

_____

3. 자기분석과 취업

대학생은 취업을 하기 전에 자기분석과 직업에 대한 올바른 가치관을 확립하여야 하며, 이를 바탕으로 자신의 직업을 선택하여야 한다. 뿐만 아니라 이 시기에는 다양한 기회와 진로에 대한 올바른 결정 및 직업목표의 구체화와 목표달성을 위한 훈련 등을 통하여 현실적인 자아개념을 가져야 한다. 긴즈버그(Ginzberg, 1990)의 이론에 따르면, 대학생의 위치는 직업 선택에 있어서 가장 핵심적인 시기다. 따라서 대학생들에게 있어 효율적인 직업 선택과 만족스러운 삶을 누리기 위해 자신의 특성에 맞는 직업을 탐색하고 선택한 직업세계에서 성공적인 수행을 할 수 있는 자신감과 확신을 가지는 것이 무엇보다 필요하다.

청년 후기에 속하는 대학생들은 새로운 환경에 적응해 나가며 이상과 목표 간의 갈등 상황에 놓이기도 하고, 직면한 어려움을 해결해 나가면서 성인의 세계를 경험하기 시작한다. 이런 적응과정을 통해 자신의 자질과 한계를 인식하는 동시에 자신에 대한 재평가를 시도하게 된다. 이 시기 동안 대학생은 개인적 가치와 목표를 설정하고 정체감을 확립해야 하며, 동시에 부모로부터의 독립과 함께 직업에 대한 준비와 결정을 해 나가야 한다. 개인에게 있어서 직업의 중요한 의미는 취업이 개인의 생애주기에 있어서 중요한 전환점(turning point)을 제공한다는 사실이다. 취업이 전기로 작용하는 이유는 취업이 곧 조력자로부터의 독립을 의미하기 때문이다. 취업은 지금까지 성장 또는 학습을 위해 경제적·정신적 지지와 지원을 아끼지 않던 조력자의 도움으로부터 벗어나는 것을 의미한다. 이와 함께 취업은 개인을 새로운 공간과 시간 속에 존재하게 만든다. 이는 개인에게 새로운 환경에 대한 적응을 요구하며, 개인의 일상은 큰 변화를 가지게 된다.

현대사회에서 직업을 갖기 위해서는 직업세계의 다양화와 전문화에 적극적으로 대응해야 한다. 이를 위해서는 자신의 적성에 맞는 직업의 선택, 이루고자 하는 개인의 목표달성, 그리고 경쟁력의 향상을 위한 취업 전략이 필요하다. 이러한 취업 전략의 스펙트럼을 파악하기 위해서는 핵심적으로 직업 선택의 과정을 이해해야 한다. 일반적으로 직업 선택의 과정은 다음과 같이 3단계로 구분될 수 있다.

첫째, 취업 전략의 수립이다. 직업 선택의 시기가 늦어지면 취업 전략의 구성이 늦어지고 치밀함 또한 떨어지는 것이 사실이다. 또한 진로 결정 이전에는 특정 정보가 개인에게 있어서 중요한 정보로 작용하지 못한다. 그렇기 때문에 취업전문가들은 취업지침서 등을 통하여 조기에 진로 결정을 하도록 강조하고 있다.

둘째, 정보의 수집이다. 취업 전략의 형성과정에서 가장 중요한 영향을 미치는 것이 정보 수집이다. 취업과 관련된 정보를 수집하는 경로는 아주 다양하지만 가장 보편화되어 있고 가장 많은 정보가 교환되는 곳이 바로 인터넷이다. 한정적이고 지엽적인 지인들의 정보와는 달리 인터넷에 있는 정보의 양은 무한하고 다양하다. 인터넷에서 취업과 관련된 정보를 수집할 때 한 가지 주의해야 할 점은 공신력 있는 취업사이트에서 정보를 얻는 것이다. 취업 정보는 취업 전략에 많은 영향을 미치므로 취업에 유용한 최신의 정보 및 자신에게 필요한 정보를 찾아내는 것은 취업을 위해 필수적이다.

셋째, 취업 전략의 실행이다. 대학생이 취업 준비를 위해 올바른 실행전략들을 세우기 위해서는 급변하는 사회 환경에 대한 이해가 선행되어야 한다. 취업난을 극복하는 데 필수적인 실행 전략들을 세부적으로 살펴보면 다음과 같다.

◆ 시간 관리 전략

대학생들은 많은 시간을 취업 준비에 치중하고 있다. 대부분의 대학생이 정규 수업 시간을 제외하고 나머지 시간에 외국어 관련 학습, 자격증 및 취업 관련 학습에 열중하고 있다. 일부 학생들은 오로지 취업만을 준비하기 위해 휴학을 선택하기도 한다. 대부분의 기업이 입사지원 자격을 연령으로 제한하기보다는 졸업 연도로 제한하기 때문에 대학생들은 취업 가능성의 확보 차원에서 휴학을 통해 졸업 시기를 관리하기도 한다.

◆ 학적 관리 전략

학적 관리 전략이란 전과, 복수 전공, 부전공 제도를 활용하여 취업에 필요한 개인적 가치를 높이는 것이다. 이들 제도는 처음에는 자신의 적성과 맞지 않는 학과를 선택한 학생의 학교생활의 적응을 돕거나 더 많은 학문적 소양을 쌓기 위한 취지에서 만들어졌으나, 오늘날에는 취업이 잘되는 전공 학과를 선택하는 등 취업을 위한 학적 관리 차원에서 많은 학생이 이용하고 있다.

◆ 공인받기 전략

공인받기의 전략은 고용기관에서 실시하는 각종 시험을 통해서 자신의 능력을 평가받는 방법이기 때문에 취업 준비생들의 선호 경향이 높다. 특히 국가나 공공기관에서 실시하는 시험은 취업 시 학벌이나 학교 서열에 의한 차별적 요소를 극복할 수 있는 하나의 대안적 방법이 되므로 학생들에게 인기가 높다. 또 시험을 통해 공인받은 능력은 이후에도 지속적인 영향력을 가진다는 점이 큰 매력으로 작용한다. 공인받기 전략에서 큰 축을 이루고 있는 것이 토익과 토플 등 영어능력에 대한 공인과 자격증 시험인데, 이 전략 역시 취업을 위해 가장 기본적인 요소로 꼽히고 있다.

◆ 경험의 차별화 전략

경험의 차별화 전략을 통하여 학교와 학과의 서열화에 의해 받을 수 있는 부정적인 영향을 최소화할 수 있기 때문에 많은 대학생이 취업난을 극복하기 위해 이 전략을 사용한다. 경험의 차별화 전략의 예로 먼저 유학과 어학연수를 들 수 있는데, 이는 외국의 문화를 접해 보고 새로운 것을 공부하며 어학 실력을 늘릴 수 있는 기회로서 의미가 있다. 다음으로 사회경험 및 실무경험의 차별화 전략으로 국내외 자원봉사, 인턴제, 아르바이트 등을 들 수 있다.

적성 및 흥미

| 제2장 |

적성 및 흥미

1. 적성의 이해

1) 적성의 개념 및 중요성

적성(aptitude)은 특정한 분야의 업무나 활동을 위해 필요한 인간의 특수한 능력을 의미한다. 좁은 의미의 적성은 학습을 해낼 수 있는 인간의 지적 능력을 말하나, 넓은 의미의 적성은 지적 활동을 요구하는 분야에서 개인이 발휘하는 미래 가능성이 어떠한가를 측정하고 판단하려는 개념을 포함한다. 즉, 적성은 단순한 하나의 특성이라기보다는 다양한 특성이 결합되어 나타나는 복합체라고 할 수 있다.

적성의 개념을 좀 더 정확하게 이해하기 위해서 다양하게 사용되고 있는 적성의 개념을 살펴보면 다음과 같다. 첫째, 적성은 특수한 활동에서 성공할 수 있는 다양한 특징을 총칭하기도 한다. 둘째, 적성은 다양한 직업 또는 활동에 필요한 단일 특질 하나만을 말하기도 한다. 셋째, 적성은 직업 분야에서의 성공과 결부되는데, 이것은 적성이 그 직업에서 필요로 하는 다양한 기능과 동일한 의미로 사용되는 것이다. 넷째, 적성은 항상적이어서 비교적 변화나 변동이 적다. 따라서 적성을 기초로 장래의 성공을 예측한다. 다섯째, 적성은 대부분 청년 초기까지 형성되며 그 후의 훈련이나 경험에 의한 변동의 폭은 크지 않다.

적성은 유전적 요인에 의해 영향을 받기도 하지만, 인간이 성장해 오는 과정에서 습득된 경험, 적응력, 인내력, 동기 등과 같은 환경적 요인의 영향을 받아 형성되기도 한다. 즉, 적성은 개인과 주변 환경 간의 긴밀한 상호작용에 의한 폭넓은 이해와 새로운 활동의 시도를 통하여 계발될 수 있다. 그러므로 자신의 과거경험을 탐색하거나 어떤 일을 하고 싶은지 생각하는 것은 자신의 적성을 이해하고 계발하는 데 도움을 줄 수 있다.

적성이 왜 중요한 것일까? 인간은 일생을 살아가면서 하나 또는 그 이상의 직업을 가지게 된다. 인간은 직업을 통하여 자신의 가치를 높이며, 행복하고 보람된 삶을 추구하며 궁극적으로는 자아를 실현한다. 이처럼 직업은 개인의 경제적인 자기충족의 수단일 뿐만 아니라 행복하고 보람된 삶을 누리게 하며, 개인의 가치관 정립과 자아실현을 위하여 매우 중요한 것이라고 할 수 있다. 사람들은 자신이 좋아하면서 잘할 수도 있는 일을 할 때 가장 행복하다. 그러므로 자신의 적성을 제대로 파악하고 적성에 알맞은 직업을 위해 준비하는 것은 자신의 장래와 행복한 미래를 위해 반드시 거쳐야 할 준비과정이다.

2) 직업적성의 탐색

적성은 특정한 분야의 기능이나 지식을 잘 학습할 수 있는 능력으로 이해될 수 있다. 일반적으로 지능 또는 일반 능력이 포괄적인 능력의 가능성을 지칭하는 데 비해 적성은 구체적인 특정 활동이나 작업에 대한 미래의 성공 가능성을 예언하는 데 주안점을 둔다. 따라서 적성이란 어떤 특수 영역에서 필요로 하는 기능을 쉽게 학습하고, 그 기능을 성공적으로 성취할 수 있는 개인의 특수한 잠재능력이라고 할 수 있다. 적성은 적성이 예언하고자 하는 구체적인 활동이나 작업의 성질과 내용에 따라 다양하게 구분된다. 즉, 학업성취와 관련된 적성을 학업적성이라고 하며 직업 활동과 관련된 적성을 직업적성이라고 한다.

직업적성(vocational aptitude)이란 특정한 활동 분야, 예컨대 사무직, 관리직, 전문직 등과 같은 특수한 직업 활동을 원만하게 해 나가는 데 필요한 인간의 특수한 능력을 말한다. 또한 어떠한 직업이나 일에 대한 구체적인 장래의 성공 가능성을 예언하는 심리적 특성이다.

직업적성의 종류는 직업적성검사가 측정하고 있는 구성 요인을 살펴봄으로써 알아볼 수 있다. 고용노동부에서 실시하고 있는 직업적성검사는 16개의 하위 검사로 이루어져 있으며, 이 검사가 측정하고 있는 구성 요인은 열한 가지다. 열한 가지의 구성 요소는 언어력, 수리력, 추리력, 공간 지각력, 사물 지각력, 상황 판단력, 기계능력, 집중력, 색채 지각력, 문제해결 능력, 사고유창력이며, 이를 구체적으로 살펴보면 다음과 같다.

◆ 언어력

언어력은 정확한 의사소통을 위해 단어와 문장의 의미를 이해하고, 그 내용과 의미를 정확하게 표현하는 능력을 말한다. 언어력은 특히 사회과학 분야에서 요구되는 적성이지만 다양한 직업 분야에서 공통적으로 필요로 하는 능력이라고 볼 수 있다. 언어력을 측정하는 하위 검사에는 어휘력 검사와 문장독해력 검사가 있다.

◆ 수리력

수리력은 정확하고 빠르게 계산하는 능력을 말하며, 일상생활에서 접하는 통계적 자료들의 기본적인 의미를 파악할 수 있는 능력을 말한다. 수리력은 대부분의 직업 분야에서 요구되는 기초 능력이지만 특히 사무 분야에서 필요로 하는 중요한 적성이다. 수리력을 측정하는 하위 검사에는 계산력 검사와 자료해석력 검사가 있다.

◆ 추리력

추리력은 일상생활이나 직장생활에서 주어진 정보를 종합해서 이들 간의 관계를 논리적으로 추론할 수 있는 능력을 의미한다. 추리력을 측정하는 하위 검사에는 수열추리 검사와 도형추리 검사가 있다.

◆ 공간 지각력

공간 지각력이란 실제 물체를 회전시키거나 분해했을 때 변화된 모습을 상상할 수 있는, 입체적 공간 관계를 이해하거나 공간 속에서 위치나 방향을 정확히 파악할 수 있는 능력을 의미한다. 공간 지각력은 미술, 건축, 설계 등 입체 구성 능력을 요구하는 직업 분야의 적성 요인이다. 공간 지각력을 측정하는 하위 검사에는 조각맞추기 검사와 그림맞추기 검사가 있다.

◆ 사물 지각력

사물 지각력은 서로 다른 사물들 간의 유사점이나 차이점을 빠르고 정확하게 지각하거나 물체를 비교하고 판별하여 형태나 명암의 근소한 차이를 알아보는 능력을 의미한다. 사물 지각력은 사무 분야와 응용 미술 분야에서 요구되는 적성이다. 사물 지각력을 측정하는 하위 검사에는 지각속도 검사가 있다.

◆ 상황 판단력

상황 판단력이란 실생활에서 자주 당면하는 문제나 갈등 상황에서 문제를 해결하기 위해 필요한 다양한 방법 중 가장 바람직한 대안을 판단할 수 있는 능력을 말한다. 상황 판단력을 측정하는 하위 검사에는 상황 판단력 검사가 있다.

◆ 기계능력

기계능력이란 기계의 작동원리나 사물의 운동 원리를 이해하는 능력이다. 기계능력은 대부분 이공계 분야에서 요구되는 적성이다. 기계능력을 측정하는 하위 검사에는 기계능력 검사가 있다.

◆ 집중력

집중력은 작업을 방해하는 자극이 존재함에도 불구하고 정신을 한곳에 지속적으로 집중하여 문제를 해결할 수 있는 능력을 말한다. 집중력을 측정하는 하위 검사에는 집중력 검사가 있다.

◆ 색채 지각력

색채 지각력은 색을 인지하여 새로운 색을 창조하는 능력과 색의 감성적 의미를 파악하는 능력을 말한다. 이는 다양한 색깔 간의 차이와 특성을 지각하여 적절하게 활용하는 정도를 알아보는 것이다. 색채 지각력을 측정하는 하위 검사에는 색혼합 검사가 있다.

◆ 문제해결 능력

문제해결 능력은 문제 및 장애 요소를 해결하기 위해 논리적 사고와 올바른 의사결정 과정을 통해 구체적인 행동으로 연계될 수 있는 해결방안을 찾아내는 능력을 말한다. 문제해결 능력을 측정하는 하위 검사에는 문제해결 능력 검사가 있다.

◆ **사고유창력**

사고유창력은 주어진 상황에서 짧은 시간 내에 서로 다른 많은 아이디어를 개발해 낼 수 있는 능력을 의미한다. 사고유창력을 측정하는 하위 검사에는 사고유창력 검사가 있다.

자신의 적성 탐색하기

◆ 적성의 구성 요인별 점수는 어떠한가?

적성 요인	점수	적성 요인	점수
언어력		기계능력	
수리력		집중력	
추리력		색채 지각력	
공간 지각력		문제해결 능력	
사물 지각력		사고유창력	
상황 판단력		−	−

◆ 적성탐색검사 결과

점수별 순위	적성 요인
1순위	
2 순위	
3순위	

◆ 자신의 적성을 탐색해 본 소감은 어떠한가?

_____

_____

_____

_____

_____

_____

_____

2. 적성에 따른 직업 선택

사람이 살아가는 데 있어서 직업은 매우 중요하다. 직업을 잘 선택하기 위해서는 직업세계에 많은 관심을 갖고 직업정보를 수집하고 분석하여 합리적인 의사결정을 해야 한다. 특히 세계화 및 정보화 시대의 도래와 함께 직업세계가 다원화 · 세분화 · 전문화된 오늘날 자신의 적성을 고려하지 않은 직업 선택은 더 이상 의미를 지니기 어렵게 되었다. 따라서 대학생이 졸업과 함께 자신에게 적합한 직업을 선택하고 결정하기 위해서는 자신의 적성, 흥미, 가치, 신체적 조건에 대한 객관적 이해에 기초한 합리적 의사결정 능력을 갖추어야 한다.

적성은 선천적인 유전적 요인에 의하여 결정되지만 후천적인 환경적 요인에 의해서도 영향을 받는다. 다시 말해, 적성은 고정된 것이 아니라 학습과 경험에 의해 변화되고 발달될 수 있는 능력이므로 어느 시점에서 정확한 적성을 파악하기 위해서는 적성에 대한 검사 및 진단이 필요하다. 개인의 적성을 측정하고 그 개인차를 밝히는 데 적용되는 적성검사는 직업 활동이나 작업을 수행함에 있어 성공 가능성의 예언을 목적으로 삼는 검사다. 적성검사 중의 하나인 직업적성검사는 과업수행 능력의 가능성 수준을 측정하는 것이다. 하지만 직업적성검사는 자신의 진로선택을 위한 하나의 참고 자료로 활용해야 하며, 검사 결과에 전적으로 의존하는 것은 문제가 될 수 있다.

고용노동부에서 실시하는 성인용 직업적성검사는 대학생 및 일반 성인을 대상으로 개발되었으며, 검사 결과를 통해 피검사자의 희망직업에서 요구하는 능력과 피검사자 자신의 능력을 비교할 수 있다. 즉, 자신이 희망하는 직업을 선택하기 위해 어떤 적성 요인에 관심을 기울이고 노력해야 하는지를 결과로 제시해 준다.

〈표 2-1〉은 직업적성검사의 11개 적성 요인별 특성 및 관련 직업이다.

◾◳◳◳ **표 2-1** 직업적성검사의 적성 요인별 특성 및 관련 직업

적성 요인	특성	직업
언어력	사람들과 대화를 나누어야 하는 상담사, 혹은 대화를 통해 고객을 이해하고 설득해야 하는 영업직에 필수적이고 중요한 능력	교사, 기자, 작가, 통번역, 의료전문가, 상담원, 영업직 등
수리력	이공계 및 자연계 관련 연구직이나 통계학이나 경제학 연구원, 회계사 및 공학기술자들에게 중요한 능력	투자분석가, 수학자, 통계학자, 세무사, 공인회계사, 펀드매니저, 컴퓨터프로그래머, 공학기술자 등
추리력	공학 및 자연 분야 등 고도의 지적 활동이 필요한 직업에 매우 중요한 능력	수학자, 통계학자, 시스템엔지니어, 세무사, 공인회계사, 화가, 만화가 등
공간 지각력	건축 관련 직업이나 화가, 만화가, 사진/촬영기사, 조종사, 연출 및 감독에게 중요한 능력	화가, 만화가, 사진/촬영기사, 연출 및 감독, 건축 관련 직업 등
사물 지각력	서로 다른 사물들 간의 유사점이나 차이점을 빠르고 정확하게 지각하는 능력으로 연출 및 감독, 일반 제조원에게 매우 중요한 능력	유치원 교사, 건축 관련 직업, 연출 및 감독, 일반 제조원 등
상황 판단력	다양한 상황에 유연하게 대처할 수 있어야 하는 직업을 비롯하여 새로운 아이디어를 산출하는 것이 중요한 직업에서 특히 요구되는 능력	교사, 간호사, 공인중개사, 공무원, 상담원, 광고/조사/컨설팅 전문가 등
기계 능력	대부분 이공계 적성을 가지고 있는가의 여부와 관련이 많은 능력	기계공학, 산업공학, 농학, 정비원, 해양수산 관련 기술자, 항공기 조종사, 기계 관련 연구/기술직 등
집중력	간호 관련 전문가나 소방관과 같이 주변의 다양한 방해자극이 많은 작업환경 안에서도 맡은 바 일에 온전히 집중해서 일을 수행해야 하는 직업 분야에서 매우 중요한 능력	간호 관련 전문가, 소방관, 속기사, 성우, 아나운서 등
색채 지각력	화가나 색채전문가를 비롯한 각종 미술 분야 직업의 전문가와 만화가, 디자이너, 보석감정사와 같은 직업들에 중요한 능력	보석감정사, 화가, 색채전문가, 만화가, 디자이너 등
문제해결 능력	문제 및 장애 요소를 해결하기 위해 논리적 사고와 올바른 의사결정 과정을 통해 구체적인 행동으로 연계될 수 있는 해결방안을 찾아내는 능력	중등교사, 약사, 한의사, 법률 관련직 등
사고 유창력	주어진 상황에서 짧은 시간 내에 서로 다른 많은 아이디어를 개발해 내는 능력	작가, 디자이너, 연출 및 감독, 아이디어 기획자 등

자신의 적성탐색을 통한 직업 선택하기

◆ 자신의 적성탐색검사 결과의 순위별 적성 요인을 적고, 이를 바탕으로 추천 직업 중 자신이 원하는 직업을 적어 보자.

구분	적성 요인	추천 직업	만족 정도(100%)
1순위			
2순위			
3순위			

◆ 자신이 희망하는 직업을 적고, 그 직업이 요구하는 적성 요인은 무엇인지 알아보자.

구분	희망 직업	요구하는 적성 요인	나의 적성 요인 점수
1순위			
2순위			
3순위			

◆ 적성탐색검사 결과의 추천 직업과 자신의 희망 직업을 탐색해 본 소감은 어떠한가?

3. 흥미의 이해

1) 흥미의 개념 및 중요성

　흥미(interest)란 어떤 특정한 활동에 참여하려는 경향성 또는 대상이나 사물에 대한 긍정적인 느낌으로 정의할 수 있다. 즉, 자신이 좋아하는 일에 관심을 보이는 것을 말한다. 『심리학 사전』에서는 흥미를 "어떤 대상에 특별한 관심이나 주의를 하게 하는 감정"으로 정의하고 있으며, 『교육학 사전』에서는 "관심 있는 어떤 지각이나 사상을 포함하며 지적 및 감정적 의식의 혼잡을 포함하는 주관적 및 객관적인 태도, 관심, 조건"으로 정의하고 있다. 이와 같은 정의에서 알 수 있듯이, 흥미는 감정적 의식뿐만 아니라 지적 의식도 함께 포함되어 있다는 점을 간과해서는 안 된다.

　인간에게는 누구나 자기 나름대로 특별히 좋아하는 활동이 있다. 개인에 따라 흥미에 차이가 있는 것은 흥미가 자신과 주변 세계에 대한 폭넓은 이해와 새로운 활동의 시도를 통하여 유발되기 때문이다. 이처럼 흥미는 다양한 경험과 더불어 자신의 동기와 밀접한 관계를 맺으며 점차로 형성되며, 동기와 함께 인간 행동의 방향과 강도를 결정하는 중요한 요인으로 작용한다. 인간은 흥미를 갖는 대상에 대해서는 쾌감을 느끼며, 각별한 주의를 가지고 열중하게 된다. 그리고 그러한 주의와 태도가 자발적인 활동을 촉진하는 동기로서 작용하기 때문에 흥미를 유발하는 대상을 만나는 것은 집중적인 주의와 능동적 태도를 촉진하는 원천이 된다. 그러므로 자신의 흥미가 무엇인가를 이해하는 것은 매우 중요하다.

　직업흥미는 직업의 선택과 성공을 결정짓는 가장 중요한 요인 중의 하나다. 따라서 직업흥미는 직업을 선택해야 하는 대학생들에게 있어서 매우 중요하므로 정확하게 탐색되어야 한다. 직업에 따른 성취감와 만족감을 얻기 위해서는 인지적 요인뿐만 아니라 흥미나 동기와 같은 정의적 요인도 함께 조화를 이루어야 한다. 인지적 요인이 일의 능률과 관련이 있다면, 정의적 요인은 일에 대한 흥미를 느끼고 그 일에 대한 즐거움, 만족감, 행복감 등을 느끼게 하는 요인이다. 직업과 관련된 정보를 다양한 관점에서 파악하여 자신에게 맞는 직업을 결정하는 것이 보람 있고 성공적인 삶의 지름길이 될 것이다. 자신의 적성과 흥미에 맞는 직업을 선택하는 것은 개인적으로는 즐겁고 행복한 삶의 기본이 되며, 나아가 사회와 국가적인 측면에서는 적재적소에 흥미와 자질을 가진 사람이 배치되어 일을 하게 되면 생산성 향상 및 균형적인 발전에 기여할 수 있으므로 매우 중요하다.

2) 직업흥미의 탐색

직업흥미(vocational interest)란 특정 직업 내지는 직업군에 대한 반응 정도와 그 직업에서의 주된 활동을 취하려는 선택적 경향을 말한다. 즉, 직업흥미는 일반적인 흥미와는 달리 특정 직종에 대하여 가지는 호의적이고 수용적인 관심을 의미한다. 한 개인의 직업에 대한 적응은 그의 적성, 성격, 흥미, 신체 조건, 환경 여건 등 제반 요인이 복합적으로 작용하게 마련인데, 그중에서 직업흥미는 능력으로서의 적성과 더불어 진로선택에 있어서 매우 중요한 변인으로 간주되고 있다. 직업흥미는 측정 방법에 따라 표현된 흥미, 행동화된 흥미, 검사된 흥미로 구분할 수 있다. 이 중에서 직업흥미를 가장 정확하게 측정하는 방법은 검사된 흥미로서 각종 직업흥미검사를 통해서 측정되며 신뢰성이 높다.

홀랜드는 직업흥미를 연구한 대표적인 학자로 그가 제시한 직업흥미이론은 사람들의 직업흥미를 이해하고 측정하는 데 유용하게 활용되고 있다(Holland, 1992). 홀랜드의 직업흥미이론에 따르면, 평소 활동, 자신의 유능함 지각, 선호하는 직업이나 분야, 일반적인 성향 등의 영역에서 개인이 나타내는 여섯 가지 유형의 상대적 우열을 구분해 냄으로써 개인의 흥미구조를 밝힐 수 있다. 또한 각 직업 환경은 그 환경에서 우세하게 생활하는 사람들의 흥미유형을 반영하는 것이어서 개인의 흥미유형이 직업의 흥미유형과 일치할 때, 직업생활의 성과가 더 크다고 보았다. 홀랜드는 직업흥미이론에 근거하여 RIASEC(Realistic, Investigative, Artistic, Social, Enterprising, Conventional)라는 육각형 모델을 개발하였으며, 이를 통해 한 개인의 성공적인 진로 결정을 위한 효과적이고 체계적인 방법을 제시하고 있다. 직업흥미유형인 RIASEC 육각형 모델은 현실형(Realistic), 탐구형(Investigative), 예술형(Artistic), 사회형(Social), 진취형(Enterprising), 관습형(Conventional)의 여섯 가지로 분류되며, 각 유형에 해당되는 사람들의 특성을 인생의 목표와 가치 및 자기신념의 측면에서 구체적으로 살펴보면 다음과 같다.

◆ **현실형(R)**

- **인생의 목표와 가치**: 전통적인 가치를 고집하는 경향이 있다. 제도적으로 제한된 환경에서 일하기를 좋아하며, 자유에 관한 신념을 갖고 있기도 하다. 야망과 자기 통제력을 매우 중요한 가치로 생각하고, 실질적으로 사고하기를 좋아한다. 돈의 가치를 소중하게 생각하고, 재산을 유지하거나 소유물을 충분히 활용하려고 한다. 일반적으로 분명한 사실이나 실제적인 것에 가치를 부여한다. 그래서 신념이나 행동을 좀체 바꾸려 하지 않는 등 폐쇄적인 신념체계와 가치체계를 갖고 있으며, 다양한 흥미를 갖지 않는다.

- **자기신념**: 자신을 평가할 때 기계적이고 기술적인 능력과 뛰어난 운동능력을 갖고 있다고 생각한다. 손이나 도구, 기계, 전기 장비를 사용하여 일하기를 즐긴다. 반면, 인간관계에 있어서는 그다지 뛰어나지 못하며, 가르치는 일과 같은 사회적인 일에 서툴다고 인식한다. 학문적인 과제를 싫어하고 잘 처리하지 못한다고 생각한다. 비교적 낮은 자신감을 갖고 있는 반면, 실제적인 기술을 요하는 일에 있어서는 뛰어난 능력을 갖고 있다.

◆ **탐구형(I)**

- **인생의 목표와 가치**: 과학적이고 탐구적인 활동과 그 활동을 성취해 나가는 것을 가치 있게 생각한다. 지적이고 논리적이며 호기심이 많은 성격을 갖고 있으면서도 독립적으로 결정할 수 있는 능력을 갖는 것에 가치를 두고, 가족의 안정, 의기왕성함, 진실한 우정과 같은 것에 가치를 별로 두지 않는다. 자유로운 목표와 가치를 갖고 있으며, 새로운 아이디어나 경험에 대해 개방적이다. 관심을 갖는 분야가 넓다.

- **자기신념**: 자신을 평가할 때 수학적인 재능뿐만 아니라 과학적이고 탐구적인 능력을 갖고 있다고 생각한다. 분석적이고 호기심 많고 학문적인 사람으로 스스로를 평가하며 관심 분야가 넓다고 생각한다. 어떤 문제를 해결하기 위해서 읽고 생각하기를 즐긴다. 타인을 설득하는 것을 어려워한다. 스스로 개방적이고 다양한 흥미를 갖고 있다고 생각한다. 비교적 높은 자신감을 갖고 있다.

◆ **예술형(A)**

- **인생의 목표와 가치**: 심미적인 활동이나 성취를 중요한 가치로 생각하는 경향이 있

다. 분명하고 논리적이며 높은 야망이 필요한 일보다는 상상력과 용기가 필요한 일을 하려는 특성을 갖고 있으며, 자기표현 또는 평등과 같은 신념을 가치 있게 생각한다. 여섯 가지 성격유형 중에서 가장 개방적인 신념체계를 갖고 있다. 감정이나 생각 또는 기타 현상에 대해서 가장 수용적이다. 자유로운 목표와 가치를 갖고 있다.

- **자기신념**: 자신을 평가할 때 표현력이 뛰어나고 개방적이라고 생각한다. 또한 창의적이고 직감적이며 자유롭고 비순응적이며 내향적이고 독립적이며 복잡한 사람으로 본다. 그래서 뛰어난 음악능력, 미술능력, 연기력, 집필력, 언어구사 능력과 같은 능력을 갖고 있는 사람으로 평가한다. 자신의 능력과 특성을 살릴 수 있는 활동을 즐겨 하지만, 사업 활동과 같이 정교하고 분명하게 일을 처리하는 것을 힘들어한다.

◆ 사회형(S)

- **인생의 목표와 가치**: 사회적이고 윤리적인 활동이나 성취를 중요한 가치로 생각하는 경향이 있다. 의료 기술이나 제도적인 도움을 줄 수 있는 일이나 기타 상호작용할 수 있는 일을 갖고 싶어 한다. 모든 사람이 평등하게 살고 서로 도움을 주고받으며 용서할 수 있는 세상을 갈망한다. 그러나 논리적이고 지적이며 자극적인 일은 좋아하지 않는다. 능력 있는 부모, 교사, 치료사가 되고 싶어 한다. 종교에 관해서 가치 있게 생각하는 경향이 있다.

- **자기신념**: 자신을 평가할 때 다른 사람 돕기를 좋아하고 이해심이 많으며 가르치는 능력이나 사회적인 기술을 갖고 있는 사람으로 생각한다. 그러나 기계적이고 과학적인 능력은 부족하다고 본다. 그래서 분명한 주제를 담고 있는 책을 집필한다거나 자동차를 정확하게 조립하는 것과 같은 일은 잘 수행하지 못한다. 대부분의 사회적인 성격유형을 지닌 사람은 다른 사람들을 돕고 가르치는 일을 선호한다. 그리고 개방적인 신념체계를 갖고 있으며, 다소 전통적이고 관습적인 가치를 고수하기도 한다. 적당한 수준의 자신감을 갖고 있다.

◆ 진취형(E)

- **인생의 목표와 가치**: 관습적인 가치를 따르는 경향이 있다. 그래서 경제나 정치 분야에서 성취하고자 하는 경우가 많다. 타인을 통제할 수 있는 능력을 가치 있게

생각한다. 그러나 남을 돕는 일은 잘 수행하지 못한다. 기업이나 지역사회의 지도자나 대중적인 업무를 함에 있어서 영향력을 미칠 수 있는 사람이 되고 싶어한다.

- **자기신념**: 자신을 평가할 때 공격적이고 대중적이며 자기 효능감이 높고 사회성이 있는 사람으로 본다. 그래서 지도력이나 발표능력이 좋은 반면, 과학적인 능력은 부족하다고 생각한다. 스스로 가장 만족할 수 있는 지위에 도달하고자 하기 때문에 남에게 전혀 영향을 줄 수 없는 일은 좋아하지 않는다. 자신감이 높고 전통적인 가치를 갖고 있는 경우가 많다. 다소 폐쇄적인 신념체계를 가지고 있어서 자신의 신념이나 가치 또는 행동을 쉽게 바꾸려고 하지 않는다.

◆ **관습형(C)**

- **인생의 목표와 가치**: 사업이나 경제에 관련된 활동이나 그것을 성취하는 것을 중요한 가치로 생각하는 경향이 있다. 재정이나 경제 또는 복지와 관련된 분야에서 전문가가 되고 싶어 하며, 방대한 양의 일을 해내는 것을 중요한 인생의 목표라고 생각한다. 체계적인 조직 안에서 일하는 것을 원한다. 종교, 경제, 정책에 관련된 목표와 같이 전통적인 가치를 추구한다. 그리고 그들이 추구하는 일들은 도전해 볼 만한 가치가 있고 도움이 되며 의욕적인 일이라고 믿는다. 상상력을 요하는 일만큼이나 예술적인 활동 또는 대인능력을 요하는 활동은 그다지 가치가 없다고 생각한다. 비교적 폐쇄적인 가치체계를 갖고 있다.
- **자기신념**: 자신을 평가할 때 사무적인 능력을 갖고 있으며 질서정연한 것을 좋아하는 사람으로 본다. 사업에 관한 능력은 아주 높은 반면, 예술적인 능력은 매우 낮다. 기록하고 계산하는 일을 즐겨 한다. 시를 쓰는 일이나 남을 설득하는 일에 종사하는 것을 싫어한다. 자신감이 비교적 낮다.

자신의 흥미 탐색하기

◈ 흥미유형별 점수는 어떠한가?

흥미유형	점수	흥미유형	점수
현실형		사회형	
탐구형		진취형	
예술형		관습형	

◈ 자신의 홀랜드 육각모형은 어떠한가? 흥미탐색검사 결과를 바탕으로 직접 그려 보자.

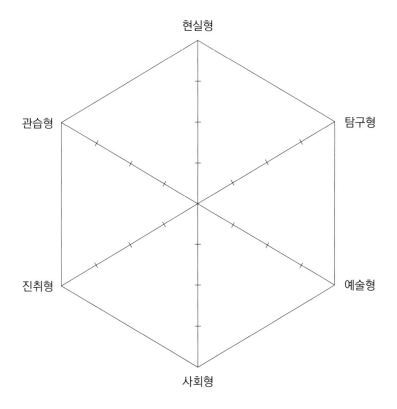

◈ 흥미탐색검사 결과

점수별 순위	흥미유형
1순위	
2순위	
3순위	

◈ 자신의 흥미를 탐색해 본 소감은 어떠한가?

4. 흥미에 따른 직업 선택

직업흥미는 특정 직업이나 직업군 또는 해당 직업에서의 전형적 경향을 가리키는 것이며, 오랫동안 직업 선택에 있어서 가장 중요한 특성으로 간주되어 왔다. 직업 선택은 사전준비를 통하여 신중히 이루어져야 하며, 직업에 대한 개인의 적합성 여부를 판단할 때 적성이나 지능보다 직업흥미를 더 중요하게 고려해야 한다. 직업의 선택과정에서 적성이나 지능이 중요한 것은 사실이지만 적성이나 지능이 아무리 높다고 하더라도 그 일을 하기 싫어한다면 성공할 가능성이 적어지기 때문이다. 따라서 직업의 종류와 일하는 직장을 선택할 때 흥미에 대한 고려는 다른 조건들보다 우선시되어야 할 것이다. 특히 직업흥미는 일반적인 흥미와는 다르게 다양한 직종 가운데 어떤 특정 직종에 대하여 호의적이고 수용적인 관심 및 태도이므로 직업 선택에 있어서 자신의 직업흥미를 알아보는 것은 필수적이다.

최근에는 직업흥미를 검사하는 도구들이 많이 개발되고 있다. 이들이 대개 기준으로 삼고 있는 내용은 홀랜드의 직업흥미이론이다. 홀랜드는 직업선택이론에서 흥미를 뚜렷하게 강조하고 있으며, 흥미와 일치하는 직업을 선택해야 한다는 것이 이론의 핵심이다(Holland, 1992). 즉, 여섯 가지 직업흥미 가운데 어느 정도 일치하는 직업을 선택했느냐에 따라 직업만족, 직업의 확실성, 생산량 등과 같은 진로결과 변인들을 예언할 수 있다고 본다. 홀랜드는 직업흥미이론을 잘 설명하기 위하여 현실형, 탐구형, 예술형, 사회형, 진취형, 관습형의 여섯 가지 각 흥미유형과 관련된 직업의 대표적인 예를 들고 있다. 각 흥미유형별 직업적 선호 및 추천 직업을 살펴보면 다음과 같다.

◆ **현실형(R)**
- **직업적 선호**: 주로 신체적 활동 또는 연장을 활용하는 기술을 좋아하며, 분명하고 체계적인 활동이나 상황을 선호한다. 체력을 요구하는 활동을 즐기며 운동신경이 잘 발달되어 있어 활동적인 작업들은 좋아하지만, 사회성이 필요한 직업이나 상황을 피하려는 경향이 많다.
- **추천 직업**: 건축업자, 경찰관, 농장 경영자, 엔지니어, 직업군인, 프로 운동선수, 항공기 조종사, 공학자, 중장비 기사, 원예사, 조경사 등

◆ **탐구형(I)**

• **직업적 선호**: 주로 탐구적인 직업이나 상황을 선호한다. 창조적인 활동을 수반하는 탐구영역에 흥미를 보이고, 과업 지향적이며 추상적인 일을 즐기고 분석하고 이해하려는 욕구가 강하다. 하지만 사회성이 필요한 직업이나 반복적인 활동이나 상황을 피하려는 경향이 많다.

• **추천 직업**: 내과의사, 수학자, 생물학자, 과학자, 수의사, 과학 교사, 물리학자, 대학 교수, 심리학자, 의료기술자, 화학자, 천문학자, 치과의사, 약사 등

◆ **예술형(A)**

• **직업적 선호**: 주로 예술적인 직업이나 상황을 선호한다. 예술적 매체를 통해서 자기를 표현하려는 욕구가 강하다. 모호하고 상징적이며 변화와 다양성이 있는 예술적인 일을 좋아한다. 하지만 틀에 박히고 체계적이며 구조화된 활동과 관습적인 직업은 피하려는 경향이 많다.

• **추천 직업**: 건축가, 신문기자, 리포터, 만화가, 예능교사, 배우, 사진작가, 실내장식가, 연예인, 카피라이터, 조각가, 작가, 음악가, 미술가, 무대감독 등

◆ **사회형(S)**

• **직업적 선호**: 주로 타인의 문제를 해결해 주고 도와주는 사회적인 직업이나 상황을 선호한다. 타인을 위해 봉사하는 요소가 강한 작업환경을 좋아한다. 안전한 상황에서 일하는 것을 즐기며, 대인관계의 기술이 뛰어나고 사회 지향적이며, 남을 가르치거나 치료하는 일을 좋아한다. 그러나 도구나 기계를 활용하는 직업이나 활동은 피하려는 경향이 많다.

• **추천 직업**: 간호사, 상담교사, 물리치료사, 레크리에이션 강사, 보육교사, 사회사업가, 진로 상담가, 특수교육 교사, 청소년 지도사, 초등교사, 고등교육 교사, 결혼 상담사, 언어 치료사 등

◆ **진취형(E)**

• **직업적 선호**: 주로 진취적인 직업이나 상황을 선호한다. 조직의 경제적 이익을 위하여 타인을 설득하는 데 뛰어난 능력을 발휘한다. 비교적 외향적이며, 권력, 명예, 지위 등에 관심이 많아 그런 욕구를 채워 주는 직업을 좋아한다. 그러나 추상

적이고 상징적이며 탐구적인 직업이나 상황은 싫어한다.
- **추천 직업**: 아나운서, 정치가, 경매업자, 마케팅 책임자, 광고 대행업자, 매장 관리자, 변호사, 부동산 중개인, 영업사원, 여행 전문가, 정치인, 홍보 담당자 등

◆ **관습형(C)**
- **직업적 선호**: 주로 관습적인 직업이나 상황을 선호한다. 기존에 정해진 계획에 따라 자료를 작성하고 정리하는 일을 좋아하며, 사무능력, 계산능력이 뛰어난 편이다. 참신한 아이디어, 기획력, 모험심, 창의력을 요구하는 작업이나 활동을 싫어한다.
- **추천 직업**: 공인회계사, 비서, 문서 작성 및 편집자, 사무 관리자, 재무 분석가, 제품 관리자, 은행원, 컴퓨터 프로그래머, 의료 기록원 등

자신의 흥미 탐색을 통한 직업 선택하기

◈ 자신의 흥미탐색검사 결과의 순위별 흥미유형을 적고, 이를 바탕으로 추천 직업 중 자신이 원하는 직업을 적어 보자.

구분	적성 요인	추천 직업	만족 정도(100%)
1순위			
2순위			
3순위			

◈ 자신이 희망하는 직업을 적고, 그 직업이 요구하는 적성 요인은 무엇인지 알아보자.

구분	희망 직업	요구하는 적성 요인	나의 적성 요인 점수
1순위			
2순위			
3순위			

◈ 흥미탐색검사 결과의 추천 직업과 자신의 희망 직업을 탐색해 본 소감은 어떠한가?

_____

_____

_____

_____

_____

_____

_____

| 제3장 |

직업가치관

1. 직업가치관의 이해

1) 직업가치관의 개념 및 중요성

직업가치관이란 특정 직종이나 직업에 대한 가치관이 아니라 직업 또는 직업활동에 대한 개인들이 일반적으로 가지는 가치관을 의미한다. 즉, 직업을 통해 무엇을 얻고 무엇을 실현하고자 하는지, 직업에 대해 어떠한 가치를 부여하고 있는지에 대한 중요성을 내포한다. 가치관이란 흔히 무엇이 옳고 그른가에 대한 고유하고 일관된 관점으로 다음과 같은 특성을 가진다. 첫째, 가치관은 사람들의 행동과 포부를 결정한다. 둘째, 가치관은 사람들의 지각과 혜택을 좌우한다. 셋째, 가치관은 사람들이 어디에서 만족을 얻고 어디에 의의를 두는지와 직접적인 연관이 있다. 넷째, 가치관은 사람들에게 다양한 평가의 기준을 제시하며, 공동의식 형성에 있어서 불가결한 요인이다.

직업가치관은 일의 특성이나 보상의 종류에 따라 내적 직업가치관과 외적 직업가치관으로 나뉜다. 내적 직업가치관은 심미성, 자율성, 창의성 등 활동 그 자체와 관련된 것으로, 직업에 있어서 일 자체의 내용과 관련된 것들을 얼마나 중요하게 생각하는가를 나타낸다. 일 자체의 내용과 관련된 것들이란 일의 내용이 얼마나 흥미로운가, 일을 하는 데 있어 어느 정도의 자율성을 가지는가를 의미한다. 이에 비하여 외적 직업 가치관은 승진, 경제적 보상, 명예 등 직업활동에 수반되는 것으로, 임금, 후생복지, 직업안정성 등과 같이 일에 따르는 물질적 보상이나 조건을 얼마나 중요하게 생각하는 가를 말한다.

직업가치관은 직업에 대한 가치 기준이며 일에 대한 태도를 의미한다. 그러므로 직업의 선택과 활동을 위하여 어떤 가치관을 갖느냐 하는 것은 무엇보다 중요하다. 직업가치관의 중요성에 대해 구체적으로 살펴보면 다음과 같다. 첫째, 직업가치관은 직업결정의 판단 기준이 된다. 직업가치관은 적성, 성격, 직업흥미 등과 함께 다양한 판단 기준을 제공하기 때문에 진로선택 시 고려해 볼 필요가 있다. 둘째, 직업가치관은 직업 선택에 필요한 자료를 제공한다. 인생에서 중요한 선택의 문제에는 개인의 가치관이 작용하므로 직업 선택이라는 의사결정도 개인의 가치관에 의해 이루어진다. 셋째, 직업가치관은 개인의 직업에 대한 만족도를 예측한다. 학자들에 의하면, 인간은 자신의 가치가 충족되는 근무환경에서 일할 때 대체로 높은 직업만족도를 얻는다.

한편, 직업가치관이 확립되지 못한 사람들의 행동적 특성은 다음과 같다. 첫째, 직업 결정에 무관심하고 흥미가 없다. 둘째, 직업 준비에 일관성이 없고 불안해한다. 셋째, 직업목표에 열중하지 못하고 무엇을 어떻게 해야 할지 몰라 혼란스러워한다. 넷째, 직업에 대한 특별한 목표가 없으며, 직업에 대한 다른 사람의 의견을 지나치게 추종한다. 다섯째, 직업 준비에 의욕이 없으며, 우유부단하다.

인간은 직업을 통해서 자신의 능력을 발휘하고 포부와 꿈을 실현한다. 이처럼 직업은 단순한 생계를 위한 경제적 수단의 차원을 벗어나 자아실현과 직결되므로 직업을 가지기 전에 직업에 대한 올바른 가치관 형성이 필요하다.

2) 직업가치관의 탐색

직업가치관이란 직업과 관련하여 어떤 선택이나 결정을 내려야 할 때 바람직한 방향으로 행동하게 하는 기준을 의미한다. 직업가치관은 시대적 상황이나 여건에 따라 변화하기도 하고 직업생활에서 겪게 되는 갖가지 경험을 통하여 새롭게 형성되기도 한다. 바람직한 직업가치관은 어떤 것일까? 올바른 직업가치관을 형성하려는 노력은 사회에서 직업을 올바르게 선택하는 데서 비롯된다. 즉, 사회발전에 기여하는 직업이 충분한 보상을 받게 될 뿐만 아니라 개인의 욕구를 충족시킬 때 직업가치관에 대한 변화가 일어난다.

바람직한 직업가치관에 대한 준거를 살펴보면 다음과 같다. 첫째, 직업의 선택은 자유로워야 한다. 둘째, 직업의 기회는 공평하게 주어져야 하지만 적성, 흥미, 능력, 인성, 희망에 따라 선택되어야 한다. 셋째, 직업에는 귀천이 없다. 넷째, 직업은 생활의 유지 수단이지만 이를 통해서 자기 완성과 행복을 추구할 수 있도록 직무를 다양화함으로써 고차원의 동기유발을 꾀하여야 한다. 다섯째, 일할 의사와 능력이 있는 사람이 직장을 갖지 못하였을 때, 이는 실업자로 간주되어야 하고, 국가는 취업 기회를 창출하기 위해 노력하여야 한다.

바람직한 직업가치관 탐색을 위하여 우선적으로 직업가치관의 구성 요소를 살펴보면 〈표 3-1〉과 같다. 직업가치관에 대한 분류는 대부분 일 자체 요소와 관련된 내재적 특성과 일에 따른 부수적인 요소와 관련된 외재적 특성으로 구분된다. 내재적 특성은 물질적 보상이 아닌 업무수행에서 느끼는 반응, 즉 즐거움, 성취감, 만족감 등을 의미하며, 외재적 특성은 활동수행에서 경험하는 심리적 반응이 아닌 물질적인 보상을 의미하는 명예, 지도력, 경제력 등을 말한다.

표 3-1 직업가치관 구성 요소

구분	구성 요소	
고용노동부	성취, 봉사, 개별 활동, 직업 안정, 변화 지향, 몸과 마음의 여유, 영향력 발휘, 지식 추구, 애국, 자율, 금전적 보상, 인정, 실내활동	
센터스 (Centers, 1949)	자아실현, 안정성, 권력, 독립성, 사회봉사, 지도성, 명예성, 수익성, 흥미, 존경	
긴즈버그 (Ginzberg, 1951)	내발적 형태	직업활동 자체
	외발적 형태	경제적 · 사회적 위신
	부수적 형태	사회적 · 환경적 측면
칼레버그 (Kalleberg, 1977)	내재적 영역	일 자체에 관련된 흥미, 자율성
	외재적 영역	일에 부수적으로 따라오는 안정성, 경제성, 복지, 후생
카자나스 (Kazanas et al., 1975)	내재적 영역	독립성, 만족감, 이타성, 자기훈련, 자아발견, 직업흥미, 자아실현
	외재적 영역	경제적 독립, 직무 여건, 지위, 대인관계, 사회적 지위, 인정, 안정

밀러 (Miller, 1974)	내재적 영역	성취성, 이타성, 창의성, 심미성, 지적 자극, 경영 관리
	외재적 영역	협동심, 경제적 보수, 독립성, 명예심, 안정성, 감독과의 관계, 환경 조건, 다양성, 생활방식
로젠버그 (Rosenberg, 1957)	자기발현적 지향	독창성, 적성
	인간중심적 지향	봉사, 직업 환경
	외재적 보수 지향	지위, 경제성, 안정성
슈퍼 (Super, 1962)	내재적 영역	이타주의, 창의성, 독립성, 지적 자극, 심미성, 성취, 경영 관리
	외재적 영역	생활방식, 안정성, 명예, 보수
	부수적 영역	환경, 경영주와의 관계, 동료와의 관계, 다양성

우리나라의 고용노동부 산하 한국고용정보원에서 개발한 직업가치관검사의 실시 대상은 만 15세의 청소년에서부터 만 50세까지의 성인이다. 이 검사는 성취, 봉사, 개별 활동, 직업 안정, 변화 지향, 몸과 마음의 여유, 영향력 발휘, 지식 추구, 애국, 자율성, 금전적 보상, 인정, 실내활동의 총 13개 하위 요인, 78개 문항으로 구성되어 있으며, 검사를 실시하는 데 약 20분 정도 소요된다. 13개 하위 요인의 특성을 구체적으로 살펴보면 〈표 3-2〉와 같다.

표 3-2 **직업가치관검사의 하위 요인별 특성**

하위 요인	특성
성취	학습을 통해 후천적으로 습득되는 능력을 말하며, 지식이나 기능을 포함하는 개념이다. 이는 스스로 달성하기 어려운 목표를 세우고 이를 달성하여 성취감을 맛보는 것을 중시하는 가치다.
봉사	국가나 사회 또는 타인을 위하여 자신의 힘과 노력을 바치는 것을 말한다. 자신의 이익보다는 사회의 이익을 고려하며, 어려운 사람을 돕고 남을 위해 봉사하는 것을 중시하는 가치다.
개별 활동	어떤 일의 성과를 이루기 위해 개인적으로 행동하는 것을 말한다. 다양한 사람과 어울려 말하기보다 자신만의 시간과 공간을 가지고 혼자 일하는 것을 중시하는 가치다.
직업 안정	직업을 선택할 때 있어서 자신의 몸과 마음이 편안하고 해고나 조기 퇴직의 걱정 없이 오랫동안 안정적으로 일하며 안정적인 수입을 중시하는 가치다.
변화 지향	일과 관련된 활동을 선택함에 있어서 다양한 변화를 선호하는 것을 말한다. 일이 반복적이거나 정형화되어 있지 않으며, 다양하고 새로운 것을 경험할 수 있는지를 중시하는 가치다.

몸과 마음의 여유	긴박한 삶에서 얻을 수 있는 물질적 여유보다는 조금은 부족하더라도 자신의 몸과 마음의 여유를 선호하는 것을 말한다. 건강을 유지할 수 있으며 스트레스를 적게 받고, 마음과 몸의 여유를 가질 수 있는 업무나 직업을 중시하는 가치다.
영향력 발휘	강제력을 수반하지 않고 자신이 원하는 대로 다른 사람의 행동을 조절할 수 있는 힘 또는 권력을 말한다. 타인에게 영향력을 행사하고, 일을 자신의 뜻대로 집행할 수 있는지를 중시하는 가치다.
지식 추구	지식을 배우고 습득함으로써 자신의 발전을 추구하는 것을 말한다. 일에서 새로운 지식과 기술을 얻을 수 있고 새로운 지식을 발견할 수 있는지를 중시하는 가치다.
애국	나라의 구성원으로서 개인의 희생을 감수하고 나라의 발전을 먼저 생각하는 것을 말한다. 국가의 장래나 발전을 위하여 기여하는 것을 중시하는 가치다.
자율	남의 지배나 통제를 받거나 남의 명령에 의해 움직이기보다 스스로 판단하여 일하는 것을 말한다. 자신이 정한 원칙에 따라 자율적으로 업무를 해 나가는 것을 중시하는 가치다.
금전적 보상	특정한 일에 대하여 주어지는 대가 중 금전적 보상을 가장 선호하는 것을 말한다. 생활하는 데 경제적인 어려움이 없으며, 돈을 많이 벌 수 있는지를 중시하는 가치다.
인정	인간의 마음속에 가지고 있는 감정 중 타인으로부터 인정받고 싶은 욕구를 말한다. 자신의 일이 다른 사람들로부터 인정받고 존경받을 수 있는지를 중시하는 가치다.
실내활동	신체활동을 수반하는 실외활동보다는 정적인 실내활동을 선호하는 것을 말한다. 주로 사무실에서 일을 하며, 신체활동을 적게 요구하는 업무나 작업을 중시하는 가치다.

자신의 직업가치관 탐색하기

◆ 자신의 직업가치관 탐색을 위하여 직업가치관 경매 활동을 진행해 보자.

번호	항목	선택 순위	나의 입찰액	최종 낙찰액	낙찰자
1	다른 사람 돕기				
2	다양한 곳 돌아다니기				
3	오랜 기간 계속 일하기				
4	남에게 인정받기				
5	많은 봉급				
6	독창적인 일				
7	많은 사람 거느리기				
8	많은 여가시간				
9	자율적으로 일하기				
10	자부심				
11	인맥 쌓기				
12	장래성				
13	능력에 따른 승진 기회				
14	성취감				
15	많은 사람의 존경				
16	나의 능력 개발				
17	적당한 근무시간				
18	사회 발전에 기여				

◆ 직업가치관 항목 중 자신이 선택한 1~3위는 무엇이며, 그 이유가 무엇인지 탐색해 보자.

점수별 순위	항목	이유
1순위		
2순위		
3순위		

◆ 직업가치관 경매 활동에서 자신 및 조원들이 낙찰받은 직업가치관 항목은 무엇인지 정리해 보고, 낙찰받은 이유를 정리해 보자.

_____

_____

_____

_____

◆ 직업가치관 경매활동에서 선택한 항목 1~3순위와 자신의 희망직업 세 가지를 아래 표에 작성하고 적합 여부를 점검해 보자. (○: 적합, △: 보통, ×: 부적합)

경매 항목 / 희망직업			

◆ 자신의 직업가치관을 탐색해 본 소감은 어떠한가?

_____

_____

_____

_____

2. 직업가치관에 따른 직업 선택

직업가치관은 직업을 선택할 때 다양한 판단 기준이 될 뿐만 아니라 성격, 흥미, 적성 등과 함께 중요한 단서를 제공한다. 현대사회에서 직업을 갖는 것은 사회적인 지위와 역할을 결정하는 하나의 과정이므로, 자신의 직업가치관에 맞는 직업을 선택하고 준비하는 것은 매우 중요하다. 인간은 자신의 욕구를 충족시킬 수 있는 직업 환경을 선호하는 경향이 있고, 자신의 욕구와 가치가 균형을 이루는 일을 할 때 높은 직업만족도를 얻을 수 있다. 직업만족도는 삶의 만족도와 직결되므로 직업가치관에 대한 중요성은 점점 부각되고 있는 추세다.

직업가치관은 개인의 유전적 요인과 경험적 요인 간의 상호작용을 통하여 형성되고 발달된다. 직업가치관 형성에 영향을 미치는 경험적 요인을 다섯 가지로 분류해 보면 다음과 같다. 첫째, 가정 환경적 요인으로서 부모의 가치관, 부모의 직업과 학력, 가정의 사회경제적 수준, 가족관계 등은 직업가치관에 영향을 미치는데, 그 이유는 가정이 인격을 형성하고 사회화의 기초적인 것을 습득하는 장소이기 때문이다. 둘째, 학교 환경적 요인으로서 학교는 사회화의 중요한 기능을 담당하고 있으며, 학교가 속해 있는 가치 기준에 직간접적으로 영향을 받으므로 직업가치관 형성에 중요한 역할을 담당한다. 셋째, 사회 환경적 요인으로서 직업 및 직업활동에 대한 사회적인 태도는 직업가치관에 영향을 미친다. 최근 사회 구조가 급격하게 변화하는 가운데 인터넷, TV, 라디오 등의 대중매체가 우리의 가치 기준을 혼란시켜 청소년의 직업가치관 형성에 부정적인 영향을 미치기도 한다. 그러므로 청소년이 건전한 직업가치관을 형성할 수 있도록 직업 및 직업활동에 대한 건전한 사회 풍토의 조성이 필요하다. 넷째, 문화 전통적 요인으로서 전통적인 직업관이 직업가치관에 영향을 미치는 것을 말한다. 다섯째, 개인적 요인으로서 개인적 특성인 적성, 직업적 흥미, 학력, 신체적 조건 등이 직업가치관에 영향을 줄 수 있다.

한국고용정보원에서 개발한 성인용 직업가치관검사는 대학생 및 일반 성인이 직업을 선택할 때 상대적으로 중요하게 여기는 가치가 무엇인지 알려 준다. 검사 결과는 측정한 13개 가치 요인을 개인이 어떻게 평가하는지에 따라서 매우 낮음부터 매우 높음까지로 구분된다. 상대적으로 점수가 높은 가치 요인이 자신이 중시하는 가치이고, 점수가 낮은 가치 요인은 자신이 그리 중요하게 생각하지 않는 가치임을 의미한다. 개인이 희망하는 직업에 종사하는 사람들의 가치관과 검사 결과에서 나타난 자신의 직업가치관의 점수를 비교해 줌으로써 직업을 선택할 때 중요한 자료로 활용할 수 있다.

지금부터 자신이 희망하는 직업을 선택하기 위해 어떤 가치 요인에 관심을 기울이고 노력해야 하는지 살펴보기로 하자. 한국고용정보원 워크넷(www.work.net)에서 안내하는 직업가치관의 13개 가치 요인에서 높은 점수를 받은 사람들의 기본적인 특성과 추천 직업에 대하여 구체적으로 살펴보면 다음과 같다.

◆ 성취

- **기본적 특성**: 자신이 하고자 하는 일에 대한 목적이 분명하고, 그것을 위해 목표를 세워 실행해 나간다. 이들은 도전적이고 진취적이고 경쟁적인 편이다. 늘 새로운 과제에 부딪혀 도전하고 이루어 내거나 과제를 극복할 때 기쁨과 보람을 느낀다.
- **추천 직업**: 대학교수, 연구원, 프로 운동선수, 관리자 등

◆ 봉사

- **기본적 특성**: 마음이 따뜻하고 희생정신이 있고 동정심이 많고 적극적이고 정의감이 있다. 이들은 일이 생계수단을 넘어서 주변 사람들을 도와줄 수 있다고 느낄 때 가장 보람을 느낀다.
- **추천 직업**: 소방관, 경찰관, 성직자, 사회복지사 등

◆ 개별 활동

- **기본적 특성**: 다양한 사람과 어울려 일하기보다는 혼자 일하는 것을 중시한다. 다른 사람으로부터 간섭받는 것을 싫어하고, 자신도 다른 사람을 간섭하는 것을 별로 좋아하지 않는다. 집중력을 요구하는 일이나 참신한 아이디어를 요구하는 직업을 선호하며, 혼자만의 시간을 가지면서 일하기를 좋아한다.
- **추천 직업**: 디자이너, 화가, 연주가 등 예술 분야의 직업, 운전사, 대학교수 등

◆ 직업 안정

- **기본적 특성**: 반복적인 일이나 익숙한 일을 하기를 더 원한다. 새로운 과제에 부딪혀 도전하는 것을 그리 좋아하지 않고 평소에 해 왔던 방식이나 체계대로 일하는 것을 더 선호한다. 믿음직스러우며 성실하고 인내심이 많고 차분한 편이다.

- **추천 직업**: 연주가, 미용사, 교사, 약사, 변호사, 기술자 등

◆ **변화 지향**

- **기본적 특성**: 일상적인 업무보다는 늘 새로운 일을 선호한다. 새로운 아이디어를 필요로 하는 일이나 새로운 사람을 많이 만나게 되는 일에 적합하다. 대체로 밝고 활달하며 사람들과 만나 이야기하는 것을 좋아하고 늘 에너지가 넘친다.
- **추천 직업**: 연구원, 컨설턴트, 소프트웨어 개발자, 광고 및 홍보 전문가, 아티스트 등

◆ **몸과 마음의 여유**

- **기본적 특성**: 일 외에 자신만의 여가시간을 갖거나 충분한 휴식이 주어지는 것을 원한다. 규칙적인 일을 통해 자기 시간을 원하거나 자율적인 일정 관리가 가능한 직업을 원한다. 일만큼이나 개인생활을 중시한다.
- **추천 직업**: 레크리에이션 진행자, 대학교수, 화가, 교사, 조경기술자 등

◆ **영향력 발휘**

- **기본적 특성**: 주도하기를 좋아하고 자기주장이 강하며 도전적이고, 다른 사람과 교류하는 것을 좋아한다. 다른 사람들로부터 인정받기를 원하는 욕구도 있어 검사 결과에서 영향력 발휘 가치와 함께 인정 가치도 높게 나타날 가능성이 있다.
- **추천 직업**: 감독, 코치, 관리자, 성직자, 변호사 등

◆ **지식 추구**

- **기본적 특성**: 늘 새로운 것에 관심이 많고 궁금증도 많다. 책이나 인터넷 등을 통해 다양한 현상에 대한 지식을 얻기를 좋아한다. 학력이 높은 사람들은 낮은 사람들에 비해서 지식 추구를 중시하는 경향이 더 많지만 항상 그렇지는 않다.
- **추천 직업**: 판사, 연구원, 경영 컨설턴트, 소프트웨어 개발자, 디자이너 등

◆ **애국**

- **기본적 특성**: 개인의 이익보다 사회 더 나아가 국가의 이익을 중시하기 때문에 다른 사람을 위한 희생정신이 있고, 국가를 위해 일하겠다는 사명감도 높은 편이다.
- **추천 직업**: 군인, 경찰관, 검사, 소방관, 사회단체 활동가 등

◆ **자율성**
- **기본적 특성**: 다른 사람으로부터 간섭받는 것을 싫어하고, 의사결정 권한도 자신이 갖는 것을 좋아한다. 누가 시키지 않아도 스스로 계획을 짜고 일을 수행해 나갈 수 있는 능력이 있으며, 자기통제를 잘하는 편이다. 협력을 통해 일하는 것은 괜찮지만, 명령이나 지시에 의해 일해야 하는 것은 별로 좋아하지 않는다.
- **추천 직업**: 연구원, 자동차 영업원, 레크리에이션 진행자, 광고전문가, 예술가 등

◆ **금전적 보상**
- **기본적 특성**: 일에 대한 정당한 대가로 돈을 중요하게 여기기 때문에 대체로 성실하고 열심히 일하는 편이다. 쾌활하고 열정적이고 힘이 넘치고 도전적이다.
- **추천 직업**: 프로 운동선수, 증권 및 투자 중개인, 공인회계사, 금융자산 운용가, 기업 고위임원 등

◆ **인정**
- **기본적 특성**: 사회적으로 명예로운 직업이나 사람들로부터 인기가 많은 직업을 선택하며, 타인으로부터 주목받는 일이 많은 직업을 선호한다. 대체로 다른 사람 앞에 서는 것에 대해서 크게 개의치 않는 편이다.
- **추천 직업**: 항공기 조종사, 판사, 대학교수, 운동선수, 연주가 등

◆ **실내활동**
- **기본적 특성**: 대부분 조용하고 차분하며 편안하고 성실한 편이다. 신체를 움직여 활동하는 일을 선호하지 않고, 상대적으로 실외활동을 덜 좋아한다.
- **추천 직업**: 번역사, 관리자, 상담원, 연구원, 법무사 등

자신의 직업가치관을 통한 직업 선택하기

◆ 직업가치관검사 결과에서 자신이 중요하게 생각하는 가치 요인을 순위별로 적고, 이를 바탕으로 추천 직업을 적어 보자.

구분	가치 요인	추천 직업	만족 정도(100%)
1순위			
2순위			
3순위			

◆ 만약 추천 직업의 만족 정도가 매우 낮다면 자신이 희망하는 직업을 적어 보고, 그 직업이 요구하는 가치 요인과 그에 해당하는 자신의 점수를 비교해 보자.

구분	희망 직업	요구하는 적성 요인	가치 요인 비교
1순위			
2순위			
3순위			

◆ 직업가치관검사 결과에서 추천 직업과 자신의 희망 직업을 선택해 본 소감은 어떠한가?

_____

_____

_____

_____

_____

_____

마음산책

| 제4장 |

인간관계

1. 인간관계의 이해

1) 인간관계의 의미

"인간은 사회적 동물이다."라는 아리스토텔레스(Aristoteles)의 표현에서 알 수 있듯이, 인간은 다른 사람들과 서로 의지하며 함께 살아가야 하는 사회적 존재다. 인간은 태어나면서부터 누군가와의 수많은 만남 속에서 성장하고 발달한다. 특히 타인과의 만족스럽고 다양한 인간관계의 경험을 통하여 보다 풍부하고 성숙한 인간으로 성장한다. 인간관계에 있어서 다양한 경험은 개인이 가지는 독특한 자아를 발달시키고 존중함으로써 건전한 인격 발달에 큰 영향을 미치게 된다.

인간관계는 두 사람 혹은 그 이상의 인간 상호 간에 형성되는 일정한 심리적 관계를 의미하며, 구성원 상호 간의 욕구불만을 해소하여 인화를 도모하고 서로 간의 협력 관계를 이루는 것을 포함한다. 이형득은 인간관계를 사람들 간의 역동적이고 계속적인 상호작용의 복합적인 패턴이라고 하였다(이형득, 1988a). 인간관계에 참여하는 두 사람 모두 원인이 되기도 하고 결과가 되기도 하는 하나의 복잡한 과정이라는 것이다. 이런 복잡한 과정의 인간관계에서는 일방적인 원인이나 결과는 존재하지 않으며, 그 관계를 형성하는 둘 혹은 그 이상의 구성원이 상호지배 또는 상호의존적 요소를 내포하고 있다는 것이다. 인간은 다른 구성원들과 상호작용하면서 살아가기 때문에 인간의 삶은 인간관계의 연속선상에 있다고 볼 수 있다. 여기서 우리가 해결해야 할 주요 과제는 주변 사람들과 불필요한 갈등 없이 지속적인 사랑과 관심을 주고받으며 살아가는 것이다. 사회를 구성하고 있는 구성원 간의 관심과 사랑, 존중으로 이루어진 인간관계는 행복한 개인과 건강한 사회를 만들지만, 질시와 반목, 단절의 인간관계는 개인적으로는 사회 부적응으로 인해 삶의 의미를 상실하게 하며, 나아가 사회적으로는 개인 간 또는 집단 간의 갈등과 불신을 불러일으킨다.

인간은 다양한 욕구를 가지고 있다. 그중에 사회적 욕구는 다른 사람과의 만남을 통해서 충족된다. 그러므로 이러한 사회적 욕구를 위해서라도 인간관계는 필요한 것이다. 인간은 사회적 욕구의 충족을 위해서 타인의 존재가 필요하며 타인과의 바람직한 인간관계가 요구된다. 바람직한 인간관계를 형성하고 유지하기 위해서는 인간에 대한 깊은 이해와 인간관계의 개선을 위한 실천적 노력이 필요하다.

2) 인간관계의 중요성

동서고금과 남녀노소를 막론하고 인간이 살아가는 사회에서 인간관계는 군이 말로 표현할 필요가 없을 정도로 중요하다. 특히 전통적인 산업구조와 가족구조의 변화로 개인주의가 팽배해진 현대사회에서 원만하고 바람직한 인간관계의 형성은 사라져 가는 인간성 회복을 위해 요구되는 필수적인 덕목이 되었다. 이러한 이유로 많은 학자는 인간의 행복과 안녕의 가장 핵심적인 조건으로 인간관계를 다루고 있다. 인간관계는 자아를 성숙시키고 사회 적응력에 크게 영향을 미치므로 폭넓은 인간관계를 가진 사람이 풍요로운 삶을 만들어 가는 것은 당연하다. 이렇게 볼 때 인간의 삶 속에서 우리가 해결해야 할 가장 중요한 과제 중의 하나는 불필요한 갈등 없이 원만한 인간관계를 형성해 나가는 일이다.

원만한 인간관계란 자신의 자아를 보호하면서 타인의 자아를 다치지 않게 다루는 것을 말한다. 인간관계 능력을 일률적인 하나의 공식으로는 설명할 수는 없지만 다른 영역에서의 능력과 크게 다르지 않다. 인간관계는 너무나 다양하기 때문에 기본적인 일반 원칙들을 이해하는 것이 매우 중요하다. 인간관계의 중요한 원칙은 피상적인 방법이 아닌 진정한 인간 본성에 대한 이해를 바탕으로 한다는 점이다. 좋은 인간관계를 유지하기 위해서는 모든 사람이 가치 있고 소중한 존재라는 긍정적인 마음가짐을 가지는 것이 무엇보다 중요하다.

인간관계를 맺는 주요 대상은 인간의 발달단계에 따라 달라진다. 특히 대학생 시기에는 교수, 학과나 학회 및 동아리나 스터디 그룹의 동기와 선후배들과 매우 활발한 인간관계를 형성한다. 그러나 이러한 사람들과는 자칫 피상적인 인간관계를 형성할 수 있다. 피상적인 인간관계는 상대적인 고립감과 불안감을 조장할 수 있으므로 진정한 인간관계를 맺는 것이 무엇보다 중요하다. 실제로 일부 대학생은 인간관계의 어려움으로 인한 학교 부적응을 호소하기도 한다.

복잡한 현대사회에서 인간관계는 단순히 사람들 사이에서의 인간적인 상호작용 그 이상으로 자기계발을 도모하는 데 밑거름이 되는 소중한 자산이 되며 자신의 능력을 가늠하는 기준이 된다. 과거에는 지능지수(Intelligence Quotient: IQ)와 감성지수(Emotional Quotient: EQ)를 강조했다면, 최근에는 그 사람이 얼마나 인력 정보망이 넓은 사람인지를 측정하는 인맥지수(Network Quotient: NQ)가 강조되고 있다.

최근 취업포털 '파워잡'과 공모전 미디어 '씽굿'이 대학생을 대상으로 인생에서 인맥의 중요성에 대해 설문을 실시한 결과에 따르면, 96%가 인맥이 중요하다고 응답하였다. 또한 인맥 형성을 위한 노력에 대한 설문에서 90%가 노력을 한다고 응답하였다. 이와 함께 자신의 성공을 위해 가장 중요한 지수가 무엇인지에 대한 질문에 대해 응답자의 43%가 인맥지수(NQ)를 선택하였으며, 88%의 학생들이 앞으로 취업을 위해 인맥을 활용하거나 이용하겠다고 응답한 것으로 나타났다. 이 설문조사의 결과는 대학생들이 사회에서 성공하기 위해 인맥 형성이 매우 중요하다는 것을 인식하고 있고, 많은 학생이 노력하고 있음을 말해 준다.

나의 인맥지수 측정하기

◆ 자신의 인맥지수를 알아보기 위해 간단한 테스트를 해 보자.

• 다음 각 문항을 읽고 해당되는 곳에 ✓표를 하시오.

번호	문항 내용	전혀 그렇지 않다	그렇지 않다	보통이다	그렇다	매우 그렇다
1	나에게 있어 가장 중요한 자원은 사람이다.	1	2	3	4	5
2	네트워크를 이어 가면 만나지 못할 사람은 없다고 생각한다.	1	2	3	4	5
3	사람을 통해 새로운 기회를 찾은 경험이 있다.	1	2	3	4	5
4	사람 사귀는 일이라면 자신이 있다.	1	2	3	4	5
5	동료들에 비해 알고 지내는 지인의 수가 많은 편이다.	1	2	3	4	5
6	곤경에 처했을 때 전화 한 통이면 곧 바로 나와 줄 친구가 있다.	1	2	3	4	5
7	어떤 일을 할 때 그 일의 성공을 위해 도움을 줄 사람을 알고 있다.	1	2	3	4	5
8	어느 집에서건 영향력 있는 사람들과 먼저 관계를 형성한다.	1	2	3	4	5
9	관심 분야의 포럼이나 커뮤니티에 정기적으로 참가하고 있다.	1	2	3	4	5
10	일주일에 2~3번은 점심 약속이 있다.	1	2	3	4	5
11	친구나 동료의 경조사에는 빠지지 않고 참석한다.	1	2	3	4	5
12	동창회 명단은 최신의 것으로 가지고 있다.	1	2	3	4	5
13	내 분야에서만큼은 종종 다른 사람들이 나에게 조언을 구하곤 한다.	1	2	3	4	5
14	실력 향상을 위해 별도의 교육이나 세미나에 참석하고 있다.	1	2	3	4	5

15	중요한 사람들에게는 정기적으로 SNS나 안부전화를 한다.	1	2	3	4	5
16	한번 인사를 나눈 사람의 이름은 반드시 기억한다.	1	2	3	4	5
17	다른 사람의 요청이나 문의에 언제나 빠른 피드백을 한다.	1	2	3	4	5
18	상대방이 나의 첫인상에 대해 어떻게 생각할지를 염두에 둔다.	1	2	3	4	5
19	의견이 다르더라도 상대방의 말을 먼저 경청한 후 나의 의견을 제시한다.	1	2	3	4	5
20	다른 사람으로부터 받은 명함은 순서대로 정리되어 있다.	1	2	3	4	5

◈ 인맥지수 테스트 결과 해석

점수	특성
91점 이상	인맥관리의 달인이라고 할 수 있으며, 자신의 세계에서 이미 성공했거나 성공의 문턱 앞에 있는 사람들이다. 인맥의 중요성을 제대로 파악하고 있으며, 인맥을 통해 자신과 상대방의 공동 성공을 추구하는 능력을 가지고 있다.
81~90점	인맥관리의 고수라고 할 수 있으며, 지금까지 해 왔던 방식을 유지하면서 조금만 더 노력하면 인맥의 달인이 될 수 있는 사람들이다. 이들은 인맥에 대한 나름대로의 전략이 수립되어 있어서 자기계발을 위한 노력은 지속적으로 시도할 필요가 있다. 자신감을 가지고 적극적인 자세로 지금까지의 인맥을 잘 관리하면 얼마든지 인맥의 달인이 될 수 있다.
61~80점	인맥관리의 중수라고 할 수 있으며, 체계적인 인맥관리 노하우를 배워야 하는 사람들이다. 인맥의 폭이 넓으면 깊이가 얕고, 깊이가 깊으면 폭이 좁은 편이다. 인맥관리가 가벼운 만남 위주였다면 이런 모임을 스터디 그룹이나 정보교류의 장으로 활용해 보라. 인맥을 경쟁무기로 사용할 수 있도록 하기 위해서는 좀 더 전략적인 인맥관리가 필요하다.
60점 이하	인맥관리의 초보라고 할 수 있으며, 인맥의 중요성을 깨달아야 하는 사람들이다. 사회적 지위와 상관없이 인맥에 있어서는 입문단계라 할 수 있다. 보다 적극적으로 인맥 형성을 위해 노력해 보자. 인맥관리 전략으로 한 사람을 만나더라도 자신의 생각과 목표를 보여 주고 상대방에게 어떤 도움을 줄 수 있을지 생각해야 한다. 즉, 상호 간에 가치 있는 만남이 될 때 자연스러운 교류가 형성되며, 그것이 쌓이면 바로 인맥이 되는 것이다.

출처: 유용미, 황소영(2003) 일부 내용 수정함.

2. 인간관계의 유형

1) 해리스의 인간관계의 유형

인간은 성장하는 과정에서 자신과 주변 사람들에 대한 기본적인 태도를 가진다. 심리학자 해리스(T. A. Harris)는 자신과 다른 사람을 어떻게 수용하며 대인관계를 맺어 가느냐에 따라 인간관계의 유형을 네 가지로 구분하였다.

◆ 화합형

화합형은 자기긍정(I'm OK)과 타인긍정(You're OK), 즉 나도 옳고 너도 옳다고 말한다. 인간은 누구나 존중받아야 한다는 태도를 보이는 사람이다. 이러한 유형의 사람들은 자신의 가치를 인정함과 동시에 타인의 가치도 인정하는 모습을 지닌다. 자신과 타인에게 전반적인 긍정성을 가지므로 원만한 인간관계를 형성하고 유지하는 성숙한 사람의 유형이다. 또한 타인의 평가나 비난에도 융통성 있게 대처하여 상대방에게 편안함과 안정감을 주는 가장 이상적인 태도를 보인다.

◆ 염세형

염세형은 자기부정(I'm not OK)과 타인부정(You're not OK), 즉 나도 옳지 않고 너도 옳지 않다고 말한다. 이러한 유형의 사람들은 전반적으로 생활에 대해 비관적이고 무기력하며, 다른 사람들과의 인간관계에서도 거부적이며 경직된 태도를 보인다. 자신에 대한 자긍심이 낮아 자신에 대한 타인의 평가를 두려워하고, 다른 사람들에 대해 냉소적인 편이다. 사회생활에서 연속적인 실패를 한 사람들에게서 흔히 나타나는 태도로 자포자기, 절망감, 허무감으로 인한 예측 불허의 행동을 할 수 있다. 부정적인 신념을 가지고 있어 인간관계에 소극적이며 패자적인 경향이 강하여 원만한 관계를 형성하는 데 어려움이 많다.

◆ 패배형

패배형은 자기부정(I'm not OK)과 타인긍정(You're OK), 즉 나는 옳지 않고 너는 옳다고 말한다. 이러한 유형의 사람들은 열등감과 무력감에 빠져 자신이 문제가 있는 사람이라고 자학하며 살아간다. 항상 자책, 분노, 우울, 질투심 등이 마음을 지배하고 있으며, 쉽게 스트레스를 느끼고 내부에 부정성을 축적해 가는 유형이다. 타인으로부터 연민과 측은지심을 유도하여 자신에 대한 평가나 비판을 회피한다. 때로는 주변 사람들의 사랑과 관심을 얻기 위하여 맹목적으로 추종하기도 하고, 아동기적 수준의 미숙한 모습을 보이기도 한다. 이 유형의 사람들은 자긍심이나 주체성이 결여되어 있어 다른 사람들과 신뢰관계를 형성하기 어렵다.

◆ 공격형

공격형은 자기긍정(I'm OK)과 타인부정(You're not OK), 즉 나는 옳고 너는 옳지 않다고 말한다. 이러한 유형의 사람들은 자기중심적인 행동을 취하기 쉽고 비판적이며, 남을 배려하는 마음이 약하여 주변 사람들과 갈등이 생기기 쉽다. 자신의 능력을 과대평가하는 반면, 타인의 능력은 비하하고 경멸하는 태도를 보인다. 이 유형의 사람들은 갈등상황이나 실패의 책임을 남의 탓으로 돌리는 특징이 있다. 주변 사람들을 대할 때 엄격하고 배타적이며 권위적인 태도로 대하기 때문에 인간관계가 단절되기 쉽다.

2) 키슬러의 인간관계 유형

인간은 자기만의 독특한 생각과 태도로 다양한 형태의 인간관계 유형을 나타낸다. 심리학자 키슬러(D. J. Kiesler)는 이러한 인간관계 유형을 여덟 가지로 구분하여 설명하고 있다.

◆ 지배형

지배형은 자기주장과 자존감이 강하여 일과 사람을 통제하려 한다. 권위 있는 리더십으로 자신감이 있고 결단력이 있다. 이러한 유형의 사람들은 단호하고 과격한 표현으로 상대방을 제압하려 하기 때문에 주변 사람들과 갈등상황에 놓이는 경우가 많다. 대인관계에서도 다른 사람들에게 지배받는 것을 싫어하고 자신이 주도권을 잡으려고 한다. 이런 유형의 사람들에게는 인간관계를 수직적인 구조로 보기보다는 상호 신뢰와 협력관계로 보려는 노력이 필요하다.

◆ 실리형

실리형은 인간관계를 진정한 인간 본성에 의미를 두기보다는 거래관계로 생각하는 사회적 성취유형의 사람들이다. 이러한 유형의 사람들은 자기중심적이고 목적 지향적이며 현실적 이해관계를 생각하기 때문에 지나치게 경쟁적인 특성을 갖는다. 이들은 세상의 모든 사람이 가치 있고 소중하며 행복한 삶을 위해서는 인간관계의 진정한 의미를 되새겨야 하고, 진실한 인간관계의 형성을 위해 노력해야 한다.

◆ 냉담형

냉담형은 인간관계를 현실적이고 객관적인 입장에서 생각하고 판단하는 경향이 있다. 이러한 유형의 사람들은 흥분하거나 화나는 일이 있어도 감정을 그대로 표출하지 않고 자제하는 편이다. 주변 사람들에게 무관심하며 객관적인 방관자로 일관하기를 좋아하므로 깊이 있는 관계를 형성하기가 어렵다. 이들은 피상적인 대인관계 패턴을 보이는데, 성장과정에서 형성된 다른 사람들과의 거리두기가 체질화된 경우가 많다. 이 유형의 사람들에게는 인간관계에 대한 자신의 방어기제에서 벗어나 실수를 두려워하지 말고 감정을 솔직하게 표현하는 노력이 필요하다.

◆ 고립형

고립형은 내향적이고 민감하며 의심이 많아 현실과 동떨어진 생활을 한다. 이러한 유형의 사람들은 자신만의 세계가 있으며, 그 안에서 편안함을 느끼고 다른 사람들에게 방해받기를 거부한다. 일부의 경우 성장과정에서 고통스러운 상실, 단절, 소외, 박탈감 등의 부정적인 경험으로 인간관계를 회피하고 자기만의 시간을 선호하는 태도를 보인다. 이 유형의 사람들은 부정적인 경험조차도 긍정적으로 바꿀 수 있다는 자신감을 가지는 것이 중요하다. 또한 자신 안에서 웅크리거나 몰두하지 않고 외부적인 활동을 통해 자신의 내부에 있는 우울을 해소할 필요가 있다.

◆ 복종형

복종형은 일이나 인간관계에 대한 두려움이 많아서 유연하게 처리하지 못한다. 이러한 유형들의 사람들은 때로는 자기패배적이기도 하고 경쟁적이거나 효율적이지 못하다. 불안정하고 집요할 만큼 의존적이며 자기를 경시하고 열등감을 느낀다. 권위가 있는 사람들에게 인정과 칭찬 그리고 복종에 대한 보상을 얻고자 한다. 이들에게는 자신감의 회복이 무엇보다 중요하다. 대인관계의 독립심을 키우기 위해 자신을 잘 받아주고 지지하며 용기를 주는 사람과 어울리도록 노력해야 한다.

◆ 순박형

순박형은 감정 변화가 그리 크지 않으며 화를 잘 내지 않는 편이어서 주변 사람들과 갈등이 별로 없는 편이다. 이런 유형의 사람들은 현실을 있는 그대로 받아들이며 도피하는 형태로 자신을 방어해 버린다. 타인이 자신을 이끌어 주길 바라면서 스스로 나서는 일이 없다. 현실에 대해 느긋하고 소극적으로 보이며 자신의 감정과 의견을 표현하기 어려워한다. 이들에게는 타인의 의견을 따라가기보다는 솔직하게 자신의 감정을 표현하고 적극적으로 행동하려는 자세가 필요하다.

◆ 친화형

친화형은 진지하고 마음이 따뜻하며 다른 사람들을 배려할 줄 알고 챙겨 주기를 좋아한다. 이러한 유형의 사람들은 주변 사람들에게 도움이 되는 일을 마다하지 않으며, 자기주장을 내세우기보다는 상대방의 의견을 존중하는 편이다. 다소곳하고 상냥하며 대인관계에 자신감이 있고 타인에게 깊은 애정을 표현한다. 이 유형의 사람들이 성장하기 위해서는 다른 사람들을 돕는 한계선을 정해 놓아야 한다. 또한 사람을 돕는 것 이외에 자존감을 유지할 수 있는 방법을 찾아야 한다. 상대방을 소중히 생각하는 만큼 자신에게도 관심을 가져 주고 표현해 주는 것이 필요하다.

◆ 사교형

사교형은 선천적으로 대인관계에 능숙한 사람들이다. 이런 유형의 사람들은 타인과 쉽게 관계를 맺고 친구가 될 수 있어서 주위에 친구가 많은 편이다. 밝은 이미지를 갖고 있으며 주변 사람들을 즐겁게 한다. 다른 사람의 인정과 칭찬을 받기 위하여 너무 많은 것을 표면적으로 하는 행동가다. 때로는 타인의 시선을 끌기 위하여 충동적이고 아이처럼 과도하게 요구하는 경향도 있다. 이 유형의 사람들이 성장하기 위해서는 자신이 진정으로 원하는 것이 무엇인지 자각하고 자신의 감정이나 욕구를 존중하고 표출하도록 해야 한다.

자신의 인간관계 탐색하기

◈ 자신의 인간관계 유형을 알아보기 위해 간단한 테스트를 해 보자.

• 다음 각 문항을 읽고 해당되는 곳에 ✓표를 하시오.

유형	문항 내용	전혀 그렇지 않다	약간 그렇다	상당히 그렇다	매우 그렇다	합산 점수
지배형	자신감이 있다	1	2	3	4	
	추진력이 있다	1	2	3	4	
	지배적이다	1	2	3	4	
	고집이 세다	1	2	3	4	
	자기주장이 강하다	1	2	3	4	
실리형	꾀가 많다	1	2	3	4	
	자기 자랑을 잘한다	1	2	3	4	
	자존심이 강하다	1	2	3	4	
	치밀하다	1	2	3	4	
	계산적이다	1	2	3	4	
냉담형	강인하다	1	2	3	4	
	냉철하다	1	2	3	4	
	따뜻함이 부족하다	1	2	3	4	
	독하다	1	2	3	4	
	무뚝뚝하다	1	2	3	4	
고립형	쾌활하지 않다	1	2	3	4	
	붙임성이 없다	1	2	3	4	
	비사교적이다	1	2	3	4	
	고립되어 있다	1	2	3	4	
	재치가 부족하다	1	2	3	4	
복종형	마음이 약하다	1	2	3	4	
	수줍음이 있다	1	2	3	4	
	온순하다	1	2	3	4	
	조심성이 많다	1	2	3	4	
	추진력이 부족하다	1	2	3	4	

순박형	다툼을 피한다	1	2	3	4
	고분고분하다	1	2	3	4
	단순하다	1	2	3	4
	겸손하다	1	2	3	4
	솔직하다	1	2	3	4
친화형	인정이 많다	1	2	3	4
	다정다감하다	1	2	3	4
	관대하다	1	2	3	4
	부드럽다	1	2	3	4
	친절하다	1	2	3	4
사교형	명랑하다	1	2	3	4
	붙임성이 있다	1	2	3	4
	열성적이다	1	2	3	4
	사교적이다	1	2	3	4
	활달하다	1	2	3	4

◈ 인간관계 탐색의 팔각형: 자신의 점수를 보고 팔각형에 기록해 보자.

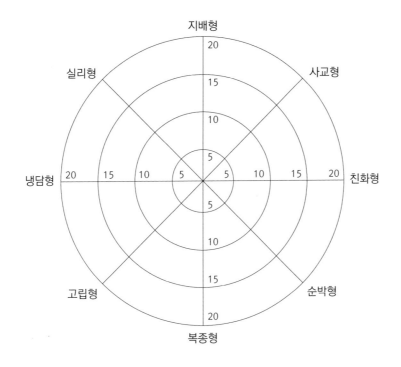

　　각 유형의 점수 범위는 5~20점이며, 점수가 높을수록 해당하는 유형의 특성이 강하다고 할 수 있다. 한 가지 유형의 점수만 높게 나오는 경우는 드물며, 원형구조상에서 인접한 유형의 점수가 높게 나오는 경향이 있다. 일반적으로 모든 방향으로 균형을 이룬 중간 정도 크기의 정팔각형이 이상적이나 그러한 모양을 나타내는 경우는 극히 드물다. 그러나 자신의 대인관계 양식을 나타내는 팔각형의 모양이 좀 더 균형을 갖춘 정팔각형에 가까워지도록 노력하는 것이 바람직하다.

출처: 권석만(2010).

3. 성공적인 인간관계를 위한 전략

1) 좋은 인상과 인간관계

인간은 죽음을 맞이할 때까지 수많은 사람을 만나고 또 그들과 헤어지며 살아간다. 이와 같은 수많은 만남 속에서 인간은 한 대상에 대하여 특정한 감정이나 행동을 보인다. 여기서 주목해야 할 점은 한번 결정된 지각은 지속성뿐 아니라 변화의 저항성 때문에 특별한 변화요인이 작용하지 않는 한 쉽게 바뀌지 않는다는 것이다.

미국의 심리학자 메라비언(A. Mehrabian)은 한 개인이 상대방에 대한 호감을 결정하는 데는 시각적 요소가 55%, 청각적 요소가 38%, 언어적 요소가 7%의 영향을 미친다는 연구결과를 발표하였다. 여기서 시각적 요소는 표정, 용모, 몸짓, 자세 등을 말하며, 청각적 요소는 목소리와 목소리 톤을, 언어적 요소는 사용하는 언어와 논리성 등을 말한다. 이는 인간관계에 있어서 비언어적 요소인 외적인 부분의 중요성을 강조하는 내용이라고 할 수 있다.

최근 취업난이 심각해지면서 좋은 인상의 중요성이 부각되고 있다. 특히 취업면접에서 인상은 한 사람의 운명을 좌우하는 결정적 요인이 될 수 있다. 면접관을 대상으로 조사한 결과에 따르면, 응답자의 86%가 면접자의 인상이 좋으면 가산점을 주는 편이라고 하였다. 좋은 인상은 면접뿐만 아니라 법정에서도 적용된다. 형량과 인상에 관한 한 연구에서 피고의 인상이 좋을수록 형량을 최대 5년 이상 줄일 수 있다는 결과가 나왔다. 이는 대부분의 경우에서 첫인상이 전반적 인상 형성에 강력한 영향을 미치고 있음을 입증한 것이다. 따라서 좋은 인상을 만들기 위해 많은 시간과 노력을 투자할 가치가 있다고 본다.

좋은 인상은 선천적이라기보다는 후천적으로 만들어진다고 보는 견해가 더 지배적이다. 인상이란 감정 반응에 의한 얼굴 근육의 변화로 만들어지므로 노력한다면 얼마든지 좋은 인상을 가질 수 있다. 그렇다면 좋은 인상을 갖기 위해 무엇이 필요할까? 앞서 언급하였듯이, 인상은 어떤 감정을 자주 경험하는지에 따라 달라지므로 즐거운 마음과 매사를 긍정적으로 생각하는 습관이 필요하다. '웃는 얼굴에 침 못 뱉는다.'는 속담도 있지 않은가? 항상 밝은 얼굴과 넉넉한 마음으로 사람을 대해 보자. 사람은 누구나 항상 웃는 얼굴을 하고 있는 사람을 좋아한다. 웃는 얼굴로 사람을 대하면 좋은 인상이 만들어지고 더불어 많은 사람에게 호감을 얻게 되므로 좋은 인간관계를 형성할 수 있는 것이다.

자신의 인상 분석하기

◆ 다음과 같은 방법을 이용하여 자신의 인상을 분석해 보자.

〈진행 방법〉
① 각 조원들의 인상분석표를 돌려 가며 작성하도록 한다.
② 해당하는 조원에게 가장 적합하다고 판단되는 인상의 특성에 ○표 한다.
③ 기록이 모두 끝나면 교재를 다시 자신의 오른쪽에 있는 조원에게 준다.
④ 교재를 오른쪽 방향으로 계속 돌리며 다른 조원들의 인상의 특성을 기록한다.
⑤ 최종적으로 자신의 교재가 도착하면 다음 쪽에 그 결과를 집계한다.

구분	인상의 특성	집계	구분	인상의 특성	집계
1	따뜻하다		16	깨끗하다	
2	친근하다		17	시원스럽다	
3	조용하다		18	명랑하다	
4	다정하다		19	이지적이다	
5	편안하다		20	적극적이다	
6	얌전하다		21	유머가 있다	
7	애교가 있다		22	논리적이다	
8	예의 바르다		23	열성적이다	
9	차분하다		24	낙천적이다	
10	친절하다		25	진지하다	
11	성실하다		26	배짱이 있다	
12	신중하다		27	활동적이다	
13	매력이 있다		28	침착하다	
14	이해가 빠르다		29	박력이 있다	
15	인내력이 있다		30	사교적이다	

외모		
1		
4		
7		따뜻함 ↑
10		
13		
합계		
16		
19		
22		차가움 ↓
25		
28		
합계		

성격		
2		
5		
8		부드러움 ↑
11		
14		
합계		
17		
20		
23		강함 ↓
26		
29		
합계		

성향		
3		
6		
9		내향적 ↑
12		
15		
합계		
18		
21		
24		외향적 ↓
27		
30		
합계		

① 평소 자신의 인상이 어떠하다고 생각하는가?

_____
_____
_____
_____
_____
_____
_____

② 인상분석표로 본 자신의 인상은 어떠한가?

_____

_____

_____

_____

_____

_____

③ 내가 보는 나의 인상과 타인이 보는 나의 인상에는 어떤 차이가 있는가?

_____

_____

_____

_____

_____

_____

④ 자신의 인상을 분석해 본 소감은 어떠한가?

_____

_____

_____

_____

_____

_____

2) 좋은 인간관계를 맺는 비결

◆ 자신보다 낮은 사람을 인격적으로 존중한다

대학 시기는 학과, 동아리, 동문회, 학회, 스터디 그룹 등의 다양한 집단에서 다양한 활동을 통하여 동기 및 선후배들과의 관계가 가장 왕성하게 이루어지는 시기다. 그러나 대학은 중ㆍ고등학교와 달리 개인이 적극적으로 관리하지 않으면 인간관계를 유지하기 힘들다. 특히 공적인 모임에서 알게 된 사람들과 돈독한 관계를 형성하고 유지하기 위해서는 개인적인 노력이 요구된다. 다른 사람들과의 관계를 공적인 관계에서 사적인 관계로 발전시키기 위해 가장 필요한 것은 타인을 수용하고 인격적으로 존중하는 태도다. 이는 선배나 동기, 후배를 막론하고 모든 사람에게 취해야 할 중요한 마음가짐이다. 많은 경우 자신보다 못한 동기나 후배를 인격적으로 존중하는 데 그리 큰 관심이 없다.

일반적으로 사람들이 세상을 살아가는 방식은 두 종류로 분류된다. 자신보다 사회적으로 성공하지 못한 사람이나 힘이 약한 사람을 무시하는 사람, 그리고 오히려 그들을 배려하고 존중해 주는 사람으로 나눌 수 있다. 분명한 것은 어느 한 분야에서 성공한 사람들은 공통적으로 후자의 성향을 가지고 있다는 것이다. 만약 직업적인 성공뿐만 아니라 인간관계에서의 성공 또한 원한다면 자신보다 못한 사람들을 섬기는 태도를 익혀야 한다. 자신보다 낮은 사람을 인격적으로 존중하는 마음가짐은 도덕적 겸손을 넘어 진정한 성공으로 이어진다.

◆ 정성을 담은 인사를 먼저 하는 사람이 된다

인사는 좋은 인간관계를 위해 기본적으로 갖추어야 할 예의다. 현대사회에서 인사는 사람에 대한 존경을 표현하는 도구로서 인간관계를 원활하게 형성하고 유지하는 데 중요한 역할을 한다. 또한 인사는 사람과 사람을 엮어 주는 첫 단추이며, 사람들과 쉽게 친해지도록 하는 힘을 가지고 있다. 인간은 사회적 동물이기 때문에 인간관계는 감정의 교류를 필요로 한다. 인사는 그러한 감정의 교류를 원활하게 하여 좋은 인간관계를 형성하게 하고 유지하도록 돕는다. 상대방에게 인사를 하는 것은 언어적 표현에만 국한되는 것이 아니다. 상대방에게 따뜻한 눈빛을 건네는 것, 그 사람의 의견에 고개를 끄덕여 주는 것, 환하게 웃어 주는 것 모두 인사에 포함된다. 이제는 인사를 생활습관처럼 해 보자. 그리하면 자신의 감정에 긍정적인 변화가 일어날 것이고, 심리적인 안정감을 얻을 수 있을 것이다.

영국의 철학자 베이컨(F. Bacon)은 적절한 인사는 자신의 이미지를 아름답게 포장하는 것과 같다고 말했다. 인사는 몸과 마음을 담아 정성껏 그리고 정중하게 해야 한다. 정성을 담은 인사는 화려한 언변이나 높은 학벌보다도 상대방을 끌어들이는 강력한 힘을 가지고 있어 인맥을 풍성하게 만들어 준다. 누군가에게 호감을 얻고 그에게 영향을 주는 사람이 되고 싶다면 정성을 담은 인사를 먼저 해 보자. 정성을 담은 인사를 건넨다는 것은 상대에게 예의를 다한다는 것이다. 상대방의 인사를 받고 싫어하는 사람은 거의 없다. 좋은 인간관계는 인사를 하는 것에서부터 시작된다고 할 수 있다. 만약 자신이 인사를 하는 것에 익숙하지 않다면 의도적으로 인사하는 날을 하루 정해 보는 것도 좋다. 그날은 인사를 하지 않아도 되는 사람에게도 정성을 담아 먼저 인사를 건네 보자. 지금까지 경험해 보지 못한 소중한 감정을 스스로 발견하게 될 것이다.

◆ 진심을 가지고 사람을 만난다

현대사회에서 좋은 인간관계를 위해서는 다른 어떤 조건보다 감성이 중요하다. 특정한 조건을 가진 사람들과 형식적인 관계를 유지하기보다는 진심을 가진 사람들과 의미 있는 관계를 가지고자 하는 마음이 선행되어야 한다. 자신이 가진 조건으로 타인에게 다가가기보다는 진심을 가지고 다가가려는 노력이 필요하다. 좋은 인간관계란 힘들고 복잡해 보이지만 실상은 단순하고 명쾌하다. 진심으로 다가가는 사람은 허상이 아닌 마음을 얻는 사람이 될 수 있다. 반면, 다른 의도나 욕구를 가지고 다가가는 사람은 다른 마음을 얻게 된다. 상대와 내가 진심을 공유할 때 서로 공감하게 되고 비로소 좋은 인간관계가 형성되는 것이다.

인간관계에 대한 자신의 마인드를 점검해 보아야 한다. 김동규(2010)는『멜랑콜리 미학』에서 상대방에게 내가 무언가를 할 때 가지는 기대에 대해 언급하고 있다. 기대할 수밖에 없는 것이 사람임을 부정할 수는 없다. 그러나 우리는 좋은 인간관계를 위하여 어떠한 대가를 바라지 않고 진심으로 사람들을 대하는 자세를 가져야 한다. 내가 베풀어 준 만큼 상대에게 받으려고 하는 마음을 버려야 한다. 이런 마음을 버려야만 내면에 진심이 생겨난다. 인간은 진심으로 다가오는 사람에게 무의식적으로 관심을 집중하게 된다. 만약 주변 사람들과 피상적인 관계를 하고 있다고 느낀다면 자신의 진정성을 점검해 보자. 좋은 인간관계는 서로 얼마나 진심을 공유하고 있느냐에 따라 달라진다.

| 제5장 |

의사소통

1. 의사소통의 이해

1) 의사소통의 개념

의사소통은 인간을 인간답게 만드는 가장 중요한 수단이다. 의사소통은 라틴어 'communis'에서 유래되었으며, '공통(common)' 또는 '공유(share)'라는 의미를 지니고 있다. 의사소통의 개념은 의사소통을 어떻게 보는지의 관점에 따라 메시지나 정보의 송수신 과정으로 보는 구조적 관점, 기호 사용 행동 자체로 보는 기능적 관점, 그리고 한 개인이 다른 사람에게 의도적으로 계획한 행동이라고 보는 의도적 관점의 세 가지로 나누어진다. 의사소통의 특성을 보다 구체적으로 살펴보면, 첫째, 개인의 인간성을 발전시키고 다른 사람과의 관계를 발전시키는 매개체이며, 둘째, 수신자와 송신자, 메시지, 기호화 과정, 자각, 자기표현, 자극과 반응 등으로 구성된 인간관계의 매개체이며, 셋째, 과거와 현재, 미래를 거쳐 계속되고, 넷째, 대인관계에서 순환적인 과정을 통해 지속되므로 상호 간에 영향을 주고받으며, 다섯째, 태도, 생각, 사상, 느낌 등을 전달하는 매개체이고, 여섯째, 언어적·비언어적 방법으로 전달된다. 따라서 의사소통은 두 사람 이상의 사람 사이에 언어와 비언어를 포함하여 개인의 정보나 메시지, 감정, 태도, 신념을 전달하며 상호작용하는 과정이라 할 수 있다.

　현대사회는 급격한 변화를 요구하는 시대다. 이 변화의 시대에도 변함없이 강조되고 있는 것이 인간관계다. 이러한 인간관계는 의사소통에 의해서 결정된다. 의사소통은 서로를 이해하는 모든 수단을 포함한다. 개인이 정보를 주고받는 의사소통 과정에서 상대방을 이해하고 자신을 이해시킴으로써 관계를 형성하고 발달시킨다. 즉, 의사소통은 인간관계를 성립 및 발달시키는 메커니즘이며, 사람들이 어떤 형태의 관계를 유지하거나 어떤 일을 결정짓는 가장 중요한 수단이다. 오늘날 의사소통은 사적인 인간관계에서만 중요한 것이 아니라 직장인, 관리자, 경영자 등 각계각층의 사람들에게 꼭 필요한 실천 덕목 중 하나다. 세계적인 경영자문가 드러커(P. Drucker)도 "인간에게 있어서 가장 중요한 능력은 자기표현이며, 현대의 경영이나 관리는 커뮤니케이션에 의해서 좌우된다."며 의사소통의 중요성을 강조하였다. 이처럼 사회의 구성원으로 살아가는 데 필수불가결한 것이 바로 의사소통이다.

2) 의사소통의 원리

　의사소통은 말하는 사람으로부터 듣는 사람에게 언어, 동작, 기호 등 다양한 형태 및 경로를 통해 이루어진다. 화자와 청자 간에 원활한 의사소통이 이루어지기 위해서는 의사소통의 원리를 이해할 필요가 있다. 의사소통의 원리는 학자에 따라 다양하게 제시되고 있는데, 여기서는 가장 널리 알려진 레드필드(C. Redfield)의 의사소통 원리를 살펴보기로 한다(Redfield, 1958).

　첫째, 명료성의 원리(principle of clarity)다. 송신자가 자신이 전하고자 하는 내용을 명확하게 전달하여 수신자가 정확하게 이해할 수 있어야 한다. 의사소통에 있어서 전달하는 내용은 보다 분명하고 정확하게 표시되어야 한다. 그러기 위해서는 전달하고자 하는 내용이 체계적·구체적이어야 한다. 또한 시제에 있어서도 과거와 현재, 미래가 명료하게 제시되어야 한다.

　둘째, 일관성의 원리(principle of consistency)다. 의사소통에 있어서 전달 내용은 일관성이 있어야 한다. 의사전달 과정에 있어 처음의 명령과 그 다음의 명령이 모순되지 않아야 한다. 즉, 명령이나 지시에는 일관성이 있어야 한다. 또한 모든 명령이나 지시는 조직의 목표와 부합되어야 한다.

　셋째, 적기적시성의 원리(principle of time & timeliness)다. 적기적시성이란 상황에 적절히 맞는 내용을 적시에 전달해야 한다는 의미다. 전달하고자 하는 말이 너무 이르거나 지나치게 늦어서는 안 된다. 적당한 시기를 선택하여 전달하고 그 내용은 수신자에게 명확하게 전달해야 한다. 대상이나 장소 선택이 잘못된 정보는 아무런 의미가 없으며 오히려 혼란만 가중하므로 중요한 정보는 필요한 시기에 적절히 전달되어야 한다.

넷째, 분포성의 원리(principle of distribution)다. 정보는 그 정보를 필요로 하는 수신자에게 정확하게 전달되어야만 한다. 수신자를 결정하는 것은 의사전달의 내용을 결정하는 것과 마찬가지로 중요한 것이다. 수신자가 누구인가에 따라 전달방법이 달라지기 때문이다. 특히 공식적인 의사소통 전달과정에서는 분포성의 원칙이 중요시된다.

다섯째, 적정성의 원리(principle of adequacy)다. 의사소통의 양은 적정한 수준이어야 한다. 전달하고자 하는 정보가 너무 많으면 전달과정에서 왜곡될 수 있다. 수신자 입장에서는 과부하가 될 수도 있고 지루할 수도 있어 자칫 잘못하면 역효과를 초래할 수 있다. 그렇다고 정보가 너무 빈약한 것도 곤란하다. 가치 있는 정보가 되기 위해서는 그 양과 규모가 적정한 수준이 될 수 있도록 잘 고려해야 한다.

여섯째, 적응성과 통일성의 원리(principle of adaptability and uniformity)다. 적응성과 통일성은 개념적으로 서로 반대되는 용어다. 이를테면 적응성은 상황에 따라 융통성 있게 변하는 개념인 반면, 통일성은 모든 요소가 하나로 연결되어야 한다는 개념이다. 그러므로 의사소통은 환경과 상황에 따라 융통성과 신축성이 있어야 한다. 일반적으로 조직에서 이들을 조화롭게 유지하는 것이 과제라고 할 수 있다.

일곱째, 관심과 수용성의 원리(principle of interest and acceptability)다. 효과적인 의사소통을 위해서는 송수신자 모두 관심과 수용하는 자세를 가져야만 한다. 또한 의사소통의 내용에 적극적으로 반응한다면 전달하고자 하는 과정이 좀 더 원활할 것이다.

2. 의사소통의 유형

1) 사티어의 의사소통 유형

사티어(V. Satir)는 인간이 근본적으로 잠재력을 가지고 태어난다는 가정하에 성장을 자극하는 데 목표를 둔 성장 지향적 접근을 주장하였다(Satir, 1972). 사티어는 의사소통이란 인간관계를 필요로 하는 인간의 정서적 관계라고 하였으며, 의사소통의 일치성과 불일치성을 강조하였다. 사티어는 의사소통 방식을 어린 시절부터 원가족과의 관계에서 형성되어 고착되는 것이라고 하였다. 의사소통 유형에 대한 그의 이론은 인간이 상호작용할 때 발생하는 의사소통과 상호 영향력에 특별히 관심을 두었다. 사티어는 의사소통을 기능적 의사소통 유형과 역기능적 의사소통 유형으로 구분하였다. 기능적 의사소통 유형에는 일치형이 있으며, 역기능적 의사소통 유형에는 회유형, 비난형, 초이성형, 산만형이 있다.

◆ 회유형

회유형은 자신의 내적 가치나 감정을 무시하고 타인의 생각이나 감정에 맞추려고 노력하는 성향을 말한다. 회유형의 사람들은 다른 사람과 상호작용하는 상황을 존중하지만 자신의 감정을 존중하지 않는다. 또한 다른 사람들의 의견에 동조하고 비굴한 자세를 취하며 사죄와 변명을 하는 등 지나치게 착한 행동을 한다. 회유형은 자신의 가치를 희생하면서 자신에 대한 존중감을 갖지 못하고, 다른 사람들에게 자신은 중요한 사람이 아니라는 메시지를 보낸다. 회유형이 성장하기 위해서는 자기 자신을 돌보아 자신의 가치와 감정을 존중하는 마음을 가져야 한다.

◆ 비난형

비난형은 자신을 보호하기 위해 다른 사람을 괴롭히거나 비난하고 환경을 탓하는 성향을 말한다. 자신을 힘이 있고 강한 사람으로 인식시키고자 노력한다. 비난형의 사람들은 타인을 무시하는 성향을 갖고 있어 타인의 말이나 행동을 비난하고 통제하며 명령한다. 외적으로는 공격적인 행동을 하지만, 내적으로는 자신을 가치가 없고 소외되어 있으며 실패자라고 느낀다. 이들은 내적으로 강한 힘을 지닌 사람이 자신에게 도전하면 쉽게 흔들리고 무너져 버린다. 비난형이 성장하기 위해서는 자신의 내면의 감정을 인식하고, 타인을 수용하는 태도가 필요하다.

◆ 초이성형

초이성형은 자신이나 다른 사람을 과소평가하는 경향이 있다. 지나치게 합리적인 상황만을 중요시하며 대부분 객관적인 자료나 논리에 근거해서 의사소통을 한다. 초이성형의 사람들은 다른 사람과의 관계에서 위축되고 융통성이 없으며 원칙 중심적이고 건조하고 강박적이다. 이들은 자신이 지나치게 감정적이고 상처받기 쉬운 사람이라는 것을 인정하지 않고 자기 자신만을 의지하고 믿는 것이 가장 안전하다고 믿는다. 그리하여 사회로부터 소외되고, 소외로 인한 외로움 때문에 괴로워한다. 초이성형이 성장하기 위해서는 자신과 타인에 대해 애정, 감정, 지적인 것을 통합하도록 해야 한다.

◆ 산만형

산만형은 의미나 내용이 없는 이야기를 하고, 매우 산만한 행동을 보이며 혼란한 심리 상태를 보인다. 산만형의 사람들은 생각 없이 말을 하거나 주제에 맞지 않는 내용으로 주위를 혼란스럽게 만든다. 이들은 자신과 주위 사람들의 욕구를 무시하는 극단적인 심리적 불균형 상태에 있다. 이러한 심리적 불균형 상태에서 나름 균형을 유지하기 위해서 계속 산만하게 움직인다. 이들의 움직임은 대체로 부적절하고 지나치며 무의미한 경우가 많다. 산만형이 성장하기 위해서는 자신의 상태를 제대로 인식하고, 어떤 상황 또는 사람을 세심하게 관찰하는 태도를 가지는 것이 필요하다.

◆ 일치형

일치형은 사티어의 의사소통 유형 중 유일하게 기능적인 유형이다. 일치형은 심리적으로나 신체적으로 건강한 상태에 있어 자신의 내적 감정과 생각들을 정확하고 진솔하게 표현한다. 그리고 의사소통의 내용과 내면의 감정은 항상 일치성을 가진다. 일치형의 사람들은 성격이 원만하고 생동감이 있으며 개방적이고 유능한 행동양식을 보인다. 다른 사람이나 상황을 조정하거나 자신을 방어하며 다른 사람을 무시하지 않는다. 이들의 높은 자아존중감과 일치성은 보다 충분히 기능하는 인간을 나타내는 두 가지 중요한 지표다.

사티어의 의사소통 유형별 정서, 행동 및 심리적 영향을 요약하면 〈표 5-1〉과 같다.

.ₐ₀₀ 표 5-1   **사티어의 의사소통 유형별 반응**

구분	정서	행동	심리적 영향
회유형	• 구걸하는 마음 '나는 힘이 없다.' – 변명하는 표현과 목소리 – 비굴한 신체적 자세	• 순교적 행동 – 사죄, 변명, 우는 소리를 함 – 모든 것을 제공함	– 신경과민 – 우울증 – 자살적 경향 – 자멸적 경향
비난형	• 비난하는 마음 '나는 여기서 우두머리다.' – 힘이 있어 보이는 태도 – 융통성이 없음	• 공격적 행동 – 심판적 행동 – 명령하기 – 약점 잡기	– 과대망상 – 편집증 – 이탈행동 – 공격적 성향
초이성형	• 냉담한 마음 '사람은 어떤 희생을 해도 냉정하고, 조용하고, 침착해야 한다.' – 경직된 굳은 자세 – 도도한 자세	• 권위적 행동 – 원칙적 행위 – 행동 합리화 – 조작적 행위 – 강제적 행위 – 의도적 행위	– 강박적 – 강제적 – 반사회적 – 사회적 위축 – 지나친 긴장
산만형	• 혼돈스러운 마음 '나는 실제로 여기에 있는 것이 아니다.' – 계속해서 움직임 – 비스듬히 앉음	• 부산한 행동 – 부적절한 조정 – 과잉행동	– 혼돈 – 혼란 – 부적절함 – 정신병
일치형	• 일관된 마음 – 표현의 흐름이 분명함 – 편안한 자세 – 긍정적인 자세	• 활발한 행동 – 적극적인 행동 – 자신감 있는 행동 – 적절함	– 건전함

출처: 송성자, 정문자(1994).

사티어의 의사소통 유형 알아보기

◈ 자신의 의사소통 유형을 알아보기 위하여 아래의 내용을 읽고 자신에게 적절하다고 생각되는 문항에 ✓표 하시오.

구분		문항 내용	확인란
회유형	1	나는 상대방이 불편하게 보이면 비위를 맞추려고 노력한다.	
	2	나는 관계나 일이 잘못되었을 때 자주 내 탓으로 돌린다.	
	3	나는 지나치게 남을 의식해서 나의 생각이나 감정을 표현하는 것을 두려워한다.	
	4	나는 다른 사람들의 표정, 감정, 말투에 신경을 많이 쓴다.	
	5	나는 타인을 배려하고 잘 돌보아 주는 편이다.	
	6	나는 다른 사람들이 나를 싫어할까 두려워서 위축되거나 불안을 느낄 때가 많다.	
	7	나는 타인의 요청을 거절하지 못하는 편이다.	
	8	나는 나 자신이 가치가 없는 것 같아 우울하게 느껴질 때가 많다.	
비난형	1	나는 일이 잘못되었을 때 자주 상대방의 탓으로 돌린다.	
	2	나는 다른 사람들의 의견을 무시하고 내 의견을 주장하는 편이다.	
	3	나는 내 의견이 받아들여지지 않으면 화가 나서 언성을 높인다.	
	4	나는 타인의 결점이나 잘못을 잘 찾아내어 비판한다.	
	5	나는 명령적이고 지시적인 말투로 상대에게 공격받았다는 느낌을 줄 때가 있다.	
	6	나는 사소한 일에도 잘 흥분하거나 화를 낸다.	
	7	나는 자주 근육이 긴장되고 목이 뻣뻣하며 혈압이 오르는 것을 느끼곤 한다.	
	8	나는 타인으로부터 비판적이거나 융통성이 없다는 말을 듣기도 한다.	

초이성형	1	나는 무슨 일이든 조목조목 따지는 편이다.	
	2	나는 이성적이고 차분하고 냉정하게 생각한다.	
	3	나는 나의 견해를 분명하게 표현하기 위해 객관적인 자료를 자주 인용한다.	
	4	나는 실수하지 않으려고 애를 쓰는 편이다.	
	5	나는 불편한 상황을 그대로 넘기지 못하고 시시비비를 따지는 편이다.	
	6	나는 현명하고 침착하지만 냉정하다는 말을 자주 듣는다.	
	7	나는 나의 감정을 표현하는 것이 힘들고 혼자인 느낌이 들 때가 많다.	
	8	나는 목소리가 단조롭고 무표정하며 경직된 자세를 취하는 편이다.	
산만형	1	나는 생각이 자주 바뀌고 동시에 다양한 행동을 하는 편이다.	
	2	나는 다른 사람들로부터 정신이 없거나 산만하다는 소리를 듣는다.	
	3	나는 상황에 적절하지 못한 말이나 행동을 자주하고 딴전을 피우는 편이다.	
	4	나는 곤란하거나 난처할 때 농담이나 유머로 그 상황을 바꾸려 하는 편이다.	
	5	나는 불편한 상황에서는 안절부절못하거나 가만히 있지를 못한다.	
	6	나는 한 주제에 집중하기보다는 화제를 자주 바꾼다.	
	7	나는 분위기가 침체되거나 지루해지면 분위기를 바꾸려 한다.	
	8	나는 불안하면 호흡이 고르지 못하고 머리가 어지러운 경험을 하기도 한다.	
일치형	1	나는 타인의 평가에 구애받지 않고 내 의견을 말한다.	
	2	나는 부정적인 감정도 솔직하게 표현한다.	
	3	나는 다른 사람이 내게 부탁을 할 때 내가 원하지 않으면 거절한다.	
	4	나는 나 자신에 대해 편안하게 느낀다.	
	5	나는 모험하는 것을 두려워하지 않는다.	
	6	나는 다양한 경험에 개방적이다.	
	7	나는 나만의 독특한 개성을 존중한다.	
	8	나는 누가 나의 의견에 반대하여도 감정이 상하지 않는다.	

◈ 각 의사소통 유형에 ✓표를 한 문항 수를 기록해 보자.

구분	회유형	비난형	초이성형	산만형	일치형
응답 개수					

◈ 자신의 의사소통 유형을 탐색해 본 소감은 어떠한가?

_____

_____

_____

_____

_____

_____

_____

_____

_____

_____

_____

_____

_____

_____

_____

_____

_____

_____

2) 조해리의 의사소통 유형

'조해리의 마음의 창(Johari's window of mind)'은 미국의 심리학자인 조셉 루프트 (Joseph Luft)와 해리 잉검(Harry Ingham)에 의해 개발된 의사소통 유형이다. 조해리 (Johari)는 두 사람 이름의 앞 글자인 조(Joe)와 해리(Harry)의 합성어다. 조해리의 마음의 창은 의사소통에서 자기공개의 중요성을 잘 보여 준다. 자기공개(self-disclosure)는 인간관계를 형성하고 유지하며 보다 깊은 관계로 발전하는 데 중요한 요인으로 알려져 있다. 조해리의 마음의 창은 〈표 5-2〉와 같이 의사소통 과정에서 다른 사람에게 자신을 얼마나 공개하느냐와 피드백을 얻는 정도에 따라 개방형, 주장형, 신중형, 고립형으로 구분된다.

.ᵢᵢₗₗ 표 5-2   조해리의 마음의 창

	내가 아는 정보	내가 모르는 정보
타인이 아는 정보	개방형 (공개적 영역)	주장형 (무지의 영역)
타인이 모르는 정보	신중형 (숨겨진 영역)	고립형 (미지의 영역)

◆ 개방형

개방형은 공개적 영역(open area), 즉 나도 알고 타인도 아는 영역이 가장 넓은 유형을 말한다. 개방형은 개인정보뿐만 아니라 자신의 감정, 생각, 행동 등을 자신이나 타인에게 솔직하게 알린다. 이 유형의 사람들은 원만한 의사소통 능력으로 개방적인 인간관계를 형성한다. 즉, 타인에게 관심을 보기도 하고, 자신의 의견이나 주장을 적절하게 표현한다. 또한 이들은 타인의 의견도 경청하고 존중할 줄 아는 사람들이다. 그러나 공개적 영역이 지나치게 넓어질 경우에는 오히려 인간관계를 손상시킬 수 있으므로 유의해야 한다.

◆ 주장형

주장형은 무지의 영역(blind area), 즉 나는 인식하지 못하지만 타인이 자신에 대해 아는 영역이 가장 넓은 유형을 말한다. 주장형은 자신의 버릇이나 습관 등에 대하여 타인은 알고 있으나 자신은 알지 못하는 부분이 많다. 이 유형의 사람들은 타인과 의사소통할 때 대화를 일방적으로 주도하는 편이며, 다른 사람의 반응에 무관심하다. 다른 사람을 존중하지 않는 태도는 자칫 독선적인 사람으로 보일 수 있다. 그러므로 타인에게 관심을 갖고 그들의 조언에 경청하고 진지하게 받아들이는 자세가 필요하다.

◆ 신중형

신중형은 숨겨진 영역(hidden area), 즉 나는 알고 있지만 타인은 모르는 영역이 가장 넓은 유형을 말한다. 신중형은 자신의 감정, 생각이나 행동에 대해 다른 사람에게는 알리지 않고 은폐하는 부분이 많다. 이 유형의 사람들은 자신의 이야기를 하기보다는 다른 사람들의 말을 듣기를 좋아한다. 타인에 대해 수용적인 편이지만 자신의 속마음을 잘 드러내지 않으므로 다른 사람들의 경계 대상이 될 수 있다. 그러므로 자기를 적절히 개방하여 다른 사람과 진정한 소통을 하는 소중한 시간을 가지도록 노력해야 한다.

◆ 고립형

고립형은 미지의 영역(unknown area), 즉 나도 모르고 다른 사람도 모르는 알려지지 않은 영역이 가장 넓은 유형을 말한다. 고립형은 자기를 개방하지도 않고 타인의 피드백도 수용하지 않는 편이라 원만한 의사소통이 이루어지기 어렵다. 이 유형의 사람들은 인간관계에 무관심하며, 삶에 대한 자세도 전반적으로 부정적인 모습을 보인다. 이들은 외골수적이며 다른 사람들과 어울리기보다는 혼자 지내는 시간이 대부분이다. 그러므로 인간관계를 개선하기 위해서 자신과 타인에 대한 관심을 가지고 자신의 의견이나 주장을 솔직하게 표현하는 적극적인 자세가 필요하다.

자신의 의사소통 유형 탐색하기

◆ '조해리의 마음의 창'을 활용하여 자신의 의사소통 유형을 탐색해 보자.

■ 내가 나를 아는 정도 ■

	1	2	3	4	5	6	7	8	9	10
1										
2										
3										
4										
5										
6										
7										
8										
9										
10										

■ 타인이 나를 아는 정도 ■

◆ 자신의 의사소통 유형을 탐색해 본 소감은 어떠한가?

_____

_____

_____

_____

3. 의사소통의 장애요인

의사소통의 장애요인은 효과적인 의사소통을 방해하는 걸림돌이다. 대화과정에서 의사소통의 걸림돌이 발견되면 선입견이 생겨 상대방이 전달하고자 하는 내용이 온전히 수용되지 않게 된다. 이러한 상황이 반복되고 지속되면 관계 또한 악화될 수 있다. 그러므로 원만한 인간관계를 유지하기 위해서는 의사소통의 장애요인을 제거해야 한다. 일상생활에서 자신이 자주 사용하는 장애요인이 무엇인지 인식하여 제거하려는 노력이 필요하다. 의사소통의 몇 가지 장애요인에 대하여 살펴보기로 한다.

◆ 명령이나 강요하기

명령이나 강요하기는 상대방의 자아에 가장 큰 상처를 주는 의사소통의 장애요인이라 할 수 있다. 명령이나 강요하기를 사용하는 화자의 의도는 상대방을 통제하고 빨리 문제를 해결하려는 것이다. 이런 경우 상대방은 상처받게 되고 저항하게 되므로 대화를 지속할 수 없게 된다. 아주 친밀한 관계라 하더라도 명령이나 강요하는 내용을 수용하기는 쉽지 않기 때문이다.

> **예** "너는 꼭 ~해야 한다." "~해!"

◆ 경고나 위협하기

경고나 위협하기는 화자의 의도를 미리 말함으로써 상대방의 특정 행동을 중지시키는 대화유형이다. 이런 유형의 의사소통 걸림돌을 사용할 경우 상대방의 공포감이나 두려움 등의 부정적인 감정을 유발할 수 있다.

> **예** "만약 ~하지 않으면 그때는 ~하겠다." "~하면 ~하겠다."

◆ 훈계나 설교하기

훈계나 설교하기는 일반적으로 존경하는 웃어른이 화자가 되는 경우 매우 의미 있는 시간으로 기억될 수 있다. 그러나 일상생활 속에서 훈계나 설교조의 대화 내용을 듣게 되면 거부감이 일어나게 된다. 상대에 대한 존중보다는 화자의 우월감이 느껴지므로 특히 동년배나 후배가 사용할 경우 대화의 걸림돌이 되게 마련이다.

> **예** "~하는 것은 너의 책임이지." "~하는 것이 도리지."

◆ 충고나 해결책 제시하기

충고나 해결책 제시는 청자가 어떤 마음자세와 위치에 있느냐에 따라 다르다. 만약 청자가 진심으로 어떤 일에 대한 충고나 해결책을 필요로 한다면 아무런 문제가 되지 않는다. 그러나 일상생활 속에서 이런 유형의 대화를 듣게 된다면 자신을 무시한다는 생각이 들 수 있다. 충고나 해결책 제시는 상대방의 자존감에 상처가 되므로 대화의 걸림돌이 된다.

> **예** "내가 말하고자 하는 것은~." "이런 경우 이렇게 하는 게 낫다."

◆ 비평이나 비난하기

비평이나 비난하기는 상대방을 위축시키는 대화 유형이며 반복해서 듣게 된다면 자존감에 심한 상처를 받게 된다. 인간은 누구나 자신을 긍정적으로 평가해 주기를 원한다. 따라서 이런 비평이나 비난하는 말을 듣게 되면 저항하게 되므로 대화가 단절되기 마련이다.

> **예** "너는 게을러서 안 돼." "왜 그렇게 신중하지 못하니."

◆ 분석이나 진단하기

분석이나 진단하기는 상대방으로 하여금 위협감과 좌절감을 느끼게 할 수 있다. 이런 유형의 대화를 나눌 경우 청자는 궁지에 몰리는 느낌을 받게 되어 두려움을 가진다. 자신의 의도와는 상관없이 다른 사람들에게 노출될 수 있다고 판단되어 대화를 중단하게 된다.

> **예** "무엇이 잘못 되었냐면~." "결국 ~가 문제였네."

◆ 캐묻기나 심문하기

캐묻기나 심문하기는 상대방으로 하여금 무슨 의도로 질문하는지 몰라 불안하게 할 수 있다. 이러한 대화 유형이 지속되면 대답을 하고 싶지 않거나 피하게 된다. 그리고 자신의 의도와는 다르게 문제의 요지나 핵심을 놓치는 상황이 생기기도 한다. 질문에 대한 답을 하는 경우 비판이나 해결책을 제시받기도 하므로 자연스럽게 대화를 단절하게 된다.

> **예** "누가~?" "어떻게~?" "왜~?"

◆ **욕설이나 조롱하기**

　욕설이나 조롱하기는 상대방으로 하여금 자신을 가치 없는 존재로 느끼게 할 수 있다. 이러한 대화 유형은 아무리 친밀한 관계를 전제한다고 해도 상대방의 건강한 자아를 파괴할 수 있다. 이런 경우가 반복되면 상처받고 싶지 않아 대화를 단절하게 된다.

　예 "울보야." "바보야." "아이고 잘났다, 정말."

의사소통의 걸림돌 찾기

◈ 자신의 의사소통의 걸림돌을 탐색해 보자. 아래의 항목을 보고 자신이 평소 자주 사용하는 의사소통의 걸림돌이 있다면 1~3순위를 표시해 보자.

순위	의사소통 걸림돌
	명령이나 강요하기: 너는 꼭 ~해야 한다.
	경고나 위협하기: 만약 ~하지 않으면 그때는 ~하고 말 거야.
	훈계나 설교: ~하는 것이 너의 책임이야.
	충고, 해결책 제시: 내가 말하고자 하는 것은~
	논리적 설득, 논쟁: 네게 문제가 되는 것은~
	비난, 비평, 비판: 너는 게을러서~
	욕설이나 조롱: 그래, 너 잘났다./ 이 바보야~
	분석이나 진단: 무엇이 잘못되었느냐 하면~
	캐묻기와 심문: 왜 그랬어?
	빈정거림과 화제 바꾸기: 세상 일 다 해결해 보시지~

◈ 자신의 의사소통의 걸림돌을 탐색해 본 소감은 어떠한가?

_____

_____

_____

_____

_____

_____

_____

4. 효과적인 의사소통 기법

효과적인 의사소통이란 상호작용하는 사람들과 특별한 갈등 없이 각자가 의도한 대로 대화를 잘 풀어 나가는 것을 말한다. 효과적인 의사소통을 위해서는 상대방의 의도를 제대로 파악해야 할 뿐만 아니라 자신이 의도한 것과는 전혀 다르게 상대방이 받아들일 수 있다는 점도 고려해야 한다. 또한 상대방의 말을 수용하고 자신의 생각을 정리하는 능력이 무엇보다 중요하다는 것을 잊어서는 안 된다. 효과적인 의사소통을 위하여 몇 가지 기법을 살펴보기로 한다.

1) 경청하기

경청은 효과적인 의사소통에서 가장 중요한 기법이다. 효과적인 의사소통은 상대방의 말을 경청하는 것에서부터 시작되기 때문이다. 경청이란 단순히 말을 듣는 차원을 넘어 상대방이 전달하려는 내용과 동기를 파악하는 것을 말한다. 경청은 새로운 인간관계를 형성하거나 유지 또는 개선하는 데 필요한 요소다. 누군가 자신의 이야기를 진심으로 귀 기울여 들어 준다면 상대방으로부터 존중받고 있는 기분이 들어 상대방을 신뢰하게 된다. 이처럼 경청한다는 것은 단순히 말을 듣는 차원을 넘어 상대방의 마음을 열 수 있는 능력을 의미한다.

경청에는 소극적 경청과 적극적 경청이 있다. 소극적 경청은 상대방이 말할 때 침묵으로 받아주는 비언어적 메시지다. 침묵을 유지하여 상대방이 좀 더 많은 이야기를 적극적으로 할 수 있도록 격려한다. 적극적 경청은 소극적 경청의 반응에 서 더 나아가 상대방의 말을 명료화시키고 그의 감정을 깊이 있게 이해하는 것을 말한다. 때로는 적절한 추임새를 사용하여 다른 이야기로 편안하게 옮겨 갈 수 있도록 촉진하기도 한다.

바람직한 경청을 위해 필요한 십계명을 제시하면 다음과 같다.

- **첫째, 상대방이 말하는 도중에 말하기를 자제한다.** 대화를 나누는 동안 상대방의 말에 최대한 집중할 수 있도록 말하기를 의식적으로 최소화한다.

- **둘째, 상대방을 최대한 편안하게 해 준다.** 상대방이 자신의 생각이나 감정을 충분히 이야기하고 느낄 수 있도록 배려한다. 상대방이 편안하게 말할 수 있도록 재촉하거나 말을 끊는 행동을 자제한다.

- **셋째, 상대방의 이야기를 듣기 원한다는 자세를 보여 준다.** 적절한 추임새(예: "그랬구나." "저런." 등)로 상대방의 이야기에 반응하여 상대방의 이야기에 관심이 있음을 보여 준다.

- **넷째, 주의를 산만하게 하는 방해요소를 없앤다.** 대화에 집중하는 데 방해가 되는 내부적 요소와 외부적 요소가 무엇인지 사전에 찾아보고 먼저 제거한다.

- **다섯째, 상대방에게 감정을 이입한다.** 상대방의 이야기를 들으며 그 사람의 입장이 되어 최대한 있는 그대로 느껴 보려고 노력한다.

- **여섯째, 인내심을 가진다.** 상대방의 이야기가 너무 길어 지루하다거나 집중하기가 힘들더라도 말을 가로채지 말고 인내심을 가진다.

- **일곱째, 화난 감정을 진정시킨다.** 감정이 흥분되어 있을 때는 상대방의 이야기를 제대로 들을 수 없으므로 먼저 자신의 감정을 조절한다.

- **여덟째, 논쟁하거나 비판하지 않는다.** 상대방의 발언이나 태도에 대하여 직접적으로 논쟁하거나 비판하지 않는다.

- **아홉째, 질문한다.** 적절한 타이밍을 이용하여 궁금한 내용을 질문함으로써 상대방의 이야기에 관심을 가지고 있음을 알린다.

- **열째, 말하기를 중지한다.** 첫째 계명과 마찬가지로 말하기를 멈춘다면 상대방의 이야기를 제대로 들을 수 있다. 이는 인간에게 두 개의 귀와 한 개의 입이 있는 이유이기도 하다.

2) 관심 기울이기

관심 기울이기는 상대방의 말을 듣는 자세, 표정, 시선 접촉과 같은 비언어적인 행동을 말한다. 관심을 기울인다는 것은 심리적으로나 신체적으로 상대방에게 온전하게 집중하고 있음을 전달하는 것이다. 모든 인간관계는 관심을 기울이는 것에서부터 시작되지만 그것을 유지하기란 그리 쉬운 일은 아니다. 관심 기울이기는 상대방으로 하여금 편안하게 대화를 이어 갈 수 있도록 하며, 보다 쉽게 친밀한 관계를 형성할 수 있게 한다.

관심을 기울이기 위해 사용되는 기술은 'SOLER'로, 그 내용은 다음과 같다.

- **S(Sit squarely): 상대방을 정면으로 바라보고 앉는다.**

대화를 나눌 때 정면으로 바라보고 앉는 것은 관심을 기울이는 기본적인 자세다. 상대방을 바로 바라본다는 의미는 상대방에게 관심이 있다는 것을 알려 주는 것이다. 상대방이 불편하게 생각할 경우 약간 비스듬히 앉아도 무방하다.

- **O(Open posture): 개방적인 자세를 취한다.**

개방적인 자세는 상대방과 마음의 문을 열고 진솔하게 만나고 싶다는 표현이다. 상대방의 말에 좀 더 진지하게 반응하기 위해서 팔짱을 끼거나 다리를 꼬는 자세를 피해야 한다. 개방적인 자세를 취하는 것은 상대방의 마음을 여는 데 도움이 된다.

- **L(Lean forward): 상대방 앞으로 몸을 약간 기울인다.**

대화를 나누는 동안 상대방 앞으로 몸을 기울이는 것은 관심이 많다는 자연스러운 표현이다. 특히 상체를 뒤로 젖히고 앉는 것은 거부감을 줄 수 있으므로 주의하는 것이 좋다. 상대방 쪽으로 몸을 기울이며 관심을 보임으로써 심층적인 대화를 나눌 수 있는 시간을 만들 수 있다.

- **E(Eye contact): 눈맞춤을 유지한다.**

적절하게 시선을 접촉하는 것은 상대방에게 관심을 가지고 있음을 알리는 반응이다. 눈맞춤을 유지하는 것은 상대를 신뢰하고 있으며, 계속 이야기할 수 있도록 격려하는 메시지를 전달하는 것이다. 반면, 상대방의 시선을 자주 피하면 불편하다거나 함께 있고 싶지 않다는 인상을 줄 수도 있다.

• R(Relax): 편안한 자세를 유지한다.

편안하고 이완된 자세와 태도는 상대방과의 불편함과 어색함을 줄여 준다. 긴장한다거나 자세를 자주 바꾸는 행동을 한다면 상대방은 편안하게 자신의 이야기를 할 수 없게 된다. 상대방이 불편한 마음이 들지 않도록 최대한 이완된 자세를 취하는 것이 좋다.

3) 공감하기

공감은 상대방이 지니고 있는 감정을 그대로 읽어 주고 함께 느껴 주는 것이다. 공감은 단순히 의사소통의 기술이 아니라, 인간에 대한 따뜻한 관심과 배려가 바탕이 되는 치유적인 도구다. 인간은 자신의 감정을 이해받고 싶은 욕구를 가지고 있다. 공감적 반응은 상대방에 대한 심리적 방어를 최소화하고 자기를 공개함으로써 보다 깊은 수준의 대화로 이끈다. 이처럼 공감은 의사소통에서 핵심적인 요소다. 그러나 상대방의 감정을 그대로 읽어 주고 느낀 바를 전달하는 것이 그리 쉬운 일은 아니다. 공감하는 능력은 타고난 성향도 있겠지만 다른 사람을 이해하려는 지속적인 노력이 수반되어야 한다.

공감하는 능력을 향상하기 위해서는 다음과 같은 노력이 필요하다. 첫째, 대화를 할 때 자신의 입장에서 그 사람의 말과 행동을 바라보기보다는 상대방의 입장에서 느끼고 이해하려고 노력한다. 이를 위해서는 객관적인 위치에서 상대방의 말을 충분히 경청하고 수용하려는 자세가 필요하다. 둘째, 상대방이 전달하는 표면적인 이야기에 집중하기보다는 드러나지 않는 이면의 생각과 감정에 집중한다. 공감능력을 향상시키기 위해서는 대화과정에서 표현되는 내용뿐만 아니라 상대방의 기분이나 감정을 파악하려는 노력이 중요하다. 셋째, 상대방의 생각과 감정을 명확하게 인식하여 자신이 느낀 감정을 잘 전달하려고 노력한다. 이는 경청한 말의 핵심을 정확하게 이해하여 상대방의 감정을 다른 언어로 전달하는 것을 말한다.

〈공감 훈련하기 1〉

A: 어떡하지! 나 이번 학기 성적이 엉망이야. 여섯 과목 중 세 과목에서 C학점 이하를 받았어. 부모님께 어떻게 말씀드릴지 걱정이야.

B:

〈공감 훈련하기 2〉

A:

B:

4) 수용하기

수용은 상대방의 생각과 느낌을 존중하며 있는 그대로 받아들이는 것을 말한다. 인간은 누구나 자신의 모습 그대로 받아들여지기를 원한다. 비판적인 사람들은 상대방의 생각이나 행동을 수정하고 평가하려는 태도를 지닌다. 수용은 평가적인 태도를 버리고 상대의 가치를 인정하는 것이다. 따라서 수용이란 타인의 가치를 존중하고 인정해 주는 것이다. 수용의 자세는 상대방의 관점도 존중하면서 자신의 생각과 느낌도 주장할 수 있는 바탕을 마련해 준다. 상대방의 주장을 수용한다고 해서 자신의 주장을 포기해야 하는 것은 아니다. 다른 사람들의 의견을 수용하기 위해서는 다른 사람들에 대해 지나치게 높은 기준을 세우는 것은 금물이다.

5) 자기표현하기

자기표현은 자신의 의사, 욕구, 감정을 다른 사람들에게 효과적으로 전달하는 것을 말한다. 자기표현은 다른 사람들의 존엄성과 권리를 침해하지 않는 범위 내에서 이루어지는 의사소통기술이다. 자기표현을 잘하지 못하는 사람들은 다음과 같은 특징을 가지고 있다. 첫째, 자기표현을 억제하는 비합리적 사고를 가지고 있다. 둘째, 자기표현을 방해하는 부정적인 정서가 내재되어 있다. 셋째, 건강하게 자기를 표현하는 방법을 잘 알지 못한다. 넷째, 환경적인 원인으로 자기표현에 대한 부정적인 인식이 뿌리 깊게 박혀 있다.

자기표현은 상대방을 변화시키거나 자신의 이익을 위하여 타인을 조종하는 것이 목적이 아니다. 자기표현의 목적은 다른 사람들에게 자신이 원하는 바를 건강하게 요청하기, 다른 사람들의 부탁을 정중하게 거절하기, 그리고 자신의 생각이나 느낌을 있는 그대로 표현하기 등이다. 의사소통에서 자신의 심리적 상태나 의도를 명료하고 정확하게 전달하여 자신을 보호하는 것이다. 자기표현이 서투른 사람들은 상대방을 지나치게 배려하여 자신의 권리를 보호하지 못하기 때문에 자기표현은 매우 중요하다.

자신의 의사소통 패턴 탐색하기

◆ 최근 갈등상황을 떠올려 보고, 그 상황에서 자신이 어떻게 반응하였는지 살펴보자.

① 그 갈등상황을 간략하게 설명해 보자.

_____

_____

_____

_____

② 그 갈등상황에서 자신이 실제로 어떤 행동을 하였는가?

_____

_____

_____

_____

③ 그 갈등상황의 결과는 어떠했는가?

_____

_____

_____

_____

④ 그 갈등상황의 결과가 나에게 미친 영향은 무엇인가?

_____

_____

_____

_____

_____

◆ 자신의 의사소통 패턴을 탐색해 본 소감은 어떠한가?

_____

_____

_____

_____

_____

_____

_____

_____

_____

_____

_____

_____

_____

_____

◈ 앞서 살펴본 최근 갈등상황에 대한 효과적인 문제해결을 위하여 표현의 4단계 대화법을 훈련해 보자.

📶 표 5-3 효과적인 대화법 훈련하기: 표현의 4단계(의사소통 훈련을 위한 예시)

【갈등상황】 이몽룡에게는 3년 동안 사귄 춘향이가 있다. 그러나 이몽룡은 요즘 고민에 빠져 있다. 그 이유는 약속시간을 너무 쉽게 생각하는 춘향이 탓에 걸핏하면 1시간 이상 기다리는 건 기본이 되어 버렸기 때문이다. 이몽룡은 어떻게 하면 그녀의 마음을 다치게 하지 않고 자신의 마음을 전할까 고심하고 있다.

【표현의 4단계】
• 1단계: 관찰/사실
　　"춘향아~ 넌 우리가 다섯 번 만날 동안 네 번은 한 시간 이상 늦고 있어."
• 2단계: 느낌/감정
　　"널 기다릴 때마다 무시당하는 것 같아서 화가 나."
• 3단계: 욕구/필요
　　"약속시간을 제대로 지켜 줬으면 좋겠어."
• 4단계: 요청/부탁
　　"그렇게 해 줄 수 있겠어?"

【참고】
• 긍정감정: 자랑스럽다, 기쁘다, 행복하다, 날아갈 듯하다, 자유롭다, 신난다, 뿌듯하다, 즐겁다
• 부정감정: 무능하다, 지친다, 맥 풀린다, 허전하다, 화난다, 신경질 난다, 울화가 치민다, 미치겠다, 열받는다, 답답하다, 우울하다, 불행하다, 가슴 아프다, 의아스럽다, 의심스럽다, 막막하다, 캄캄하다, 절망스럽다, 당황스럽다, 충격적이다, 불안하다, 초조하다 등

① 관찰/사실

_____

_____

_____

_____

_____

_____

② 느낌/감정

_____

_____

_____

_____

_____

_____

③ 욕구/필요

_____

_____

_____

_____

_____

_____

④ 요청/부탁

_____

_____

_____

_____

_____

_____

| 제6장 |

스트레스

1. 스트레스의 이해

1) 스트레스의 의미

현대인은 급속한 사회 변화 과정에서 다양한 종류의 스트레스를 경험한다. 스트레스의 어원은 라틴어 'stringer' 또는 'strictus'에서 유래한 것으로 '팽팽하게 조인다'의 뜻을 내포하고 있다. 즉, 인간이 스트레스를 느낄 때 경험하는 답답하거나 긴장된 몸과 마음의 상태를 나타낸다. 스트레스는 공학이나 물리학에서 '외부로부터 힘이 가해졌을 때 생기는 물체의 여파'라는 의미로 사용되다가 캐나다의 내분비학자인 한스 셀리에(H. Selye)가 이 개념을 생체에 적용시킨 이후로 생물학적인 스트레스라고 불리게 되었다. 스트레스의 의미는 학자에 따라 다소 다르게 정의하고 있지만, 일반적으로 인간이 심리적·신체적으로 감당하기 어려운 상황에 처하게 되었을 때 느끼게 되는 불안과 위협의 감정, 또는 외부 자극이 가해졌을 때 그에 적응하기 위해 일어나는 심리적·신체적 긴장 상태를 말한다.

스트레스는 인간의 삶의 모든 영역에 존재하기 때문에 누구도 스트레스를 피할 수 없다. 중요한 것은 스트레스가 무엇이며, 어떤 종류가 있고, 또 종류에 따라 어떻게 대처하는지를 이해하는 것이다. 스트레스는 스트레스가 인체에 미치는 영향에 따라 역기능적 스트레스(distress)와 기능적 스트레스(eustress)로 구분된다.

역기능적 스트레스는 인체에 해로운 효과를 유발하는 부정적인 스트레스를 말한다. 이는 일시적이지만 그 강도가 강해 신체가 견딜 수 없는 유해한 스트레스 또는 만성적 스트레스를 말한다. 과도하거나 불쾌한 요구에 의한 역기능적 스트레스는 우리의 에너지를 소진하고 질병을 일으키는 경우가 많다. 반면, 기능적 스트레스는 개인의 성장과 발전에 기여하는 긍정적인 스트레스를 말한다. 이는 신체가 수용하고 스스로 적절히 통제할 수 있는 스트레스로 개인의 활력을 촉진하는 효과를 가져다준다. 그러나 긍정적인 스트레스라 하더라도 그 자극이 극단적으로 과도하면 큰 스트레스가 될 수 있다는 점도 염두에 두어야 한다. 이처럼 어떤 특정 자극이 모든 사람에게 역기능적 스트레스가 되거나 기능적 스트레스가 되는 것은 아니다. 즉, 어떤 사람에게는 역기능적 스트레스가 어떤 사람에게는 기능적 스트레스가 될 수 있다. 그 이유는 스트레스 자체가 가진 문제를 포함하여 이를 극복하는 개개인의 대처법에 있어서도 상당한 차이가 있기 때문이다.

2) 인간발달과 스트레스

인간은 태어나서 사망에 이르기까지 각 발달단계별로 다양한 종류의 스트레스를 경험한다. 생애주기별 발달과업과 관련된 다양한 종류의 스트레스에 대해 살펴보면 다음과 같다. 먼저, 영아기에는 자기가 필요로 하는 것을 취하려 할 때 자신을 돌보는 양육자와 상호작용을 한다. 부모의 양육행동이 일관성이 있을 때 영아는 신뢰감을 형성하지만, 부모의 양육행동을 예측할 수 없을 때 부모를 불신하게 되며 자신의 욕구 좌절로 인해 스트레스를 받게 된다. 2~3세경이 되면 유아는 신체적·생리적 성숙에 따라 세상을 자유롭게 탐색하고 스스로 어떤 일을 하려고 하는 자율성이 발달된다. 하지만 부모가 유아의 자율적 의지를 규제하면 유아는 수치심 및 회의감으로 인해 스트레스를 받게 된다. 특히 이 시기의 배변훈련은 유아가 경험하게 되는 최초의 사회적 제지로, 무리한 배변훈련은 유아에게 많은 스트레스를 경험하게 한다. 3~5세는 주도성이 발달하는 시기로 이 시기에 유아는 운동 능력이나 지적 능력이 발달함으로써 더욱 많은 것을 스스로 행할 수 있으며, 활동의 목표나 계획을 세워 이를 달성하고자 하는 주도성이 발달된다. 이 시기에 주도적으로 주변 세계를 탐색할 수 있는 기회와 자유를 박탈하게 되면 죄의식을 갖게 되어 스트레스가 증폭된다.

아동기에는 생활의 중심이 가정에서 학교로 옮겨 감에 따라 학교생활을 통해 많은 사회적 관계를 형성하게 된다. 이 시기에 아동은 자신의 성취에 대해 인정받고자 하는 욕구와 자신의 능력을 확인하려는 욕구가 강하게 나타난다. 이때 부모나 교사가 성취할 기회를 주지 않거나 혹은 성취한 결과에 대해 무관심하거나, 너무 무리한 요구를 하여 실패를 경험하면 아동은 열등감으로 인한 스트레스를 받게 된다. 청소년기는 자신의 지적·사회적·성적·도덕적 자아정체감을 형성하려고 노력하는 시기다. 그러나 이 시기에는 급격한 신체적 변화와 성적 성숙, 진학과 전공 선택의 문제, 이성문제 등으로 인해 자아정체성 위기를 겪을 수 있으며, 이는 청소년에게 과도한 스트레스를 불러일으킨다.

성년기는 사회에 참여하게 되고 자유와 책임을 가지고 스스로의 삶을 영위하기 시작하는 시기다. 이 시기에는 자기 자신의 문제에만 몰두하는 것에서 벗어나 직업 선택, 배우자 선택, 친구 선택 등 다양한 문제를 경험한다. 이러한 문제로 인한 위기를 성공적으로 극복하지 못하면 고립감을 형성하게 되며, 이는 성인기의 스트레스로 연결된다. 성인기는 수면 시간을 제외한 대부분의 시간을 직장에서 보내고 있으며, 직장에서 직무, 승진, 대인관계 등의 많은 문제와 스트레스에 직면한다. 직무 관련 스트레스를 유발하는 원인에는 물리적 환경 관련 스트레스원, 조직 관련 스트레스원, 직무 관련 스트레스원, 개인 관련 스트레스원, 조직 외 관련 스트레스원 등이 있다.

중년기에는 신체적으로는 남성 갱년기와 여성 폐경기가 나타나며, 심리적으로는 중년기 위기를 경험한다. 이 시기는 자녀를 돌보고 부모를 봉양하는 이중의 책임감으로 인해 스트레스가 발생한다. 뿐만 아니라 부모, 부부 및 자녀와의 갈등, 중년기 우울증, 실직 등과 같은 다양한 스트레스를 경험하게 된다. 노년기는 심신의 노화에 의한 각종 신체질환이 발병하기 시작한다. 이 시기는 심리사회적 측면에서의 역할 상실이 고독감을 가중시키므로 퇴직 후 변화하는 역할에 융통성 있게 대처해야 한다. 가정이나 사회에서의 역할 상실로 자존심이 손상받게 되면 심각한 정신적 스트레스가 야기될 수 있다.

스트레스 취약성 검사하기

◆ 스트레스 취약성 검사를 활용하여 각 스트레스 요인에 대해 얼마나 잘 이겨 내고 있는지 탐색해 보자. 해당되는 곳에 ✓표를 한 다음 합계 점수를 구해 보자.

구분		문항	전혀 그렇지 않다	가끔 그렇다	매우 그렇다
A	1	적절한 음식을 적당량 먹는다.	0	1	3
	2	하루에 커피, 차 또는 콜라를 다섯 잔 이상 마시지 않는다.	0	1	3
	3	나의 신장에 맞는 적절한 체중을 유지한다.	0	1	3
	4	음식에 소금을 많이 넣지 않는다.	0	1	3
	5	매일 규칙적으로 식사를 하고 군것질은 하지 않는다.	0	1	3
	6	규칙적으로 생수나 광천(미네랄)수를 마신다.	0	1	3
		합계			
B	1	점심 때 술을 마시지 않는다.	0	1	3
	2	술보다 음료수를 더 좋아한다.	0	1	3
	3	나 혼자서는 술을 마시지 않는다.	0	1	3
	4	귀가 후 집에서는 술을 잘 마시지 않는다.	0	1	3
	5	적당하게 술을 마시거나, 전혀 마시지 않는다.	0	1	3
	6	하루 다섯 개비 이하의 담배를 피우거나 아예 피우지 않는다.	0		3
		합계			
C	1	일주일에 적어도 세 번 정도는 땀이 날 정도로 운동을 한다.	0	1	3
	2	일상생활 가운데 적당한 신체 에너지를 사용하는 일을 한다.	0	1	3
	3	승강기를 이용하기보다는 계단을 걸어 올라간다.	0	1	3
	4	규칙적인 운동 프로그램을 실천한다.	0	1	3
	5	매주 한 가지 이상의 운동을 한다.	0	1	3
	6	매일 산책하거나 길을 걷는다.	0	1	3
		합계			

D	1	친구나 친척과 정기적 계 모임이나 동창 모임을 갖는다.	0	1	3
	2	규칙적으로 가족이나 친구들과 애정을 주고받는다.	0	1	3
	3	부정적 감정을 쌓아 두기보다는 잘 표현한다.	0	1	3
	4	아주 절친한 친구가 있어 그들과 은밀한 문제를 논의할 수 있다.	0	1	3
	5	학교에서 나를 정서적으로 지지해 주는 동료가 있다.	0	1	3
	6	친구로부터 도움을 구하거나 필요하면 전문적 충고를 받는다.	0	1	3
	합계				
E	1	적어도 한 가지 이상의 취미 생활이나 규칙적으로 즐기는 흥밋거리가 있다.	0	1	3
	2	매일 휴식 시간을 갖는다.	0	1	3
	3	적어도 일주일에 나흘 정도는 7~8시간 잠을 잔다.	0	1	3
	4	일주일에 적어도 한 번은 재미있는 일을 한다.	0	1	3
	5	나 자신을 즐겁게 할 수 있다.	0	1	3
	6	아무것도 하지 않고도 시간을 보낼 수 있다.	0	1	3
	합계				
F	1	규칙적으로 기도를 하거나 명상을 한다.	0	1	3
	2	나의 문제를 내 스스로 해결한다.	0	1	3
	3	나 자신을 믿는다.	0	1	3
	4	내 마음이 평안하다는 느낌을 갖는다.	0	1	3
	5	어떤 일이나 어떤 것에 대해 깊은 소속감을 갖는다.	0	1	3
	6	스트레스 상황을 극복하는 것을 배운 적이 있다.	0	1	3
	합계				

[채점 및 해석]

구분	A	B	C	D	E	F
	건강식	금연과 금주	운동	정서적 안녕	이완과 오락	자기이해와 자기수용
점수						

각 요인별 최대 점수는 18점이며 최소 점수는 0점이다. 각 요인별로 15점 이상 얻었다면 스트레스를 잘 이기고 있다는 증거다. 즉, 스트레스 대처가 성공적이다. 9점 이하의 경우는 스트레스에 대한 반응이 부정적인 경향이 있다. 각 요인에 해당하는 내용을 살펴보고 스트레스 취약성에 영향을 미치는 요인들에 대해 탐색해 볼 필요가 있다.

출처: 장현갑, 강성군(1996).

2. 스트레스의 원인

1) 생물학적 원인

생물학적인 스트레스 유발인자는 주위 환경과의 관계에서 일어나는 것으로서, 대다수의 사람들에게 스트레스 반응을 일으키는 스트레스 자극들을 말한다. 생물학적인 측면에서 고려될 수 있는 스트레스 유발인자들이 많지만 특히 현대인에게 영향을 크게 미치는 생체리듬, 영양 섭취, 소음공해에 대해 구체적으로 살펴보자.

◆ 생체리듬

24시간을 주기로 하는 생체리듬은 신경계와 호르몬 체계가 지배하는 생리학적으로 매우 중요한 역할을 한다. 생체리듬은 인간의 수면과 섭식에 관여할 뿐만 아니라 체온, 혈압, 뇌파의 활동, 소변의 양, 호르몬의 분비, 세포의 재생성 등에 관여한다. 이러한 신체과정의 변화에 따라 에너지 수준, 동기화, 주의집중력이 변동한다. 즉, 인체는 규칙적인 생활을 통해 생체리듬이 유지될 때 스트레스는 줄어들고 심신의 건강을 유지할 수 있다. 현대인의 생활은 어떠한가? 현대인은 경쟁에서 살아남기 위하여 사회의 요구에 의해 움직이고 있다. 이에 따라 현대인의 생체리듬이 갈수록 파괴되고 스트레스의 강도가 높아지고 있다.

◆ 영양 섭취

체내에서 영양소의 역할은 매우 다양하며 영양소 상호 간에는 유기적인 관계가 있으므로 영양의 균형이 깨어지지 않도록 하는 것이 중요하다. 일상생활의 스트레스는 특정 음식을 섭취하여 교감성 스트레스 반응을 자극함으로써 발생할 수 있다. 교감신경자극성 작용제는 교감성 스트레스 반응을 모방해 내는 화학물질이다. 많은 음식이 스트레스를 유발하는 교감신경자극성 물질을 내포하고 있어 이런 음식을 섭취하면 스트레스 반응을 일으키게 된다.

교감신경자극성 물질을 내포하고 있는 대표적인 음식이 커피다. 커피에는 교감신경자극성 스트레스 유발인자인 카페인이 들어 있다. 카페인은 신진대사를 증가시키고 높은 각성수준을 일으키는 강력한 흥분제다. 카페인을 많이 섭취하면 혈압 상승, 위장

장애, 수면 장애, 심장박동 증가에 따른 산소 소모를 증가시킬 수 있는 스트레스 호르몬을 방출시키게 된다.

스트레스를 유발하는 교감신경자극성 물질과 관련이 있는 염분에 대해 살펴보자. 소금은 체내 수분의 균형을 관장하는 데 가장 중요한 무기물이다. 짠 음식, 즉 나트륨 함량이 높은 음식을 많이 먹으면 과도하게 수분을 보유하게 되고, 과도한 수분은 신경 조직을 긴장시키고 혈압을 상승시킨다. 많은 사람에게 있어서 스트레스 반응에 대한 가장 흔한 표현이 혈압 상승이다. 즉, 지나친 수분 보유 때문에 혈압이 이미 올라가 있는 상태에서 스트레스를 받는다면 극도로 위험한 상황이 될 수 있다.

◆ 소음

소음은 생물학적 스트레스 유발자이면서 심리사회적 요소도 지니고 있다. 소음은 교감신경계를 자극하여 생리학적인 반응을 일으키며 주관적인 불쾌감을 동반한다. 이러한 생리학적인 반응과 불쾌감은 전신에 스트레스 반응을 불러일으킨다. 만약 소음이 위험 수준을 넘으면 실질적인 조직 손상과 심장순환계의 변화를 일으킬 수 있다. 또한 소음에 반복적으로 노출되면 심장과 혈관의 구조적 적응 때문에 지속적으로 혈압을 상승시킨다. 산업 현장에서 높은 수준의 소음을 듣는 근로자들을 대상으로 연구한 결과, 혈액 속에 평균 이상의 스트레스 호르몬을 보유하고 있었다. 이처럼 소음은 생리학적인 기능에 영향을 미쳐 스트레스를 유발한다. 지속적으로 소음에 노출된다는 것은 인체에 생리적으로뿐만 아니라 심리적으로도 해로운 영향을 미치므로 일정 수준 이상의 소음에 장시간 노출되지 않도록 해야 한다.

2) 성격적 원인

성격은 환경과의 상호작용 속에서 일관되게 나타나는 행동패턴으로 개인의 감정과 행동 전반에 걸쳐 광범위하게 영향을 미친다. 밀론은 성격을 불안을 방어하고, 대인관계의 스트레스를 해결하며, 심리적 갈등을 다루는 개인적 양식이라고 하여 스트레스와 건강에 있어서 성격의 중요성을 강조하였다(Millon, 1982). 이처럼 스트레스를 극복하기 위하여 자신의 성격을 파악하는 일은 매우 중요하다. 성격을 제대로 파악하면 현재의 스트레스 수준과 취약성 정도를 가늠할 수 있기 때문이다.

◆ A형 행동양식

1950년대부터 프리드만(M. Friedman)과 로젠만(R. Rosenman)은 행동특성과 관상성 심장질환 간에 높은 상관이 있다는 연구를 발표하여 대단한 주목을 끌었다. 관상성 심장에 취약한 성격을 A형 성격 또는 A형 행동양식이라고 부른다. A형의 사람들은 야심적이며 경쟁적인 성격으로, 지나치게 청결하고 완벽주의를 지향하며 일중독자가 많다. 이들은 적은 시간에 되도록 많은 일을 성취하기 위해 항상 투쟁하며, 적대적인 행동들을 많이 한다. 경쟁과 승부에 집착하며, 심지어는 어린아이들과의 게임에서까지도 이기려고 한다. 항상 시간이 부족하고 시간에 쫓긴다고 느낀다.

영국의 임상심리학자 아이젱크(H. Eysenck)의 성격 분류법에 따르면, A형은 경쟁적이고 성취 지향적이며 공격적인 성격의 소유자로 스트레스를 받기 쉬운 경향성을 지니고 있다. B형은 느긋하고 태평하며 시간에 쫓기지 않고, 업적의 성취보다는 자기 자신에게 더 관심이 많은 경향을 보인다. 이들은 타협적인 성격으로 스트레스에 민감하지 않다. A형의 사람들이 B형보다 심장질환에 걸릴 확률이 높다. C형은 감정 표현을 자제하고 참을성이 강해 갈등상황을 회피하는 성격이어서 자기주장이 약하고 감정을 잘 억압한다. 스트레스를 받으면 적극적으로 헤쳐 나기기보다는 쉽게 무기력해지는 유형으로 암에 걸리기 쉬운 특성을 가지고 있다.

성격유형 A형 행동양식 검사하기

◆ 간단한 자기평가 질문지로 자신이 성격유형 A형 행동양식에 해당되는지 탐색해 보자. 해당되는 곳에 ✓표를 한 다음 합계 점수를 구해 보자.

번호	문항	전혀 그렇지 않다	좀처럼 그렇지 않다	가끔 그렇다	거의 항상 그렇다
1	나는 약속시간에 늦거나 일이 느리게 진행되는 것을 참지 못한다.	1	2	3	4
2	나는 줄을 서서 기다리는 것을 싫어한다.	1	2	3	4
3	사람들은 내가 쉽게 흥분한다고 말한다.	1	2	3	4
4	나는 나의 일과 오락을 경쟁적으로 하려고 한다.	1	2	3	4
5	나는 내가 해야 할 일을 미루고 잠시 쉬고 있을 때에 죄의식을 갖는다.	1	2	3	4
6	나는 대화에서 다른 사람들의 말을 가로챈다.	1	2	3	4
7	나는 심한 압력하에 있을 때 쉽게 흥분하고 화를 낸다.	1	2	3	4
8	나는 시간을 정해 놓고 강박적으로 일을 한다.	1	2	3	4
9	나는 내가 하고 싶은 일이 다른 사람에 의해 좌우되는 것을 싫어한다.	1	2	3	4
10	나는 현실적으로 그렇게 할 필요가 없을 때에도 나 자신을 몰아세운다.	1	2	3	4
합계					

[채점 및 해석]

합계 점수가 24점 이상은 A형 행동양식이라고 할 수 있다.

출처: Girdano, Everly, & Dusek (1990).

◆ 신경증적 경향성

신경증적 경향성은 성격의 5요인 이론의 성격 유형 중의 하나이며, 정서적 안정성과 관련된다(Goldberg, 1990). 신경증적 경향성은 일반적인 상황에도 부정적인 정서를 체험하는 경향성을 의미한다. 신경증적 경향성 지수가 높은 사람은 두통, 복통, 어지럼증과 같은 신체질병에 대한 불만뿐만 아니라 불안에 대한 주관적인 경험을 수시로 호소하고, 정서가 쉽게 바뀌고 주변을 의식하며, 스트레스나 갈등에 민감하게 반응한다. 또한 그들은 스트레스에 민감하고 위험 요소가 사라진 다음에도 신경증적 경향성 지수가 낮은 사람에 비해 스트레스 반응이 느리게 감소하는 특징을 보인다. 동일한 자극에 반응하는 정도가 성격에 따라 차이가 있는데, 신경증적 경향성이 높은 사람은 낮은 사람에 비해 스트레스를 주는 환경을 잘 견디지 못한다. 이들은 똑같은 환경에 노출되어도 신경증적 경향성이 낮은 사람보다 더 큰 스트레스로 받아들이기 때문이다. 그러므로 신경증적 경향성이 높은 사람들은 지나치게 자극적이거나 스트레스를 주는 상황에 준비 없이 들어가지 않도록 노력해야 한다. 특히 자신이 알코올이나 기타 신경안정 물질에 대한 취약성이 있다는 것을 인식하고 조심해야 한다.

◆ 내외통제성

내외통제성은 1950년대 미국 오하이오 대학교의 심리학자 파레스(Phares, 1976)에 의해 처음으로 연구되었다. 내외통제성은 인간의 성격변인들 중의 하나로, 자신의 행동과 사건의 인과적 관계를 어떻게 지각하느냐에 따라 내적 통제와 외적 통제로 나눈다. 내적 통제(internal control)는 일어난 사건의 결과에 대한 원인을 내적 요인, 즉 자신의 행동이나 능력으로 지각하는 것을 말한다. 외적 통제(external control)는 일어난 사건의 결과에 대한 원인을 외적 요인, 즉 운명, 우연 또는 행운 등 자신을 둘러싸고 있는 외부의 힘으로 지각하는 경우를 말한다. 내외통제성은 가치관, 인생관, 성취에 대한 태도 등에 영향을 주게 되므로 한 개인의 성취목표를 결정하는 데 하나의 중요한 결정요인으로 작용한다.

스트레스 지각의 핵심 요소는 스트레스 경험에 대한 통제감이다. 내적 통제성이 높은 사람은 문제 상황에서 정서적 조절능력이 높아 스트레스도 덜 경험한다. 반면, 외적 통제성이 높은 사람은 외부로 책임을 전가시키므로 공격 성향이 높아 부적응 행동을 유발한다. 내외통제성과 스트레스 대처양식과의 관계를 살펴보면 자기 자신을 어떻게 평가하는가에 따라 스트레스 대처행동이 달라진다. 일반적으로 스트레스의 원인을 스스로 통제한다고 생각하는 내적 통제성을 지닌 사람들은 적극적으로 스트레스에 대처한다. 심리학자들에 따르면, 내적 통제성을 지닌 사람들이 외적 통제성을 지닌 사람들보다 좀 더 지적이며 성공 지향적이다.

3) 심리사회적 원인

심리사회적인 스트레스 원인들은 사회화와 지각 사이에 존재하는 복잡한 상호작용의 결과로서 생기게 된다. 사람들에게 스트레스를 일으키는 심리사회적 원인들 중 과잉부담, 좌절, 적응에 대해 살펴보면 다음과 같다.

◆ 과잉부담

과잉부담은 스트레스의 다양한 심리사회적 원인 중 가장 폭넓게 차지하는 부분이다. 과잉부담은 직장, 학업, 가정에서 자신의 능력을 벗어난 자극 및 요구 수준에 의해 생긴다. 직장에서의 과잉부담은 개인이 발휘할 수 있는 능력 이상을 요구하는 작업환경에서 일어난다. 특히 시간적인 압박감에서 오는 과잉부담의 경우 신체는 콜레스테롤과 혈액 응고 시간이 현저하게 증가하여 심장병으로 발전될 수 있는 과도한 스트레스를 경험하게 된다.

학업에서의 과잉부담은 학생들에게는 더할 수 없는 스트레스의 원인으로 작용한다. 최근에는 초등학교 교실에서까지 심각한 경쟁으로 학생들이 학업 스트레스를 받고 있으며, 시험불안은 날이 갈수록 증가하고 있다. 학생들 중 일부는 높은 시험불안 때문에 평가에서 자신의 능력보다 낮은 성적을 받기도 한다. 이로 인해 부정적인 자아개념이 형성되기도 하고 심각한 정서적 장애를 불러일으키기도 한다.

◆ 좌절

인간은 자신의 목표에 도달하기 위해 목적 지향적인 행동을 한다. 이러한 과정에서 외적인 장벽이나 내적인 방해를 받아 자신의 목표를 달성하지 못할 때 좌절을 경험하게 된다. 『교육심리학 용어사전』에 따르면, 좌절이란 "동기 혹은 목표의 성취나 욕구의 충족이 이루어지지 못한 결과로 생기는 주관적 경험"이다. 물리적 장애, 사회경제적 장애요인, 신체적·심리적 결함이 좌절의 원인이 되며, 좌절의 정도는 사람의 생리적 반응에 근거하여 측정된다. 좌절의 반응 정도가 클수록 신체는 더 강하게 반응한다. 좌절에 대한 반응으로 짜증, 공격성, 실망감, 고착, 수치심, 우울 등 다양한 부정적 감정이 나타난다.

　이처럼 좌절은 부적 정서를 야기하고, 그 부적 정서의 강도에 따라 공격성이 유발된다. 공격성은 외부적 스트레스 사건 그 자체보다는 스트레스 사건에 의해 야기된 부적 정서 때문에 일어난다. 사람들이 좌절에 대한 적절한 이유를 지각할 수 있다면 공격성을 최소화할 수 있다. 최근 들어 스트레스를 생리적인 위협으로 보기보다는 심리사회적 개념으로 보는 경향이 높다. 따라서 좌절과 스트레스는 서로 분리된 것이 아니며 매우 밀접한 관련을 가지고 있다.

◆ 적응

　인간은 사회적인 존재로 출생과 더불어 끊임없이 환경에 적응하면서 발달한다. 적응이란 개인이 주변의 환경과 능동적으로 상호작용하는 것을 말한다. 적응은 원래 생물학에서 말하는 환경변화에 대응하여 개체의 구조나 기능을 변화시켜 가는 순응을 의미한다. 즉, 개체의 상태를 항상적으로 보존하려는 동질정체의 개체적 기제에 의해서 외계의 자극이나 변화에 대응하는 것이 순응이다. 심리학적 측면에서 적응은 개체가 환경과의 조화를 이루어 욕구를 해결해 나가는 행동과정을 의미한다. 즉, 적응은 생물학적 변화라기보다는 개체의 기능적인 혹은 학습된 변화를 말한다.

　일상생활에서 끊임없이 직면하게 되는 변화는 사회적으로 적응해야 하는 인간에게 스트레스로 작용한다. 오늘날 적응의 문제를 다룰 때 스트레스라는 용어를 보다 빈번히 사용하고 있는 것은 많은 적응의 문제가 내적 갈등이나 억압된 충동보다는 환경의 변화에서 야기되기 때문이다. 어떠한 환경적 사건도 개인의 주관적 지각이나 평가와 독립되어 하나의 객관적인 스트레스 원으로 작용할 수 없다는 관계론적 측면을 강조하고 있다. 개인의 지각, 인지나 스트레스에 대한 대처능력 등의 특성도 환경의 중요한 일부분이 되며 동시에 환경에 영향을 주기 때문에 단순한 작용이 아닌 역동적 상호작용으로 보는 것이다.

3. 스트레스 반응

　스트레스 반응이란 환경적 자극과 개인의 내적 요구에 대한 적응의 결과로 나타난다. 스트레스 반응이 지나치게 격렬하거나 자주 나타나서 개인의 적응능력을 넘어설 때 부정적 스트레스로 나타나게 된다. 이러한 부정적 스트레스로 나타나는 증상은 매우 다양하고 복잡하다. 스트레스 반응에 대한 결과를 생리적 반응과 심리적 반응으로 나누어 설명하고자 한다.

1) 생리적 반응

스트레스가 많은 현대인의 생활은 계속적으로 신체적 각성을 유발하게 되고, 이러한 각성은 생리적 과정에서의 지속적인 변화를 일으키는 원인이 된다. 스트레스의 생리적 반응은 교감신경계를 활성화시켜 심장박동의 증가, 소화 기능의 억제, 동공 확장, 혈관 수축 등의 반응을 일으키며, 또한 시상하부를 통한 신경흥분 전달이 교감신경 활동을 촉진한다. 스트레스 연구의 창시자인 셀리에(Salye, 1975)는 누구나 외상 및 심리적 위협을 비롯한 다양한 스트레스인자에 노출되면 생리적 변화가 일어난다고 하면서, 이것을 일반적응증후군이라고 정의하였다. 정서적이든 신체적이든 유해한 자극은 모두 신체의 방어체계를 각성시키는 생물학적 반응을 일으킨다. 따라서 어떤 유형의 환경적 위협이든 상당히 유사한 생리적 스트레스 반응을 일으키게 된다.

스트레스에 대한 일반적응증후군은 경고 반응기, 저항기, 소진기의 3단계로 구분된다. 각 단계의 특징을 살펴보면 다음과 같다. 첫 번째 단계는 경고 반응기로 신체가 처음 스트레스인자에 노출될 때 생체가 적극적으로 저항을 하는 시기다. 이 시기에는 정서적 흥분이나 긴장과 같은 변화가 나타난다. 신체적 증상으로 혈압 상승, 체온 상승, 두통, 근육통, 식욕부진 등과 같은 반응이 나타난다. 두 번째 단계는 저항기로 스트레스가 지속될 때 이에 적응하기 위해 저항력을 높이는 시기이다. 생체가 가진 자원 및 에너지가 총동원되고, 스트레스에 대한 적응 반응이 최고조에 이르게 된다. 신체적으로는 적응의 질병이라고 부르는 위궤양이나 고혈압 등과 같은 증상이 나타난다. 이 시기는 잘 적응하는 것처럼 보이나 실제로는 스트레스에 대응하기 위해 엄청난 에너지를 소모한다. 세 번째 단계는 소진기로 스트레스에 장기간 노출될 때 신체가 계속 적응을 하다가 결국 적응력이 소진되고 신체적 방어도 붕괴되는 시기다. 이때 처음 경고 반응의 징후들이 다시 나타난다.

일반적응증후군에서 알 수 있듯이, 모든 유기체는 내적 균형이나 평형성의 상태를 유지하려는 타고 난 욕구가 있다. 스트레스에 대한 적응은 스트레스의 강도와 지속기간에 따라 단계별로 일어나므로 한정된 적응 에너지가 고갈되지 않도록 경고 반응을 무시하지 않아야 한다.

2) 심리적 반응

스트레스에 대한 심리적인 반응은 일반적으로 우울, 불안, 분노 등 다양하게 나타날 수 있다. 이러한 부정적인 정서들은 그 자체가 스트레스가 되며 심한, 경우 질병으로 발전하기도 한다. 우울은 슬픔, 절망감, 의욕 상실, 식욕 상실, 죄책감, 자살 경향, 성욕의 감소, 수면 장애 등으로 특징 지을 수 있는 증후군으로 정의되고 있다. 우울은 단순한 슬픔이나 우울한 기분에서부터 지속적인 상실감이나 무력감, 자기 비난, 수면 장애, 나아가서 자살 시도를 포함하는 정신병적인 상태에 이르기까지 매우 다양하며, 인간의 정신 건강이나 적응에 매우 중요한 지표로 간주되고 있다. 일상생활 속에서 반복적으로 일어나는 스트레스가 누적되고 이를 해소하는 경험이 없을 때 우울증상이 나타난다.

스트레스와 불안은 매우 밀접한 관련을 가지고 있다. 불안은 위협적인 환경적 자극인 스트레스 인자에 대한 개인의 심리적인 스트레스 반응이다. 불안은 임박한 위험에 대한 신호로서 느껴지는 두려움이다. 이는 외적인 위험이라기보다는 내적 조절능력의 상실로 인해 일어나는 모호하고 막연한 감정이다. 마음으로부터 일어나는 용납될 수 없는 무의식적인 태도가 의식으로 뛰쳐나오려고 할 때의 경고를 말한다. 이런 점에서 볼 때 인간의 존재론적 관점에 있어서 불안은 매우 중요한 의미를 가진다. 유기체의 적응과정에서의 지침으로서, 더 심한 스트레스 반응의 전조로서 특수한 역할을 한다고 본다.

스트레스의 심리적 반응으로 나타나는 분노는 인간이 경험하는 정서 가운데 가장 대표적인 정서라고 할 수 있다. 분노는 위험 상황이 닥쳤을 때 일어나는 반응으로서 신체로 하여금 통제감을 유발하고, 상황에 대처하도록 하는 작용을 한다. 스트레스 상황에서 분노는 교감신경계가 높은 수준으로 활성화되고, 실제적이거나 가상적인 잘못으로 인해 촉발되는 불쾌감이 특징적으로 나타난다. 분노의 수준은 경미한 짜증에서부터 강한 격분이나 격노에 이르는 다양한 강도를 지닌다. 심각한 스트레스를 경험하는 개인은 스트레스를 덜 경험하는 개인에 비해 더 공격적인 행동을 한다. 스트레스가 분노 정서를 통해 공격적 행동에 영향을 미치기 때문이다.

4. 스트레스의 대처

스트레스는 현대인에게는 불가피한 부분이므로 이를 어떻게 대처하느냐가 중요한 과제로 부각되고 있다. 대처(coping)란 자신이나 외부환경으로부터 오는 스트레스를 해결하기 위해 끊임없이 변화하는 인지적이고 행동적인 노력이다. 또한 특정 스트레스를 해결하기 위해 취해진 특정 행동반응을 대처방식(coping strategies)이라 한다. 최근 들어 다양해지고 복잡해지고 있는 스트레스를 극복하기 위하여 체계적이고 전문적인 스트레스 대처방식들이 연구되고 있다. 스트레스 대처방식에 대한 분류들은 어떤 관점에서 보느냐에 따라 달라지므로 여기에서는 스트레스 대처방식을 인지적 대처와 신체적 대처로 나누어 살펴보고자 한다.

1) 인지적 대처

인간이 자신이 처한 상황을 어떻게 생각하고 기대하며 평가하느냐에 따라 그 상황이 스트레스로 작용되기도 하고 그렇지 않기도 한다. 여기서의 사고 · 기대 · 평가는 의식 수준 바로 아래 부분에서 일어나는 인지과정의 산물이다. 이러한 인지과정은 사건에 대한 해석을 바꾸어 스트레스와 연관된 문제를 해결하므로 스트레스와 밀접한 관계가 있다. 최근에는 스트레스를 인지적으로 대처할 수 있는 다양한 방법이 개발되고 있다. 그중 긍정적으로 생각하기와 분노 다스리기에 대한 내용을 소개하고자 한다.

◆ **긍정적으로 생각하기**

스트레스를 효과적으로 관리하기 위해서는 자극을 바라보는 관점을 바꾸어 반응 자체를 변화시키려는 노력이 필요하다. 인간은 어려운 상황에 직면할 때마다 생각하는 습관이 자신의 말과 행동을 지배함으로써 많은 스트레스를 유발하여 건강을 위협하기도 한다.

현재 자신은 스트레스로부터 얼마나 안전한가? '긍정적으로 생각하기'를 실천하기 위하여 다음과 같은 내용으로 자신을 점검해 보자.

현재 자신의 모습을 긍정적으로 바라보고 있는가?	예/아니요
친구와 가족, 학업이 소중한 만큼 나를 소중하게 여기고 있는가?	예/아니요
자신의 소망을 마음속으로 간직하고 있는가?	예/아니요
나만의 행복 목록을 가지고 있는가?	예/아니요
작은 성취에도 감사함을 가지고 있는가?	예/아니요
지금까지 이룩한 자신의 업적에 대해 만족하고 있는가?	예/아니요

　이러한 질문 중 '아니요'라고 답한 항목이 1개 이상 된다면 지금부터 스트레스로부터 자신을 보호하는 데 시간을 투자해야 한다. 지금이라도 긍정적인 생각으로 자신의 주변 상황을 돌이켜 본다면 부정적인 생각에 빠져 자신을 포기하는 것을 예방하고 어려움을 극복할 수 있는 힘을 얻을 것이다. 이제부터 자기 스스로 부정적인 생각이 들 때마다 긍정적인 생각을 키우기 위해 노력해 보자. 긍정적인 생각은 스트레스를 받지 않도록 몸의 긴장을 풀어 주어 자신의 건강을 지켜 준다. 결국 긍정적인 생각이 새로운 탈출구로 안내하여 자신의 행복을 지켜 줄 것이다.

◆ 분노 다스리기

　심리학자 데이비드 맥클리랜드(D. C. McClelland)의 연구에 따르면 단 한 번의 분노로 우리의 면역체계는 무려 여섯 시간 동안이나 손상을 입는다. 그리고 우리의 면역체계는 한번 분노가 침입하면 다시 균형을 잡는 데 오랜 시간이 걸린다. 또한 분노의 감정을 기억하기만 해도 면역체계에 지대한 영향을 미칠 수 있다. 분노는 욕구 좌절, 상처, 생존의 위협, 상실, 거절에 대한 두려움 등으로 인해 생산되는 이차적인 반응이다. 동서양을 통틀어 분노를 표출하는 것은 결코 바람직한 행위가 아니라는 관념이 보편적이다. 그렇긴 하지만 우리는 "인내가 미덕이다." "참는 자에게 복이 온다." 등과 같이 지나치게 참을성을 강조하는 사회적 분위기 때문에 분노를 참는 데 너무 익숙해져 있다. 부정적인 감정을 전혀 표출하지 못하고 억압하기를 반복하다 보면 화병은 물론이고, 우울증, 불안증, 두통, 암, 과민성 대장증후군, 고혈압, 협심증, 성기능 장애 등과 같은 정신적·신체적 질환을 유발하거나 악화시킬 수 있다.

자신의 분노 점검하기

◆ 지금부터 분노 다스리기 설문지로 자신을 점검해 보자.

① 어떤 유형의 사람 또는 상황이 나를 화나게 하는가?

_____

_____

_____

_____

_____

_____

_____

_____

② 상대방에게 화를 표현할 때 어떤 방식을 선택하는가?
(공격적으로, 자기주장적으로, 고집스럽게, 투덜대면서, 반항하면서)

_____

_____

_____

_____

_____

_____

_____

③ 자신이 화를 내는 방식 중 마음에 드는 것은 무엇이며, 개선해야 할 것은 무엇인가?

_____
_____
_____
_____
_____
_____
_____

◈ 자신이 가지고 있는 분노에 대해 살펴본 소감은 어떠한가?

_____
_____
_____
_____
_____
_____
_____
_____
_____
_____

2) 신체적 대처

스트레스의 인지적 관리에 대한 점검이 끝나면 장기적으로 스트레스에 대한 저항성을 높여야 한다. 장기적으로 스트레스를 극복하기 위해서는 신체적으로 어떻게 대처할 것인지에 대한 관리가 필요하다. 우리 몸의 변화를 확인하기 위해서 거창한 준비가 필요하거나 많은 시간이 요구되는 것은 아니다. 따라서 스트레스에 노출되었을 때 시간이 날 때마다 손쉽게 할 수 있는 근육 이완, 운동 등의 신체활동을 살펴보고자 한다.

(1) 근육 이완

최근 의학에서는 이완 훈련이 수많은 스트레스 관련 질병의 예방과 치료에 매우 효과적인 것으로 밝혀지고 있다. 대부분의 사람은 일상생활에서 자기 자신이 얼마만큼 긴장하는지 잘 알지 못한다. 심신의 긴장이나 경직을 인식하는 것은 건강한 생활을 위해 매우 중요하다. 근육 이완은 다음과 같은 두 가지 상황에서 사용할 수 있다. 첫째, 스트레스로 인한 부정적인 신체증상을 해소할 때 사용할 수 있다. 이완 훈련은 도저히 변화할 수 없는 스트레스 상황에 대처하는 데 매우 효과적인 기법이다. 둘째, 어떤 힘든 상황으로 인해 심한 불안을 다른 기법으로는 효과적으로 낮출 수 없다고 판단될 때 사용할 수 있다.

근육 이완 훈련은 가장 편안한 자세로 눕거나 또는 앉아서 이완을 시작한다. 이완 절차의 단계에 따라 각 근육을 5~7초간 긴장시킨 다음 20~30초간 이완시킨다. 효과적인 근육 이완 훈련을 위해서는 집중력을 강화해야 하며, 이를 위해 외부의 소음을 최소화하여야 한다. 이처럼 근육 이완 훈련을 3개월 이상 반복하면 긴장 상태의 감지능력이 현저히 높아지게 된다.

근육 이완 방법은 다음과 같다.

- 편안한 자세로 앉거나 눕는다.
- 몸에 꽉 끼는 옷은 단추를 풀어 느슨하게 하고, 신발은 벗는 것이 좋으며, 다리를 자연스럽게 편다.
- 한 지점에 시선을 집중시켰다가 두 눈을 지그시 감고, 숨을 깊이 들이마시고 천천히 내뱉으면서 몸을 이완시킨다.
- 호흡을 한 번 더 크게 들이마신 다음, 긴장이 풀리도록 충분히 숨을 내쉰다.

- 근육 이완 절차에 맞게 신체 부위를 이완시키고, 몇 초 혹은 몇 분간 그 자세를 유지했다가 다시 천천히 원상태로 돌아온다.
- 신체 부위별로 긴장과 이완을 반복하면서 긴장감과 이완감의 차이를 느낀다.
- 근육 이완 절차: 양 발 이완 → 종아리 이완 → 허벅지 이완 → 복근 이완 → 어깨와 가슴 이완 → 목 주변 근육 이완 → 얼굴 이완

(2) 운동

스트레스 상황이나 복잡한 문제에서 벗어나는 데 있어서 규칙적인 운동은 많은 도움을 준다. 운동은 활발한 신체활동으로 긴장을 해소시켜 스트레스를 관리하고 건강을 유지하는 데 효과적이다. 그러므로 일상생활에서 규칙적으로 운동을 하여 생활의 일부가 되도록 해야 한다. 운동은 많은 근육을 의도적으로 통제하는 이완법과는 달리 신체를 각성시키는 방법을 통해서 스트레스를 해소한다. 또한 운동은 심리적 안정제로서 만성피로나 긴장을 줄여 주며 혈액 순환을 도와준다.

운동으로 얻을 수 있는 스트레스 이완효과를 살펴보면 다음과 같다.

- 운동은 힘, 유연성, 심장 혈관의 효율성 등의 균형을 이루게 한다.
- 운동은 우울이나 불안을 감소시켜 행복감과 편안함을 유지시킨다.
- 운동은 신체단련을 통해 자기효능감을 증대시킨다.
- 운동은 만성피로나 긴장을 줄여 참을성과 강인함을 키워 준다.
- 운동은 정서적 긴장을 해소하여 집중력을 향상시킨다.
- 운동을 통한 이완된 생리적 반응이 긍정적으로 사고하도록 한다.

그렇다면 스트레스를 해소하기 위해 어떤 운동을 하는 것이 좋은가? 운동의 종류는 크게 세 가지로 나눌 수 있다. 첫째, 근력 운동이다. 근력 운동은 유산소 운동의 반대 개념으로 근육량을 늘리기 위해 부분적으로 근력 운동을 하여 근육 조직의 양을 늘리는 운동이다. 둘째, 유산소 운동이다. 유산소 운동은 신체의 산소 소비량을 증대하는 운동법이다. 유산소 운동은 종류에 구애를 받지 않는다. 호흡하면서 즐기는 모든 활동, 즉 걷기, 달리기, 자전거 타기, 수영, 줄넘기, 등산, 탁구, 배드민턴, 축구 등이 유산소 운동에 해당된다. 셋째, 스트레칭이다. 스트레칭은 신체 부위의 한 부분을 관절이 허용하는 범위까지 최대로 늘려 주는 유연체조를 말한다. 스트레칭의 목적은 근육

의 긴장을 완화시켜 신진대사를 활성화하고, 혈액의 흐름을 촉진하여 긴장감을 줄여 주는 데 있다. 스트레칭의 이점은 더 좋은 조정력과 관절 운동 범위 증가, 근육 손상 감소, 혈액순환 촉진, 신체 감각 증진, 정신의 더 나은 이완된 상태를 포함한다.

시간 관리

| 제7장 |

시간 관리

1. 시간 관리의 이해

1) 시간 관리의 의미

시간은 모든 능력과 기술을 구성하는 기본적인 자원으로 1년은 12개월, 52주, 365일, 8,760시간으로 이루어져 있다. 시간은 모든 사람에게 동일하게 주어지며, 인간의 생활은 자신에게 주어진 시간을 소비하는 과정이라 할 수 있다. 하루는 24시간으로 한정되어 있으므로 어떤 활동에 시간을 많이 사용하면 다른 활동의 시간을 줄여야 하는 제로섬(zero-sum)의 특성이 있다. 모든 사람에게 평등하게 주어진 시간이지만 그것을 어떻게 사용하는가에 따라 하루를 48시간처럼 사는 사람도 있고, 12시간처럼 사는 사람도 있다. 즉, 시간을 어떻게 활용하는가에 따라 동일하게 주어진 시간의 양은 달라질 수 있으므로 효과적인 시간 관리가 필요하다.

효과적인 시간 관리의 의미를 제대로 이해하기 위하여 시간을 구분해 보면 다음과 같다. 첫째, 실시간(real time)이다. 이는 거리나 공간에 관계없이 하나의 사건을 동일한 시점에 접하는 것을 의미한다. 과학기술의 발달로 우리는 지구 반대편에 있는 곳의 상황도 실시간으로 알 수 있다. 둘째, 물리적 시간(physical time)이다. 물리적 시간은 계측기에 의해서 나타나는 시간이다. 예컨대, 시, 분, 초 등이 여기에 해당된다. 셋째, 심리적 시간(psychological time)이다. 심리적 시간은 물리적 시간과는 달리 기간의 질적인 속성과 관계가 있다. 심리적 시간에 영향을 주는 것은 시간에 대한 마음가짐에 달려 있지만 환경의 영향도 무시할 수 없다. 넷째, 종교적 시간(religious time)이다. 종교적 시간은 그 사회의 내세관을 반영한다. 불교의 '겁(劫)'이나 '찰나(刹那)' 등이 이에 해당한다.

시간 관리는 개인의 가치에 부합하는 삶을 위해서 시간 자원을 배분하고 조정하는 의식적인 행위를 말한다. 시간 관리 차원에서 시간의 종류는 양적 시간과 질적 시간으로 구분된다. 양적 시간이란 흔히 달력과 시계로 표현되는 시간이다. 즉, 일 년, 한 달, 하루, 한 시간, 일 분 등과 같은 것이 여기에 해당된다. 일을 진행하는 과정에서 양적 시간은 중요한 의미를 가진다. 어떤 일을 시작하고 마무리하는 데 걸리는 시간에는 반드시 양적 시간의 개념이 필요하다. 만약 양적 시간을 고려하지 않고 어떤 일을 계획하면, 시간이 부족하여 의도한 결과를 얻지 못하거나 시간이 너무 많이 남아 필요 없는 것에 허비할 수도 있다. 질적 시간은 타이밍을 말한다. 일에는 적절한 시기가 필요하며 양적 시간과 상관없이 그 시기에 반드시 마무리해야 하는 일이 있다. 예를 들어, 공부해야 하는 시기, 추수해야 하는 시기, 취업해야 하는 시기 등이 질적 시간에 해당되며 질적 시간, 즉 적절한 타이밍을 놓치면 실패할 가능성이 높아지게 된다.

2) 시간 관리의 필요성

최근에 시간 자원의 중요성이 강조되면서 자기 관리의 차원에서 시간 관리의 필요성이 부각되고 있다. 현대사회는 역동적이며 매우 빠르게 변화하고 있어 한정된 시간 동안 많은 일을 해야 하기 때문에 효과적인 시간 관리 기술이 필요하다. 시간 관리 능력이 없으면 우리는 과중한 스트레스에 노출될 수밖에 없다. 효과적인 시간 관리로 스트레스를 해소하고 보다 여유로운 생활을 할 수 있도록 시간을 구조화하는 전략을 세워야 한다. 이탈리아의 경제학자 빌프레도 파레토(Vilfredo Pareto)는 대부분의 사람에게 부여된 일 중에서 반드시 해야만 하는 중요한 일은 약 20%밖에 되지 않으며, 약 80%는 상대적으로 중요하지 않은 일이라고 하였다. 그러므로 일의 중요성에 따라 우선순위를 결정하는 것은 효과적인 시간 관리에 있어 매우 중요하다.

시간은 다른 자원과는 달리 독특한 속성을 가지고 있다. 시간의 속성을 이해하는 것은 시간 관리의 필요성을 이해하고 효과적으로 활용하는 데 도움이 될 것이다. 시간의 속성은, 첫째, 시간은 무형의 자원이다. 즉, 시간은 보이지 않는 자원이며, 형태를 지니고 있지 않다. 단지 우리는 시계를 통하여 시간의 흐름과 양을 가시적으로 측정할 뿐이다. 둘째, 시간은 누구에게나 공평하다. 시간은 남자와 여자, 노인과 아이, 부자와 가난한 사람 등 누구나에게 하루에 24시간씩 주어진다. 공평하게 주어진 24시간을 어떻게 활용하느냐에 따라 그 가치는 달라진다. 셋째, 시간은 저장할 수 없다. 시간은 다른 물건과 달리 비축을 할 수 없으므로 주어진 시간을 최대로 활용해야 한다. 넷째, 시간은 양도하거나 매매할 수 없다. 모든 사람은 자신에게 주어진 시간만을 쓸 수 있으며 사용하지 않아도 자연 소멸된다. 다섯째, 지나간 시간은 돌아오지 않는다. 한번 지나간 시간은 영원히 과거 속으로 묻혀 버리며 아무도 지나간 시간을 돌이킬 수 없다.

　시간을 어떻게 활용하느냐에 따라 시간의 노예가 될 수도 있고, 시간의 주인이 되어 시간 위에서 군림할 수도 있다. 이처럼 한 사람의 시간 관리는 개인의 삶의 질을 결정하는 중요한 요인이 된다. 인간 삶의 질을 결정하는 시간 문화는 그 사회의 역사, 종교, 정치, 경제, 지리 등에 영향을 받아 형성된다. 우리나라는 다른 나라에 비해 물적 자원이 부족하므로 시간의 가치를 높이는 것이 무엇보다 절실하다. 효과적인 시간 관리로 타인의 시간과 공공의 시간을 존중하는 선진국형 시간 문화로 전환하여 선진국과의 경쟁에서 살아남아야 한다. 그러기 위하여 시간 활용을 잘하는 한국인, 기다릴 줄 알고 여유가 있는 한국인이라는 평판을 받으며 삶의 질도 높여야 한다.

　21세기 새로운 물결에 대응하기 위해서는 기본적으로 시간 관리의 기술을 습득해야 한다. 성공적인 시간 관리로 얻게 되는 이익을 정리해 보면 다음과 같다. 첫째, 성공적인 시간 관리는 보다 가치 있는 일에 많은 시간을 투자함으로써 일의 생산성을 높인다. 둘째, 일과 휴식의 균형을 맞출 수 있다. 시간 관리는 여유와 적당한 긴장을 유지할 수 있게 한다. 셋째, 여가활동을 할 수 있다. 운동, 친목 모임, 취미생활 등에 시간을 투자할 수 있다. 넷째, 건강한 삶을 살게 한다. 체계적인 시간 관리는 스트레스를 감소시켜 심리적으로 육체적으로 건강하게 한다. 다섯째, 일에 대한 목표 달성이 쉬워질 뿐만 아니라 인생의 목표 달성도 쉬워진다.

2. 시간 관리의 유형

　개인마다 타고난 독특한 성격이 있듯이 시간 관리를 하는 방법도 다양하다. 시간을 관리하는 방법은 기준에 따라 다양하게 분류할 수 있으나, 계획성 유무에 따라 다음과 같이 두 가지로 구분된다. 첫 번째 유형은 시간 관리 목록을 작성한 뒤 그 목록대로 살아가는 계획적인 유형이며, 두 번째 유형은 특별한 계획을 가지고 있지 않고 시간에 그저 적응하며 살아가는 무계획적인 유형이다. 수년 또는 수십 년에 걸쳐 만들어진 습관을 바꾸기란 쉽지 않다. 따라서 시간 관리와 관련하여 자신이 가지고 있는 단점을 인식하고 보완하려는 지속적인 노력이 필요하다. 시간 관리의 유형 중 무계획적 유형과 관련된 네 가지 유형을 제시하면 다음과 같다.

1) 목표 없는 '열심히형'

　어떤 목표를 가지고 무엇인가를 선택하는 것이 아니라 남들이 하기 때문에 무언가를 열심히 하고 있는 사람은 목표 없는 '열심히형'에 속한다. 주변의 많은 사람 사이에 유행하고 있는 활동에 적극적으로 참여하는 사람들, 예를 들어 최신 트렌드에 뒤처지지 않기 위해 자신도 열심히 배우는 사람들이 여기에 해당된다. 물론 이와 같은 활동 자체에 문제가 있는 것은 아니다. 하지만 지금 열심히 하고 있는 다양한 활동이 더 큰 목표를 달성하기 위한 일부가 아니라면, 이것은 상호 간의 시너지 효과를 낼 수 없는 시간만 빼앗는 단절된 활동에 불과하다. 어떤 활동을 할 때 어떤 목표를 달성하기 위해 이 활동을 하고 있는지를 점검해야 한다. 이를 위해서는 중장기적인 목표에 근거하여 단기적인 목표를 세우고, 이 목표를 달성하기 위한 세부적인 활동을 해야 한다.

2) 뭐든지 내가 하는 '만능 해결사형'

　주변 사람들을 신뢰하지 못하여 모든 일을 자신이 직접 처리하고, 다른 사람의 일도 자신의 일처럼 혼자 도맡아서 하는 사람은 '만능 해결사형'에 속한다. 이 유형의 사람들은 중요하지 않은 일에 귀중한 시간을 소비하는 경향이 있다. 자신의 일이 아니더라도 마음이 가는 일은 직접 하는 편이다. 완벽하게 할 필요 없는 일도 완벽하게 하지 않으면 마음이 흡족하지 않아 많은 시간을 들인다. 만능 해결사형 사람들이 시간을 효과적으로 이용할 수 있는 방법 중에 하나는 모든 일을 혼자서 다 할 수 없다고 자신에게 말하는 것이다. 시간은 한정되어 있고 모든 일을 혼자서 다 완벽하게 처리하기란 쉬운 일이 아니다. 그렇기 때문에 다른 사람을 신뢰하고 일을 분산시킬 필요가 있으며, 또 별로 중요하지 않은 일은 과감히 포기하는 자세가 필요하다.

3) 하다 보면 되겠지 하는 '무계획형'

어떤 일을 시작하기 전에 충분한 계획을 세우지 않고 일에 돌입하거나 한 번에 몇 가지 문제를 동시에 다루는 사람은 '무계획형'에 해당된다. 이 유형의 사람들은 하던 일을 중단하고 종종 다른 일에 손을 댄다. 이 유형의 사람들은 상황이 계속해서 변화하므로 예상할 수 없는 것에 대한 계획을 세우는 것은 무리라고 생각한다. 많은 일들이 서로 엉켜 있어 필요 이상의 시간이 걸리기 때문에 마감 시간을 넘기기 일쑤다. 그런 일들이 반복되다 보면 두렵고 짜증스러운 부정적 정서들이 마음속 깊숙이 자리하게 되어 일을 자꾸 미루게 되고, 결국에는 시간 관리에 실패하게 된다. 바람직한 시간 관리를 위해 무계획형의 사람들이 반드시 해야 할 일은 계획을 세우는 습관을 형성하는 것이다. 이런 유형의 사람들에게 일을 마감하기로 결정한 시간부터 역순으로 일정 계획을 세우는 '뒤에서부터 시간 계획하기'를 권한다.

4) 거절하기 힘들어하는 '예스맨형'

다른 사람들의 요구를 거절하지 못하여 자신이 해야 할 일이 있음에도 불구하고 다른 사람들의 일을 하느라 하루를 보내는 사람은 '예스맨형'에 해당된다. 이 유형의 사람들은 다른 사람의 부탁을 단호하게 거절하지 못하기 때문에 어느새 많은 일이 자신의 몫이 되어 있다. 이런 사람들은 주변 사람들에게 항상 좋은 사람이 되기를 원한다. 이기적인 사람이나 무신경한 사람으로 비춰지는 것을 극도로 싫어하고, 상대방의 요구를 거절하게 되면 관계가 단절될까 노심초사한다. 결국 이 일 저 일 다 맡아서 하다 보면, 휴식을 가질 시간적 여유도 없고 스트레스만 쌓이게 된다. 예스맨형들의 공통점은 타인의 요구를 거절하는 방법을 잘 알지 못한다는 것이다. 따라서 이 유형의 사람들은 효과적인 시간 관리를 위해 상대방의 요구를 정중하게 거절하는 법을 배워야 한다.

시간 관리 유형 탐색하기

◆ 자신의 시간 관리 유형을 알아보자. 해당되는 곳에 ✓표를 한 다음 합계 점수를 구해 보자.

번호	문항	아니요	예
1	나는 매일 아침 그날 할 일을 정리한다.	0	1
2	나는 계획한 일을 잘 정리하고 메모해 두는 편이다.	0	1
3	나는 어떤 일을 시작할 때 목표부터 세운다.	0	1
4	나는 약속을 잘 지킨다.	0	1
5	나는 책임감이 강하고 신의를 중시한다.	0	1
6	나는 내게 주어진 일의 마감을 잘 지키는 편이다.	0	1
7	나는 뜻하지 않은 일로 계획을 수정하는 것을 받아들이기 어렵다.	0	1
8	나는 내 일에 만족하고 꿈을 가지고 있다.	0	1
9	나는 불필요한 요구에 대해 거절할 줄 안다.	0	1
10	나는 1년 후, 5년 후의 내 모습을 쉽게 상상할 수 있다.	0	1
11	나는 정해진 업무 시간에 몰입하여 일한다.	0	1
12	나는 자기계발을 위해 한 가지 이상의 활동을 하고 있다.	0	1
13	나는 중요한 것과 긴급한 것이 다르다는 것을 알고 있다.	0	1
14	나는 타인의 시간도 존중하여 급박한 요구를 하지 않는다.	0	1
15	나는 계획하는 일은 반드시 성취하는 편이다.	0	1
합계			

[검사 결과의 해석]

점수	유형	특성
13점 이상	창조적 시간 관리형	하루하루의 시간뿐 아니라 인생 전체를 계획하고 설계한다. 창조적으로 시간을 관리함으로써 시간에 지배당하는 것이 아닌, 개인의 인생 목표에 맞추어 시간을 관리하는 유형이다.
10~12점	효과적 시간 관리형	시간을 효과적으로 분배하여 능률적으로 사용한다. 그러나 변수가 생겼을 때 유연하게 대처하는 것을 어려워하고 전체보다는 부분적으로 시간을 관리하는 유형이다.
7~9점	응급처리 시간 관리형	계획을 하지만 장기적 혹은 효율적이지 못하여 늘 바쁘고 스트레스도 많다. 시간에 쫓기며 살거나 시간을 쫓아가며 사는 유형이다.
6점 이하	시간 종속형	시간 관리의 개념이 거의 없고 그저 되는 대로 무계획적으로 살아가는 유형이다.

3. 시간 관리의 원칙

시간 관리에 능숙한 사람이라 하더라도 주어진 시간은 늘 부족한 법이다. 따라서 시간을 제대로 활용하기 위하여 자기만의 원칙을 만들고 실천해야 한다. 시간 관리의 원칙을 세워 실천한다는 것은 그리 쉬운 일은 아니다. 그렇기 때문에 주변 사람들에게 조언을 구하거나 관련 문헌을 참고하여 자신에게 맞는 원칙을 세워야 한다. 분명한 원칙을 세우는 것은 시간 관리를 하는 데 있어서 시행착오를 막을 수 있으며, 자신감을 가지고 적극적으로 추진할 수 있는 힘을 부여한다.

◆ 가장 중요한 일을 구분한다

자신이 처리해야 할 수많은 일 중에서 가장 중요한 일을 먼저 구분할 줄 알아야 한다. 여기서 가장 중요한 일이란 자신의 가치를 높여 줄 뿐만 아니라 좋은 결과를 가져다주는 일을 말한다. 장기적으로 자신의 미래를 준비하는 관점에서 가장 중요한 일이어야 한다. 이를 제대로 검증할 수 있도록 자신이 오늘 해야 할 일을 한꺼번에 엮을 수 있는 능력이 필요하다. 이러한 능력은 단순히 교육만으로는 불가능하다. 지속적으로 훈련하고 연습하다 보면 어느 순간 그 위치에 있는 자신을 발견하게 된다.

가장 중요한 일을 선택할 때 그것이 당장 해야 하는 일과는 차이가 있음을 명심해야 한다. 당장 해야 할 일은 긴급한 일에 속한다. 보편적으로 긴급한 일은 중요한 일이 아닌 경우가 대부분이다. 물론 중요하지는 않지만 긴급한 일도 처리해야 한다. 그렇지만 긴급한 일을 처리하다 보면 정작 중요한 일을 할 시간을 놓쳐 버린다. 이러한 문제를 해결하기 위해서는 자신의 미래와 중장기적인 목표에 근거하여 자신에게 가장 중요한 일이 무엇인지를 파악하고 실천하는 태도와 자세가 필요하다.

◆ 자투리 시간을 활용한다

자투리 시간을 잘 활용하는 것은 시간 관리의 원칙 중 중요한 부분이다. 자투리 시간의 활용은 작업 시간을 크게 단축시킬 뿐만 아니라 시간 가치를 향상시킬 수 있다. 시간 가치를 높이는 사람들은 자투리 시간을 잘 활용하여 하루를 24시간 이상으로 창조한다. 시간의 가치를 높이겠다는 의식도 없이 일상생활에 끌려 다니는 사람은 경쟁에서 낙오할 수밖에 없다.

매일 처리해야 하는 많은 일과 바쁜 일정으로 여가생활을 제대로 즐기지 못하고 있다면 시간표를 작성해 보는 것이 좋다. 일주일 단위로 버려지는 자투리 시간을 꼼꼼하게 계산해 보자. 그리고 그 버려지는 시간을 활용할 방법은 없는지 고민해 보자. 예컨대, 간단하게 마무리할 수 있는 일이 있다면 항상 휴대하여 틈틈이 자투리 시간을 활용하도록 한다. 이처럼 조금만 주의를 기울이면 버려지는 자투리 시간을 제대로 활용할 수 있다. 이 자투리 시간의 활용이 개인의 시간 경쟁력을 높여 줄 것이다.

◆ 마감 시한을 반드시 준수한다

마감 시한(deadline)을 준수하는 것은 성공적인 사회생활의 기본 조건이다. 개별 작업이든 공동 작업이든 일을 진행하다 보면 다양한 상황이 발생하기 마련이다. 그렇다고 해서 마감 시한을 늦추어서는 안 된다. 마감 시한을 늦추게 되면 개인이나 그 조직 전체에 악영향을 미치게 된다. 마감 시한을 지키는 것은 개인과 조직의 능력과 신뢰에 대한 평판과 직결되므로 매우 중요한 일이다.

마감 시한을 잘 준수하기 위해 필요한 두 가지 방법을 제시하면 다음과 같다. 첫째, 마감 시한이 일의 양과 비교했을 때 적절한지 예측해 본다. 만약 일의 양에 비해 시한이 촉박하다면 마감일을 변경하여야 한다. 둘째, 마감 시한을 수시로 떠올린다. 일을 수행하는 과정에 마감 시한을 자주 확인하고 진행 상황을 보고받으면, 자신은 물론 같이 일하는 동료들도 긴장을 늦추지 않는 효과를 얻게 된다.

◆ 긍정적으로 생각한다

인간은 어떤 생각을 하느냐에 따라 각기 다른 에너지가 나온다. 긍정적인 생각을 하면 긍정적인 에너지가 나오고 부정적인 생각을 하면 부정적인 에너지가 나오게 된다. 이러한 에너지가 모여 자신의 삶의 태도를 만들게 된다. 시간 관리에도 긍정적으로 생각하는 것은 큰 힘을 가진다. 긍정적으로 생각하면 일의 능률도 올라가고 일을 하는 동안 즐거운 시간을 보낼 수 있다. 긍정적으로 생각하는 것을 습관화하려면 하루에 있었던 일 중에서 가장 좋았던 기억을 떠올려 본다.

자신이 변화를 선택하면 자신을 둘러싼 주변이 변하게 된다. 특히 20대라면 긍정적인 사고방식을 가져야 한다. 지금 당장 긍정적인 생각을 하겠다고 결심하는 것이 중요하다. 긍정적으로 생각하는 습관을 몸에 익히겠다고 선택하는 순간 누구를 만나 무엇을 하든 새로운 자신을 발견하게 될 것이다. 그리고 지금까지 무의식적으로 선택한 부정적인 생각이 다시는 들어올 수 없도록 온 힘을 다해 실천한다. 그렇게 실천하면 자신의 미래가 바뀔 것이다.

◆ 미루는 습관을 고친다

미루는 습관은 시간을 낭비하는 가장 큰 원인 중 하나다. 미루는 습관을 가진 사람들의 공통점을 보면 중요한 일은 미루고 상대적으로 덜 중요한 일에 집중하는 경향이 있다. 중요한 일을 미루는 이유는 무엇일까? 첫째, 중요한 일의 결과에 대한 두려움 때문이다. 자신이 맡은 일이 실패할지 모른다는 불안감이 일을 주저하게 만드는 것이다. 이런 경우 두려움에 맞설 힘이 필요하다. 즉, 철저한 준비를 통하여 자신감을 키우는 것이 중요하다. 둘째, 지나친 완벽주의 때문이다. 지나치게 세심한 부분까지 완벽을 기하면 오히려 일의 진행에 방해가 되고 미루게 되는 원인이 된다. 또한 완벽주의자는 일의 시작 단계에 필요 이상으로 많은 시간을 투자하여 시간을 배분하는 데 실패하는 경향이 있다. 스스로 미루는 습관이 있는지 점검해 보는 시간이 필요하다. 만약 미루는 습관이 있다면 그 원인이 무엇인지 분석하여 고치도록 노력하자.

4. 시간 관리의 매트릭스

현대인은 장기적인 목표를 세우고 일상생활에서 그 목표를 달성하기 위해 끊임없는 노력을 계속한다. 빠르게 변화하고 있는 사회에서 역할 또한 다양하게 변화하고 있기 때문이다. 하지만 인간의 무한한 욕구에 비해 모든 활동에 필수적으로 필요한 시간이라는 자원은 유한하다. 그러므로 개인의 무한한 가능성 계발 및 가치 실현을 위해서 시간 관리는 매우 중요하다. 시간 관리는 자기계발이나 여가생활과 관련된 중요한 과제이기도 하다. 시간의 중요성을 깨달아 시간을 관리하는 능력을 키운다면 보다 풍요롭게 자신이 지향하는 삶을 살아갈 수 있다.

시간을 바르게 사용하고 보다 효과적으로 이용하는 것은 바쁜 현대인에게 있어 가장 절실한 문제다. 우리가 달성해야 할 많은 부분이 시간의 이용 방법에 달려 있고, 모두가 도달하려고 하나 좀처럼 도달할 수 없는 목표인 행복도 시간 관리에 달려 있다. 현대사회는 과거에 비해 일상생활에서 시간을 소요하는 영역이 보다 넓어졌다고 볼 수 있다. 다르게 해석하면, 과거보다 현대의 시간은 제한적이다. 제한된 시간의 사용

선택은 개인의 특성 및 능력에 따라 매우 다양해질 수밖에 없으므로 시간 관리는 삶의 질을 결정하는 요소가 되기도 한다.

인간의 삶의 질을 결정하는 시간을 효과적으로 이용하기 위해 시간 관리는 필수사항이다. 시간 관리에서 특히 중요한 것은 일의 우선순위를 파악하는 것이다. 시간 관리 매트릭스는 일의 '중요도'와 '긴급 정도'라는 기준을 네 가지 영역으로 나누어 일의 우선순위를 구분하는 간단하면서도 효과적인 방법이다([그림 7-1] 참조). 이는 도표로 관리하기 때문에 우선순위를 쉽게 구분할 수 있는 장점이 있다.

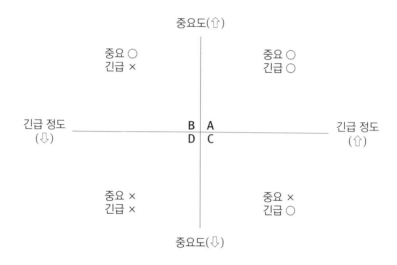

[그림 7-1] 시간 관리의 매트릭스

1) A영역: 중요하면서 긴급한 일

A영역은 중요하면서 긴급한 일이므로 일의 우선순위에서 가장 핵심이라고 할 수 있다. 최대한 빠른 시한 내에 처리하는 것이 좋다. 핵심적인 일이기 때문에 그 일에 최대한 몰입하여 좋은 성과를 내야 한다. 여기서 유의해야 할 점은 A영역의 일이 과도하게 많다는 건 결코 좋은 일이 아니라는 것이다. 사전에 미리 체계적인 계획을 세워 편안하게 대처할 수 있도록 해야 한다. 그래서 최대한 A영역의 일을 B영역으로 보내어 삶을 보다 여유롭게 살도록 해야 한다.

A영역에 해당되는 일의 예로는 다음과 같은 것들이 있다.

- 제출 기한이 임박한 과제
- 다가온 중간고사, 기말고사 시험
- 마감 시한이 가까워진 프로젝트
- 회의 자료 준비
- 응급 사태
- 가족의 경조사
- 긴급 보고서

2) B영역: 중요하지만 긴급하지 않은 일

B영역은 중요하지만 긴급하지 않은 일이므로 여유롭지만 어느 기간 내에 처리해야 하는 일이다. 대개 중장기적인 일이 여기에 속한다. 그러므로 긴급한 일이 되지 않도록 충분한 검토 후 계획을 꼼꼼하게 세우는 것이 필요하다. 예컨대, 시간적인 여유가 있을 때 시험공부를 미리미리 해 두는 것과 같다. 여기서 유의해야 할 점은 지금 당장 급하지 않다고 해서 이 일의 중요성을 간과해서 안 된다는 것이다. 바쁜 일상을 보내다 보면 B영역의 일들이 우선순위에서 밀리는 경우가 많다. 그러므로 B영역이 제외되지 않도록 스스로 확인하고 점검하는 노력이 지속적으로 이루어져야 한다.

B영역에 해당되는 일의 예로는 다음과 같은 것들이 있다.

- 진로 설계를 위한 자기분석
- 삶의 가치관 및 비전 확립
- 영어 회화 공부
- 인맥관리
- 건강 관리
- 운동
- 적당한 휴식
- 봉사활동
- 종교활동
- 재충전을 위한 여행
- 취미활동

3) C영역: 중요하지 않지만 긴급한 일

C영역은 중요하지는 않지만 긴급한 일이므로 당장 처리해야 하는 일이지만 큰 의미는 없다고 볼 수 있다. 여기에는 자신의 목표나 비전과는 무관한 일이 대부분이다. 일과는 항상 정신없이 바쁜데 특별히 내세울 만한 일이 없다면 C영역의 일을 많이 한다고 생각하면 될 것이다. 만약 자신이 여기에 해당된다면 C영역의 일을 과감히 줄이거나 위임 또는 배제시켜야 한다. 그렇게 하지 않으면 여유롭지 못한 생활이 지속될 것이며, 심신이 지쳐 에너지 소진 현상이 생길 수밖에 없다.

C영역에 해당되는 일의 예로는 다음과 같은 것들이 있다.

- 약속하지 않은 방문객 응대
- 중요하지 않은 전화
- 쓸데없는 참견
- 다른 사람과의 사소한 문제
- 불필요한 각종 모임
- 주변 사람들이 부탁한 일
- 사소한 SNS 메시지
- 중요하지 않은 이메일
- 불필요한 보고서 및 회의
- 중요하지 않은 방문

4) D영역: 중요하지도 긴급하지도 않은 일

D영역은 중요하지도 긴급하지도 않은 일이므로 가장 불필요한 일이라고 할 수 있다. D영역은 일명 시간 낭비의 주범이라 한다. 가끔은 이런 일들도 해야 할 때가 있지만 중요한 일을 방해할 정도가 되어서는 안 된다. 자신의 비전 수립과정에서 D영역의 일이 자주 발견된다면 자신의 삶의 태도를 재점검할 필요가 있다. 자기관리의 측면에서 D영역의 일은 과감히 없애는 것이 바람직하다.

D영역에 해당되는 일의 예로는 다음과 같은 것들이 있다.

- 지나친 휴식
- 불필요한 인터넷 서핑
- TV 시청
- 과도한 쇼핑
- 과도한 음주가무
- 아침 늦은 시간까지 잠자기
- 쓸데없는 잡담
- 잦은 흡연
- 채팅이나 게임
- 참석하지 않아도 될 각종 모임

나의 일과 점검하기

◆ 지난 일주일 동안 기상에서 취침까지의 일과표를 자세하게 작성해 보자.

시간	월	화	수	목	금	토	일

◈ 자신의 일과표의 활동 내용을 보고 시간 관리 매트릭스를 작성해 보자.

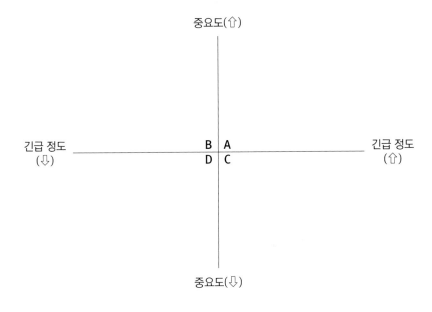

◈ 자신의 시간 관리 매트릭스에서 불필요한 내용 중 가장 많은 시간을 사용하는 일은 무엇인가?

_____

_____

_____

_____

_____

_____

_____

_____

_____

◆ 시간 관리 매트릭스를 살펴볼 때 효과적인 시간 관리를 위하여 위임 · 감소 · 삭제 해야 할 내용은 무엇인가?

_____

_____

_____

_____

_____

_____

◆ 자신의 시간 관리 매트릭스를 작성해 본 소감은 어떠한가?

_____

_____

_____

_____

_____

_____

_____

_____

_____

_____

_____

_____

_____

5. 효과적인 시간 관리의 전략

시간은 지구상에 존재하는 거의 모든 것을 변하게 하는 힘을 가지고 있다. 시간 속에서 생명이 태어나기도 하고 소멸되기도 한다. 이처럼 시간은 그 어떤 존재보다도 강력한 힘을 가지고 있다. 또한 시간은 인간에게 책임을 묻는다. 시간이 흐르는 동안 개인이 이루어 낸 것들에 대해 냉정하게 우리를 심판하기도 한다. 그러나 우리는 시간의 기한을 재지 못한다. 어느 지점이 시작이고 어디가 끝인지 인간이 가진 능력으로는 추측조차 하기 힘들다. 시간의 정체를 파악하는 것은 불가능하다. 그러므로 우리는 흐르는 시간 앞에서 성실함과 겸손함을 잃지 말아야 한다.

시간이 소중하다는 것을 우리는 부정하지 못한다. 그래서 "시간이 돈이다." 혹은 "시간은 생명이다."라는 이야기를 한다. 어떤 일을 열심히 하며 보내는 시간도, 그저 무의미하게 흘려 보내는 시간도 모두 가치 있는 시간이다. 시간은 그 자체만으로도 의미 있는 자원이다. 시간의 가치는 개인의 관리능력에 따라 달라지며, 시간 사용의 결과는 생활의 질을 결정짓는 중요한 요소가 된다. 따라서 시간을 적절히 배분하고 효율적으로 사용하기 위하여 시간 관리 전략이 필요하다.

1) 효과적인 시간 관리의 원리

◆ 아이젠하워 법칙

아이젠하워 법칙은 미국의 드와이트 아이젠하워(Dwight Eisenhower) 장군을 기념하여 붙여진 이름으로, 어떤 일의 우선순위를 결정하는 데 도움을 준다. 이 법칙은 우선적으로 처리해야 할 과제를 결정하는 데 명확한 판단 기준을 강조하며, 어떤 일에 먼저 집중해야 할지 정확하게 결정하기 어려울 때 중요도와 긴급 정도에 따라 우선순위를 부여한다. 일의 성과는 어떤 일을 먼저 처리하는가에 따라 크게 좌우될 수 있으므로 우선순위를 결정하는 것은 매우 중요하다. 우선순위를 결정할 때 중요하고 긴급한 일은 자신이 직접 해결해야 한다. 하지만 시간을 효율적으로 사용하기 위하여 중요도가 낮은 일은 신뢰할 수 있는 사람에게 위임하는 것도 좋은 방법이다. 일에 대한 중요도와 긴급 정도에 따라 처리 방법을 네 가지 영역으로 구분하여 제시하면 〈표 7-1〉과 같다.

.ıll 표 7-1 **영역별 일의 중요도 및 처리 방법**

영역	일의 중요도	일의 위임 여부	일의 처리 방법
A영역	중요하고 긴급한 일	본인이 직접 해야 할 일	즉시 처리하기
B영역	중요하지만 긴급하지 않은 일	본인이 직접 해야 할 일	활동계획 세우기
C영역	중요하지 않지만 긴급한 일	위임 가능한 일	줄이기
D영역	중요하지도 긴급하지도 않은 일	위임 가능한 일	삭제하기

◆ **파레토 법칙**

시간의 활용에는 신비한 원리가 작동하고 있는데 이 중에서 가장 대표적인 것이 80/20 법칙, 즉 파레토 법칙(Pareto's law)이다. 이는 이탈리아의 경제학자 파레토가 강조한 원리로 일의 비중에 따라 시간을 효율적으로 배분해야 한다는 것이다. 이 법칙은 변화를 위한 강력한 도구다. 파레토 법칙의 예로는 시간의 20%가 일의 결과의 80%를 생산하는 데 사용되고, 시간의 80%는 단지 20%만의 결과를 생산하는 데 소비된다는 것이다. 다른 예로는 회사 인재의 핵심 20%가 회사 매출의 80%를 공헌한다는 것이다. 파레토 법칙은 자신의 행동에 대해 우선순위를 정할 때 취할 수 있는 좋은 원리다. 80/20의 법칙, 즉 20%에 집중하고 나머지 80%를 버려라. 이를 적극적으로 활용하면 시간은 더욱 여유로워지고 성과는 반드시 올라갈 것이다.

◆ **파킨슨 법칙**

파킨슨 법칙(Parkinson's law)은 사람들이 일을 마무리하기 위해 사용할 수 있는 모든 시간을 소모한다는 원리다. 즉, 대부분의 일은 사용할 수 있는 시간을 다 소모할 때까지 연장되는 경향이 있다. 이는 시간 자원과 같은 고정 자원도 탄력성이 있음을 보여 준다. 파킨슨 법칙은 어떤 일을 최종적으로 언제까지 마무리하겠다는 마감일에 대한 중요성을 강조한다. 일반적으로 시간이 제한되어 있을 때는 시간적 여유가 많을 때보다 단시간 내에 많은 것을 성취하는 편이다. 우리에게 주어진 시간이 많을수록 일처리를 느슨하게 하게 되고 하루 일과가 불필요한 일들로 채워진다는 것이다. 그러므로 일의 집중도를 높이고 추진력을 향상시키기 위해 마감 시간을 설정하는 것이 좋다. 마감 시간을 설정함으로써 불필요한 시간 소모를 막을 수 있다. 결론적으로 일과표를 작성할 때 파킨슨 법칙을 고려하여 과업의 양에 초점을 맞추기보다는 달성해야 하는 시간에 초점을 맞추는 것이 효과적이다. 또한 하루 중 에너지가 가장 많은 시간에 중요한 일을 배정하기 위하여 자신의 생체리듬을 파악하는 것도 중요하다.

2) 시간 관리의 전략단계

◆ 목표 설정하기

목표는 현실적이고 구체적인 것이며 우리의 행동을 촉진하는 힘이다. 누구나 목표를 설정하게 되면 이를 달성하기 위한 어떤 특정한 긴장 상태가 유발된다. 이러한 긴장 상태는 목표가 성취되는 순간까지 지속되다가 목표가 달성되면 사라진다. 목표가 없으면 어떤 행동이나 작업의 결과가 옳은지 그른지 판단할 수가 없다. 업무를 수행하기 위해서는 자신이 어느 정도 노력했는지를 측정할 수 있는 평가 기준이 필요하다. 그러므로 목표란 업무 수행 정도를 판단하기 위한 척도이기도 하다. 다른 관점에서 보면, 목표를 가진다는 것은 미래 지향적으로 볼 수 있다. 누구나 자신이 원하는 바가 무엇이고, 최종적으로 달성해야 하는 결과가 무엇인지를 알려 주는 지표가 되기 때문이다.

목표를 설정한다는 것은 자신의 욕구나 소망, 의도를 명확히 파악하여 의식적으로 원칙과 기준을 결정하는 것을 말한다. 분명한 목표가 설정되면 목표에 따라 행동 방향이 결정되며, 가장 중요한 핵심적인 지점에 에너지를 집중하게 된다. 이는 자신이 무엇을 하느냐의 문제가 아니라 어떤 일을 무슨 목적으로 하느냐가 중요함을 의미한다. 자신의 목표를 정확히 인식하게 되면 무엇을, 언제까지, 어느 정도 달성해야 하는지 알게 된다. 그러면 중요하지 않은 일에 에너지를 낭비하지 않고 중요한 일에 전력을 다할 수 있다. 아울러 일을 하고자 하는 동기도 저절로 생기게 된다.

목표를 설정할 때 스스로 다음의 질문을 해 보자.

- 자신이 설정한 목표는 무엇인가?
- 목표가 달성되기를 진심으로 원하는가?
- 목표는 달성될 가능성이 있는가?
- 목표를 추구하는 과정에 발생할 방해요인은 무엇인가?
- 목표를 달성하기 위해 스스로 해야 하는 것은 무엇인가?

◆ 활동계획 수립하기

목표가 설정되면 그것을 위한 활동계획을 세워야 한다. 실패하는 대부분의 사람이 목표를 세우지만 활동계획은 구체적으로 세우지 않는 특징이 있다. 활동계획 없이 목표만 세우면 지금 당장 자신이 무엇을 해야 할지 모르기 때문에 시간을 낭비할 수밖에 없다. 계획이란 다가올 특정 기간에 활동을 어떻게 할 것인가에 대한 설계도다. 설계도를 작성하기 위해 시간을 소모한다 하더라도 전체 시간의 1% 정도에 해당되지 않는다. 그러므로 활동계획을 잘 수립하면 자신의 목표를 실현하는 데 그만큼 시간을 단축시킬 수 있다. 특히 기간에 따라 일일 계획과 중장기적인 계획을 세분화하면 시간이 더욱 절약되고 그 일을 성공할 확률은 배가 된다.

시간 활동계획을 세우기 전에 반드시 점검해야 할 내용은 다음과 같다.

- 목표의 실현 가능성에 대한 충분한 검토가 이루어졌는가?
- 목표를 달성하기 위하여 어떤 세부적인 내용이 필요한가?
- 목표를 달성하는 데 방해 요소는 무엇인가?
- 목표 달성 여부에 대한 평가는 어떤 방법으로 이루어지는가?

시간 활동계획은 장기 목표에 초점을 맞추어 세워야 한다. 즉, 장기 계획에 근거하여 연간 계획, 월간 계획, 주간 계획 및 일일 계획을 구체적으로 도출해야 한다. 장기 목표 달성을 위해서는 연도별로 이루어야 할 과제와 그에 따른 목표를 기록하여 반드시 점검해야 한다. 점검과정에서 당해 연도에 달성한 과제와 취소되거나 연기된 과제가 무엇인지 확인하여 다음 해 연간 계획을 확정해야 한다. 연간 계획이 차질 없이 진행되기 위해서는 월간 계획을 꼼꼼하게 챙겨야 한다. 월간 계획에서는 보다 세부적인 계획을 수립해야 하므로 목표 달성을 위한 기한을 명시하는 것이 좋다. 또한 계획을 보다 현실적으로 세우기 위해 예기치 않게 추가되는 과제에 대비하여 여유 시간을 확보해야 한다. 월간 계획 못지 않게 중요한 단계가 주간 계획 단계다. 주간 계획은 월간 계획에 근거하여 보다 구체적이고 상세하게 작성되어야 한다. 되도록 모든 과제와 활동의 분량과 시간을 적절하게 편성하도록 한다.

주간 계획을 세울 때 고려해야 할 내용은 다음과 같다.

- 금주에 특히 집중해야 할 일 또는 필수 과제는 무엇인가?
- 금주에 새롭게 시작해야 하는 일은 무엇인가?
- 금주에 반드시 마무리해야 할 일은 무엇인가?

- 지난주에 미해결된 일 중 바로 착수해야 할 일은 무엇인가?

일일 계획은 시간 계획의 가장 중요한 단계이며, 주간 계획을 바탕으로 세워져야 한다. 일일 계획을 세우는 첫 단계는 수행해야 하는 과제를 해당 날짜에 정확히 기록하는 것이다. 이는 현재 진행하고 있는 과제의 집중도를 높이고 성과를 높이는 데 기여한다. 또한 낭비되는 시간의 출처를 파악함으로써 시간을 통제하고 방해 요소를 제거하는 데 효과적이다. 일일 계획을 현실성 있게 세우기 위해서는 그날 마무리해야 하는 일과 예기치 않은 일을 처리해야 할 여유 시간을 계획에 포함시켜야 한다.

일일 계획을 평가할 때 유용한 질문은 다음과 같다.

- 하루 일과 중 잘한 것은 무엇인가?
- 하루 일과 중 불필요하게 시간 낭비한 일은 무엇인가?
- 시간 단축을 위해 위임하거나 삭제한 일을 무엇인가?
- 절약한 시간은 어떻게 사용하였는가?

◆ 검토 및 통제하기

효과적인 시간 관리의 전략에서 가장 중요한 부분이 검토하고 통제하는 단계다. 지금까지 진행해 온 일의 처리과정을 잘 검토하고 통제하면 시간의 효율성을 극대화시킬 수 있다. 또한 목표의 달성 여부를 제대로 파악한 후 수정·보완할 수 있다. 그러므로 실천해 온 과정을 제대로 규칙적으로 검토하고 통제하는 것이 필요하다. 이 단계에서는 현재 상황에 대한 파악과 계획에 따른 성과 비교가 핵심 과제라 할 수 있다.

이러한 맥락에서 일에 대한 검토 및 통제의 의미로 다음의 내용을 살펴보아야 한다.

- 현재 시점에서 달성한 것은 무엇인가?
- 우선순위에 따라 차질 없이 진행되고 있는가?
- 활동계획대로 기한 내에 일을 마무리하고 있는가?
- 각 단계별 과업에서 발생하는 문제점은 무엇인가?

◆ 유지하기

효과적인 시간 관리의 전략을 세우는 것도 중요하지만 그것을 유지하는 것은 더욱 중요하다. 시간 관리의 전략을 유지하기 위해서는 몇 가지 기본적인 자세가 필요하다. 첫째, 즐거운 마음을 갖도록 한다. 생활 속에서 즐거운 마음을 가지는 것은 예전의 나쁜 습관으로 되돌아가지 않기 위한 가장 좋은 방법이다. 그러기 위해서는 생활 속에서 자신만의 즐거움을 찾도록 해야 한다. 즐거움을 찾아내기란 쉽지 않지만 분명히 보람과 즐거움을 주는 일이 있을 것이다. 가능한 한 지금 하고 있는 일에서 즐거움을 찾도록 노력해야 한다. 반복적이고 지루한 일이 있다면 이런 일들을 먼저 끝내고 좋아하는 일을 나중에 선택하는 것이 효과적이다. 둘째, 휴식 시간을 계획한다. 적절한 휴식 시간을 계획하는 것은 효과적인 시간 관리의 전략을 유지하는 데 중요한 요소다. 하루 일과 중 휴식을 가지는 것도 당연히 필요하고, 1년 중의 휴식 시간도 연간 계획에 추가해야 한다. 되도록 1년 중 상대적으로 한가한 시간을 이용하여 계획해 본다. 한꺼번에 긴 휴식을 가지기보다는 짧게 몇 번으로 나누어 휴식 시간을 가질 수 있도록 미리 계획을 세워 보자.

시간 관리 매트릭스 점검하기

◆ 효과적인 시간 관리의 전략을 바탕으로 성공적인 대학생활을 보낼 수 있도록 나의 시간 관리 매트릭스를 수정 · 보완해 보자.

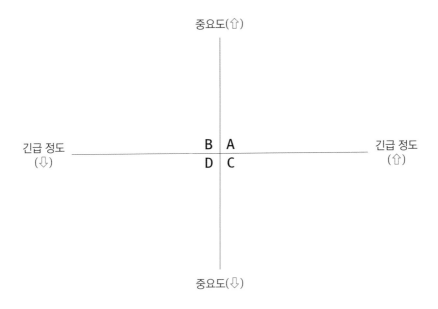

◆ 자신의 시간 관리 매트릭스에서 이전과 달리 새롭게 추가된 내용은 무엇인가?

_____

_____

_____

_____

_____

_____

_____

◆ 자신의 시간 관리 매트릭스에서 이전과 달리 위임 · 감소 · 삭제된 내용은 무엇인가?

_____

_____

_____

_____

_____

◆ 나의 시간 관리 매트릭스에서 반드시 지켜야 할 내용은 무엇인가?

_____

_____

_____

_____

_____

◆ 효과적인 시간 관리의 전략을 바탕으로 시간 관리 매트릭스를 작성해 본 소감은 어떠한가?

_____

_____

_____

_____

_____

_____

_____

_____

나의 일일계획표 작성하기

◆ 새로이 작성한 '나의 시간 관리 매트릭스'를 바탕으로 기상에서 취침까지의 일일
계획표를 작성해 보자.

시간	월	화	수	목	금	토	일

| 제8장 |

직업 선택

1. 직업 선택의 이해

1) 직업의 의미

직업은 직분을 맡아서 행한다는 의미의 '직(職)'과 생계를 유지하는 데 전념한다는 의미의 '업(業)'이라는 두 단어가 결합된 합성어다. 오늘날에는 과거에 비해 직업의 종류도 매우 많이 늘어났지만 직업의 의미도 단순한 생계유지에서 점점 자아실현의 계기나 장으로 변화하고 있다. 직업은 학자들에 따라 조금씩 다르게 정의되고 있으나, 일반적으로 개인이 지속적으로 수행하는 경제활동을 포함하는 사회활동을 말한다. 즉, 직업은 단순히 살기 위한 수단이 아니라 존재의 의미를 부여한다. 그러므로 직업에 대한 올바른 가치관을 가진다는 것은 인생 설계에 있어 매우 중요한 부분이다.

개인 및 사회가 요구하는 바람직한 직업이 되기 위해서는 다음과 같은 네 가지 요건을 갖추고 있어야 한다. 첫째, 직업은 공공복지에 반하지 않는 사회의 공동생활에 기여해야 한다. 이를 직업의 윤리성이라고 한다. 둘째, 개인은 사회에 대해 부담하는 봉사의 연대 의무를 직업을 통해 실현할 수 있어야 한다. 이를 직업의 사회성이라고 한다. 셋째, 사회연대를 실현함으로써 보수를 받아야 한다. 무보수로 하는 행위는 직업이라고 할 수 없다. 이를 직업의 경제성이라고 한다. 넷째, 생계를 유지하기 위한 계속적인 활동이어야 한다. 즉, 지속성이 없는 일시적인 행위는 직업이라고 할 수 없다. 이를 직업의 계속성이라고 한다.

직업의 요건을 기반으로 하여 직업의 의미를 살펴보면 다음과 같다. 첫째, 생계유지로서의 직업이다. 이는 경제적 의미로 대부분의 사람은 직업적 활동을 통해서 얻는 수입으로 생계를 유지한다. 생계유지 의미로서 직업은 생계를 유지하기 위한 경제적 보상을 목적으로 하는 지속적인 인간의 활동을 의미한다. 따라서 소득을 목적으로 하지 않는 주부의 가사 노동, 학생의 공부, 기타 취미활동 등은 직업이라고 하지 않는다. 둘째, 사회적 역할 분담으로서의 직업이다. 이는 직업의 사회적 의미로 직업이 사회적 역할을 분담하며 사회에 공헌하는 기능을 가지고 있음을 의미한다. 사람은 누구나 직업을 통해 사회 발전에 기여하게 된다. 따라서 직업은 사회적으로 유용해야 하고 사회발전과 유지에 도움이 되어야 한다. 셋째, 자아실현으로서의 직업이다. 이는 직업의 심리적 의미로 직업이 개인에게 자아실현의 기회를 제공한다는 것을 의미한다. 대부분의 사람들이 자신의 직업을 통해 경제 외적으로 얻는 보람이나 성취감을 얻는다. 이처럼 직업을 통해 성취감과 보람, 봉사의 기쁨을 느낄 때 자아실현의 과정에 들어가게 된다.

2) 직업 선택의 중요성

최근 직업의 종류가 다양해지고 전문화되면서 직업 선택의 중요성이 더욱 강조되고 있다. 직업 선택에 있어서 가장 중요한 것은 자신이 선택하고자 하는 직업에서 요구하는 능력이 무엇인지를 파악하는 것이다. 아울러 그 능력을 자신이 가지고 있는지에 대한 객관적인 평가도 필요하다. 개인이 가진 능력 및 적성이 그 직업에서 요구하는 능력과 일치할 때 그 직업에서 성공할 수 있으며, 나아가 그 직업을 통해 자아를 실현할 수 있다. 직업 선택은 배우자의 선택과 함께 인생에 있어서 가장 중요한 선택 중의 하나로, 개개인의 인생에 매우 큰 영향을 미친다. 또한 개인적 측면에서 인생의 성공과 실패를, 자신의 일을 즐기면서 하는지 그렇지 않은지를 결정하고, 삶의 전반적인 측면에 영향을 미친다. 이와 함께 직업 선택은 사회적 차원에서 산업별 노동력의 분포를 결정한다.

긴즈버그와 그의 동료들(Ginzberg, Ginsberg, Axelrad, & Herma, 1951)은 직업 선택

을 일회적인 것이 아니라 사춘기 전에 시작하여 20대 초반까지의 대략 10년에 걸쳐 계속적으로 일어나는 발달과정으로 보았다. 또한 각 단계의 결정은 서로 밀접한 관계가 있다고 하였다. 직업 선택과정에서 모든 선택을 적성, 흥미, 성격, 가치 등 개인의 내적 요인과 외적 요인을 고려한 타협의 과정으로 보았다. 여기서 타협한다는 것은 자신의 능력을 최대한 발휘하고 자신의 목표를 최대한 만족시켜 주는 직업을 선택하려고 한다는 사실을 반영한다. 타협을 직업 선택의 본질적인 측면으로 본 긴즈버그 등은 직업 선택과정을 다음과 같이 환상기, 잠정기, 현실기의 세 단계로 구분하였다.

◆ 환상기(11세 이전)

직업 선택에 있어 자신이 원하는 직업은 무엇이든지 가질 수 있다고 생각한다. 즉, 현실 여건과 제약, 자신의 능력, 가능성 등은 무시되거나 거의 인식조차 하지 못하는 시기다. 자신의 충동이나 욕구에 의해 특정 직업을 선택하여 놀이 활동을 통하여 이를 표출한다.

◆ 잠정기(11~17세)

환상기와 달리 직업 선택에 있어 자신의 적성, 흥미, 성격, 능력, 가치 등과 같은 주관적 요소를 고려하여 직업을 선택한다. 그러나 현실적인 여건에 대한 인식이 많이 부족하여 잠정기라 부른다. 잠정기는 고려하는 요인에 따라 다시 음과 같이 네 가지 단계로 구분된다.

- **흥미단계**(11~12세): 직업 선택에 있어 흥미가 가장 중요한 요인이 되는 단계
- **능력단계**(12~14세): 자신의 능력 정도가 직업 선택의 중요한 요인이 되는 단계
- **가치단계**(15~16세): 자신의 가치관이 직업 선택의 중요한 요인이 되는 단계
- **전환단계**(17세 전후): 직업 선택에 있어서 개인적 요인보다는 현실적 요인에 관심을 기울이게 되는 단계

◆ 현실기(18세~성인 초기)

개인의 흥미, 능력, 성격, 가치 등의 개인적 요인과 교육 기회, 취업 기회, 환경적 제약 등의 현실적 요인 간의 타협과정을 통하여 직업을 선택하게 되는 단계다. 현실기는 다시 다음과 같이 세 단계로 구분된다.

- **탐색단계**: 자신이 선택한 직업에 필요한 실질적인 교육이나 기회를 가지기 위해 노력하는 단계
- **명료화단계**: 탐색단계에서 체득한 경험을 토대로 다양한 요소를 점차적으로 정확하게 종합해 가는 단계
- **구체화단계**: 직업 선택의 최종 단계이며, 자신의 직업을 결정하고 이를 이루기 위해 세부적인 계획을 세우는 단계

2. 직업 선택의 결정 요인

현대사회에서 직업을 선택한다는 것은 사회적으로 부여된 지위와 역할에 따른 사회적 보상과 관련이 있다. 어떤 직업을 선택하느냐는 개인 자신뿐만 아니라 사회적으로도 중요한 의미를 내포하고 있다. 직업 자체가 인생의 만족도를 결정하는 것은 아니다. 그러나 원하지 않는 직업을 선택했을 경우 일의 효율성에 문제가 생길 수 있고, 개인의 자아실현에도 부정적인 영향을 미칠 수 있다. 그러므로 개인의 직업 선택은 무엇보다도 중요한 과제라 할 수 있다. 직업 선택의 결정 요인을 개인적 요인과 사회적 요인으로 구분하여 살펴보면 다음과 같다.

1) 개인적 요인

직업을 선택하는 데 있어서 사람은 누구나 자신이 가지고 있는 개인적 요인을 고려하여 특정한 직업을 선택하게 된다. 직업 선택의 결정 요인 중 개인적 요인은 일반적 특성, 개인의 심리학적 특성 그리고 개인의 사회학적 특성으로 구분할 수 있다.

첫째, 일반적 특성에서는 성별을 고려할 수 있다. 이전에 비해 직업에 대한 성별의 경계가 많이 사라진 것은 사실이다. 그러나 직업을 선택할 때 성별에 따라 선호하는 직업군과 지양하는 직업군은 다르게 나타나고 있다. 일의 성공에 영향을 주는 신체적 차이는 신장과 육체의 힘과 관련이 있기 때문에 성별에 따라 각각 선호하는 직업군에서 차이가 존재하는 것은 어쩌면 당연한 일이다. 일반적인 특성에서 고려할 수 있는 또 다른 요인은 체격이다. 어떤 일을 하는 데 최소한으로 필요한 신체적 능력을 갖고 있으나 우수한 수행을 위해서는 특정 체격 요건을 필요로 하는 직업이 있다. 신체적

결함은 다양한 측면에서 경력 개발과 승진 기회에 영향을 미칠 수 있다.

둘째, 개인의 심리학적 특성에서 우선적으로 고려되는 것이 적성이다. 적성은 개인이 과제나 직무를 적절하게 수행하거나 학습하는 데 요구되는 특정한 재능과 능력을 말한다. 우리나라 고용노동부에서 적용하고 있는 적성 요인은 열한 가지이며, 16개의 하위 검사로 이루어져 있다. 여기서 적성의 하위 항목은 언어력, 수리력, 추리력, 공간 지각력, 사물 지각력, 상황 판단력, 기계능력, 집중력, 색채 지각력, 문제해결 능력, 사고유창력으로 분류된다. 또한 흥미를 고려해야 한다. 흥미란 일정한 활동에 대하여 개인의 일반적인 행동의 경향을 말한다. 개인의 흥미 정도에 따라 일에 대한 동기화 수준이 달라지고 직무 수행에 따른 승패도 달라진다. 직업에 대한 자신의 흥미 정도를 알아보는 검사로 고용노동부에서 개발한 직업선호도 검사가 있다. 직업선호도 검사는 홀랜드 이론을 바탕으로 개발되었으며, 개인의 흥미유형에 따라 현실형, 탐구형, 예술형, 사회형, 진취형, 관습형의 여섯 가지로 분류된다.

셋째, 개인의 사회학적 특성에서 고려해야 할 요인으로 가정의 사회경제적 수준이 있다. 한 가정의 사회경제적 수준은 대개 부모의 소득 수준에 의해서 결정된다. 부모가 어떤 직업에 종사하고 있느냐는 가족 단위의 경제적 생활 수준이나 다른 생활양식의 선택 및 변화에도 영향을 미친다. 더구나 부모의 직업 형태는 자녀의 사회화 과정에서 표출되는 인성 발달과 직업 선택과정에서도 밀접한 관련성을 보이고 있다. 일반적으로 전문직에 종사하는 사람들은 자녀에게 전문직 분야의 직업을 선택하도록 권장하게 된다. 왜냐하면 산업사회에서 전문직에 종사하면 경제적 소득이 괜찮을 뿐 아니라 사회적 지위 혹은 명예도 얻을 수 있기 때문이다. 그리고 부모의 소득 수준의 정도는 자녀의 직업 선택 지향성과 밀접한 관계가 있다. 즉, 부모의 소득이 낮은 가정의 자녀는 높은 수준의 교육을 받는 데 경제적으로 어려움을 겪기 때문에 결과적으로 낮은 수준의 교육 성취를 보인다. 따라서 부모의 소득 수준과 자녀의 직업 선택은 밀접한 상호관련성이 있으며, 이는 다음 세대로 계승되는 경향이 높다.

2) 사회적 요인

직업 선택의 결정 요인 중 사회적 요인은 학교 환경 요인, 사회 환경 요인 및 경제학적 요인으로 구분할 수 있다.

첫째, 학교 환경 요인으로, 학교는 학생들이 참여하는 사회이며, 발달단계상 가치관을 형성하는 시기에 있는 학생들에게 중요한 역할을 하는 곳이다. 최근 청소년 실업이 사회문제로 대두됨에 따라 학교 역시 학생들의 진로문제에 많은 관심을 가지고 다양하게 노력하고 있다. 학교에서 진행되는 각종 프로그램, 학교 분위기, 과외활동, 교우 및 교사와의 관계 등이 학생들의 직업 선택에 많은 영향을 준다. 특히 특성화 고등학교의 직업 훈련은 직업 선택에 직접적인 영향을 미치고 있다.

둘째, 사회 환경 요인으로, 한 사회가 지니고 있는 경제적 상황, 산업의 구조적 특성, 노동시장의 구조 등과 같은 다양한 사회 환경은 개인의 직업 선택에 큰 영향을 미친다. 또한 사회가 어떤 직업에 대한 편견을 가진다면 사회 구성원들은 그 직업을 기피하게 되는 반면, 사회나 정부가 특정 직업에 대해 긍정적 시각을 가지거나 정책적으로 육성하게 되면 그 직업을 선택하는 사회 구성원들은 증가하게 된다. 그러므로 직업 선택을 위해 전반적인 사회 변화 및 직업세계의 변화 추이를 분석하여 그 흐름을 파악해야 한다. 현대사회에서 정보기술의 발달은 경제뿐만 아니라 사회문화의 세계화를 촉진하고 있으며, 생활양식의 변화를 초래하고 있다. 이러한 세계화 시대의 무한 경쟁 속에서 직업 선택을 결정하기 위하여 각 산업에 대한 다양한 정보를 효과적으로 탐색하고 수집하며 활용할 수 있는 능력이 요구된다.

셋째, 경제학적 요인으로, 직업을 선택할 때 그 직종에 대한 인적 자원이 과잉 상태인지, 또는 부족한 상태인지 노동 수요를 파악해야 한다. 또한 해당 직종의 진입 장벽은 무엇인지, 그 진입 장벽을 자신의 능력으로 넘을 수 있는지에 대한 정보 수집이 필요하다. 일반적으로 노동의 수요가 적은 분야, 공급이 많은 분야, 진입 장벽이 낮은 분야의 직종은 가치가 낮게 평가될 소지가 높다. 그러므로 직업을 선택할 때 근시안적인 접근에서 벗어나 고용 안정, 직업 전망, 승진 기회, 직업적 보상 등을 고려하여 선택해야 한다.

3. 직업정보

최근에는 산업구조의 변화로 직업이 더욱 세분화되고 전문화되어 가는 양상을 보이고 있다. 치열한 경쟁사회에서 직업의 전반적인 흐름을 파악하고 특정 직업에 대한 전망이 어떠한지 분석하는 것이 무엇보다 중요하다. 구직자는 직업정보를 통해 기업 정보, 자격증 정보, 직업훈련 정보, 직업 전망을 제공받아 직업 선택에 따른 개인적 · 사회적 비용을 최소화해야 한다. 이와 같이 구직자들은 직업에 따른 정보를 수집하고 그 정보를 적절히 활용하여 직업을 잘 선택해야 한다.

1) 흥미에 따른 직업정보

◆ 현실형(R) 관련 직업

R	RI	RA	RS	RE	RC
경찰관	기계공학자	기호식품제조자	각종장비설치자	경찰관	건축설계사
농업 관련 종사자	기계제작자	모형제조자	목축업자	동물사육사	교도관
엔지니어	방사선기술자	무대기술자	야생동물관리자	매장관리자	기계조립자
공학자	비행기조종사	상품디스플레이어	응급의료기술자	비밀정보요원	농업 관련 종사자
운동코치	삼림전문가	석재조각가	입국심사/검열관	소방대원	설계사
원예사	석유기술자	옥외홍보물제작자	전기기구수리자	열차기관사	사업장안전검시관
중장비운전원	엔지니어	요리전문가	통신기사	전문스포츠인	자동차기술자
자동차기술자	응급의료기술자	음향효과기술자		조경사	직업군인
전기기술자	중장비운전자	제과제빵사		중소기업사장	폐기물처리조작원
전자기술자	직업군인				
직업군인	토목공학자				
운동선수					
항공기조종사					

◆ 탐구형(I) 관련 직업

I	IA	IS	IE	IC	IR
과학계열연구자	경제학자	간호사	건축기사	과학교사	병리학자
내과의사	과학 관련 삽화가	교육심리학자	계측기사	경영분석가	산부인과의사
대학교수	발명가	번역가	도시/교통설계사	도안책임자	수의사
물리학자	생물학자	사회과학연구원	사회학자	시력측정검안사	시력측정검안사
사회학자	실험심리학자	소아과의사	선박기술자	안전관리기사	연구실기술자
생물학자	예술품감정사	언어병리학자	수학자	약사	외과의사
수학자	일반심리학자	언어학자	시스템기술자	연구실기술자	우주공학자
심리학자	임상심리학자	위생학자	지도제작편집사	의료기술자	의학연구가
연구실기술자	지리학자	의료기술자	직무분석가	컴퓨터오퍼레이터	전기공학자
지질학자	천문학자	치과의사	직물연구관리자	통역가	전자기술자
천문학자	음향과학자	피부과의사	컨설턴트		치과의사
치과의사	통역가				화학자

◆ 예술형(A) 관련 직업

A	AS	AE	AC	AR	AI
건축가	무용안무가	광고홍보책임자	모형제조자	꽃꽂이디자이너	고고학자
미술관책임자	일러스트레이터	그래픽디자이너	미술관책임자	모형제조자	과학기술기고가
배우	상품광고관리자	무대감독	사회학자	무대기술자	기술 관련 삽화가
사진가	시각효과도안사	무대연출가	예능과목교사	장신구세공인	번역가
일러스트레이터	악기연주가	무용가	작문교사	사진사	사회과학자
미술가	연출가	방송인	잡지편집인	상품디스플레이어	신문기자
시인	예능과목교사	배우	조경사	순수미술가	영화세트디자이너
실내장식가	작문교사	사진기자	원예사	제도사	음악평론가
음악가	패션디자이너	실내장식가		조각가	미술평론가
작가	레스토랑요리사	웨딩컨설턴트		조경건축가	인류학자
잡지편집인	홍보전문가	의상디자이너		조경사	작가
카피라이터		일러스트레이터		원예사	조경건축가
		패션모델			

◆ 사회형(S) 관련 직업

S	SE	SC	SR	SI	SA
간호사	축구코치	물리치료사	레크리에이션강사	임상병리사	교육학자
레크리에이션강사	학교상담교사	감정평가사	물리치료사	머천다이저	미술교사
물리치료사	노동중재인	사회사업직원	보육교사	보건학자	사회복지사
보육교사	레크리에이션강사	언어치료사	언어치료사	심리학자	성직자
사회복지사	메이크업아티스트	의료보조원	영양사	일반간호사	외국어교사
상담전문가	인사담당자	학교행정담당자	의료보조원	정부조사관	유치원교사
성직자	재정상담가	학원강사	전문스포츠인	의료방사선기사	음악교사
정신보건사업가	직업상담사	항공권판매인	직업상담사		정신건강종사자
중고등교사	재활상담사		체육교사		중등교사
초등교사	청소년선도경찰관		특수교육교사		직업상담사
특수교육교사	특수교육교사				철학자
	항공관제사				초등교사

◆ 진취형(E) 관련 직업

E	EC	ER	EI	EA	ES
변호사	구매담당자	건설현장감독관	농업제품감독관	모델	변호사
부동산중개인	도매업자	경매인	마케팅책임자	방송인	보험판매대행인
보험중개인	상공부실무자	공원관리감독	변호사	실내장식가	부동산중개인
인사책임자	세탁업경영자	공항관리책임자	수력발전소감독관	연예인관리자	여행사관리인
정치인	운송배치원	광고대행업자	정치인	영업책임자	영화조감독
중소기업경영자	전기기구판매업자	정부자산감독관	지방자치단체장	예술품경매인	유치원원장
지방자치단체장	접수직원	도로감독관	컴퓨터판매업자	이벤트전문가	인사교육담당자
판매책임자	제조업자	비밀정보요원	해외업무담당자	전문무용인	자동차판매인
홍보담당자	산업안전감사관	이벤트전문가		헤어디자이너	판매책임자
아나운서	회사중역				항공기승무원
					아나운서

◆ 관습형(C) 관련 직업

C	CR	CI	CA	CS	CE
공인회계사	금융보안직원	건물검사관	공예가	감시시스템요원	박물관안내원
비서	급식관리인	보험계리인	박물관안내원	금융보안직원	법원속기사
사무관리자	백화점소매	연구실기술자	미술관안내원	회사내감사관	변호사
세무회계감사원	관리인	회계사	서예가	보험업자	사무직원
원고교정자	보험업자	감사관	성우	비서	세금조사원
은행원	우체국장	의료기술자	예능과목교사	신용조사원	신용관리인
재무분석가	인쇄업자	재무분석가	잡지편집인	은행원	은행원
제품관리자	직업군인	투자분석가	헤어디자이너	출판물검사원	전문비서
컴퓨터오퍼레이터				컴퓨터오퍼레이터	중소기업경영인
컴퓨터프로그래머				사서	회계감사원
					회계사

출처: 송원영, 김지영(2009).

2) 전공계열별 직업정보

◆ 인문계열의 진출 분야 및 관련 직업

전공		진출 분야	관련 직업
국어 국문 학과	기업체	방송사, 신문사, 잡지사, 광고기획사, 광고대행사, 일반회사 홍보팀(사보 제작), 출판사, 사설학원	소설가, 스크립터, 시인, 아나운서, 인문사회계열 교수, 작가(게임시나리오 작가, 구성작가, 극작가, 방송작가, 영화시나리오 작가), 작사가, 출판물 기획자, 출판물 편집자, 카피라이터, 칼럼니스트, 평론가, 학원강사 등
	연구소	국립국어원, 한국학중앙연구원	
	학교	중·고등학교, 대학교	
일어 일문 학과	기업체	일본어학원, 유학원, 출판사, 일본 회사, 유통업체, 해운업체, 호텔, 여행사, 면세점, 항공사	관광통역 안내원, 무역 관련 회사, 번역가, 외국어 번역 행정사, 인문사회계열 교수, 중·고등학교 교사, 통역가, 학원강사 등
	학교	중·고등학교, 대학교	
중어 중문 학과	기업체	중국어학원, 무역업체, 해운업체, 한·중합작회사, 호텔, 여행사, 항공사, 면세점	관광통역 안내원, 무역 관련 회사, 번역가, 외교관, 외국어 번역 행정사, 인문사회계열 교수, 중·고등학교 교사, 통역가, 학원강사 등
	학교	중·고등학교, 대학교	
영어 영문 학과	기업체	무역회사, 외국계기업, 외국어학원, 호텔, 여행사, 항공사	관광통역 안내원, 무역 관련 회사, 번역가, 인문사회계열 교수, 의료관광코디네이터, 저작권에이전트, 초·중·고등학교 교사, 통역가, 학원강사 등
	정부 공공 기관	외교통상부 공무원, 외국대사관, 대한무역진흥공사(KOTRA)	
	학교	초·중·고등학교, 대학교	
	기타	미국문화원, 영국문화원, 호주문화원	
프랑스 문화 학과	기업체	프랑스, 스위스, 벨기에 등의 기업체 및 프랑스어권 국가와 교류하는 기업체, 프랑스항공사(Air France), 프랑스어학원, 여행사	관광통역 안내원, 무역 관련 회사, 번역가, 인문사회계열 교수, 중·고등학교 교사, 통역가 등
	정부 공공 기관	프랑스 주재 한국대사관, 프랑스대사관, KOTRA	
	학교	중·고등학교, 대학교	

독어 독문 학과	기업체	무역업체, 외국어학원, 호텔, 여행사, 항공사, 방송국, 신문사, 독일문화원	관광통역 안내원, 무역 관련 회사, 번역가, 인문사회계열 교수, 중·고등학교교사, 통역가 등
	정부 공공 기관	중앙정부 및 지방자치단체, 독일대사관, KOTRA	
	학교	중·고등학교, 대학교	
심리 학과	기업체	광고대행사, 컨설팅업체, 리서치회사, 병원, 심리검사연구소, 각종 상담기관	교도관, 놀이치료사, 모래놀이치료사, 미술치료사, 상담심리전문가, 심리학연구원, 언어치료사, 음악치료사, 이미지컨설턴트, 인문사회계열 교수, 임상심리전문가, 입학사정관, 직업상담사, 취업지원관, 커리어코치, 헤드헌터 등
	정부 공공 기관	교도직 공무원(교도소, 소년원), 지방자치단체, 법무부	
	학교	중·고등학교(상담교사), 대학교	
철학 윤리 문화 학과	기업체	언론사, 출판사, 광고회사, 문화예술 관련 연구소 및 기관, 시민사회단체, 환경단체, 방송사	인문계 중·고등학교 교사, 인문사회계열 교수, 철학연구원 등
	학교	중·고등학교, 대학교	
교육 학과	기업체	인력개발원, 사회교육협회, 문화센터, 여성개발원, 청소년상담, 교재개발업체, 교원단체 사무 및 교육 관련 컨설팅 회사, 이러닝업체, 교육 관련 연구소 등	교구 및 교재개발원, 교육학 연구원, 사이버교육 운영자, 상담전문가, 심리측정가, 웹개발자, 응용소프트웨어개발자, 인문계 중·고등학교 교사, 장학사, 초·중·고등학교 교사, 특수교육교사, 학원강사 등
	정부 공공 기관	중앙정부 및 지방자치단체(교육직 공무원)	
	학교	중·고등학교, 대학교	
아동 가족 학과	기업체	놀이 관련 업체, 사회복지관, 아동의류 및 책자, 일반시민단체, 주거환경평가기관, 청소년상담기관	보육교사, 상담전문가, 소비자 관련 조사분석가, 소비자상담사, 유치원교사, 주택상담원, 중·고등학교 교사, 청소년상담사, 청소년지도사 등
	연구소	아동발달 및 교육개발연구소, 가족학 관련 연구소, 주택 관련 연구소	
	학교	어린이집, 유치원, 중·고등학교, 대학교	

전공		진출 분야	관련 직업
고고 미술 사학과	기업체	기업 내 갤러리, 고고학연구소, 언론사, 각종 기업체	감정평가사, 고고학자, 기록물관리사, 문화재보존원, 예술품복원기술자, 학예사(큐레이터), 공무원, 연구원 등
	정부 공공 기관	박물관, 문화유산보존센터, 문화재청, 유물전시관, 문화재연구소	
	학교	중·고등학교, 대학교	
사학과	기업체	방송사, 언론사, 문화 관련 교류 기업체	문화재보존원, 박물관 및 미술관준학예사, 사서, 사서교사, 역사학연구원, 인문과학연구원, 인문사회계열 교수, 학예사(큐레이터) 등
	정부 공공 기관	도서관, 박물관, 연구소, 국가기록원, 지역문화원, 문화재청	
	학교	중·고등학교, 대학교	

◆ 사회계열의 진출 분야 및 관련 직업

전공		진출 분야	관련 직업
경영 학과	기업체	은행, 증권회사, 선물회사, 자산운용사, 투자자문사, 금융지주회사, 종합금융사, 투자신탁회사, 보험회사, 컨설팅회사, 무역회사, 유통회사, 마케팅회사, 회계법인, 세무법인, 언론사, 외국계회사, 리서치회사, 호텔, 병원	IT컨설턴트, 경영컨설턴트, 경영기획사무원, 경영정보시스템개발자, 관세사, 광고 및 홍보전문가, 광고기획자, 국제회의전문가, 금융 관련 사무원, 금융자산관리사, 금융자산운용가(펀드매니저), 기업고위임원(CEO), 기업분석가, 기업인수합병전문가(M&A전문가), 노무사, 리스크매니저, 마케팅전문가, 머천다이저(MD), 무역사무원, 변리사, 부동산중개인, 생산관리사무원, 세무사, 손해사정사, 스포츠마케터, 스포츠에이전트, 시장 및 여론조사전문가, 영업 및 판매관리자, 영업관리사무원, 외환딜러, 은행원, 인적자원전문가, 증권분석가, 증권중개인, 통계 및 설문조사원, 투자분석(애널리스트), 항공운송사무원, 해외영업원, 행사기획자, 회계사 등
	연구소	산업경영연구소, 경영문제연구소, 한국기업경영연구소	
	정부 공공 기관	중앙정부와 지방자치단체(재경직, 세무직, 관세직, 감사직, 국제통상직 공무원), 정부산하국책은행 및 연구원(한국은행, 에너지경제연구원, 한국개발연구원 등)	
	학교	중·고등학교	
	기타	공인회계사 사무실, 세무사 사무실	
국제 관광 학과	기업체	호텔, 리조트, 테마파크, 여행사, 항공사, 카지노, 레스토랑, 이벤트기획업체, 국제회의용역업체	관광통역안내원, 레스토랑지배인, 여행 관련 관리자, 여행사무원, 여행상품개발자, 여행안내원, 외식업체매니저, 카지노 딜러, 컨벤션기획자, 프런트데스크사무원, 호텔 및 콘도접객원, 호텔관리자, 호텔리어, 호텔서비스원
	정부 공공 기관	한국관광공사, 한국문화관광연구원	

금융 보험 학과	기업체	은행, 증권회사, 선물회사, 자산운용사, 투자자문사, 금융지주회사, 종합금융사, 투자신탁회사, 보험회사, 회계법인, 세무법인, 외국계회사	금융자산관리사(FP), 금융자산운용가, 보험계리사, 보험관리자, 보험대리인 및 중개인, 보험사무원, 보험설계사, 보험인수심사원, 손해사정인, 신용분석가, 외환딜러, 투자분석가, 회계사 등
	정부 공공 기관	중앙정부와 지방자치단체(재경직, 세무직, 관세직, 감사직 공무원), 정부 산하 국책은행 및 연구원(한국은행, 예금보험공사, 한국조세연구원 등)	
	연구소	기업의 경제연구소	
	국제 기구	국제통화기금(IMF), 세계은행(IBRD), 세계무역기구(WTO), 경제개발협력기구(OECD), 아시아개발은행(ADB), 국제금융공사(IFC)	
경제 학과	기업체	은행, 증권회사, 선물회사, 자산운용사, 투자자문사, 금융지주회사, 종합금융사, 투자신탁회사, 보험회사, 무역회사, 유통회사, 마케팅회사, 회계법인, 세무법인, 언론사, 외국계회사, 리서치회사	감정평가사, 경영컨설턴트, 경제학연구원, 금융 관련 사무원, 금융관리자, 금융자산운용가, 기업고위임원(CEO), 도로운송사무원, 리스크매니저, 부동산펀드매니저, 상품기획자, 선물거래중개인, 세무사, 수상운송사무원, 신용분석가, 신용추심원, 외환딜러, 정치학연구원, 증권중개인, 철도운송사무원, 출납창구 은행원 등
	연구소	한국경제연구원, 기업의 경제연구소	
	정부 공공 기관	중앙정부 및 지방자치단체(재경직, 세무직, 관세직, 국제통상직 공무원)	
	국제 기구	국제통화기금(IMF), 세계은행(IBRD), 세계무역기구(WTO), 경제개발협력기구(OECD), 아시아개발은행(ADB), 국제금융공사(IFC)	
법학과	기업체	기업체 법무팀, 언론사	감사사무원, 감정평가사, 검사, 경찰관, 관세행정사무원, 교도관리자, 국회의원, 기업분석가, 노무사, 법률사무원(법무 및 특허사무원), 법무사, 법학연구원, 변리사, 변호사, 사이버수사요원, 세무사, 손해사정인, 스포츠에이전트, 입법공무원, 지방의회의원, 특허법률사무원, 판사, 행정부 고위 공무원 등
	정부 공공 기관	중앙정부 및 지방자치단체(법무행정직, 검찰사무직, 마약수사직, 보호관찰직, 교정직, 소년보호직 공무원), 출입국 관리사무소, 교도소, 구치소, 보호감호소, 보호관찰소, 소년원, 한국형사정책연구원, 한국법제연구원, 대한법률구조공단, 한국갱생보호공단	
	기타	변호사 사무실, 세무사 사무실, 법무사 사무실, 공인노무사 사무실	

신문 방송 학과	기업체	방송국, 언론사, 신문사, 잡지사, 광고기획사, 출판사, 광고대행사, 인터넷 콘텐츠 기획 및 제작업체	광고제작감독(CF감독), 기상캐스터, 광고기획자, 기자, 뉴스캐스터, 리포터, 마케팅사무원, 방송기자, 방송연출가, 비디오저널리스트(VJ), 사보기자, CM플래너, 시장 및 여론 조사 전문가, 쇼핑호스트, 신문기자, 신문제작 관리자, 아나운서, 연극연출가, 연예프로그램 진행자, 영화감독, 영화시나리오 작가, 음악 홍보담당자, 잡지기자, 전문 MC, 편집기자 등
	연구소	한국광고연구원, 한국방송개발원, 한국언론연구원	
	정부 공공 기관	한국방송광고공사, 한국콘텐츠진흥원, 한국언론진흥재단 등	
사회 복지 학과	기업체	기업체 사회공헌 관련 부서, 병원, 사회복지시설	복지시설생활지도원, 사이버수사요원, 사회과학연구원, 사회복지 관련 관리자, 사회복지전담공무원, 사회복지사, 직업상담사, 취업알선원 등
	연구소	사회복지연구소, 사회조사연구소, 사회정책연구원, 사회과학연구소	
	정부 공공 기관	중앙정부 및 지방자치단체, 한국장애인복지진흥회, 한국청소년상담원, 한국청소년정책연구원, 한국보건사회연구원, 종합사회복지관	
정치 외교 학과	기업체	방송사, 신문사	국제기구전문가, 국회의원, 방송기자, 사회단체활동가, 신문기자, 외교관, 잡지기자, 정당인, 정치학연구원, 지방의회의원, 편집기자 등
	연구소	정치문화연구소, 국제협상전략연구소, 안보문제연구소, 안보전략연구소, 남북전략연구소	
	정부 공공 기관	중앙정부 및 지방자치단체(국제통상직, 출입국관리직, 외무영사직 공무원), 외교안보연구원, 통일연구원, 한국국방연구원, 한국국제협력단 등	
	기타	정당, 국회	
행정 학과	기업체	신문사, 방송사, 대학 및 전문대학 행정실, 병원 원무과	감사기획사무관, 경찰관, 광고 및 홍보사무원, 교도관, 기자, 노무사, 도로운송사무원, 법무사, 변리사, 변호사, 병무행정사무원, 생산관리사무원, 세무사, 외교관, 인사 및 노무사무원, 일반직공무원, 자재관리사무원, 정부정책기획전문가, 지방의회의원, 총무 및 인사관리자, 행정공무원, 행정학연구원 등
	연구소	지방행정연구소, 공공행정연구소, 자치행정연구소, 공공자치연구원	
	정부 공공 기관	중앙정부 및 지방자치단체(일반행정직, 검찰사무직, 마약수사직, 보호관찰직, 도시계획직 공무원), 한국행정연구원, 소방서, 경찰서	

◆ 자연계열의 진출 분야 및 관련 직업

전공		진출 분야	관련 직업
생명과학과	기업체	의약, 환경, 식품, 비료, 화장품 등의 제조 · 판매업체, 바이오기기 회사, 특허전문업체 등	바이오에너지 연구 및 개발자, 연구원, 유전공학연구원, 생명과학연구원, 생명정보학자, 식품공학기술자 등
	연구소	생명공학연구소, 보건환경연구소, 의약 관련 연구소, 농림수산 관련 연구소, 해양연구소, 국립과학연구소, 기타 기업체연구소	
	정부 공공 기관	중앙정부 및 지방자치단체(환경직, 보건직 공무원)	
화학과	기업체	제약회사, 화장품제조업체, 반도체업체, 석유화학업체, 식품업체, 환경관련업체, 정유업체, 전자업체	수질환경연구원, 실험실검사원, 자연과학 시험원, 조향사, 친환경제품인증심사원, 폐수처리기술자, 화학공학기술자, 화학연구원, 환경시설 진단 연구원, 환경영향 측정원, 환경영향 평가원, 환경오염 방지전문가, 환경오염 분석가, 환경컨설턴트 등
	연구소	화학 관련 연구소, 생명공학연구소, 환경연구소, 각 기업체의 부설연구소	
	정부 공공 기관	중앙정부 및 지방자치단체(화공직 공무원)	
환경학과	기업체	환경 관련 공기업, 환경전문 시공업체, 환경오염 방지시설 운영업체, 환경오염물질 분석업체, 폐수 및 폐기물 처리업체, 환경영향평가업체, 환경설비장치 제조업체 등	기후변화 전문가, 대기환경 기술자, 수자원 관리자, 수질환경기술자, 수질환경연구원, 에너지 진단 전문가, 친환경건축 컨설턴트, 토양(환경)공학 기술자, 환경 및 해양과학 연구원, 환경공학 기술자, 환경공학 시험원, 환경영향 평가원, 환경설비기술자, 환경시설 진단 연구원, 환경오염 분석가, 환경위생검사원, 환경전문변리사, 환경컨설턴트 등
	연구소	대기 및 수질 등의 환경공학연구소, 환경연구소, 환경기술연구소	
	정부 공공 기관	중앙정부 및 지방자치단체(환경직 공무원)	
식품영양학과	기업체	대기업 및 중소기업, 식품산업체, 급식전문업체, 식품회사, 제약회사, 해외합작 급식업체, 외식업체, 신문사, 잡지사	식품 · 섬유 공학 및 에너지 시험원, 식품공학기술자, 식품학연구원, 영양사, 음식료품감정사, 전통식품제조원, 제과 및 제빵사, 조리사 및 주방장, 조향사, 체형관리사, 푸드스타일리스트, 학원강사 등
	연구소	국공립연구소, 식품영양연구소, 의과대학연구소, 화장품업체연구소	

		보건복지부, 농림부, 보건소, 초·중·고등학교 및 대학, 국공립병원, 건강증진센터, 미국 병원, 방송사	
패션디자인학과	기업체	패션전문업체, 섬유·의류제품생산업체, 섬유·의류수출입업체, 유통업체, 패션 관련 미디어업체, 패션전문교육기관 등	섬유공학기술자, 양장사, 양복사, 스타일리스트, 의복제조원, 중·고등학교 교사, 재단사, 텍스타일디자이너, 패션디자이너, 패션머천다이저, 패션바이어, 패션코디네이터, 패턴사, 한복사 등
	연구소	의류소재개발연구소, 의류시험연구소, 섬유기술연구소	
수학과	기업체	보험회사, 증권회사, 은행, 정보통신기술업체, 정보처리업체, 리서치업체, 기업체의 전산·통계실	금융자산운용가, 보험계리사, 보험관리자, 보험사무원, 보험인수심사원, 세무사, 손해사정사, 수리통계학자, 수학 및 통계연구원, 수학교사, 인공위성개발원, 자연과학시험원, 학원강사 등
	연구소	수학 관련 연구소, 기초과학지원연구소	

◆ 공학계열의 진출 분야 및 관련 직업

전공		진출 분야	관련 직업
건축학과	기업체	건축설계사무소, 건축설비 관련 설계 및 시공업체, 엔지니어링업체, 인테리어전문업체, 건축 관련 연구소	건설 및 광업 관련 관리자, 건설견적원(적산원), 건설공사품질관리원, 건설자재시험원, 건축 및 토목캐드원, 건축감리기술자, 건축공학기술자, 건축구조기술자, 건축설계기술자, 건축설비기술자, 건축시공기술자, 도시계획가, 리모델링컨설턴트, 이공학계열 교수, 전통건물건축원, 친환경건축컨설턴트, 측량사, 캐드원 등
	정부공공기관	기술직 건축 공무원, 대한토지주택공사	
조경학과	기업체	조경설계사무소, 종합조경업체, 일반조경업체, 조경식재 및 조경시설물전문공사업체, 종합건설업체의 각종 계획 및 시공업체, 컨설팅전문업체, 골프장 및 관광리조트개발업체, 환경복원 및 시공회사	국토연구원, 녹지 관련 공무원, 도시계획가, 도시발전연구원, 수목보호기술자, 조경기술자, 조경 관련 연구원, 조경원 등
	정부공공기관	임업직 공무원, 대한토지주택공사, 국책연구소	

도시 계획 학과	기업체	도시 및 지역계획, 국토계획, 교통관련 엔지니어링 회사, 도시설계 · 단지계획 · 주택지 설계회사	감정평가사, 건설안전산업기사, 교통기사, 도시계획기사, 도시계획 연구원, 공무원, 건설 및 국토 · 도시계획, 교통 실무기관 관련 관리자 등
	정부 공공 기관	건설교통부, 지방자치단체, 경찰청, 철도청, 해양항만청, 국토연구원, 한국도로공사, 한국토지주택공사, 지역도시개발공사	
기계 공학과	기업체	각종 기계 및 관련 장비 생산업체, 산업기계제작회사, 자동차생산업체, 자동차부품 설계 및 생산업체, 자동차정비 및 검사업체, 항공기제작회사, 항공기부품회사, 조선소	건설기계공학기술자, 공업기계설치 및 정비원, 공작기계조작원, 금속공학기술자, 금형원, 기계공학기술자, 기계공학시험원, 냉난방 및 공조공학기술자, 냉동 · 냉장 · 공조기 설치 및 정비원, 농업용기계 정비원, 농업용기계장비기술영업원, 로봇공학기술자, 로봇연구원, 머시닝센터조작원, 메카트로닉스공학기술자, 반도체장비기술자, 비파괴검사원, 사무용기계공학기술자, 산업공학기술자, 소방공학기술자, 에너지진단전문가, 엔진기계공학기술자, 오토바이정비원, 일반기계조립원, 자동조립라인 및 산업용로봇조작원, 자동차공학기술자, 자동차정비원, 조선공학기술자, 지열시스템 연구 및 개발자, 철도기관차 및 전동차정비원, 철도차량공학기술자, KTX정비원, 풍력발전 연구 및 개발자, 플랜트기계공학기술자, 항공기정비원, 헬리콥터정비원 등
	정부 공공 기관	기계직공무원, 한국기계연구원, 한국생산기술연구원, 한국표준과학연구원, 한국과학기술연구원	
섬유 공학과	기업체	염색가공업체, 섬유제조 및 가공업체	섬유공학기술자, 식품 · 섬유 공학 및 에너지 시험원, 재료공학기술자, 화학공학기술자 등
	연구소	섬유 및 가공 관련 기업연구소, 대학 내 연구소	
금속 공학과	기업체	제철 · 제강업체, 스테인리스 · 알루미늄 · 구리 등의 금속재료 관련 기초소재 제조업체, 주조 · 단조 · 열처리 · 표면처리 · 용접 및 소결 등의 금속가공 관련업체, 반도체 · 메모리재료 · 발광재료 · 자성재료 등의 신소재분야 생산업체, 자동차 · 선박 · 항공기 및 각종 중화학설비 등의 완성제품 제작업체 및 엔지니어링업체, 기업의 관련 연구소	금속공학기술자, 금속재료공학시험원, 금형원, 비파괴검사원, 재료공학기술자 등

전기 공학과	기업체	각종 전기 관련 제조업체, 전기공사, 통신업체, 건설회사, 전력 및 설비제조업체, 전자기기 설계 및 제조업체, 음향기기·화상기기·유무선통신장비업체, 첨단의료장비제조업체, 이동통신·위성통신·위성방송 관련 업체, 전기 및 정보통신 관련 연구소	KTX정비원, LED연구 및 개발자, 기계공학시험원, 발전설비기술자, 발전장치조작원, 송배전설비기술자, 변리사, 영상 및 관련 장비 설치 및 수리원, 의료장비기사, 이공학계열교수, 전기공학기술자, 전기 및 전자설비조작원, 전기감리기술자, 전기계측제어기술자, 전기안전기술자, 전기자동차연구원, 전기제품개발기술자, 조명기사, 지열시스템연구및개발자, 통신 및 관련 장비 설치 및 수리원, 풍력발전연구 및 개발자 등
	정부 공공 기관	전기직·전산직·전송기술직 공무원, 한국전력공사, 한국전기안전공사, 기초전력연구원, 한국전기전자시험연구원, 한국전력기술주식회사, 한국전자파연구원, 한국전기연구원, 한국전력거래소	
에너지 자원 공학과	기업체	에너지산업 관련 회사, 신재생에너지 관련 회사	식품·섬유 공학 및 에너지 시험원, 에너지공학기술자, 에너지진단전문가, 원자력공학기술자, 자원공학기술자, 폐기물처리기술자 등
	정부 공공 기관	한국원자력안전기술원, 한국에너지기술연구원, 한국가스공사, 한국전력, 한국수력원자력, 한국원자력연료주식회사	
전자 공학과	기업체	각종 전자 관련 제조업체, 통신업체, 전자부품설계 및 제조업체, 전자기기설계 및 제조업체, 각종전자장비운용 및 유지보수업체, 음향기기·화상기기·첨단의료장비제조업체, 이동통신, 위성통신·위성방송 관련 업체, 반도체소자, 마그네트레이저 등 전자소자제조업체, 전자 및 정보통신 관련 연구소	가상현실전문가, 반도체공학기술자, 반도체장비기술자, 변리사, 시스템 개발자, 스마트폰앱개발자, LED연구 및 개발자, 영상 및 관련 장비 설치 및 수리원, 의료장비기술영업원, 이공계열교수, 전기 및 전자설비조작원, 전자계측제어기술자, 전자상거래전문가, 전자제품개발기술자, 전자통신장비기술영업원, 태양광발전연구 및 개발자, 태양열연구 및 개발자, 통신공학기술자, 통신 및 관련 장비 설치 및 수리원 등
	정부 공공 기관	전기직·전산직·전송기술직 공무원, 한국전력공사, 한국전기전자시험연구원, 한국전자파연구원, 한국전자통신연구원, 정보통신정책연구원	
신소재 공학과	기업체	반도체제조업체, 반도체장비 및 소재 관련 기업, 석유화학회사, 종합제철소, 비철금속제련업체, 금속가공업체, 자동차제조업체, 조선건조업체, 항공기제조업체, 유리·도자기 등 전통요업업체, 전자정보소재 관련 업체, 염색가공업체, 섬유제조 및 가공업체	금속공학기술자, 금형원, 반도체공학기술자, 복합재료·항공기·석유화학·섬유공학기술자, 산업기계 관련 관리자, 신소재공학연구원, 재료공학기술자 등

	연구소	반도체 · 금속 · 신소재, · 섬유 · 가공 관련 기업 연구소, 대학 내 연구소 등	
	정부 공공 기관	한국과학기술원, 한국생산기술연구원, 한국세라믹기술원, 한국산업기술시험원, 한국기계연구원부설재료연구소	
컴퓨터 공학과	기업체	소프트웨어개발업체, 컴퓨터개발업체, 게임개발업체, 모바일프로그래밍업체, 웹프로그래밍업체, 웹페이지구축업체, 애니메이션 관련 업체, 영상물제작업체	가상현실전문가, 고객관리시스템전문가, 기술지원전문가, 네트워크엔지니어, 네트워크프로그래머, 데이터베이스개발자, 데이터베이스관리자, 시스템소프트웨어개발자, 시스템엔지니어, IT교육강사, 웹마스터, 웹엔지니어, 웹프로그래머, 웹프로듀서, 이공학 계열 교수, 정보보호전문가, 정보시스템운영자, 정보통신컨설턴트, 컴퓨터게임 프로그래머, 컴퓨터공학기술자, 컴퓨터시스템감리전문가, 컴퓨터시스템설계분석가, 컴퓨터하드웨어기술자, 통신망설계운영기술자, 항공교통관제사 등
	정부 공공 기관	한국콘텐츠진흥원, 정보통신산업진흥원	
산업 공학과	기업체	자동차 · 항공 · 기계 · 전기 · 전자 · 화학 등 관련 제조업체, 유통 및 물류업체, 금융기관, 경영컨설팅업체, 소프트웨어솔루션개발업체, 시스템통합업체(System Integration: SI)	경영정보시스템전문가, 경영컨설턴트, 교통안전연구원, 기획 · 홍보 및 광고관리자, 변리사, 산업공학기술자, 산업안전원, 온실가스인증심사원, 이공학 계열교수, 제품생산 관련 관리자, 품질관리사무원, 품질인증심사전문가 등
토목 공학과	기업체	엔지니어링업체, 건설업체, 전문공사업체, 건설안전진단업체, 토질조사 및 시험업체	건설견적원, 건설공사품질관리원, 건설 및 광업 관련 관리자, 상수도기술자, 이공학계열교수, 측량사, 캐드원, 토목감리기술자, 토목공학기술자, 토목구조설계기술자, 토목시공기술자, 토목안전환경기술자 등
	정부 공공 기관	토목직 공무원, 국토연구원, 한국건설기술연구원, 대한토지주택공사, 지자체시설관리공단, 해양항만청	
화학 공학과	기업체	석유화학 및 정유회사, 정밀화학업체, 환경 및 에너지 관련 업체, 식음료업체, 섬유업체, 신재료 관련 업체, 제약회사, 엔지니어링회사	고무 및 플라스틱화학공학기술자, 도료 및 농약품화학공학기술자, 비누 및 화장품화학공학기술자, 석유화학공학기술자, 연료전지개발 및 연구자, 위험관리원, 음식료품화학공학기술자, 의약품화학공학기술자, 수자원관리사, 수질환경연구원, 이공학 계열 교수, 조향사, 폐기처리기술자, 화학공학시험원, 화학분석원, 화학연구원, 환경시설진단연구원, 환경영향측정원, 환경영향평가원, 환경오염방지전문가, 환경오염분석가, 환경컨설턴트 등
	연구소	기업체 및 대학부설 화학 관련 연구소	
	정부 공공기관	화공직 공무원, 한국화학연구원	

◆ 스포츠계열의 진출 분야 및 관련 직업

전공	진출 분야		관련 직업
체육 학과	기업체	사회체육단체, 스포츠센터, 병원내 운동처방센터, 기업내실업운동팀	경기감독 및 코치, 경기기록원, 경기심판, 경기지도자, 경찰관, 경호원, 다이어트프로그래머, 레크리에이션강사, 무도사범운동선수, 비만관리사, 스포츠강사, 스포츠마케터, 스포츠에이전트, 스포츠트레이너, 사회체육지도사, 생활체육지도사, 운동트레이너, 운동처방사, 체육교사, 프로골프선수, 프로농구선수, 프로배구선수, 프로야구선수, 프로축구선수 등
	학교	유치원, 초·중·고등학교	
경호 학과	기업체	스포츠센터, 민간경비 및 경호업체, 민간체육관, 대기업 및 기업체경호· 경비부서, 금융기관	경비업체요원, 경찰공무원, 경호원, 교도관, 레크리에이션진행자, 무도사범경찰관, 사회체육지도사, 생활체육지도사, 소방공무원, 수상안전강사, 스포츠강사, 안전순찰원, 운동트레이너, 인명구조원, 직업군인, 항공사보안승무원 등
	정부 공공 기관	대통령경호실, 국가정보원, 법무부, 경찰청 사회체육단체, 공항관리공단, 금융보안공사	
스포츠 지도 학과	기업체	사회체육단체, 스포츠센터, 병원 내 운동처방센터, 기업내실업운동팀	경기지도사, 사회체육지도자, 생활체육지도사, 스포츠기자, 스포츠마사지사, 스포츠아나운서 및 리포터, 운동처방사, 응급처치안전요원, 인명구조원, 수상안전요원, 체육교사 등
	학교	유치원, 초·중·고등학교	

직업정보 탐색하기

◈ 앞에서 살펴본 나의 성격, 흥미, 적성, 직업가치관 등의 결과를 참고하여 자신이
   희망하는 최적합 직업을 적고, 그에 대한 정보를 탐색해 보자.

① 자신의 성격, 흥미, 적성, 직업가치관을 정리해 보자.

_____

_____

_____

_____

_____

② 자신의 희망 최적합 직업은 무엇인가?

_____

_____

_____

_____

_____

③ 그 직업이 하는 일은 무엇인가?

_____

_____

_____

_____

④ 그 직업이 요구하는 교육/자격/훈련은 무엇인가?

_____

_____

_____

_____

_____

⑤ 그 직업의 임금/직업만족도/전망은 어떠한가?

_____

_____

_____

_____

_____

⑥ 그 직업의 능력/지식/환경은 어떠한가?

_____

_____

_____

_____

_____

⑦ 그 직업이 요구하는 흥미/적성/가치관은 어떠한가? 자신의 흥미/적성/가치관과 비교했을 때 어떠한가?

_____

_____

_____

_____

_____

_____

⑧ 자신이 선택한 직업에 다가가는 데 가장 큰 어려움은 무엇인가? 그 어려움을 극복하기 위해 어떤 목표를 설정하고자 하는가?

_____

_____

_____

_____

_____

_____

◆ 자신의 희망 최적합 직업을 선택한 소감은 어떠한가?

_____

_____

_____

_____

_____

마음산책

| 제9장 |

어학연수 및 워킹홀리데이

1. 어학연수

1) 들어가기

최근 대학생들 사이에서 어학연수가 선택이 아닌 필수과정으로 인식되면서 많은 학생이 외국어 능력 향상 및 다른 문화의 체험을 위해 어학연수를 떠나고 있다. 적지 않은 비용에도 불구하고 대학생들이 어학연수를 선택하는 이유는 단기간에 영어능력을 향상시킬 수 있으며, 다른 나라의 문화를 몸소 경험할 수 있고, 취업에 도움이 되기 때문이다. 이와 함께 주요 대기업에서 실시하는 취업 지원대상자의 영어능력 평가방법의 변화 또한 대학생들의 어학연수 필요성을 증가시키는 데 한몫하고 있다. 취업포털 잡코리아 조사에 따르면, 주요 대기업은 신입사원 공개채용에서 영어면접 58.5%, 공인 어학성적 62.2%, 영어 말하기 시험 72.8%, 자체 시험 6.6%를 보는 것으로 나타났다. 취업 시 영어능력 평가에서 영어 말하기가 90% 이상의 비중을 차지하고 있다는 최근의 기사는 기업들이 영어 점수가 높은 사람보다는 실무에서 영어를 잘 구사할 수 있는 사람을 선호하고 있음을 시사한다. 그러므로 어학연수를 부정적인 시각에서만 바라볼 것이 아니라 자신의 취업 목표 달성을 위해 어학연수가 꼭 필요하다면 보다 구체적인 목표, 계획 그리고 전략을 세워 다녀오는 것도 필요하다.

그런데 어학연수를 다녀오는 학생의 수는 지난 10년 동안 꾸준히 늘어나고 있지만 어학연수의 성과는 늘어나는 학생 수만큼 향상되는 것 같지는 않다. 이처럼 시간적 · 경제적 부담을 안고 떠나는 어학연수에서 큰 성과를 보지 못하는 이유가 무엇인지 면밀히 살펴보아야 한다. 어학연수를 다녀온 사람들의 경험담을 들어 보면 그 단서를 쉽게 찾을 수 있다. 어학연수는 어떤 목표를 가지고 얼마나 체계적으로 준비해서 떠나는가가 그 성패를 좌우한다. 따라서 어학연수에서 높은 성과를 얻기 위해서는 자신의 진로목표를 구체적으로 설정하고 그 목표를 달성하기 위한 체계적이고 구체적인 준비가 필요하다.

2) 성공적인 어학연수를 위한 점검사항

어학연수를 준비하는 대부분의 사람은 현지에 가면 영어 공부나 생활에 별 어려움 없이 계획대로 될 것이라고 생각하는 경향이 있다. 하지만 어학연수는 다양한 예상하지 못한 상황으로 인해 때로는 자신의 계획대로 잘되지 않는 경우가 있다. 어학연수를 떠나기 전에 사전 준비를 제대로 하지 않으면 현지에 가서 많은 어려움을 경험하게 되므로 사전에 철저한 준비가 필요하다. 어학연수를 위해서는 어떤 절차와 서류가 필요한지, 미리 준비할 사항은 무엇인지 세밀한 계획을 수립해야 한다. 효율적인 어학연수를 위해 연수 준비과정에서 필요한 준비 내용을 기간별로 제시하면 〈표 9-1〉과 같다.

표 9-1 기간별 어학연수 사전준비 내용

기간	준비 내용
1년 전	• 기초 정보수집 • 외국 문화원, 유학 상담기관, 유학 관련 서적 등을 통하여 정보수집
8개월 전	• 지원서 신청 • 유학 희망국과 원하는 교과과정을 선정한 후 해당 학교에 신청
6개월 전	• 입학 희망학교 및 연수 프로그램 선정 • 재정 보증서 의뢰 • 학교 안내서 검토 및 소요 경비 고려
4개월 전	• 지원서 작성 및 발송 • 입학금 송금 • 여권 취득 • VISA 신청

2개월 전	• 항공권 예약
1개월 전	• 환전 • 국제 면허증 교부

(1) 어학연수 과정 선택하기

어학연수에는 장단기 어학연수 이외에 전문 직업 과정이나 자격증 과정 등 다양한 과정이 있다.

- **단기 어학연수**: 가장 기본적인 과정이며, 특별한 자격을 요구하지 않는다.
- **장기 어학연수**: 보통 6~9개월 과정이며, 특별한 자격을 요구하지 않는다.
- **전문 직업과정**: 사업이나 산업에 필요한 영어 학습을 목적으로 하며, 중상급 이상의 실력이 요구된다.
- **진학 준비과정**: 현지 대학 또는 대학원의 진학을 위한 작문과 독해에 비중을 둔다.
- **자격증과정**: IT, 비즈니스, TESOL 등의 자격증을 획득하기 위해 개설된 과정으로 높은 수준의 영어실력이 요구된다.

(2) 어학연수 국가 선택하기

영어가 세계 공용어로 사용되면서 대부분의 기업에서 영어능력을 취업의 기본 자질로 제시하다 보니 어학연수의 대부분은 미국, 캐나다, 호주, 뉴질랜드, 영국, 필리핀 등 영어권 국가가 주를 이룬다. 하지만 최근 중국 경제의 부활과 양국 간 무역 거래의 폭발적인 증가로 중국으로 어학연수를 가는 학생들도 꾸준히 늘고 있는 추세다. 어학연수 국가를 선택하는 데 있어 무엇보다도 중요한 것은 어학연수의 목적이다. 이 외에도 어학연수 국가를 선정할 때 다음 사항을 고려할 필요가 있다.

- **비용**: 연수 기간 동안 지출해야 할 수업료 및 생활비가 어느 정도인지 확인한다.
- **교육과정**: 해당 연수기관의 교육과정이 체계적인지, 자신의 어학연수 목적에 부합한지 확인한다.
- **한인의 비율**: 한인이 너무 많아도 너무 적어도 힘들 수 있으므로 한인이 어느 정도인지 확인한다.
- **비자**: 비자가 필요한지, 필요하다면 비자를 받기가 까다로운 나라인지 확인한다.

- **취향**: 평소 가고 싶었던 나라인지 그 이유가 무엇인지 제대로 확인한다.
- **아르바이트**: 어학연수 중에 아르바이트를 할 수 있는지 여부를 확인한다.
- **치안**: 소수 민족이나 외국인에 대한 인종차별이 심하거나 범죄율이 높은 나라인지 확인한다.
- **기후와 환경**: 자신의 건강 상태를 고려하여 기후와 환경을 확인한다.

(3) 어학연수 대학 및 어학원 선택하기

어학연수 국가를 결정했다면 다음으로 연수받을 교육기관을 선택해야 한다. 어학연수 기관은 운영 주체에 따라 대학부설과 사설어학원으로 구분된다. 대학부설의 경우 대학의 학사 일정에 맞추어 진행된다. 대학부설의 장점은 도서관, 기숙사, 체육관, 식당 카페 등 소속 대학 대부분의 시설을 다른 대학생들과 동등하게 사용할 수 있으며, 이러한 시설들을 사용하면서 자연스럽게 현지 대학생들과 교류할 수 있는 장점이 있다. 그뿐만 아니라 어학연수 과정을 우수한 성적으로 수료하였을 경우 그 대학에서는 대학 편입의 기회를 제공하거나, 대학원 진학 시 TOEFL 시험을 면제해 주기도 한다. 대학부설 어학연수기관을 선택할 때 고려할 사항은 다음과 같다.

- 교육과정이 집중적인지 확인한다.
- 각 반의 평균 학생의 수가 얼마인지 확인한다.
- 프로그램이 무엇에 초점을 두고 있는지 확인한다.
- 연수기관에서 영어교육 이외 어떤 혜택을 받을 수 있는지 확인한다.
- 입학 허가 조건이 무엇인지 확인한다.
- 비용이 얼마나 드는지 확인한다.
- 학교가 위치한 도시를 확인한다.
- 이용 가능한 학교 시설을 확인한다.
- 어학연수 수료 후 그 대학 편입 및 대학원 진학에 어떤 장점이 있는지 확인한다.

사설어학원의 경우 대학부설 연수기관에 비해 비용이 적게 들거나 짧은 기간 안에 필요한 과정을 이수할 수 있고, 연중 언제든지 공부를 시작할 수 있는 장점이 있다. 반면, 우리나라에 있는 어학원처럼 건물 하나에서 수업을 들으며 캠퍼스도 없고 활용할 수 있는 공간도 거의 없다. 항상 마주치는 학생들은 동일하게 외국어를 못하는 외국

학생들뿐이다. 따라서 어학원을 선택할 때 많은 정보를 수집하고 장단점을 제대로 분석하여 적합한 곳을 선택하는 것이 필요하다.

- 교사들의 전공 및 학위 등을 통하여 자질과 수준이 어떠한지 확인한다.
- 프로그램의 내용은 어떠한지 확인한다.
- 장학금 등 학비를 줄일 수 있는 제도가 있는지 확인한다.
- 지나치게 저렴한 학비를 제공하고 있지 않은지 확인한다.
- 장기 등록보다는 6개월 정도 등록 후 생활하며 조정하는 것이 좋다.
- 자신의 연수 목적, 성격, 취향을 고려하여 선택한다.
- 경제적으로 안정된 어학원인지 확인한다.

(4) 수속 절차

어학연수를 위해 떠날 국가와 교육연수기관을 선택했다면 어학연수 수속에 들어간다. 수속은 직접 준비해도 가능하나 유학원의 무료 수속 등의 저렴한 서비스를 이용하는 것도 좋은 방법이다. 유학원에 업무대행을 의뢰하면 시간도 절약되고 완벽하게 수속을 마칠 수 있다. 먼저 유학원에 수속을 의뢰하기 전에 수속비가 있는지 확인해야 한다. 유학원은 현지 학교에서 마케팅 비용을 지원받기 때문에 수속비를 보통 받지 않는 경우가 많다.

어학연수 수속과정을 살펴보면 다음과 같다.

출국 시기 확정 → 여권 발급 → 항공권 예약 → 입학신청서 발송 및 입학금 송금 → 송장(invoice) 취득 → 학비 납부 → 입학허가서 수령 → 학생비자 발급 → 항공권 발권 → 숙소 및 픽업 예약 → 유학생 보험 가입 → 환전 → 준비물 점검 → 짐 싸기

(5) 숙박 시설의 형태

어학연수에서 가장 중요한 사항이 교육연수기관 선정이라면, 그다음으로 신중해야 할 것이 숙박 시설 선정에 관한 사항이다. 숙박 시설에는 국가별로 약간의 차이가 있지만 대학부설 어학연수기관에서는 기숙사가 보편적으로 제공되며, 사설어학원에서는 홈스테이나 아파트 등 다양한 숙박 시설 형태를 제공하고 있다. 이러한 숙박 시설

중 어느 것이 자신의 성향과 경제적인 여건에 맞는지를 고려하여 숙박 시설을 결정해야 한다. 숙박 시설의 특성들을 살펴보면 다음과 같다.

◆ 기숙사

기숙사는 주로 대학부설 어학연수기관에서 제공된다. 현지에 익숙하지 못한 연수생들로서는 다양한 면에서 기숙사 생활이 유리할 수 있다. 대부분의 기숙사는 교내에 있거나 학교와 가까운 곳에 위치하고 있으므로 도서관, 교내식당, 컴퓨터실, 체육관 등의 대학 시설을 이용하기 편리하다. 또한 다른 학생들과 접촉할 수 있는 기회가 많으며, 학교생활에 대한 다양한 정보를 제공받을 수 있다. 기숙사는 보통 2~3개월 전에 기숙사 입주 신청서에 필요한 내용들을 작성하여 가능한 신속히 신청해야 한다.

◆ 홈스테이

홈스테이는 현지 가정의 한 구성원이 되어 생활하는 것으로 우리나라의 하숙과 같은 형태다. 어학연수 관련 담당자들이 적극적으로 추천하는 숙소 형태가 홈스테이다. 현지 외국인 가정에서 함께 생활하기 때문에 현지인의 생활양식과 문화를 이해하는 데 많은 도움이 된다. 더불어 딱딱한 문법식 영어가 아닌 살아 있는 생활영어를 익힐 수 있다는 것이 최대 장점이다. 그러나 홈스테이에는 다양한 변수가 있고, 자신의 성향에 맞는 홈스테이 가족을 만나기가 쉽지 않다. 홈스테이를 신청할 때는 특별한 경우가 아니라면 한국에서 신청할 때 4주 정도 신청하는 것이 현명하다. 특별히 문화적 차이에서 오는 갈등, 비용 문제, 생활문제가 아니라 하더라도 색다른 경험을 위해 다른 집으로 옮길 수도 있기 때문이다.

홈스테이는 가정마다 생활규칙이 있으므로 첫날부터 꼼꼼하게 설명을 잘 듣고 반드시 준수하도록 해야 한다. 홈스테이 가족과 좋은 관계를 유지하기 위해 주의해야 할 점은 다음과 같다.

- 귀가시간을 꼭 미리 알려 준다.
- 친구를 초대하는 경우 사전에 양해를 구한다.
- 집안의 소소한 일들을 적극적으로 돕는다.
- 자신의 방 청소나 세탁을 직접 한다.
- 좋아하는 음식, 싫어하는 음식, 식사의 양에 대해 미리 말한다.

- 사용한 전화요금을 자신이 부담한다.
- 대부분 애완동물을 키우므로 다룰 때 주의한다.
- 술과 담배를 가능한 삼간다.

◆ 자취 생활

어학연수생들이 현지생활에 익숙해지면 기숙사나 홈스테이 생활에서 벗어나 아파트를 렌트하여 자취 생활하기를 원하기도 한다. 자취 생활은 어학연수 비용을 절약하고, 기숙사나 홈스테이의 규율에서 벗어나 자유로운 생활을 할 수 있으며, 한국 음식을 마음대로 만들어 먹을 수 있는 등 다양한 장점이 있다. 하지만 이런 자유로운 생활들이 자칫 어학연수 생활을 망칠 수 있음을 명심해야 한다. 자취 생활을 하기 위해서는 주택이나 아파트를 렌트하게 된다. 렌트는 계약 조건에 따른 불이익이 발생할 수 있으므로 주의해야 한다. 렌트의 계약 기간은 보통 6개월~1년이며, 계약 기간을 채우지 못하는 경우에도 임대인을 구하는 기간까지 렌트비를 지불해야 한다. 부득이 계약을 해지할 때는 최소한 한 달 전에 임대인에게 미리 통보해야 한다. 렌트 계약서에 명시된 계약 기간 및 해약 조건을 꼼꼼히 살펴봐야 하고, 모호한 규정이나 불분명한 내용이 있는지 서명하기 전에 반드시 확인해야 한다. 보증금이나 기타 비용에 대한 영수증은 중요한 증빙 자료이므로 잘 보관하고 있어야 한다.

렌트할 경우 점검해야 할 사항은 다음과 같다.

- 주변 환경과 치안 상태
- 통학으로 소요되는 시간
- 편의시설과의 거리
- 유틸리티비(전기세, 물세, 가스 사용료, 전화비 등)

3) 어학연수의 성공전략

◆ 어학연수에 대한 비전 가지기

어학연수를 떠나기 전에 확실한 비전이 있어야 성공 확률이 높아진다. 어학연수에서 성공한 사람들의 공통점은 뚜렷한 목표를 가지고 있다는 점이다. 뚜렷한 목표는 개인의 행동과 연결되고 그 행동은 실천하는 자세로 나타난다. 예일대학교에서 '인생의 성공과 실패의 차이를 만드는 궁극적인 이유'에 대한 연구를 한 적이 있다. 연구 결과, 인생의 성공을 결정짓는 요인이 우리가 흔히 알고 있는 경제력, 인종, 학벌, 성적 등이 아니라 개인이 비전을 가지고 있는지 여부인 것으로 나타났다. 성공한 사람들에게서 찾아볼 수 있는 공통적인 특성은 미래에 대한 매우 구체적인 비전을 가지고 있는 것이다. 이처럼 인생에 있어서 비전은 매우 중요하다. 어학연수를 떠나기 전에 '어학연수를 떠나는 이유가 무엇인지' '무엇을 얻기 위해 가는 것인지' '자신의 인생에 어떤 도움이 될 것인지' 등에 대해 구체적인 답을 찾아보자. 그 답을 기초하여 자신만의 비전을 구체적으로 세워 보도록 하자.

◆ 연수 전 영어 공부 전략

성공적인 어학연수를 위해서는 영어 실력 향상에 대한 막연한 기대를 버려야 한다. 어학연수를 가기 전에 영어 공부를 해야 하는 중요한 이유는 영어 공부가 어학연수의 비용을 낮추며, 어학연수 시 효과를 극대화할 수 있기 때문이다. 현지 연수기관의 일반 영어 프로그램을 수강할 경우, 레벨을 한 단계 높이기 위해서 보통 1~3개월이 소요된다. 어학연수 준비 기간 중 체계적으로 영어 공부를 해 왔다면 당연히 높은 레벨을 받게 되고 적응기가 짧아져 단기간에 좋은 성과를 기대할 수 있다. 어학연수 전 영어 공부는, 첫째, 진단평가를 통해 자신의 취약한 영역을 파악하고 그 영역을 중심으로 집중 학습한다. 교육과정이 체계적인 학원을 등록하여 주 학습 수단으로 학습하고, 온라인 강의와 스터디 등을 보조학습 수단으로 결합하는 것이 올바른 방법이다. 둘째, 자신의 영어 실력을 평가하기 위해서는 객관적인 평가도구인 진단평가로 확인한다. 진단평가는 객관적인 지표로 영어 실력을 확인할 수 있으므로 수강 계획을 수립하는 데 중요한 역할을 한다. 진단평가는 종합적인 평가가 가능한 온라인 모의토플이 적절하며, 토플을 주관하는 ETS뿐만 아니라 국내 업체도 온라인 모의토플 서비스를 제공하고 있다. 셋째, 진단평가 결과에 따라 집중 학습 영역을 설정하고 수강 계획을 수립해야 한다. 초급 레벨의 경우는 말하기, 쓰기, 읽기, 듣기, 문법 등 모든 영역의 기초 실력 다지기가 필요하며, 상급 레벨의 경우 자신의 취약 영역에 집중적 학습이 필요하다. 넷째, 어학연수 전까지 모든 영역에서 최소 중상위 이상의 레벨을 성취하는 것을 목표로 한다. 국내 주요 어학원에서는 영역별로 세분화된 수업을 진행하고 있으므로 2~3개월 간격으로 자신의 실력을 확인한다.

◆ 자신에게 맞는 어학연수 전략 세우기

성공적인 어학연수를 위하여 자신의 성향을 탐색해 보고 그에 맞는 전략을 세우는 것이 중요하다. 어학연수에서 실패를 하는 학생들의 세 가지 유형을 살펴보면 다음과 같다. 첫째, 지나친 학습 몰입형이다. 이 유형의 경우, 어학연수는 영어 공부를 하기 위한 것이므로 오직 공부만이 전부라고 생각하는 유형이다. 그러나 어학연수 과정 중 영어 공부만 잡고 있는 것은 바람직하지 않다. 영어 공부 외에도 어학연수에서 얻을 수 있는 외국인 친구 사귀기, 여행 등 다양한 이점을 고려하는 것이 좋다. 둘째, 무계획형이다. 이 유형의 경우, 어떤 계획이나 목표를 가지고 어학연수에 오기보다는 주변 사람들의 분위기에 따라 온 경우라고 할 수 있다. 즉, 주위의 친구들이 어학연수를 가니까, 부모님이 어학연수를 가라고 하니까 어학연수를 가는 경우가 여기에 해당된다. 이들은 영어 공부에 대한 관심이나 흥미보다는 주변 사람들의 의견이나 주변 분위기에 따라 어학연수를 왔기 때문에 어학연수 기간 동안도 뚜렷한 계획 없이 아까운 시간이나 기회를 허비하기 쉽다. 이런 경우 단호한 결정과 선택이 필요하다. 비록 계획도 없이 떠나왔지만 지금부터라도 계획을 세워 보는 것이다. 무리한 계획보다는 자신이 실행 가능한 것으로 선택해 본다. 셋째, 작심삼일형이다. 이 유형의 경우, 어학연수 초반에는 열정적으로 도전하다 한계점에 다다르면 흐지부지되는 유형으로 흔히 볼 수 있는 유형에 속한다. 이들에게 무리한 계획은 금물이다. 무리한 계획은 사람을 빨리 지치게 하므로 욕심을 버리고 자신의 수준과 성향에 맞는 계획을 세워야 한다. 차츰 익숙해지면 욕심을 조금 내어 강도를 높여 가는 것이 좋다.

◆ 슬럼프 극복하기

많은 어학연수생이 현지에서 얼마 생활하다 보면 슬럼프에 빠지기 쉽다. 입국 초기에 가지고 있던 어학연수에 대한 의욕이나 적극성이 사라지고 자책감과 자괴감으로 힘들어 하는 시기가 오게 된다. 누구나 슬럼프를 경험할 수 있으므로, 어학연수생에게는 이러한 슬럼프를 극복할 수 있다는 신념과 슬기롭게 대처하는 기술이 필요하다. 연수 시기별로 나타나는 슬럼프의 증상은 조금씩 다르다. 슬럼프의 초기 증상은 익숙하지 않는 환경에 적응하기도 힘들고, 수업시간에 알아듣기도 힘들고, 계속되는 실수 연발에 힘들고, 이런 답답한 심정을 나눌 대화 상대도 없다는 것이다. 시간이 지나도 영어 실력이 올라가지 않을 수도 있다는 불안이 자신을 괴롭히게 된다. 중기 증상으로는 개인에 따라 차이는 있지만 보통 3~6개월이 경과하면 적응기를 지나 영어 실력도 올랐다는 느낌을 가진다. 수업시간에 실수도 줄고, 발표에 대한 두려움도 사라져 가고, 대화 상대도 생겨 여유롭게 시간을 보내게 된다. 그러나 이 시기에도 슬럼프가 찾아오는 데 환경에 익숙해지면서 매너리즘에 빠지게 되거나 영어 실력이 정체되고 있다는 느낌으로 다시 불안해지기도 한다. 슬럼프의 후기 증상은 어학연수가 안정화되는 단계에서 찾아온다. 어학연수 6개월 정도가 지나면 현지 생활에 적응하여 자유로운 시간을 보내게 되고, 영어에도 자신감이 생겨 사람들과 친밀한 관계를 가지게 된다. 이 시기에 영어의 자신감 때문에 매너리즘에 빠지거나 귀국 생활에 대한 막막함을 느낄 수 있다.

어학연수에서 쉽게 경험할 수 있는 슬럼프를 현명하게 극복할 수 있는 방법을 정리해 보면 다음과 같다. 첫째, 슬럼프는 나에게만 오는 것이 아니라 누구에게나 오는 것이라고 생각하는 것이다. 그리고 대부분의 사람이 슬럼프를 잘 극복하고 성공적으로 어학연수를 마치는 것처럼 자신도 잘 극복할 수 있다는 믿음을 가진다. 둘째, 환경을 바꾸어 본다. 슬럼프로 힘들 때 환경에 변화를 주기 위하여 주거지를 옮겨 보는 것이 좋은 방법이다. 다른 홈스테이로 옮겨 보거나 자취를 고려해 보는 것도 좋다. 그러나 환경을 바꿀 때는 매우 신중하게 고민 후에 결정하는 것이 좋다. 셋째, 운동을 시작하거나 여행을 떠나 본다. 슬럼프 극복을 위한 방법으로 운동은 매우 효과적인 방법이다. 신체활동은 생각을 분산시켜 심신을 안정시켜 준다. 여행은 사람의 마음을 여유롭게 만들어 준다. 자연의 아름다운 경관을 즐기는 동안 마음이 편안해지면서 새로운 에너지를 느끼게 될 것이다.

4) 국가별 어학연수의 특성

(1) 미국 어학연수의 특성

미국은 어학연수생들이 가장 선호하는 나라로서 과학, 문화, 경제, 예술 등이 가장 발달된 나라 중 하나다. 최근 몇 년 동안 호주, 캐나다, 영국, 뉴질랜드, 아일랜드, 필리핀 등이 어학연수 국가로 급부상하고 있지만 여전히 가장 많은 사람이 미국을 선호하고 있다. 실제로 통용되는 영어는 미국식 영어 외에도 영국식 영어, 호주식 영어, 뉴질랜드식 영어, 인도식 영어 등 매우 다양하다. 다양한 영어 중에서도 발음이나 표현에 있어서 표준 영어로 가장 널리 사용되는 영어가 바로 미국식 영어다. 우리나라의 경우에도 대학이나 일반 기업에서 TOEIC이나 TOEFL과 같은 미국 영어시험을 영어능력 평가의 기준으로 가장 선호하고 있다.

　미국 어학연수는 다음과 같은 장점과 단점이 있다.

◆ **장점**

- 우리나라 사회 전반에 널리 사용되는 영어가 미국식 영어다. 미국은 우리나라와 경제적·문화적·정치적으로 매우 밀접한 관계를 맺고 있다. 오랫동안 가까운 이웃으로서 인적·물적 교류를 해 왔을 뿐만 아니라 평소에도 우리나라 사람들은 TV나 영화 등을 통해 미국식 영어를 많이 접하여 다른 영어권 국가의 영어보다 훨씬 친근하고 편안하게 느껴진다.
- 학교, 지역, 프로그램, 비용 등 다양한 면에서 선택의 폭이 넓은 편이다. 미국은 많은 학교가 다양한 도시에 분포되어 있어, 프로그램이나 연수 비용, 기후 등에 대한 선택의 폭이 매우 넓어 각 개인의 영어연수 목적, 재정능력, 취향 등에 따라 적합한 학교를 고르기가 용이하다.
- 기숙사 및 대학의 시설을 이용할 수 있다. 미국의 어학연수기관의 특징 중의 하나는 대학 부설기관으로 대학 내에 위치해 있다는 것이다. 이런 경우 일반 학생과 마찬가지로 도서관이나 기숙사와 같은 대학 시설을 이용할 수 있다. 뿐만 아니라 현지 학생들과 직접적으로 교류할 기회가 많아져 영어연수 및 현지 문화 습득에 큰 도움이 될 수 있다.
- 영어 프로그램이 대학 입학과 연계되어 있는 곳이 많다. 상당수의 대학교에서는 조건부 입학허가서(영어능력이 부족한 외국 학생에게 영어연수 과정 등록을 조건으로 입학을 허가하는 제도)를 발급하며, 영어연수 과정을 성공적으로 마치면 TOEFL 점수를 제출하지 않아도 입학을 허가한다.

◆ **단점**

- 반드시 학생비자를 받아야 한다. 미국 영어연수를 위해서는 반드시 유학생비자(F-1 VISA)를 발급받아야 하며, 비자 심사를 통과하기 위해서 반드시 서류 심사 및 인터뷰를 통과해야 한다.
- 어학연수의 평균 비용이 비싼 편이다. 비용 면에서 학교와 지역에 따라 차이가 있지만 평균 비용은 월 200~250만 원 정도로 영국과 비슷하며, 다른 영어권에 비해서는 10~20% 정도 비싼 편이다.

- 대도시의 경우 치안 상태가 좋지 않거나 총기사고 및 마약 등에 노출되는 경우도 있다.

◆ 미국 우수 추천 어학교

.ıIll 표 9-2 미국 우수 추천 어학교 특성

학교명	학교 소개	도시
Arizona State University (ASU)	• 토플 점수 없이도 조건부 입학 가능 • 총 500여 개의 학부 및 석사 과정 • 초급에서 고급까지 6개 단계 중 선택 • 15명의 수업당 평균 학생 수	Tempe
Boston University	• 대화할 수 있는 능력, 유창함과 자신감 향상 • 영어뿐만 아니라 미국 문화 경험 • 다양한 교육방법과 수업 자료들 • 수준별 수업 레벨	Boston
California State University (CSU), Fullerton	• IELTS, TOEFL & GMAT 준비 • 조건부 입학 가능 • Pre-MBA 프로그램 제공 • 다양한 숙소 시설 제공	Fullerton
Columbia University	• www.ce.columbia.edu/alp • 명품 연수 컬럼비아 대학교 • 말하기와 쓰기 능력 집중 • 세계 최고의 교수진 • 독특한 교육적 · 문화적 경험	New York
Georgia Institute of Technology (GIT)	• 50년이 넘는 역사를 가진 GIT • 1년에 5번 개강	Atlanta
Michigan State University (MSU)	• 미국 문화와 교육을 바탕으로 한 영어 프로그램 제공 • 짧은 시간 내에 영어능력을 향상하고자 하는 학생들을 위한 프로그램 • 다양한 언어와 문화 프로그램 제공 • 초급에서 고급 과정 포함	East Lansing
New York University (NYU)	• 뉴욕대학교 학생과 같이 기숙사 생활 • 토플79+, 토익700+ 미국인과 함께 듣는 비즈니스, 마케팅, ART Managements 과정(3개월 과정)	New York

San Jose State University (SJSU)	• 1975년에 설립된 긴 역사를 가진 대학 • 최고의 수업 교육 환경 제공 • 언어, 문화와 전문 지식을 제공하는 다양한 프로그램 • 실리콘 밸리 중심에 위치 • Academic and TEST 준비과정 • 비즈니스, MBA 준비과정 • 한 학기 동안 학점 이수 가능	San Jose
UC Davis	• 안전하고 활기가 넘치는 데이비스 • 다양한 최고 수준의 영어 프로그램 제공 • 경험할 수 있는 기회를 제공하는 실용적인 프로그램 • 꿈을 달성하기 위해 도와주는 개인 코치	Davis
UCLA	• 학교 시설과 동아리를 통해 다양한 문화 경험 제공 • 미국 생활에 잘 적응할 수 있게 도와주는 교사진 • 흥미로우면서 도전적인 활동 제공 • 대도시이며 비즈니스 지역으로 유명한 로스앤젤레스에 위치	Los Angeles
University of California Riverside	• 영어 공부에 가장 적합한 장소 중 하나 • 일 년 내내 이용할 수 있는 국제 학생 기숙사 • 짧은 기간 내에 영어 실력 향상 • 세계적으로 명성 있는 국제 교육 프로그램	Riverside
University of California San Deigo (UCSD)	• 10주 단위의 우수한 영어연수기관 • Business Essentials & Management • 유급·무급 인턴십 • 어학연수 연계 TESOL 과정 학비 할인 $250 & $500	La Jolla
University of Illinois at Urbana-Champaign	• ESL 교육 방식의 수업 제공 • 향후 있을 대학교 또는 대학원 수업에 적응할 수 있도록 도와주는 프로그램 • 전문 지식의 영어능력 개발 • 저렴한 가격의 프로그램	Urbana
University of Washington, Bothell (UW)	• 대학 입학 프로그램	Bothell
University of Washington, Seattle (UW)	• I-TEFL 테솔과정(여름에만 운영)	Seattle
University of Washington, Seattle (UW)	• 영어를 유창하게 이용할 수 있도록 다양한 과정 제공 • 미국 문화를 접할 수 있는 많은 기회 제공 • 모든 분야의 대화 실력 향상 조건부 입학 가능	Seattle

출처: 해외교육문화원.

◆ 미국 어학연수 준비 절차

.ₐⷾ 표 9-3 미국 어학연수 준비 절차 및 내용

절차	내용	비고
등록	• 상담 후 어학기관 결정	
여권 발급	• 필요 서류: 신청서, 주민등록증, 사진 2매(반드시 본인이 신청)	• 여권 발급 수수료: 53,000원 • 유효기간: 10년
입학 신청	• 학교 양식의 지원 서류 • 입학 지원비 • 여권 복사본 • 영문 잔고 증명(15,000~20,000 달러 이상)	• 입학 지원비: 학교마다 다양 • 입학허가서를 Express Mail로 받을 경우 비용을 따로 지불
숙소 신청	• 학교에서 배정하는 숙소를 원할 경우	• 기숙사, 아파트, 홈스테이
공항 마중	• 필요시 신청	
입학 허가	• 입학허가서(I-20 form) 수령	• 지원 후 평균 1~4주 정도 소요 • 최소 3일 안에도 수령 가능
비자	• 입학허가서를 포함 비자에 필요한 서류 준비 • 인터뷰 예약 후 온라인상에서 SEVIS 비용 납부	• 인터뷰 예약료: 11.20달러 • SEVIS fee: 200달러 • 비자 인지대: 140달러 (신한은행에서 구입)
인터뷰	• 인터뷰 전에 한번 소리 내어 연습	• 인터뷰 후 바로 발급 유무 결정
비자 수령	• 인터뷰 후 2~7일 사이에 택배 회사를 통해 수령	• 택배 비용은 착불
출국 준비	• 학비 송금	• 학교가 제시하는 송금 방법에 따라 송금 후 영수증을 유학원으로 발송
	• 항공권 발권	
	• 숙소 및 공항 마중 서비스 신청자는 학교로부터 온 Confirm Letter 확인	
	• 유학생 보험 및 유학생 휴대전화 및 카드 신청	• 유학원 대행
	• Medical Record 준비	• 미국 유학의 경우 필수 서류임
	• 출국 준비물 체크 및 오리엔테이션	

출처: 해외교육문화원.

(2) 캐나다 어학연수의 특성

1994년 이래로 캐나다는 UN이 정한 세계에서 가장 살기 좋은 나라에 자주 언급되고 있다. UN의 조사에서 캐나다는 좋은 교육환경, 의료보험 제도로 인한 높은 평균수명, 낮은 범죄율에서 높은 점수를 받았다. 또한 다양한 문화 활동과 일하기 좋은 세계적 수준의 도시로 널리 인정받고 있다. OECD 국가들의 평균 교육투자율이 국민총생산의 6% 정도인 데 비해, 캐나다는 7.1%를 투자할 정도로 교육을 매우 중요시하고 있다. 국가의 전적인 지원을 받고 있는 공립학교는 수준 높은 교육이 제공되며, 학비 또한 저렴하여 유학 비용이 다른 영어권 국가에 비해 적게 들어간다. 캐나다에 있는 대부분의 대학은 공립이며, 지역이나 학문의 분야에 관계없이 높은 교육의 질을 보장하고 있다. 캐나다인 중 불어를 사용하는 주민도 있지만 대개 이중 언어를 구사하여 영어를 배우는 데 문제가 없다. 미국의 경우에는 지역에 따라 악센트 차이가 많은 데 비해, 캐나다는 대부분의 국민이 표준영어를 사용하므로 표준영어에 가까운 정확한 영어를 배울 수 있다. 또한 발음이나 표현에서 영국식 영어보다는 미국식 영어에 훨씬 가깝다.

캐나다 어학연수의 장점과 단점은 다음과 같다.

◆ **장점**

- 미국식 영어권으로 분류할 수 있다. 캐나다는 미국과 국경을 길게 맞대고 있는 인접 국가로, 미국과는 인적 왕래와 물적 교류가 잦고 생활과 문화가 서로 유사하여 언어 또한 크게 다르지 않으며, 사투리를 거의 쓰지 않는다는 장점이 있다.
- 어학연수의 오랜 전통과 역사가 있는 나라다. 캐나다는 영어와 불어를 공식국가 언어로 사용하는 다중언어 국가다. 불어를 사용하는 퀘벡 주와 영어를 사용하는 나머지 지역으로 나누어져 있어 일찍부터 국민에게 다른 언어를 제2언어로 가르치는 언어교수법이 발달되어 있다.
- 범죄율이 세계적으로 가장 낮은 국가로 안전하고 오염되지 않은 깨끗한 자연환경과 의료, 인권 등 기본적인 인간의 삶의 질이 높은 국가다.
- 비자 없이도 단기연수가 가능하다. 6개월 이내의 영어연수에는 비자가 필요하지 않아 여권만으로 공부할 수 있다.

◆ 단점

- 한국 학생의 비율이 높다. 현재 캐나다에서 어학연수를 하고 있는 학생들 중 10∼30%가 한국 학생으로 다른 나라에 비해 어학연수기관의 한국 학생의 비율이 높은 편이다.
- 겨울이 길고 매우 춥다. 캐나다는 북위 48도 이북에 위치하여 겨울이 우리나라보다 길고 춥다. 겨울 동안은 추위로 인해 교외활동이 크게 제한을 받을 수 있다.
- 아르바이트(part time job)가 허용되지 않아 연수비용의 일부를 현지 조달하려는 학생들에게 불리하다.

◆ 캐나다 우수 추천 어학교

표 9-4 캐나다 우수 추천 어학교 특성

학교명	학교 소개	도시
ELS Vancouver	• 깔끔한 시설과 다양한 커리큘럼 • TOEFL과 IELTS 같은 시험 준비과정	Vancouver, Toronto
Global Village	• 학업, 숙박 시설과 활동 지원 • 다양한 문화 여가 활동	Vancouver
Grande Prairie Regional College	• 안전한 도시인 그랜드 프레리 • 저렴한 학비와 홈스테이 비용 • TOEFL 성적 없이 학점 인정	Alberta
ILSC	• 다양한 문화 여가 생활 참여 • 115개 이상의 다양한 프로그램	Toronto
KGIC	• 총 5곳에 센터 위치 • 중 · 고등학교 진학 준비 영어반	Vancouver
PACIFIC GATEWAY	• 오전과 오후 수업 • 출석률 관리	Vancouver, Victoria, Toronto
PLI	• 단기 및 장기 프로그램 운영 • TOEFL과 IELTS 같은 시험 준비과정	Vancouver, Toronto
Western Town College	• ELS 및 각종 직업교육 과정 운영 • TOEFL 및 TOEIC 시험 준비반 운영	Vancouver, Toronto

출처: 해외교육문화원.

(3) 호주 어학연수의 특성

　호주는 교육의 질적 수준을 보장하기 위해 연방정부와 주정부가 공동으로 모든 대학교들을 관리하고 있다. 호주의 영어연수 과정(English Language Intensive Courses for Overseas Students: ELICOS)은 호주 정부에 등록해야 하며, 유학생에게 영어연수 과정을 제공하려면 특별 등록 요건에 부합하여야 한다. 공립 및 사립 교육기관은 교과과정, 교사 자격증, 전문가 기구를 포함한 시설들을 구비하여야 한다. 학교의 행정, 프로그램, 건물이나 시설, 교사의 자질, 학생의 복지 면에서 정부 차원의 감독과 관리를 받고 있어 그 질적 수준이 유지되고 있다. 이는 높은 기준의 수준과 도덕적 규범을 만족시켜야 함을 의미한다. 그러므로 학교에 따라 시설이나 규모 면에서 약간의 차이가 있을 수 있지만 호주의 영어연수기관들은 모두 일정 수준 이상을 갖추고 있다고 볼 수 있다. 호주에서 유학생들에게 제공하는 교육 및 연수는 「유학생교육서비스법(ESOS) 2000」 및 관련 법률을 통해 교육과학부(Department of Education, Science and Training)에 의해 정해진다. 법률 규정의 목적은 수업료 및 재정 보증을 제공하고 서비스 제공자 등록에 대한 국내적으로 일관성 있는 접근을 함으로써 학생 비자로 호주에 오는 모든 사람의 이익을 보호하는 것이다.

　호주 어학연수의 장점과 단점은 다음과 같다.

◆ **장점**

- 학비보장제도(Tuition Assurance Scheme: TAS)가 있다. 호주의 모든 영어 학교는 학비보장제도에 의하여 학교가 문을 닫는 일이 발생해도 학생이 등록한 기간 동안 안전하게 공부를 마칠 수 있도록 보장해 준다.
- 어학연수의 비용이 비교적 저렴하다. 호주 달러의 환율이 많이 올라 어학연수 비용이 함께 상승했지만 아직도 미국이나 유럽 등에 비해서는 약간 저렴한 편이다.
- 합법적으로 아르바이트가 가능하다. 학생 비자 소지자들은 주당 20시간 이내의 아르바이트가 허용되어 생활비의 일부를 현지에서 조달할 수 있다. 하지만 일자리를 찾는 것은 자신의 영어능력과 성실성 그리고 적극적인 자세에 달려 있음을 알아야 한다.
- 호주에서 교육을 받은 사람은 이민하기에 유리하다. 호주는 캐나다와 더불어 적극적으로 이민자를 받아들이는 나라로서, 현지에서 전문대 이상을 졸업하는 외국인에게는 취업이민의 기회가 많다. 만약 이처럼 살기 좋은 나라에 정착하여 제2의 인생을 설계할 마음이 있는 사람이라면 적극적으로 호주 유학을 고려해 보기

를 바란다.

- 유학생에게도 의료보험 혜택을 제공한다. 외국인 학생들은 학교 등록 시 학생비
자 기간 동안 OSHC(Overseas Student Health Cover)에 가입함으로써 호주에서 체류
하는 기간 동안 발생하는 각종 질병과 사고에 대해서 보험 혜택을 받을 수 있다.
- 생활 속의 교육적이고 전문적인 독특한 교육방식을 가지고 있다. 호주는 이민자
에게 오랫동안 영어교육을 실시하면서 개발된 능률적이고 전문적인 영어교육 방
식을 통해 효과적이고 신속하게 영어를 배울 수 있으며, 주입식 교육이 아닌 대화
방식이나 연극, 활동을 통하여 자연스럽게 영어를 습득할 수 있게 도와준다.
- 범죄가 적고 사회 분위기가 안전하다. 호주는 정치적 · 사회적 · 경제적으로 안정
된 나라로, 영국이나 미국에 비해 학비가 저렴하여 학업에 전념하기 좋은 환경을
갖추고 있다. 범죄율이 극히 낮아 여학생이나 나이 어린 학생들에게 적합한 곳이
며, 순박하고 친절한 호주인들과 쉽게 친해질 수 있어 학교에서 배운 영어를 실제
로 사용할 수 있는 기회가 많다.

◆ 단점

- 한국 유학생의 비율이 높다. 캐나다와 더불어 한국 유학생이 많다. 특히 한국 유
학생은 시드니와 브리즈번 등 대도시에 집중되어 있으므로 효과적인 어학연수를
위해서는 대도시를 피하는 것이 좋다.
- 호주식 영어의 독특한 악센트와 발음에 적응하기가 쉽지 않을 수 있다.
- 법적으로는 완전히 금지되어 있다고는 하나 아직도 눈에 보이지 않는 인종에 대
한 차별 의식이 일부 남아 있고, 특히 일부 학교에서는 일본 학생과의 차별대우로
인해 민족적 자존심을 상하게 하는 경우가 종종 있다.

◆ 호주 우수 추천 어학교

.ıll 표 9-5 호주 우수 추천 어학교 특성

학교명	학교 소개	도시
Australian College of English (ACE)	• 호주에서 가장 오랜 정통을 자랑하는 명문 영어 사립학교 • 호주의 주요 도시인 시드니, 브리즈번, 퍼스, 케언스 등에 7개 캠퍼스가 있어 학생들이 자유롭게 캠퍼스를 이동하여 공부할 수 있음	Sydney

Griffith University	• 퀸즐랜드 지역을 대표하는 3대 종합대학교 중 하나 • 브리스번에서 골드코스트까지 5개의 캠퍼스에서 약 140개 이상의 학위과정을 제공	Brisbane
Macquaire University	• 뉴사우스웨일즈 주에서도 규모가 큰 대학 중 하나 • 학부 없이 12개 전공 학과만 있어 대학 전체가 하나의 학부로서의 기능	Sydney
Monash University	• Monash University English Language Centre (MUELC)는 Monash University의 부설어학원 • 빼어난 경관을 자랑하는 모내시 대학교의 클레이턴 캠퍼스 내에 위치 • 멜버른 시티에서 대중교통을 이용 통학 가능	Victoria
Royal Melbourne Institute of Technology (RMIT)	• 호주 교육의 도시 멜버른에 위치 • 1887년 설립되어 국제적으로 인정 받는 대학교로서 혁신적이고 수준 높은 교육을 제공 • RMIT대학부설어학원은 35년의 풍부한 노하우를 바탕으로 RMIT대학교로 바로 진학하기를 원하는 학생이나 TAFE으로 진학하기를 원하는 학생들에게 효과적인 영어 교육을 실시	Melbourne
Universal English College	• 시드니 하버에서 걸어서 5분 거리에 위치 • 학교로부터 시립 도서관, 로열 보타닉 가든이 5분 거리 • 최신식의 넓고 효율적인 강의실과 다양하고 최신의 부대시설을 갖추고 있음	Sydney
University of Technology, Sydney (UTS)	• 시드니 공과대학의 부설 영어학교인 Insearch Language Centre(ILC)는 시드니에서 가장 큰 규모를 자랑하는 영어 학교 • 평균 400~500명의 학생이 공부 • UTS와의 파트너십을 통해 진학 프로그램을 이수한 학생들은 호주 내의 명문 대학에 직접 입학할 수 있는 기회가 주어짐	Sydney
University of New South Wales (UNSW)	• 전 세계 250여 개 이상의 대학교와 자매결연을 맺고 있는 호주 최고의 명문대학교 • UNSW는 Good Universities Guide에 따르면 명성, 연구비, 남녀평등, 문화적 다양성, 학생의 수요 부응, 유학생 등록, 졸업생 초봉, 졸업생의 능력, 입학 난이도(COFA, 켄싱톤 캠퍼스) 면에서 최고의 등급인 오성급(5 star)의 지위를 계속 유지	Sydney

출처: 해외교육문화원.

(4) 영국 어학연수의 특성

영국은 영어의 본고장으로, 오래전부터 세계의 다양한 사람에게 영어를 가르쳐 왔기 때문에 영어교습법이 발달해 왔으며 영어연수 학교도 대단히 많다. 영국 어학원의 대부분은 영국문화원 공식인정(Accredited by British Council) 학교로, 영국문화원으로부터 정기적으로 영어 교육, 교사 자질, 학생 복지, 학교 운영 등을 점검받으므로 어학원 수준이 높고 내용이 알차 안심하고 선택할 수 있다. 수많은 국가로부터 매년 약 60만 명이 넘는 학생이 영국으로 영어연수를 오기 때문에 다양한 인종의 사람들과 그들의 문화를 체험할 수 있다. 한국 학생의 수가 다른 국가에 비해 적은 반면, 지리적으로 가까운 유럽 학생이 많아 한국어를 사용할 기회가 적고 상대적으로 영어 사용 기회는 많아 효과적인 영어연수가 가능하다.

영국의 어학연수 과정은 듣기, 말하기, 읽기, 쓰기 등 언어의 네 가지 측면 모두에 중점을 둔다. 영국에서 공부하면, 영어를 실생활에서 사용할 수 있는 기회가 매우 많으므로 짧은 시간에 영어회화 실력을 향상시킬 수 있다. 영국은 전 세계 어느 나라보다 다양하고 많은 영어연수 과정을 제공한다. 일반영어 기초반에서부터 학문적인 목적을 가진 학생을 위한 심화반까지 모든 수준의 영어 공부가 가능하다.

영국 어학연수 과정의 종류에는 일반영어 과정, 성인을 위한 방학 단기과정, 1대1 과정(개인교습), 비즈니스/실무영어 과정, 시험 준비과정, 가정교습, 학문적 목적을 위한 영어과정(EAP), 특수목적을 위한 영어과정(ESP), 잉글리시 플러스과정(English plus), 영어교사를 위한 과정, 대학진학 예비/특별준비 과정 등이 있다.

영국 어학연수의 장점과 단점은 다음과 같다.

◆ **장점**
- 영국식 영어는 국제적으로 품위 있고 예절 바른 영어로 널리 인정받고 있으며, 특히 전통과 실력을 갖춘 영어학교가 많아 영어연수에 적합하다.
- 한국 학생 비율이 타 국가에 비해 적은 편이며, 주로 사설어학원 중심으로 발달된 영어 학교들은 특히 회화 위주의 교과과정을 갖고 있어 단기간 내에 듣기와 말하기 부분을 향상시키고자 하는 학생들에게 유리하다.
- 영국의 교육수준은 미국과 함께 세계에서 가장 높은 수준으로 알려져 있으며, 특히 석사과정은 1년, 박사과정은 3년 내에 학위 취득이 가능하여, 짧은 기간 내에 정규 학위를 취득하려는 학생들에게 매우 유리하다.

- 학생비자를 소지한 영어연수생은 주당 20시간 범위에서 아르바이트를 할 수 있고 이를 통해 연수 비용의 일부를 충당할 수 있으며, 아울러 현지 문화를 깊게 체험해 볼 수 있는 기회도 된다.
- 영국은 유럽 여행이 가능한 국가다. 영국이 지리적으로 유럽 대륙 서쪽에 위치하다 보니 주변 유럽 국가를 여행하기에 편리하고 비용도 저렴하다. 또한 영국과 프랑스의 해저터널을 오가는 유로스타(Eurostar)의 운행으로 영국에서 유럽으로의 여행이 더욱 쉬워졌다. 이와 같은 이유로 어학연수생들은 유럽 여행 계획을 갖고 영국에 가는 경우가 많다.

◆ 단점

- 영국은 물가가 비싸다. 학비는 학교의 수준과 수업시간에 따라 차등 부과되기 때문에 형편에 따라 적당하게 선택하면 되지만 홈스테이 등 생활비가 비싸 연수비용을 절약하는 데 한계가 있다.
- 영국은 바다에 둘러싸인 섬나라로, 연중 기온의 차이가 크지 않아 여름에는 선선하고 겨울에는 우리보다 따뜻하다. 하지만 흐린 날이 많고 하루 중에도 날씨가 변화무쌍하여 적응하기가 쉽지 않다.
- 6개월 이상 장기 연수 시 꼭 필요한 학생비자를 받기가 까다롭고 시간이 걸리므로 직업이 없거나 재정이 약한 지원자들에게는 상당한 주의가 요구된다.

◆ 영국 우수 추천 어학교

.ooll 표 9-6 영국 우수 추천 어학교 특성

학교명	학교소개	도시
English Language Centre, Bristol (ELC)	• 경험이 풍부한 교사진과 잘 짜인 프로그램 • IELTS 준비반은 대학을 진학할 학생 또는 영어의 깊이를 더하기 위해 필요한 학생들에게 적극 추천	Bristol
Eurocenter Cambridge	• 전문 어학교육을 위해 지어진 건물을 사용 • 유리와 목조 재질로 구성된 학교 건물은 따뜻하고 편안한 학습 환경 제공 • 20개의 강의실과 강연실, 대강당, 카페테리아, 아름다운 테라스를 갖추고 있음 • wifi 지원 • 대학 도시의 중심지까지 걸어서 15분	Cambridge

Kaplan International College	• 도시 전체가 유네스코 세계문화유산으로 지정된 전통과 역사의 도시 바스에 위치 • 학생들은 학교에서 마련한 정기적인 탐방 프로그램을 통해(90분 거리), 스톤헨지, 옥스퍼드, 카디프 등을 방문	Bath

출처: 해외교육문화원.

(5) 뉴질랜드 어학연수의 특성

뉴질랜드는 수준 높은 교육을 실시하는 나라로 국제적인 평판을 얻고 있으며, 해외 유학생들에게 훌륭한 교육 정보와 다양한 지원을 아끼지 않고 있다. 안전한 교육환경과 질 높은 교육의 기회를 제공하고, 종합대학, 기술단과대학, 교육대학, 중 · 고등학교 및 초등학교와 사설연수기관에서는 정규과정과 전문직업 교육과정을 이수할 수 있어 모든 교육 단계에 있는 학생, 일반인, 전문인에 이르기까지 다양하고 폭넓은 교육의 기회를 제공하고 있다. 뉴질랜드에는 다양한 인종이 살고 있으므로 외국인에 대해서 따뜻하고 우호적이다. 비슷한 수준의 영어권 국가들과 비교해 볼 때 생활비나 학비가 훨씬 저렴한 편이다.

뉴질랜드는 종합대학과 폴리테크닉(Polytechnic) 부설 영어 센터, 사설 영어 학교 등에서 영어연수 프로그램을 제공하고 있다. 일반영어 외에도 대학교 또는 중 · 고등학교에 진학하기 위한 진학 준비과정, 직장인을 위한 비즈니스 영어, IELTS 또는 TOEFL, 케임브리지 시험을 위한 시험과정, 그 밖에도 목적에 맞는 영어와 활동을 포함한 특별 프로그램 등 다양한 과정을 제공하고 있으며, 등록 기간도 최소 4주에서 1년까지 원하는 기간만큼 공부할 수 있다. 일반적으로 학비는 주 24시간을 기준으로 대학 부설과 폴리테크닉은 주당 310~370달러 정도, 사설 영어 학교는 325~380달러 정도다. 생활비는 지역에 따라 다르지만 홈스테이의 경우 주당 150~180달러를 예상하면 된다.

뉴질랜드 어학연수의 장점과 단점은 다음과 같다.

◆ **장점**

• 뉴질랜드는 비자 취득이 매우 쉽다. 다른 국가의 경우 비자 문제로 인해 연수계획에 문제가 생기는 경우가 종종 있다. 그러나 뉴질랜드는 비자 취득이 쉬워 비자로 인한 불편을 겪지 않아도 된다.

• 뉴질랜드는 다양한 여행이나 레저생활을 즐길 수 있다. 호주와 마찬가지로 관광

시설이 발달되어 있어 유스호스텔 등에서 많은 친구를 사귈 수도 있다. 여행 비용 또한 다른 국가보다 저렴한 편이다.

- 다른 국가에 비해 물가가 저렴하다. 최근 몇 년 사이에 뉴질랜드 화폐 가치가 상 승하였지만, 아직까지 물가는 서구영어권 국가 중 가장 저렴하다.
- 한 반의 학생 수가 다른 국가에 비해 적다. 소규모 수업은 어학연수에 있어 커다 란 장점이라고 할 수 있다.
- 뉴질랜드는 대도시가 거의 없으며, 대도시인 경우라 해도 다른 나라에 비해 상당 히 조용한 편이다. 따라서 유흥에 노출될 환경이 적고, 조용한 환경에서 학업에 열중할 수 있다.

◆ 단점
- 한국 학생 비율이 높은 편이다. 특히 오클랜드 등의 주요 도시에는 연수생들과 더 불어 한국 교민이나 조기유학생이 많아 한국적인 환경에 접할 기회가 많다.
- 대도시가 없어 생활이 단조롭고, 따라서 다양한 문화체험을 할 수 있는 환경이 적다.
- 대학부설 어학연수기관이 거의 없다. 대학부설로 되어 있으나 사설어학원과 같이 시내에 센터로 운영되는 곳이 많다. 특히 기숙사를 제공하는 대학부설이 거의 없 는 편이다.

(6) 아일랜드 어학연수의 특성

아일랜드는 다른 나라에 비해 영어연수로는 비교적 덜 알려진 나라다. 따라서 다른 나라에 비해 한국 학생이 적은 편이므로 어학연수하기에는 유리한 조건이라고 할 수 있다. 미국이나 캐나다의 유명 학교는 한국 학생 비율이 30% 이상인 경우가 많은 데 비해, 아일랜드의 한국 학생 비율은 대부분 5~10%를 넘지 않고, 전체의 60~ 70% 이상을 유럽 학생이 차지하고 있다. 아일랜드 교육과학부 산하기구인 ACELS(The Advisory Council for English Language Schools)가 영어연수 학교들을 철저히 관리 · 감독 하고 있어 영어 교육의 질이 보장되고 있다는 점에서 아일랜드는 여타 국가에 비해 영 어연수생을 위한 최적의 조건을 갖추고 있다고 하겠다. 영국의 오랜 식민지 지배와 미 국과의 활발한 교류의 영향으로 인해 영어 발음과 억양은 영국식 영어와 미국식 영어 의 중간 정도이며, 어딜 가나 외국 학생들에게 개방적이고 친절한 아일랜드 사람들을 만날 수 있어 적응하기가 쉽다. 한 해 20만 명 이상의 외국 학생이 아일랜드에서 영어 연수를 하고 있다.

아일랜드 어학연수를 위해서 별도의 비자를 받을 필요가 없으며, 출국 시 입학허가서, 왕복항공권, 적절한 재정증빙서류 등만 지참하면 된다. 3개월 이상 체류 시에는 현지에 도착한 후 홈오피스에 가서 체류 기간을 연장하는 것으로 충분하다.

전 국민의 50% 이상이 대학을 졸업할 정도로 교육열이 우리나라 못지않게 높으며, 안전하고 건전한 교육환경 속에서 학생들이 마음 놓고 공부할 수 있는 분위기가 갖춰져 있다. 오늘날 아일랜드가 유럽 최고의 경제성장률과 개인당 국민 소득 면에서 유럽 2위의 자리에 오를 수 있었던 것은 이러한 뜨거운 교육열과 경쟁력 있는 교육체계의 영향이 크며, IBM, HP, MS, Dell, 화이자 등 굴지의 다국적 기업이 앞다투어 진출하여 대학졸업자의 거의 100%가 취업에 성공하는 결과로 이어지고 있다.

아일랜드 어학연수의 장점과 단점은 다음과 같다.

◆ **장점**
- 다른 영어권 국가에 비해 어학연수 학생 비율이 낮은 편이다. 어학원들의 한국 학생 비율이 낮은 편이며, 아직 한인 교민 사회가 다른 나라에 비해 발전이 되지 않은 편이라 영어로 생활해야 하는 환경이다.
- 유럽 학생들에게도 상당히 인기가 있는 어학연수 국가이기 때문에 다양한 국적 비율의 환경에서 영어 공부를 하고 싶은 학생이라면 적합하다.
- 상대적으로 초기 비용이 저렴하다. 아일랜드는 학생비자로 들어가도 아르바이트가 가능한 나라다. 그래서 영어 공부와 아르바이트를 병행할 수 있어서 생활비를 벌면서 지낼 수 있다.
- 비자 발급이 까다롭지 않다. 비자 발급이 까다롭거나 공부가 끝나면 체류가 힘든 다른 국가와는 달리 아일랜드에서는 25주 이상 어학원에 등록을 하면 25주의 장기방학을 주기 때문에 총 1년간 머물 수 있다.
- 아일랜드에서 영국과 연계연수를 이용하면 영국에도 쉽게 들어갈 수 있다. 공부는 상대적으로 저렴한 아일랜드에서 하고 공부가 끝나면 가까운 유럽 여행을 할 수도 있다.

◆ **단점**

- 지역에 따라 생활비용과 연수 환경의 차이가 크다. 그러므로 연수 예산과 성향에 맞게 지여 선정에 심의를 기울여야 한다.
- 도시의 규모가 작기 때문에 일자리 구하기가 힘들다. 보통 경험이 많거나 영어가 유창한 사람을 구하기를 원한다.
- 하루에 사계절을 느낄 수 있을 만큼 날씨가 변덕스럽다.

공적인 어학연수를 위한 계획 세우기

◈ 자신이 어학연수를 가는 것으로 가정하고, 다음 내용을 구체적으로 정리해 보자.

① 어학연수를 떠날 나라는 어디인가?

_____

_____

_____

_____

_____

② 그 나라로 결정한 이유가 무엇인가?

_____

_____

_____

_____

_____

③ 어학연수를 떠날 시기와 기간을 적어 보자.

_____

_____

_____

_____

_____

④ 예상하고 있는 어학연수 비용을 적어 보자.

_____

_____

_____

_____

_____

_____

⑤ 어학연수 비용의 출처는 어디인가? 만약 자신이 마련한다면 그 방법을 적어 보자.

_____

_____

_____

_____

_____

_____

⑥ 어학연수 기간 동안 경험하고 싶은 목록을 적어 보자.

_____

_____

_____

_____

_____

_____

_____

⑦ 현재 자신의 공인어학 점수는 몇 점인가? 어학연수 후 공인어학 목표점수를 적어 보자.

_____

_____

_____

_____

_____

_____

⑧ 성공적인 어학연수를 위한 나의 각오를 적어 보자.

_____

_____

_____

_____

◆ 어학연수에 대한 계획을 세워 본 소감은 어떠한가?

_____

_____

_____

_____

_____

_____

2. 워킹홀리데이

1) 들어가기

워킹홀리데이는 체결국의 청년에게 합법적으로 일을 하며 부족한 경비를 충당하여 해외여행을 할 수 있도록 허가한 제도를 말한다. 해당 국가에서 최장 1년 동안 체류하면서 일을 하여 돈을 벌고, 여행을 다닐 수 있으며, 현지의 언어와 문화를 습득할 수 있다. 워킹홀리데이가 체결되기 전에는 경제적인 부담으로 어학연수를 포기하는 경우가 상당히 많았다. 많은 학생이 국내에서 영어를 배우는 것보다 현지에서 어학연수를 통해 영어 공부를 하는 것이 효과적이기 때문에 어학연수를 가기를 원한다. 그러나 연간 평균 3~4천만 원 이상 소요되는 어학연수 비용은 학생들에게 상당히 부담스러운 액수이다. 하지만 워킹홀리데이의 체결로 누구나 항공권과 초기 생활비 정도만 있으면 외국 생활을 경험할 수 있게 되었다.

워킹홀리데이는 다음과 같은 장점이 있다. 첫째, 다양한 사람을 만날 수 있다. 일을 하면서 다양한 연령층의 사람들을 만날 수 있고, 그런 사람들과 대화할 기회를 가질 수 있다. 둘째, 틀에 박힌 영어가 아닌 실생활에서 사용하는 영어를 배울 수 있다. 셋째, 비교적 긴 시간 동안 비용에 대한 부담감을 갖지 않고 그 나라의 문화를 체험하고 생활 양식을 이해할 수 있다. 넷째, 현지에서 다양한 아르바이트를 통해 체류 자금을 확보하고 그 자금으로 영어 공부, 여행, 자격증 취득 등을 할 수 있는 기회가 주어진다. 이와 같은 워킹홀리데이의 장점을 잘 살린다면 의욕적이고 진취적인 꿈을 지닌 청년에게는 그 무엇과도 비교할 수 없는 좋은 경험이 될 수 있다.

최근에는 해마다 수만 명의 청년이 워킹홀리데이를 통하여 외국을 방문하고 있다. 대부분의 청년이 다양한 경험을 쌓을 목적으로 워킹홀리데이를 선택하지만 해외생활이 그리 만만하지는 않다. 성공적인 워킹홀리데이를 위해서는 사전에 충분한 정보 수집과 충실한 계획 수립이 필요하다. 그러기 위해서는 먼저 워킹홀리데이를 통하여 무엇을 얻을 것인지에 대한 뚜렷한 목표를 정해야 한다. 사전 준비나 목표의식이 없이 워킹홀리데이를 가서 일 년 내내 영어 몇 마디 사용하지 않는 목장이나 공장에서 일만 하다가 돌아오는 경우도 적지 않다. 워킹홀리데이는 청춘이 누릴 수 있는 특권이지만 그 성공여부는 본인의 노력 여하에 달려 있다. 그러므로 자신을 믿고 당당하게 워킹홀리데이로 넓은 세상을 경험해 보길 바란다. 워킹홀리데이는 남이 일자리를 직접 구해 주지도 않고 영어 실력 향상을 위한 프로그램이 있는 것도 아니기 때문에 자신이 노력한 만큼 얻을 수 있는 것이다.

2) 워킹홀리데이 협정 체결국가

외교부에 따르면, 우리나라는 현재 네덜란드, 뉴질랜드, 대만, 덴마크, 독일, 벨기에, 스웨덴, 아일랜드, 오스트리아, 이스라엘, 이탈리아, 일본, 체코, 칠레, 캐나다, 포르투갈, 프랑스, 헝가리, 호주, 홍콩, 스페인, 폴란드, 아르헨티나 등 23개 국가와 워킹홀리데이 협정을 맺고 있으며, 영국과는 청년교류제도(YMS)를 체결하고 있다. 외교부는 우리 청년들이 더 많은 국가로 진출하여 글로벌 인재로 성장해 갈 수 있도록 워킹홀리데이 협정 추가 체결뿐만 아니라 쿼터가 제한되어 있는 기존 협정 체결국(지역)들과의 쿼터 확대를 위해서 더욱 노력하고 있다.

[그림 9-1]은 우리나라와 워킹홀리데이 협정을 맺고 있는 국가를 표시한 지도이다.

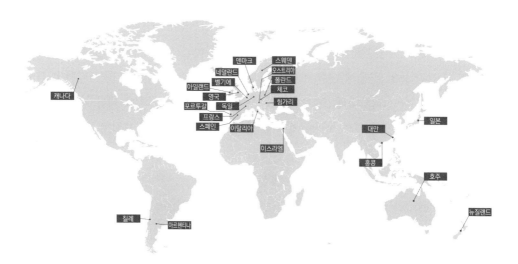

[그림 9-1] 워킹홀리데이 협정 체결국가

출처: 외교부 워킹홀리데이 인포센터.

국가별 워킹홀리데이 모집 시기, 모집 인원, 어학연수 기간, 취업 기간에 대한 자료는 〈표 9-7〉과 같다.

표 9-7 국가별 워킹홀리데이의 모집 시기, 모집 인원, 어학연수 및 취업 기간

국가	모집 시기	모집 인원	연수 기간	취업 제한 기간
네덜란드	대사관 공지 확인	100명	12개월	협정상 규정 없음
뉴질랜드	이민국 공지 확인	3,000명	6개월	협정상 규정 없음
대만	상시 신청	800명	12개월	협정상 규정 없음
덴마크	상시 신청	제한 없음	6개월	9개월
독일	상시 신청	제한 없음	12개월	한 고용주하 6개월
벨기에	상시 신청	200명	16개월	6개월
스웨덴	상시 신청	제한 없음	12개월	협정상 규정 없음
스페인	상시 신청	1,000명	12개월	협정상 규정 없음
아일랜드	대사관 공지 확인	600명	6개월	협정상 규정 없음
영국(YMS)	국경청 공지 확인	1,000명	24개월	협정상 규정 없음
오스트리아	상시 신청	300명	12개월	협정상 규정 없음
이스라엘	상시 신청	200명	6개월	한 고용주하 3개월
이탈리아	상시 신청	500명	12개월	한 고용주하 6개월
일본	대사관 공지 확인	10,000명	12개월	협정상 규정 없음
체코	상시 신청	300명	12개월	협정상 규정 없음
칠레	상시 신청	제한 없음	12개월	협정상 규정 없음
캐나다	이민국 공지 확인	4,000명	6개월	협정상 규정 없음
포르투갈	상시 신청	200명	12개월	협정상 규정 없음
폴란드	상시 신청	200명	12개월	협정상 규정 없음
프랑스	상시 신청	2,000명	12개월	협정상 규정 없음
헝가리	상시 신청	100명	12개월	협정상 규정 없음
호주	상시 신청	제한 없음	4개월	협정상 규정 없음 (한 고용주하 6개월)
홍콩	상시 신청	1,000명	6개월	협정상 규정 없음 (한 고용주하 6개월)
아르헨티나	상시 신청	200명	12개월	협정상 규정 없음

출처: 외교부 워킹홀리데이 인포센터.

2013년부터 2019년까지의 국가 및 연도별 워킹홀리데이 참가 현황은 〈표 9-8〉과 같다.

.ₒᵔ 표 9-8 국가별 및 연도별 워킹홀리데이 참가 현황   단위: 명

국가	2013년	2014년	2015년	2016년	2017년	2018년	2019년
호주	34,870	30,527	34,234	33,284	24,146	24,568	21,854
캐나다	4,100	3,913	4,069	3,373	3,751	3,144	6,151
뉴질랜드	1,800	1,881	1,803	1,805	1,803	1,801	2,953
일본	7,200	6,319	5,856	5,102	3,254	3,194	3,681
프랑스	185	152	205	284	335	400	429
독일	582	839	1,084	1,074	1,510	2,037	2,146
아일랜드	400	359	400	400	400	400	400
스웨덴	–	38	44	42	46	47	99
덴마크	–	36	68	60	79	71	53
홍콩	–	62	127	114	500	500	339
대만	–	152	214	216	367	400	600
체코	–	–	2	5	21	31	15
영국	–	–	386	965	959	930	918
오스트리아	–	–	4	30	43	34	미취합
헝가리	–	–	–	3	45	37	26
포르투갈	–	–	–	–	12	18	13
네덜란드	–	–	–	–	96	98	33
이탈리아	–	–	–	–	1	123	211
합계	49,137	44,278	48,496	46,757	37,368	37,833	39,950

출처: 외교부 워킹홀리데이 인포센터.

3) 워킹홀리데이 비자

워킹홀리데이 비자는 여행을 하면서 일할 수 있는 관광 취업비자로 현지에서 합법적으로 노동권을 인정받게 된다. 만 18세에서 30세까지의 젊은이들을 대상으로 발급하며, 각 해당국에 한하여 평생 1회 발급 혜택이 주어지며 실제 체류기간 1년을 인정

한다. 워킹홀리데이 비자는 미래에 대한 비전이 있는 청년에게 발급이 되는 특혜성 비자로 청년에게 다양한 문화 체험의 기회를 제공하여 국가 간의 상호 이해 및 교류증진을 그 목적으로 하고 있다.

워킹홀리데이 비자는 다음과 같은 장점이 있다. 첫째, 관광비자의 경우 길어야 3개월 또는 6개월의 체제 기간이 주어지는 반면, 이 비자는 1년이라는 체제 기간이 주어지므로 비자 연장에 신경 쓸 일이 없다. 둘째, 비자 명칭이 말해 주듯이, 합법적으로 일할 수 있는 권리가 주어진다. 셋째, 학생비자와 달리 학비를 선불할 필요도 없으므로 출발 전의 경제적 부담을 줄일 수 있고, 현지에서 자신에게 맞는 학교를 선택할 수 있다. 워킹홀리데이에 참가하기 위해서는 해당 대사관이나 영사관 또는 이민국에서 워킹홀리데이 비자를 신청하여야 한다. 체결국별로 요구하는 비자 발급 조건, 구비 서류, 신청 기간 등이 상이하기 때문에 국가를 선택하신 후 해당국(지역)에 대한 비자 정보를 꼼꼼히 살펴보아야 한다.

워킹홀리데이 비자의 특징을 요약하면, 국가별(지역포함)로 평생 1회에 한 해 발급 가능하며, 비자 발급일로부터 12개월 이내에 해당국(지역)에 입국하여야 하고, 해당국(지역) 입국일로부터 최대 1년 동안 체류가 가능하다. 또 체류 기간이 만료될 때까지 출입국이 자유로운 복수비자(단, 일본은 단수비자)이며, 우리나라에 체류하면서 각국의 주한 대사관/총영사관 또는 이민국을 통해 신청이 가능하다. 하지만 워킹홀리데이 비자 기간을 연장하거나 다른 체류 목적으로의 갱신은 불가능하다. 워킹홀리데이 비자를 신청하기 위해서는 여권, 여권 사진(3장), 신청비(195달러)가 필요하며, 인터넷 신청 후 대사관 지정 병원에서 신체검사를 받음으로써 신청이 완료된다.

4) 국가별 워킹홀리데이 비용 비교

워킹홀리데이에 소요되는 비용은 국가별로 약간씩 차이가 있으므로 워킹홀리데이를 계획할 때 이를 고려할 필요가 있다. 국가별 워킹홀리데이 비용은 〈표 9-9〉와 같다.

표 9-9 국가별 워킹홀리데이 비용

단위: 천 원

국가명	비자 신청비	항공료(편도)	워킹홀리데이 보험료(1년)	주거비 및 생활비	합계
호주	485	700~900	200	650~900	2,000~2,500
캐나다	338	800~1,200	200	800~1,000	2,200~2,800
영국	244	700~900	600	1,450~1,820	2,900~3,500
뉴질랜드	245	800~900	200	800~1,000	2,000~2,500
아일랜드	90	1,200~1,400	200~240	900~1,000	2,400~2,750

5) 국가별 워킹홀리데이 정보

우리나라와 워킹홀리데이 협정을 맺고 있는 주요 국가들에 대한 워킹홀리데이 정보는 〈표 9-10〉과 같다.

표 9-10 국가별 워킹홀리데이 정보

국가명	기본 자격 요건	주요 특징
호주	• 대한민국 여권 소지자 • 비자 신청 및 비자 발급 시 호주 외부(한국 포함)에 체류하고 있는 자 • 비자 신청 시 연령이 만 18세 이상 만 30세 이하인 자 • 워킹홀리데이 비자로 호주에 입국한 적이 없는 자 • 체류 기간 동안 부양 자녀를 동반하지 않는 자 • 호주의 가치를 존중하고 호주의 법을 준수하겠다는 서약을 한 자	• 한국인은 호주를 제외한 해외에서 신청할 수 있음 • 입국유효기간: 비자 발급받은 날부터 12개월 이내 • 어학연수: 워킹홀리데이 체류기간 동안 총 4개월 이상 어학연수 불가 • 입출국이 자유로운 복수비자 • 취업조건: 업종에 대한 제한은 없으며, 한 고용주 밑에서 6개월 이상 근무 불가
캐나다	• 대한민국 내에 거주하는 대한민국 국민 • 관광을 주목적으로 일정기간 입국하는 자 • 신청 당시 만 18세 이상 30세 이하인 자 • 캐나다 왕복 항공권과 현지 체재비를 충당하는 데 충분한 자금(5,000캐나다 달러 이상)을 소지한 자 • 체류 기간 동안 보장되는 의료보험에 가입한 자	• 평생 1회에 한 해 발급 가능 • 입국유효기간: 비자승인 레터상에 표기된 유효기간까지 입국 • 체류기간: 캐나다 입국일로부터 12개월 • 어학연수: 최대 6개월 가능 • 취업조건: 최대 12개월 가능, 본인의 능력에 따라 다양한 종류의 취업 기회

	• 이전에 캐나다 워킹홀리데이 프로그램에 응시하여 최종 취업허가 레터를 받은 적이 없는 자(한국인의 경우 1회에 한하여 IEC 프로그램에 참가 가능) • 부양 가족을 동반하지 아니한 자	• 캐나다 입국 후 비자유효기간 동안 입출국이 자유로운 복수비자 • 입국 목적은 여행이며, 여행경비의 충당을 목적으로 노동권을 합법적으로 보장
영국	1) YMS 신청 자격 요건 • 대한민국 국민으로 비자발급 시 18세 이상, 30세 미만 • 영국에 입국 후 초기 체류를 위한 경비를 가진 자 • 대한민국 정부가 발급한 후원보증서를 소지한 자 • 영국 및 한국에서 범죄경력이 없는 자 2) 정부후원보증서 신청 자격 요건 • 만 18~30세의 대한민국 국민(영국 국경청 웹사이트에서 YMS 비자 신청 후 결제 완료 시 만 18세~만 30세까지) • 2013년도 정부후원보증서 미발급자(2012년 정부후원보증서를 발급받았으나, YMS 비자를 발급받지 않은 자는 신청 가능)	■ 정부후원보증서 신청 • 발급인원: 1,000명(개인별 1회만 발급, 재발급 불가) • 체류기간: 영국 입국일로부터 24개월
뉴질랜드	• 만 18세~30세(비자 신청 시)의 부양 자녀가 없는 한국 국적 소지자 • 유효한 여권 소지자, 신체 및 정신이 건강한 자 • 체류기간 동안 최소 생활비(4,200뉴질랜드 달러)와 왕복항공권 비용을 충당할 재정적 능력이 있는 자 • 체류기간 동안 의료보험에 가입한 자	• 평생 1회에 한 해 발급 가능 • 입국유효기간: 비자 발급 후 1년 이내 • 체류기간: 뉴질랜드 입국일로부터 12개월(뉴질랜드 현지에서 신청하는 경우 본인이 비자 기간을 조절하여 신청할 수 있음) • 어학연수: 최대 6개월 • 취업조건: 총 12개월(한 고용주 밑에서 3개월 이상 근무 불가)
아일랜드	• 신청 당시 대한민국 국민으로 만 18세 이상 30세 이하인 자 • 입국 예정일로부터 1년 이상 유효한 대한민국 여권 소지자 • 신청 당시 대한민국에 거주하고 있는 자(워킹홀리데이 신청만을 위해 한국을 단기 방문하는 경우에는 조건에 해당되지 않음) • 아일랜드 체류 기간 동안의 초기 생활비와 왕복 항공권 구입이 가능한 충분한 자금을 보유하고 있는 자	• 비자유효기간 동안 입출국이 자유로운 복수비자로 평생 1회에 한 해 발급 가능 • 한국에서만 신청이 가능하며, 현지에서 관광비자나 학생비자로 전환 불가 • 입국유효기간: 비자를 발급받은 날로부터 12개월 이내 • 체류기간: 아일랜드 입국일로부터 12개월 • 어학연수: 아일랜드어 또는 영어 과정에 최대 6개월까지 등록 가능 • 취업조건: 최대 12개월

오스트리아	• 대한민국 여권 소지자 • 비자 신청 시 연령이 만 18세 이상 만 30세 이하인 자 • 워킹홀리데이 비자로 오스트리아에 입국한 적이 없는 자 • 체류 기간 동안 부양 자녀를 동반하지 않는 자 • 오스트리아 방문의 일차적인 목적이 취업과 연수가 아니라 관광인 자 • 범죄경력이 없는 자 • 건강 상태가 양호하며 품행이 단정한 자 • 초기 체류에 충분한 자금을 가지고 있는 자	• 평생 1회에 한 해 발급 가능 • 한국인은 주한오스트리아 대사관 외에도 주독일, 스위스, 슬로바키아 대사관 및 밀라노, 뮌헨 총영사관에서 신청할 수 있음 • 체류기간: 오스트리아 입국일로부터 6개월 • 입출국이 자유로운 복수비자 • 취업조건: 오스트리아법상 특정한 자격이 필요한 업종 외 업종에 대한 제한은 없음

성공적인 워킹홀리데이를 위한 계획 세우기

◆ 워킹홀리데이를 가는 것으로 가정하고, 다음의 내용을 구체적으로 정리해 보자.

① 워킹홀리데이를 떠날 나라는 어디인가?

_____

_____

_____

_____

_____

② 그 나라로 결정한 이유가 무엇인가?

_____

_____

_____

_____

_____

③ 워킹홀리데이를 떠날 시기를 적어 보자.

_____

_____

_____

_____

_____

④ 워킹홀리데이 기간 동안 경험하고 싶은 목록을 적어 보자.

_____

_____

_____

_____

⑤ 현재 자신의 공인어학 점수는 몇 점인가? 워킹홀리데이 후 공인어학 목표 점수를 적어 보자.

_____

_____

_____

_____

_____

⑥ 성공적인 워킹홀리데이를 위한 나의 각오를 적어 보자.

_____

_____

_____

_____

◆ **워킹홀리데이에 대한 계획을 세워 본 소감은 어떠한가?**

_____

_____

_____

_____

봉사활동 및 서포터즈

| 제10장 |

봉사활동 및 서포터즈

1. 봉사활동

1) 들어가기

　봉사활동은 자신이 가지고 있는 자원이나 능력을 활용하여 금전적 보상과는 상관없이 타인과 사회를 위하여 지속적으로 수행하는 활동을 말한다. 또한 봉사활동은 기본적인 의무감에서 벗어나 특정한 사회적 요구의 인식하에 자발적으로 선택하여 이루어지는 활동이다. 봉사활동은 개인적 측면에서 인격적 성숙을 도모하고 자아실현을 위한 하나의 장으로서 그 중요성이 강조되고 있으며, 사회적 측면에서 사회 구성원의 기본적인 욕구를 충족시키고, 그 사회가 당면한 문제를 해결하고 예방하는 중요한 기능을 수행한다. 이러한 점에서 봉사활동은 사람들에게 사회연대의식을 갖게 하여 국민생활 전반의 보다 폭넓은 영역으로 확대해 나가야 한다.

　국제연합(UN)은 국제사회에서의 봉사활동의 중요성을 인식하고 이를 촉진하기 위해서 2001년을 세계자원봉사의 해로 정하고, 지금까지 회원국의 참여를 촉진하고 있다. 우리나라 또한 봉사활동에 대한 사회적 인식이 높아지면서 정부, 지방자치단체, 민간단체, 기업, 대학 등 사회 각 기관 및 분야에서 다양한 형태의 봉사활동이 활발히 이루어지고 있다. 특히 대학생 봉사활동은 다른 연령층의 봉사활동에 비해 체계적이고 전문적으로 이루어지고 있으며 그 비중 또한 높아지고 있다. 이와 같이 대학생 봉사활동은 다양한 분야에서 이루어지고 있으며, 교육적·사회적·경제적으로 매우 중요한 활동으로 인정되고 있다.

최근 신입사원 선발에서 대학이나 전공, 학점보다는 아르바이트 경험, 봉사활동 경험, 각종 공모전 참여 등 과외활동 또는 대외활동의 경험들을 중시하는 기업들이 늘어나고 있다. 실제로 국내 몇몇 대기업에서는 대학에서의 학점이 낮아도 과외활동의 경험이 많은 사람을 채용하는 사례가 증가하고 있다. 미국에 있는 명문 대학의 재학생들도 방학 동안에 과외활동 경력을 쌓는 데 주력하고 있다. 이를 볼 때 외국 기업 역시 인재 선발기준에 있어서 대학이나 전공, 학점뿐만 아니라 과외활동의 비중을 높게 반영하고 있음을 알 수 있다. 그러므로 국내든 외국이든 취업을 위해선 이제 공부만이 능사가 아니라는 것이다. 이러한 채용 기준의 변화로 대학생들은 경쟁에서 살아남기 위해 차별화된 스펙을 쌓기에 여념이 없다. 그 차별화된 스펙 중 하나가 봉사활동이다.

◆ 봉사활동으로 기대할 수 있는 효과

- 타인과의 상호 협력을 통하여 사회성을 기르고 건전한 인격을 형성한다.
- 다양한 봉사활동 경험으로 자신의 적성과 흥미를 발견하는 기회를 얻는다.
- 많은 집단의 사람들과의 접촉을 통하여 잠재된 지도력을 개발한다.
- 토론 경험으로 자기표현의 기회를 가짐으로써 자신감을 갖는다.
- 지식과 정보를 교환함으로써 전문적인 지식을 보다 풍부하게 한다.
- 많은 활동에 참여함으로써 자발성과 협동심을 일깨워 준다.

◆ 봉사활동의 행동지침

- 봉사활동에 대한 책임감을 스스로 가져야 한다. 봉사활동을 관리하는 담당자들의 기대에 어긋나지 않도록 약속시간과 장소에 정확하게 도착해야 하며, 맡은 업무에 대한 책임감을 스스로 가져야 한다.
- 자신의 한계를 인정하고 수용하도록 한다. 누구에게나 할 수 있는 일이 있고 그렇지 못한 일이 있다. 그러므로 자신이 처리하지 못하는 일에 대한 죄책감을 가질 필요는 없다. 봉사활동은 자신의 일이나 가족에게 방해가 되지 않는 범주가 적당하다.

- 사전에 봉사활동 지침서를 숙지한다. 봉사활동 내용이 단순한 업무라 할지라도 봉사활동 지침서를 서면으로 받아 숙지하는 것이 좋다. 지침서를 숙지함으로써 불필요한 행동을 자제하게 되고 아울러 그 기관에서 기대하는 것이 무엇인지 파악하는 데 도움이 된다.
- 봉사활동 지원체계를 구성한다. 봉사활동을 보다 만족스럽게 수행하기 위해서는 지원체계를 구성하는 것이 좋다. 봉사활동은 새로운 도전이므로 다른 봉사자들, 가족, 친구 등에게 피드백받을 수 있는 체계적인 지원체계가 필요하다.
- 봉사활동에 있어서 인내심은 필수다. 봉사활동에서 자신의 욕구와는 상반되게 뜻대로 되지 않는 일이 많다. 그런 일이 반복되다 보면 봉사활동에 대한 심각한 회의가 찾아오게 된다. 그럴 때마다 포기하지 않고 재도전할 수 있도록 인내심을 키워야 한다.
- 과욕은 부리지 않는 것이 좋다. 일반적으로 봉사활동을 시작하면 자기만의 목표를 세우게 된다. 과한 목표는 스스로를 지치게 하므로 자신을 보호하는 것을 우선으로 해야 한다.

2) 대학 전공 분야별 봉사활동

대학생들의 봉사활동은 단지 스펙을 위한 무작위 봉사활동이 되어서는 안 된다. 전공과 관련된 봉사활동을 함으로써 봉사자는 학문적 원리를 실제 생활에 적용시킬 수 있는 기회를 통해 학문적 실용성을 높이는 계기를 가지게 되며, 봉사활동의 수혜자는 일반인에게서 받을 수 없는 전문적인 봉사를 제공받게 된다. 다시 말해, 전공과 관련된 봉사활동은 자신이 전문적으로 배운 지식을 다른 사람들에게 나누어 주는 것으로, 주로 재능기부의 형태로 이루어진다. 이러한 재능기부의 봉사활동은 전문성을 가지고 있어 봉사활동을 하는 사람뿐만 아니라 봉사활동을 받는 기관도 더욱 효율적이라 할 수 있다. 전공과 관련된 봉사활동을 구체적으로 살펴보면 다음과 같다.

◆ 국어 관련 전공 봉사활동
- 시사 문제를 작문해서 학생들과 지역사회에 알리는 안내문으로 만든다.
- 자원봉사 관련 문학작품을 읽고, 작품 내용에 비추어 자신의 체험을 정리한다.
- 자원봉사를 체험한 다음, 체험담을 시나 수필, 대본으로 작성한다.

- 노인의 가정을 직접 방문하여 한글을 가르친다.
- 노인에게 편지를 쓴다.
- 장애인의 편지 쓰기, 서류 작성 등을 돕는다.
- 지역사회 신문을 발행한다.
- 무료 국어과외 봉사활동을 한다.

◆ **영어 관련 전공 봉사활동**

- 방한 외국인들에게 휴대전화로 통역 서비스를 제공한다.
- 최근 이민자를 위해 전화 받기, 대중교통 이용, 공문서류 작성 등을 돕는다.
- 정부 공문 등을 지역 주민과 관광객이 주로 사용하는 언어로 번역한다.
- 자원봉사를 필요로 하는 해외에 가서 봉사 체험을 갖는다.
- 구호를 필요로 하는 사람들에게 의류, 기타 구호물품을 전달한다.

◆ **사회 관련 전공 봉사활동**

- 시사적인 사회문제 등에 관해 청소년 상담 활동을 한다.
- 이민자와의 인터뷰로 이들의 의견을 청취해서 보고서를 작성한다.
- 시사문제를 현장조사해서 청소년에게 정보를 전달해 준다.
- 공원, 도서관 및 지역사회 조직단체를 알리는 안내 약도를 만든다.
- 신문, 정부 문서 등을 조사해 지역사회 문제와 문제해결 방안을 제시한다.

◆ **역사 관련 전공 봉사활동**

- 기성세대의 경험을 인터뷰해서 지역사회 역사 자료집을 꾸민다. 홍수와 같은 재난, 산업체, 특정 지역인사에 관한 얘기를 담는다.
- 지역사회 개발계획에 관한 부동산 등의 자료를 정리한다.
- 지역사회 주요 역사적 사건 등을 연극으로 꾸민다.
- 작은 마을들을 산책하는 코스를 개발한다.
- 지역의 농장, 주요 인사, 공장 등의 역사적·고고학적 위치를 정리한다.

◆ **정치 관련 전공 봉사활동**

- 유권자 등록 업무를 보조하고 유권자에게 민주적 과정을 교육한다.

- 공공문제나 후보자 초청 포럼을 개최한다.
- 청소년의 욕구, 의견을 수합해서 청소년 정책을 결정하는 데에 전달한다.
- 지방정부와 약물복용, 범죄 등에 관한 해결방안을 탐구한다.
- 비정파적 공공의제를 공중교육으로 활용한다.
- 정부 관리의 공문 작성 기술을 돕는다.
- 이민자가 시민과정을 받는 과정을 돕는다.
- 학교나 지역사회에서 갈등을 해소하는 중재자적 역할을 수행한다.
- 신문사 편집자에게 의견을 편지로 보낸다.
- 외국 정부에 인권문제에 관한 문의, 항의 서신을 보낸다.

◆ 경제/경영 관련 전공 봉사활동
- 지역사회 자원개발에 관한 조사활동을 한다.
- 특정 산업, 마을 혹은 지역의 경제사를 정리한다.
- 지역사회나 지역의 시장조사를 위해 전화 또는 우편 설문조사를 한다.
- 지역관계자와 지역사회 욕구와 자원의 연계를 다루는 문제를 토의한다.

◆ 수학 관련 전공 봉사활동
- 청소년 수학 담당 개인교사가 된다.
- 세금 관련 서류의 작성을 돕는다.
- 지역사회 요구를 조사 · 분석 · 보고한다.
- 정부의 환경부나 농림축산식품부 업무 지원으로 동식물 종류 수량을 계산한다.
- 휠체어 램프와 같은 특수 시설의 건축자재 소요량을 산출한다.
- 기업의 회계 장부 처리를 돕는다.

◆ 컴퓨터 관련 전공 봉사활동
- 노인에게 컴퓨터 사용 교육을 실시한다.
- 장애인, 청소년에게 컴퓨터 교육을 실시한다.
- 지역 농민 혹은 비영리단체의 컴퓨터 프로그램 지원을 한다.

◆ **공학 관련 전공 봉사활동**

• 장애인 휠체어 램프 시설과 같은 시설물을 건축한다.

• 노인이나 저소득층 소유 소형 기계 엔진을 수리해 준다.

• 청소년에게 자전거 수리, 기계 수리 기술을 가르친다.

• 노인이나 장애인 가정의 집수리를 맡는다.

• 놀이터 등 공공시설물 설계, 건축 일을 맡는다.

• 교통 혼란과 같은 지역 문제를 조사하여 대안을 마련한다.

◆ **가정 관련 전공 봉사활동**

• 공공보호소나 시설물을 재설계하거나 수리하는 일을 돕는다.

• 의류 또는 가사용품을 수집하거나 수리해서 필요한 집단에 배달한다.

• 이민자의 안정적 정착을 위해 집 단장이나 집기 구입 등을 돕는다.

• 노인이나 장애인의 가계부 정리나 쇼핑 등을 돕는다.

• 저소득층에게 식품영양 정보 등을 알려 준다.

• 노인이나 장애인을 위한 식단 마련과 음식 배달 등을 한다.

• 미혼모에게 육아나 영양 정보 등을 전한다.

• 소비자의 불편 처리를 돕는다.

◆ **보건 관련 전공 봉사활동**

• 청소년에게 성교육, 가정생활 등에 관한 정보를 전달한다.

• 청소년에게 성병, AIDS 등에 관한 교육을 실시한다.

• 응급의료기술 교육을 받아 응급의료진을 돕는 활동을 한다.

• 적십자사의 헌혈 캠페인을 돕는다.

• 청소년에게 응급처치 요령을 가르친다.

• 전국 의대생 조직 기증 서약 캠페인에 참가한다.

• 우울증 예방과 자살률을 낮추는 스마일 캠페인에 참가한다.

• 말기 암환자와 그 가족을 돌보는 호스피스 자원봉사에 참가한다.

◆ **예술 관련 전공 봉사활동**

• 공원이나 주택가의 담장 벽화 작업을 한다.

- 미술 전시장 업무를 지원한다.
- 지역사회 교육의 일환으로 청소년이나 성인 대상 미술 교육을 맡는다.
- 청소년이나 장애인 등 특수 집단에 공연 기술을 가르친다.
- 지역 청소년과 성인 연주자와 공동으로 지역사회 음악공연을 연다.
- 지역사회 밴드를 조직해서 활동한다.
- 지역사회나 단체의 주제곡을 작사 또는 작곡하는 일을 돕는다.
- 지역사회 특성을 살리는 연극 공연을 개최한다.

◆ 체육 관련 전공 봉사활동
- 청소년 스포츠 활동 코치 역할을 맡는다.
- 교통사고 피해자 등의 회복을 위한 활동을 보조한다.
- 장애인 특별 올림픽 행사를 개최한다.
- 지역사회 생활체육 보조 역할을 한다.

3) 국내 봉사활동

최근 사회 각 분야에서 봉사활동의 중요성이 강조되고 있다. 사회가 변화함에 따라 사회문제가 더욱 심각해지면서 새로운 자원을 개발하는 노력이 활발히 이루어지고 있다. 봉사활동을 필요로 하는 분야와 내용은 매우 다양해지고 세분화되는 경향을 보이고 있다. 국내에서 이루어지는 봉사활동의 분야에 따른 활동 내용은 〈표 10-1〉, 사회복지기관 및 시설 내에서 이루어지는 봉사활동은 〈표 10-2〉, 그리고 기업별 봉사활동은 〈표 10-3〉과 같다.

📊 표 10-1 | 봉사활동의 분야 및 활동 내용

유형	분야	활동 내용
직접 서비스	아동 청소년	학교부적응상담, 문제행동상담, 가족상담, 또래문제상담, 심리적 지지, 학습지도, 보호관찰, 동반외출 등
	노인	말벗동무, 취미활동 보조, 독서 보조, 동반외출, 여행보조, 심리적 지지, 목욕보조, 식사 보조, 각종행사 보조, 위문활동 등
	장애인	재활훈련 보조, 물리치료 보조, 외출 보조, 말벗동무, 심리적 지지, 목욕 보조, 식사 보조 등

간접 서비스	근로봉사	각종 행사 보조, 시설장비 개보수 보조, 식사배달, 청소 및 세탁, 물품 및 비품 정리
	기능봉사	점자 번역, 이미용 보조, 도서관 사서 활동, 진료 보조
	물품기부	도서 기증, 생활용품 기증, 의류 기증, 후원 및 결연금 기부

출처: 권순종 외(2008).

표 10-2 사회복지기관 및 시설 내 봉사활동

분야	활동 내용
전문업무 지원	각종 행사 기획·집행 협력, 견학자 현장환경내, 교재·교구개발, 정보 모니터링, 자료수집·스크랩, 자료 번역, 교육·훈련 보조, 서류·서식 정리, 조사활동 지원·보조, 뉴스레터 편집·취재·발송, 자원봉사 접수·모집
단순업무 지원	홍보물 발송·배포, 캠페인 참여·보조, 녹음·촬영활동, 실내외 단체활동, 물품 구매, 물품·비품 정리, 동반자녀 돌보기, 워드 정리
시설관리 지원	시설장비 유지 및 보수, 게시판 정리, 환경미화, 디스플레이

출처: 권순종 외(2008).

표 10-3 기업별 봉사활동

기업명	봉사단체명	모집 대상	활동 기간	활동 내용
SK	SUNNY 리더그룹	대학 재(휴)학생	1년	■ 활동기획 및 운영 • 사회변화 프로그램 기획 및 운영 ■ 대내외 협력 및 관리 • 지역기관 및 NGO, 사회적 기업 협력 • SK 사회공헌활동 참여, 봉사자 운영 및 관리 ■ 사회변화 문화 확산 • 웹 매거진 콘텐츠 기획 및 제작 • 국내외 우수활동사례 발굴 및 전파 • 온·오프라인 사회변화 활동 홍보

KB 국민 은행	YMCA 대학생 해외봉사단 라온아띠	대학 재(휴)학생 (단, 해외여행에 결격사유가 없는 자)	1개월 (국내 훈련) 5개월 (국제사회 혁신활동)	■ 한국과 아시아 지역사회문제 해결을 위한 SDGs기반 사회혁신 프로젝트를 수행 및 아시아 4개 지역 청년들과 교류 • 빈곤퇴치 • 성평등 • 불평등 감소
현대 자동차 그룹	해피무브 글로벌 청년봉사단	대한민국 국적의 18세 이상 대학 재(휴)학생	2주	• 지역봉사, 문화봉사, 환경봉사, 교육봉사 등의 봉사활동 • 귀국 후 커뮤니티를 통한 국내활동 참가
포스코 건설	대학생봉사단 Happy Builder	2년제 이상 대학 재(휴)학생	10개월	■ 국내봉사활동 • 중학생 건설 분야 진로교육 • 화재예방 주거환경 개선활동 등 ■ 해외봉사활동 • 문화교육 및 문화교류축제 등
LS그룹	대학생 해외봉사단	대학생 40명	11일	• 교육봉사 • 노력봉사 • 지역 개발 사업 • 문화교류 • 문화탐방
GS SHOP	대학생 봉사단 리얼러브	전국 소재 대학 재(휴)학생	6개월	• 지역아동센터아이들을 위한 놀이 프로그램 기획과 실행 아이들과 정서교감 봉사
S-OIL	대학생 천연기념물 지킴이단	천연기념물과 야생동물을 사랑하는 적극적이고 건강한 대학생	4일	• 천연기념물 교육, 체험 • 보호 협약식 • 연구센터 견학 • 치료소 견학 • 향후활동계획
IBK 기업 은행	IBK 부산 경제 봉사단	부산/경남 소재의 대학생(휴학생)	1년	• 부산, 경남 초·중·고등학생 등 경제교육이 필요한 개인·단체를 대상으로 경제관 확립과 금융소외계층에 대한 지적 나눔
신한 카드	대학생 봉사단 아름인 도서관 북멘토	수도권 아름인 도서관에서 매주 활동 가능한 대학생 (휴학생)	6개월	• 독서코칭교육 • 지역아동센터 독서지도프로그램 • 운영(주1회) • 워크숍, 독서캠프 등 기획행사 참여 • 온라인 활동후기

한국메이크어위시재단	위시엔젤봉사단	만 19세 이상의 대학(원) 재(휴)학생	상반기: 1~4월 하반기: 7~10월	• 소원성취활동(난치병 아동)
BHC치킨	해바라기봉사단	전국에 있는 2년제 또는 4년제 대학에 재학 중인 대학생	1년	• 12개월간 매월 1회 팀별 봉사활동 참여 • 블로그 미션수행(봉사활동 후기 작성)
셰플러코리아	에버그린	대학교 재/휴학생	6개월	• 국내 봉사활동
삼성전자	삼성 드림클래스	대학생 및 대학원생 (휴학생 불가)	6개월	• 중학생 교과 기초 학습지도 • 중학생 진로탐색 지도
NH농협은행	N돌핀	대학교 1~3학년	8개월	• 중학생 금융교육 및 홍보활동 • 농협은행 홍보물 제작

4) 해외 봉사활동

최근에는 지구촌이라는 말에 걸맞게 해외 자원봉사 활동이 급진적으로 발전하고 있다. 우리나라도 지구촌의 일원으로서 우리나라의 경제발전의 경험과 기술을 필요로 하는 개발도상국들과 각종 협력사업을 수행하고 있다. 각 민간단체에서는 지구촌 환경문제와 기아문제 등에 공동으로 대처하는 봉사활동에 동참하고 있다. 지구촌 문제해결을 위하여 활동하고 있는 각 민간단체의 해외 봉사활동을 살펴보면 〈표 10-4〉와 같다.

표 10-4 민간단체별 해외 봉사활동

단체명	봉사단	비용	파견 기간	지원 대상	파견 국가
국제청소년연합	굿뉴스코 해외봉사단	일정액	11개월	대학생 및 대학원생 미혼 남녀 (한국 국적)	아시아, 아프리카, 아메리카, 오세아니아 40여 개국

월드프렌즈	코이카 봉사단	일정액	2년	만 18세 이상	전 세계 60개국
	IT 봉사단	일정액	2개월 이내	만 18세 이상	전 세계 60개국
태평양 아시아협회	PAS청년해외 봉사단	일정액	1개월 이내	대학생	아시아 12개국
SK텔레콤 Sunny	Global Camp 해외봉사	전액 무료	10일 이내	대학생	중국
KT&G 복지재단	대학생 해외봉사단	전액 무료	15일 이내	대학생	캄보디아
코피온	코피온 해외봉사단	일정액	15일 이내	만 27세 이하	네팔, 라오스, 몽골, 미얀마, 베트남, 인도네시아, 중국, 캄보디아, 태국, 필리핀 등
	G마켓 해외봉사단	전액 무료	15일 이내	20~30세 대학생 및 일반인	에티오피아, 캄보디아, 필리핀, 네팔, 스리랑카
	LS대학생 해외봉사단	전액 무료	15일 이내	대학생	베트남
KB 국민은행	라온아띠 해외봉사단	일정액	6개월	대학생	동남아 6개국
한국 해비타트	현대 자동차 해피무브	전액 무료	15일 이내	대학생	방글라데시, 인도, 중국, 우즈베키스탄
	POSCO 비욘드	일정액	약 7개월	한국 거주 대학생	국내, 해외
포스코 건설	해피빌더	일정액	1년	대학생	국내, 해외
미래숲	녹색봉사단	일정액	6개월 (파견 1개월)	청년	국내, 해외

(1) 코피온

코피온(COPION)은 개발도상국 빈곤 아동 · 청소년에게 자립 기반을 제공하고, 한국의 청소년과 일반인의 지구시민의식을 증진하기 위하여 지난 10년간 해외봉사단 파견하여 지구시민교육, 개발협력 사업을 수행해 왔다.

◆ **봉사활동 내용(국가 및 기간에 따라 다름)**

- **교육봉사**: 한국어 교육, 예체능 교육, 영어교육 등
- **노력봉사**: 벽화 작업, 기관시설 개보수, 환경미화, 주변 정리 및 보수작업 등
- **이벤트 봉사**: 페스티벌, 미니 올림픽, 페이스페인팅, 한국의 밤, 한국 음식의 날 등
- **문화교류**: 현지 교육기관 방문, 현지인 생활체험, 현지 NGO 방문, 문화탐방 등

표 10-5 파견 국가 및 참가비

파견 국가	파견 기관	참가비	대상
베트남	한-베 문화 교류센터	1,865,000원	대학생
인도	아난타푸르	2,650,000원	대학생
네팔	코피온센터	2,310,000원	대학생
방글라데시	마타바리 국립학교	1,850,000원	대학생
중국 하이난	우원하 국가생태습지공원	1,740,000원	대학생
필리핀	마닐라 바탕가스 아동센터	1,650,000원	대학생

(2) 한국국제협력단

코이카(KOICA) 해외봉사단은 개발도상국의 경제사회 발전에 실질적으로 기여하기 위한 사업을 한다. 교육 및 직업교육, 농수산업, 보건, 위생, 농촌개발 분야에서 봉사활동을 통해 개발도상국 경제사회발전에 필요한 기술인력 양성 및 기술 이전에 우리의 청장년 인력들이 참여하는 기회를 마련하고 있다. 만 20세 이상 대한민국 국민이면 누구나 지원할 수 있으며, 일정한 자격을 갖춘 병역의무자들이 해외봉사활동을 하는 국제협력요원제도도 운영하고 있다. 코이카 해외봉사단의 직종별 봉사활동 내용을 살펴보면 〈표 10-6〉과 같다.

표 10-6 코이카 해외봉사단 직종별 봉사활동 내용

구분	국가	학력	경력	활동 내용
간호사	미얀마	대졸	무관	• 활동대상: 체육특성화학교(중·고등학생) 재학생 및 교직원 • 주요업무: 학생 대상 위생교육, 기초 치료 등 교직원 위생교육 및 보건교육

과학교육	캄보디아	대졸	무관	• 활동대상: 중·고등학생 • 주요업무: 중·고등학생 과학 교육
미술교육	스리랑카	대졸	무관	• 주요업무: 초등부 교사, 학생 대상 미술교육(주로 종이접기, 기초 점토공예, 그리기 등 교육)
미용교육	스리랑카	대졸	무관	• 주요업무: 미용(커트, 파마, 헤어스타일링 분야) 관련 교육(6개월 과정) 후 OJT 및 실습(6개월 과정) 관리 감독
수학교육	탄자니아	대졸	무관	• 활동대상: 중·고등학생 • 주요업무: 중·고등학생 수학 교육
요리	미얀마	대졸	무관	• 주요업무: 여성취업을 위한 직업교육 실시, 미혼모 직업교육, 요리일반, 한식, 위생교육, 식재료 다루는 법, 푸드스타일링 등 교육
유아교육	몽골	대졸	무관	• 활동대상: 6세 이하 아동 • 주요업무: 유아 재능 개발을 위한 음악교육 실시, 종이접기 교육 실시, 교사대상 교육 활동
음악교육	몽골	대졸	무관	• 활동대상: 초·중·고등학생 • 주요업무: 음악교육 활동, 음악 동아리 운영, 음악에 재능이 있는 학생을 선발하여 집중 교육 실시
체육교육 (일반)	스리랑카	대졸	무관	• 활동대상: 트린코말리 지역교육청 산하 초중등학교 학생 • 주요업무: 지역교육청 산하 학교를 순회 교육, 교사의 일반체육 이론 및 실기 능력 향상, 지역 교육청의 학생 체육 프로그램 개발 자문 등
체육교육 (태권도)	몽골	대졸	무관	• 활동대상: 주민 및 지역 청소년 • 주요업무: 태권도 교육
초등교육	파라과이	대졸	무관	• 활동대상: 유아~6학년 학생들 • 주요업무: 1~6학년까지의 수학교육, 다양한 체육활동, 창의력 향상을 위한 수업방식 전달
컴퓨터 교육	몽골	대졸	무관	• 활동대상: 고등학생 • 주요업무: 고등학생에 대한 컴퓨터 교육

(3) 국제워크캠프기구

국제워크캠프기구는 세계에서 모인 청년들이 함께 생활하며 환경, 개발, 평화, 건축, 교육과 관련된 다양한 자원봉사 프로젝트를 진행하고 있다.

- **활동 지역**: 전 세계 87개국(유럽, 북미, 아시아, 중남미, 아프리카)

- **활동 기간**: 1~3주
- **개최 시기**: 유럽, 북미는 주로 6~9월, 아시아, 아프리카, 중남미는 연중 개최
- **참가 자격**: 19세 이상 누구나
- **봉사활동 내용**

  - 환경: 하천, 국립공원 정화, 휴양림, 생태마을 조성, 동물보호 및 환경 캠페인 진행
  - 건설: 학교 및 수련장, 놀이터 보수, 산책로 조성, 지역의 오래된 건축물 보수
  - 교육: 기초과목(영어, 수학)교육, 보건교육
  - 복지: 어린이, 노인, 난민등과 함께 활동
  - 예술: 예술단체와 프로젝트 운영/보조, 지역사회 사진촬영 및 전시
  - 아동: 수혜자가 아동인 학교, 센터, 도서관에서 진행되는 활동에 참여

표 10-7 국가별 국제워크캠프 참가비

국가	참가비
유럽 1, 미국, 캐나다, 호주	45만 원
일본, 대만, 마카오, 홍콩, 말레이시아	40만 원
유럽 2	35만 원
아이슬란드, 아시아, 중남미, 아프리카	20만 원 + 현장 납부비

※ 불포함 내역: 항공권, 여권 및 비자 발급비, 여행자 보험.

(4) 기아대책

기아대책 본부는 전 세계 80여 개국에 기아봉사단을 파견하여 개인과 공동체가 자립할 수 있도록 돕고 있다. 해외어린이개발사업을 통하여 도움이 필요한 어린이와 후원자를 일대일로 결연하여 지구촌 어린이들이 지역사회의 건강한 구성원으로 자랄 수 있도록 영양공급, 교육, 의료혜택 등을 지원하고 있다.

◆ **활동 지역**

- **아시아**: 캄보디아, 중국, 말레이시아, 몽골, 베트남, 필리핀, 인도네시아, 태국, 솔로몬군도, 방글라데시, 인도, 네팔, 아프가니스탄, 키르기스스탄, 타지키스탄, 우즈베키스탄, 카자흐스탄, 라오스, 미얀마, 스리랑카, 요르단, 파키스탄

- **유럽**: 루마니아, 그루지야, 알바니아, 우크라이나
- **아프리카**: 부르키나파소, 에티오피아, 카메룬, 코트디부아르, 케냐, 말라위, 모잠비크, 르완다, 남아공, 우간다, 탄자니아, 가나, 마다가스카르, 말리, 이집트, 차드
- **아메리카**: 볼리비아, 브라질, 코스타리카, 파나마, 페루, 파라과이, 콜롬비아, 과테말라, 멕시코, 아르헨티나, 아이티, 온두라스

◆ **봉사활동 내용**
- 후원아동에게 교과서, 교복 및 학비, 학용품 지원
- 학습기자재, 도서지원, 방과 후 학습, 독서교육, 컴퓨터 교실 등 운영
- 정기검진 및 치료, 의료비 지원
- 질병 예방을 위하여 영양, 위생, 보건교육 실시
- 방과 후 프로그램, 체육대회, 레크레이션 진행

(5) 한국JTS

한국JTS는 국제연합(UN) 경제사회이사회의 특별 협의지위를 획득한 국제구호단체이며, 국제기아질병·문맹 퇴치를 목적으로 활동하는 NGO이다. 가난과 신분적 차별 때문에 배우지 못한 채 굶주림과 질병에 시달리며 살아가는 지구촌의 어려운 이웃들과 함께 나눔으로써 인류애를 실천하고자 한다.

- **지원 자격**
  - 만 20세 이상 성인
  - 해외에서 봉사활동을 하는 데 문제가 없는 신체 건강한 사람
  - 인도, 필리핀 지역 희망자는 100일간 공동체 생활(경북 문경) 교육이 가능한 사람
  - 정토회 '깨달음의 장'을 수료했거나, 깨달음의 장에 참석할 수 있는 사람
  - 서울의 한국JTS 사무실에서 6개월 이상 인턴과정에 참가할 수 있는 사람
- **파견 지역**: 인도, 필리핀, 미얀마, 라오스
- **봉사활동 내용**
  - 의료: 의료조사 및 치료, 간호, 간병활동, 위생교육
  - 교육: 유치원 어린이들을 위한 교육 프로그램 개발, 한국어·영어·태권도·기술교육

- 건설: 현지 학교 및 주변 마을 시설물 공사
- 농업: 마을 농업개발 지원활동
- 마을개발: 어머니 문자교실, 축구대회, 인구조사, 핸드펌프 개발사업 등
- **파견 기간**: 최소 18개월 이상(인턴 기간 별도)
- **파견 비용 지원**
  - 항공료, 현지 숙식제공, 보험, 비자 지원
  - 단, 18개월이 되기 전에 돌아올 경우 항공료는 자비 부담
  - 18개월 미만의 파견을 원하는 경우 파견 비용 지원 불가

(6) 지구촌사랑나눔

모든 사람은 인종과 국가를 초월하여 존엄성을 갖는다는 가치로 설립된 국내 최대 규모의 이주민 지원 NGO단체다. 2000년에 노동부 인가의 비영리민간단체로 등록되었고, 한국의 130만 이주민의 인권신장과 복지를 위해 일하고 있다.

◆ **봉사활동 내용**
- **의료봉사**: 매일 200여 명 이상의 이주민 무료 진료 및 치료
- **교육봉사**: 한국어, 컴퓨터, 태권도, 유치원·초등학교 등의 기본 및 전문교육, 예체능 교육
- **상담봉사**: 외국인 노동자 인권, 법률문제, 성폭력, 부부관계 및 가족상담
- **통번역봉사**: 외국인 언어지원
- **시민기자**: 지구촌사랑나눔 소식지와 뉴스레터에 글과 사진 소개
- **기타 전문영역 봉사**: 전산, 웹개발, 디자인, 사진, 각종 공연 등의 특별한 재능봉사
- **환경봉사**: 쉼터의 빨래, 건물 청소, 병원에서 사용하는 시트 소독 등
- **급식봉사**: 요리, 배식, 설거지
- **사무지원봉사**: 후원자 관리 및 후원 개발을 위한 사무 보조, 우편 발송 및 컴퓨터 작업 등의 행정 업무, 효과적인 홍보를 위한 기초 작업 등
- **보조교사**: 지구촌어린이마을, 지구촌지역아동센터에서 교사 보조

(7) 월드프렌즈 IT봉사단

월드프렌즈 IT봉사단은 국가 간 정보격차 해소의 일환으로 대한민국의 대학생, IT

전문가 등 IT 인력을 전 세계 개발도상국에 파견하여 정보화교육, IT-Korea 홍보 등의 다양한 봉사활동을 전개하고 있다.

- **파견 규모**: 20여 개국 560명 파견
- **파견 지역**: 아시아, 태평양, 구 소연방(CIS권), 동유럽, 중동, 중남미 및 아프리카 등의 전 세계 개발도상국
- **파견 시기 및 기간**: 7~8월(단기 1개월, 중기 2개월), 9월~11월(중기 2~3개월)
- **팀 구성**: 4인 1팀(IT 담당 2명, 언어 담당 1명, 문화 담당 1명)
- **봉사활동 내용**
  - 컴퓨터 교육
  - 인터넷 교육
  - PC 및 네트워크 정비
  - 홈페이지 제작 지원
  - IT-Korea 및 우리문화 홍보
  - IT 분야 인적 네트워크 구축
- **지원 내용**
  - 왕복항공권: 왕복항공권 지원
  - 가입 내용: 여행자 보험 가입, 해외 긴급지원 서비스 가입
  - 활동지원비 지급: 파견 국가별 등급 및 파견 일정에 따라 차등 지급
  - 지원 장비: 노트북 컴퓨터, 디지털 카메라, 각종 IT 기자재 및 S/W
  - 봉사단 소모품: 유니폼, 모자, 배낭, ID카드, 태극기, 봉사단기, 현수막 등

(8) 아시아 교류협회

아시아 교류협회에서는 라오스, 캄보디아, 인도, 베트남, 인도네시아 등 아시아 지역의 열악한 교육환경 및 생활환경 개선을 위해 아시아교류협회 해외지부를 운영하여 해외봉사단을 파견하고 있다.

◆ **봉사활동 내용**
- **환경**: 사막화 방지를 위한 녹색환경봉사활동
- **교육**: 학교 및 지역단체에서 이루어지는 교육활동 지원

- **사회사업**: 고아원, 장애인 시설 내 각종 복지활동
- **건설**: 학교, 도서관 등 청소, 보수, 재건
- **기타**: 청소년 세미나 및 문화 교류 활동

(9) 한국 해비타트

한국 해비타트 해외자원봉사 Global village program은 전 세계의 열악한 주거환경을 개선하기 위해 노력하는 단기자원봉사 프로그램이다. 세계 각국으로 파견된 팀 단위의 자원봉사들은 현지 홈파트너와 함께 집을 짓고 타 문화를 체험하면서 안락한 집의 필요성을 널리 인식시키는 일을 한다.

- **활동 기간**: 매년 3~10월 사업 진행(화요일~토요일만 참가 가능)
- **자격 조건**
  - 만 20세 이상
  - 영어 사용 가능자
  - 해외파견 경험자
  - 신청 접수 후 팀 리더교육 참석 가능한 자
- **파견 국가**
  - 오스트레일리아, 방글라데시, 캄보디아, 중국, 피지, 인도, 인도네시아, 말레이시아, 몽골, 네팔, 뉴질랜드, 필리핀, 싱가포르, 스리랑카, 태국, 베트남

봉사활동 사전 계획 세우기

◈ 대학생활 동안 경험해 보고 싶은 봉사활동에 대하여 정리해 보자.

① 자신이 경험해 보고 싶은 봉사활동명은 무엇인가?

_____

_____

_____

_____

_____

② 그 봉사활동의 취지 및 목적은 무엇인가?

_____

_____

_____

_____

_____

③ 그 봉사활동의 활동 내용은 무엇인가?

_____

_____

_____

_____

_____

④ 그 봉사활동의 활동 시기 및 기간은 언제인가?

_____

_____

_____

_____

_____

⑤ 그 봉사활동의 자격 요건(지원 자격)은 무엇인가?

_____

_____

_____

_____

_____

⑥ 그 봉사활동의 기타 요구사항은 무엇인가?

_____

_____

_____

_____

_____

⑦ 그 봉사활동의 신청 방법을 적어 보자.

_____

_____

_____

_____

_____

⑧ 그 봉사활동의 참가 비용은 얼마인가?

_____

_____

_____

_____

_____

2. 서포터즈

1) 들어가기

서포터즈(supporters)는 봉사활동과 함께 차별화된 스펙 중의 하나로 자리매김하고 있으며, 기업들의 홍보활동의 다양화와 함께 서포터즈 활동이 각광을 받고 있다. 국내 대기업들은 대학생 서포터즈나 제품 평가단 등을 운영하여 학생들로부터 다양한 피드백을 받기도 하고, 각종 공모전과 산학협동 프로그램 등을 통해 미래인재 육성에도 힘쓰고 있다. 또한 트위터(twitter)나 페이스북(facebook) 등 소셜네트워크 서비스(SNS)를 통해 대학생들을 대상으로 각종 홍보 활동을 벌이는 회사들도 많이 늘고 있으며, 국내외 대학생 봉사단을 꾸려 다양한 사회공헌 활동을 펼치는 기업들도 늘고 있다.

많은 대학생이 차별화된 스펙을 위하여 서포터즈로 활동하기를 원하지만 대기업의 서포터즈단에 합격하기란 쉽지 않다. 대학생들이 대기업 서포터즈로 활동하기 원하는 이유는 서포터즈단의 멤버로 활동하다 보면 해당 기업의 마케팅 활동에 참여할 기회도 많고 제품에 대해서도 다양한 정보를 얻을 수 있기 때문이다. 그래서 해당 기업의 채용 시 타 지원자에 비해서 유리한 입장에서 면접을 하게 되고 면접관들의 관심을 모을 수 있게 된다. 또 서포터즈 중 우수 활동자는 인턴십 기회를 주는 기업도 있다.

서포터즈로 뽑히는 데는 다음과 같은 몇 가지 노력이 필요하다. 첫째, 블로그를 운영하라. 서포터즈에게는 네트워크가 중요하다. 최근 웹 마케팅의 중요성이 증가되면서 블로그를 운영할 수 있는 사람을 선호한다. 왜냐하면 블로그를 운영할 수 있는 사람을 어느 정도 마케팅이나 홍보 감각을 갖춘 사람으로 보기 때문이다. 둘째, 관심 있는 서포터즈단의 활동에 대한 지속적인 관심을 가져라. 자신이 생각했던 것과 전혀 다른 일을 하게 될 수도 있고, 혹은 서포터즈단으로 활동하는 데 특이한 조건이 있을지도 모른다. 자신이 서포터즈를 지원하고자 하는 기업, 제품, 서포터즈단 블로그나 카페에 대하여 계속 관심을 갖고 필요한 것을 평소에 준비해 두어야 한다. 서포터즈는 그야말로 기업과 그 기업이 생산해 내는 서비스나 제품에 대한 애정이 있어야 하기 때문이다. 셋째, 처음부터 서포터즈에 대한 지원이나 혜택이 많은 대기업 서포터즈를 노리지 마라. 서포터즈 활동은 작은 것부터 시작해서 큰 것을 노려야 한다. 대기업은 서포터즈단을 뽑는 기준도 까다롭고 또 서포터즈단에 지원하는 사람들의 스펙도 만만찮다.

우선 혜택이 크지 않지만 경쟁률이 대체로 낮은 서포터즈 활동부터 시작해 보자. 그리고 무엇보다 중요한 것은 자신이 취업하고자 하는 직무와 전혀 상관없는 서포터즈단에 지원하여 에너지를 소모하지 말고, 자신의 미래를 생각하며 서포터즈단에 지원할 필요가 있다.

2) 서포터즈의 종류

최근 자사의 홍보를 목적으로 한 기업의 서포터즈가 늘고 있다. 많은 대기업이 대학생들의 기발한 아이디어를 활용하여 신제품을 개발하는 등 기업에 많은 이익을 창출하고 있다. 기업의 서포터즈는 말뿐인 홍보대사가 아닌 기업의 브랜드 전략팀에 직접 소속되어 다양한 마케팅 실무를 직간접적으로 담당하고 있다. 이러한 서포터즈 활동은 기업뿐 아니라 대학생에게도 이익이 되므로 활동하는 대학생과 이러한 대학생을 원하는 기업들이 점점 늘어나고 있다. 기업의 서포터즈 활동은 그 영역과 종류가 다양하다. 국내 대기업의 서포터즈의 활동기간과 혜택에 대해 살펴보면 다음과 같다.

(1) 국내 대기업의 서포터즈 활동 기간 및 혜택

◆ **삼성전자 VIP센터 대학생 아이디어풀**
  • **활동 기간**: 9개월, 주 1회 오프라인 참여
  • **활동 혜택**: 실무 신상품 기획 프로젝트 참여 기회 부여, 삼성전자 실무자의 이노베이션 방법론 교육, VIP센터 아이디어풀 활동 수료증 수여

◆ **KT&G 상상univ 대학생 기획단 '상상프렌즈'**
  • **활동 기간**: 8개월
  • **활동 혜택**: 매월 소정의 문화 활동비 지급, 활동 종료 시 수료증 수여, 분기별 KT&G 계열사 제품 사용 체험 기회 제공, 우수 활동자 장학금 수여

◆ **LG 대학생 기자단**
  • **활동 기간**: 10개월
  • **활동 혜택**: 공식 활동을 위한 LG브랜드 사용 지원, 공식 활동 임명장 및 수료증 발

급, 전문가의 피드백 교육, 기자활동에 필요한 교육 프로그램 운영, 기업 실무 전문가 인터뷰 및 멘토링 기회 제공, 활동비 지급, 매월 우수 활동자 포상, 자율 콘텐츠 제작을 위한 지원(취재비 등)

◆ **현대약품 대학생 마케터 모집**
- **활동 기간**: 1개월
- **활동 혜택**: 실무현장 그대로 체험할 수 있는 실전 마케팅, 마케팅 전문가들의 특별한 멘토링 및 특강, 활동비 지원과 우수팀 혜택, 마케터 활동 이수자 수료증 제공

◆ **CJ CGV TOC**
- **활동 기간**: 6개월
- **활동 혜택**: CGV 현업 마케터들의 조별 멘토링, 활동비 매월 CJ ONE 포인트 10만 점과 20회 영화 관람, 우수 활동자 CGV 공채 및 인턴십 지원 시 가산점 부여

◆ **신한은행 브랜드 대사**
- **활동 기간**: 신한은행 S20 기자단 6개월, 신한은행 대학생 홍보대사 5개월
- **활동 혜택**: 매월 활동비 지급, 활동 우수팀 포상

◆ **부산은행 BNK 프렌즈**
- **활동 기간**: 7개월
- **활동 혜택**: 매월 활동비 지급 및 활동우수자 해외탐방 기회와 장학금 지급

◆ **KB 국민은행 대학생 홍보대사 KB CAMPUS STAR**
- **활동 기간**: 8개월
- **활동 혜택**: 매월 활동비 지원, 우수 활동자 해외연수 기회 제공 또는 장학금 지원, 우수 활동자 당행 입행 지원 시 서류전형 면제

◆ **경남은행 대학생 홍보대사**
- **활동 기간**: 8개월
- **활동 혜택**: 수료자 전원 입행 지원 시 서류전형 가산점 부여, 우수 홍보대사 입행

지원 시 서류전형 합격 혜택 부여, 당행 인턴십 기회 제공, 장학금 지급, 매월 활동비 지급, 단체복 지급

◆ **우리은행 대학생 홍보대사 '스무살, 우리'**
• **활동 기간**: 4개월
• **활동 혜택**: 월별 활동비 지원, 우수 활동팀 포상금 지급

◆ **중소기업 중앙회 '행복한 중기씨'**
• **활동 기간**: 5개월
• **활동 혜택**: 매월 원고료 지급, 교통비 실비 지급(지방 거주자에 한함), 콘텐츠 제작 지원금 실비 지급

◆ **아워홈 대학생 서포터즈 '판아워홈'**
• **활동 기간**: 7개월
• **활동 혜택**: 아워홈 제품 및 서비스 체험 기회 제공, 월별 우수 활동자/팀 포상, 수료증 증정 및 최우수 활동자 포상, 최우수 활동자 입사지원 시 서류전형 면제

◆ **하이트 진로 서포터즈 'HIFIVE(하이파이브)'**
• **활동 기간**: 6개월
• **활동 혜택**: 공식 홍보물 지급, 봉사활동 시간, 활동 수료 시 대외활동 증명서, 최우수 서포터즈 선정 시 공채 서류전형 통과 기회 제공

◆ **삼성물산 에버랜드 마케터스**
• **활동 기간**: 5개월
• **활동 혜택**: 에버랜드 캐리비안 베이의 마케팅 아이디어 제안 및 리뷰, 레저 엔터테인먼트 트렌드 조사

(2) 그 외 서포터즈
◆ **정부 서포터즈**
희망누리는 국가균형발전정책을 응원하고 홍보하기 위해 자발적으로 나선 대학생

과 주부, 직장인 등 각계각층의 시민으로 구성된 국내 첫 정책 서포터즈 모임이다. 이들은 온라인과 오프라인을 통하여 정책홍보 및 모니터링, 지역혁신 현장 및 성과 체험, 혁신 성공사례 및 지역 알리기 등 각종 정책참여 및 지원 활동을 전개한다.

◆ 축제 서포터즈

축제 서포터즈는 축제가 원활하게 진행될 수 있도록 도와주고 축제에서 제공하는 체험활동을 지원하다. 온라인과 오프라인 활동을 통하여 홍보 지원, 준비 · 운영 보조 및 프로그램 평가, 해외참가팀 안내 등 다양한 분야에서 행사 업무를 보조한다. 축제 서포터즈는 조별로 활동하며 개인미션과 팀미션이 주어진다.

◆ 한국방사선폐기물관리공단 서포터즈

한국방사선폐기물관리공단 서포터즈는 대학생들의 젊은 감각과 참신한 아이디어를 공단 홍보에 접목하여 방폐물 관리 사업에 대한 국민적 공감대 확보에 나선다. 사이버 공간에서 활동하며, 페이스북, 트위터, 블로그 등 다양한 소셜미디어를 활용해 방폐물 관리 사업의 취지를 일반 국민의 입장에서 객관적인 시각으로 전달하게 된다.

◆ 녹색식생활캠페인 서포터즈

녹색식생활캠페인 서포터즈는 바른 식생활로 유도하고 생활 속에서 녹색식생활을 실천하며 식품의 생산 · 유통 · 소비 · 섭취까지 올바른 식생활을 정착시킬 수 있도록 지원한다. 녹색식생활이란 식품의 생산에서 소비까지 전 과정에서 에너지 자원의 사용을 줄이고(환경), 영양학적으로 우수한 한국형 식생활을 실천하며(건강), 다양한 식생활 체험을 바탕으로 자연과 타인에 대한 배려와 감사를 실천하는(배려) 식생활을 갖도록 하는 것이다.

◆ 정보접근성 서포터즈

행정안전부와 한국정보화진흥원은 대학생과 미취업자를 정보접근성 서포터즈로 양성해 비영리기관 정보 접근성 개선에 나서고 있다. 이에 따라 한국정보화진흥원은 IT 기본지식을 보유한 대학생과 미취업자 등 100여 명을 서포터즈로 양성한 후, 각급 기관 홈페이지에 대한 컨설팅을 한다.

◆ 한국전력공사(KEPCO) '한전 대학생 서포터즈' '전기사랑 기자단'

한국전력공사에서 운영하는 한전 대학생 서포터즈는 다양한 온오프라인 활동을 통해 국민에게 KEPCO를 알리고 고객의 입장에서 전력서비스에 대한 모니터링을 수행하며 KEPCO가 나아갈 서비스 방향을 제시하는 대학생 대외활동 프로그램이다. 전기사랑 기자단은 KEPCO에서 한국전력과 에너지 트랜드에 대해 글쓰기와 소셜 미디어 활동을 통해 콘텐츠를 제작하고 홍보한다. 두 서포터즈 모두 최종 수료 시 한국전력 공식 수료증을 수여하고 우수 활동자 및 활동팀에게 시상 및 포상금을 지급한다. 각 활동우수자들은 각각 채용 우대형 인턴과 체험형 인턴 지원 시 서류전형을 면제받을 수 있다.

서포터즈 활동 사전 계획 세우기

◆ 대학생활 동안 경험해 보고 싶은 서포터즈에 대하여 정리해 보자.

① 자신이 경험해 보고 싶은 서포터즈명은 무엇인가?

_____

_____

_____

_____

② 그 서포터즈의 취지 및 목적은 무엇인가?

_____

_____

_____

_____

③ 그 서포터즈의 활동 내용은 무엇인가?

_____

_____

_____

_____

④ 그 서포터즈의 활동 시기 및 기간은 언제인가?

_____

_____

_____

_____

⑤ 그 서포터즈의 자격 요건(지원 자격)은 무엇인가?

_____

_____

_____

_____

⑥ 그 서포터즈의 기타 요구사항은 무엇인가?

_____

_____

_____

_____

◆ 봉사활동과 서포터즈를 조사해 본 소감은 어떠한가?

_____

_____

_____

_____

_____

인턴십 및 공모전

| 제11장 |

인턴십 및 공모전

1. 인턴십

1) 들어가기

인턴십이란 학생들이 학교에서 배운 이론과 지식을 바탕으로 일정 기간 동안 산업체에서 직장체험과 직업훈련을 하는 것을 말한다. 선진국에서는 오래전부터 산업계와 학계 간의 상호 발전을 위하여 인턴십이 시행되고 있다. 1950년대에 미국에서 기업과 대학이 산학협정을 체결하여 대학생들에게 산업현장을 체험하게 한 것이 인턴십의 시작이었다. 우리나라는 1998년 대졸 미취업자들을 위한 정부지원 인턴제가 공표되면서 인턴제가 도입되었으며, 2000년 12월에 노동부가 IMF형 인턴제 시행지침서를 공표하면서 인턴사원제가 자리 잡기 시작하였다. 최근 직업의 다양화와 전문화에 따라 인력양성의 측면에서 인턴제의 중요성이 더욱 강조되고 있다. 이러한 인턴십의 활성화와 그 중요성의 증대는 학생들의 진로 결정이나 취업 준비에 긍정적인 영향을 미치고 있다.

대기업과 중소기업은 인턴십 내용이나 형태에서 약간의 차이가 있다. 대기업 인턴십은 멘토링이나 전문 강사 교육으로 실무를 체계적으로 배울 수 있으며, 인턴이 정규직으로 전환되는 경우가 많은 편이다. 대기업과는 달리 중소기업의 경우 인력이 부족한 편이기 때문에 인턴에게 단순한 업무보다는 전문적인 업무가 주어지며, 따라서 인턴이 주도적으로 업무를 수행하는 경우가 많다. 조선일보의 조사결과에 따르면, 국내 300대 기업 중 72개사가 인턴수료자 60% 이상을 정규 직원으로 채용하였으며, 앞으로도 인턴의 정규직 전환은 점점 더 늘어날 전망이다. 이제 인턴경력은 이력서를 돋보이게 하는 항목에서 벗어나 이력서의 필수 기재사항으로 바뀌고 있다.

인턴십은 대학의 강의실에서 배운 지식과 기술을 현장에 적용해 보는 학습의 장이되고 있으며, 전공 관련 전문성을 훈련하는 기회를 제공하여 취업경쟁력을 강화시키는 역할을 하고 있다. 이러한 인턴십의 긍정적인 역할에도 불구하고 지원하고자 하는 기업의 인턴십에 대한 정확한 정보도 파악하지 않은 채 지원하는 것은 바람직하지 않다. 취업포털 잡코리아가 인턴 참가자 214명을 대상으로 인턴 경험의 만족도를 조사한 결과, 51.9%가 '불만족스럽다'로 응답하였다. 이들을 대상으로 인턴 경험이 불만족스러운 이유를 물은 결과 33.3%가 '체계적이지 못한 인턴 교육 프로그램'이라고 대답하였다. 따라서 인턴십을 지원하기 전에 그 기업의 인턴과정 전반에 대해 꼼꼼히 살펴보아야 한다. 특히 교육과정이 체계적인지, 실무평가 및 멘토 프로그램은 어떻게 운영되는지 등은 자세히 확인해 볼 필요가 있다.

2) 인턴십의 기대효과

인턴십의 목적은 대학생들이 대학의 강의실에서 배운 지식을 실제로 산업현장에 적용하는 기회를 가짐으로써 실질적이고 전문적인 지식을 체계적으로 익혀 사회에 보다빠르게 적응하도록 하는 데 있다. 인턴십이 그 목적에 맞게 잘 운영된다면 학생뿐만아니라 학교와 기업 모두에게 도움이 될 수 있다.

먼저, 인턴십을 통하여 학생들이 얻을 수 있는 기대효과는 다음과 같다. 첫째, 현장경험을 통하여 직업에 대한 실질적인 정보를 습득함으로써 자신의 진로를 계획·결정·재조정할 수 있는 기회를 가진다. 둘째, 실무경험을 통하여 이론과 실제를 접목할 수 있는 기회를 가진다. 셋째, 실제 업무의 흐름을 파악하고 기업의 조직문화를 이해할 수 있다. 넷째, 관련 기업에 대한 충분한 정보와 경험을 가짐으로써 취업에 대한자신감을 가진다. 다섯째, 졸업 전에 직업세계를 체험함으로써 학교와 조직 간의 환경차이를 극복하여 보다 쉽게 조직에 적응할 수 있게 한다. 여섯째, 문제해결 능력, 팀워크 및 리더십 기술, 의사소통 기술을 향상시킬 수 있다. 일곱째, 인턴십 체험활동을 통하여 성장에 대한 욕구, 성취에 대한 갈망, 알고자 하는 욕구 등과 같은 내적인 욕구가 자극을 받게 된다.

다음으로, 인턴십을 통하여 학교가 얻을 수 있는 기대효과는 다음과 같다. 첫째, 학생들의 소질과 소양에 적합한 직업에 취업할 수 있는 경쟁력을 갖출 수 있도록 교육할 수 있으며, 학생들이 그동안 학습한 내용과 성과에 대해 평가를 할 수 있는 기회를 가질 수 있다. 둘째, 이론교육의 미비한 점을 보완하고, 별도의 투자 없이 학교 교육에서 부족한 인적 · 물적 · 정보 자원을 보완할 수 있다. 셋째, 현장의 의견을 수렴해 교육과정을 개편할 수 있다. 넷째, 대학과 산업계와의 연계망을 강화시켜 학생들의 취업의 기회를 증가시키고 학교 홍보효과를 가져올 수 있다.

마지막으로, 인턴십을 통하여 기업이 기대할 수 있는 효과는 다음과 같다. 첫째, 인턴십을 통하여 관련 분야의 인재들을 합리적인 비용으로 활용할 수 있다. 즉, 적은 비용으로 인턴들의 참신하고 창조적인 아이디어를 얻을 수 있다. 둘째, 예비 취업자에 대한 조기교육 및 우수인력을 조기에 확보하는 효과를 얻을 수 있다. 셋째, 기업의 요구가 대학의 교육과정에 자연스럽게 반영되어 인턴 시 필요로 하는 자질을 갖춘 인력을 확보할 수 있다. 넷째, 기업의 브랜드 이미지 제고 및 대외 홍보효과를 가져올 수 있다. 다섯째, 직무 이행에서 발생될 수 있는 불만족을 최소화시켜 이직률을 줄임으로써 인적 자원의 개발과 유지에 소요되는 자원을 효율적으로 관리할 수 있다.

3) 인턴십의 현황

(1) 국내 인턴십

국내 인턴십은 청년실업 대책의 일환으로 시행되었으며, 정부지원 인턴십과 민간기업 인턴십으로 구분된다. 정부지원 인턴십은 「고용정책 기본법」 제18조 청소년의 고용촉진의 지원 및 제28조 실업대책사업의 실시에 근거하여 청소년에게 다양한 직장체험의 기회를 제공하고 있다. 정부에서 지원하는 청년 취업인턴제는 미취업 청년층을 대상으로 중소기업의 현장 실무를 토대로 인턴십 과정을 제공하고 있다. 자격요건은 만 15~34세의 청년 구직자로 고용보험 피보험 경력기간 6개월 이상인 자를 제외한 대학 졸업예정자도 지원이 가능하다. 모집 형태는 채용 전제형 인턴, 단순 직장체험 인턴, 공채가산점 부여를 위한 단기 인턴으로 나누어진다.

민간기업 인턴십은 선진국의 운영 취지인 현장실습 목적보다는 직원채용제도로 도입되어 활용되고 있다. 이에 따라 단순 업무 형태였던 현장실습 프로그램이 최근에는 직무교육 위주로 급격히 변화하고 있다. 인턴십에 도전하는 대학생들도 현장실습 차원에서 접근하기보다는 기업 입사를 위한 입문 단계로 인식하고 있다. 대학생들이 선호하는 국내 대기업의 경우, 상반기와 하반기 정규직 채용 기간은 6월과 11월경에 방학기간 인턴과 6개월 장기 인턴으로 나누어 모집한다. 모집 형태는 공채 지원 시 가산점이 주어지는 인턴과 정규직 전환이 가능한 인턴 등으로 나누어진다. 기업에 따라 인턴십 수료자를 대상으로 면접 등 일정 전형을 거쳐 정규직으로 채용하거나, 신입 공채 지원 시 우대하는 혜택을 부여하기도 한다.

국내에서 인턴을 모집하고 있는 공공기관, 대기업 및 금융기관의 모집 대상, 지원 자격, 인턴활동 수행 업무, 전형 절차 등을 살펴보면 〈표 11-1〉과 같다.

표 11-1 기관별 인턴 모집 및 업무에 대한 특성

구분	공공기관	대기업	금융기관
모집 대상	• 제한 없음 • 학사 이상	• 4년제 대학 졸업예정자 • 석사학위 소지자	• 4년제 대학 졸업예정자
지원 자격	• 제한 없음 • 만 29세 이하	• 전 학년 평점평균 3.0/4.5 이상 • TOEIC Speaking 4~6급 이상 • TOEIC 500점 이상 • OPIc IL(4급) 이상 • TEPS 600점 이상 • JPT 700점 이상 • 신HSK 5~6급 이상	• 금융 관련 자격증 소지자 • TOEIC 500점 이상 • OA 능력 우수자(엑셀, 워드, 한글)
근무 기간	• 4~12개월	• 7주~11개월	• 2~5개월
수행 업무	• 사무영업, 경영, 행정, 기획, 회계, 전산, 기계, 전기통신, 토목, 건축, 화학	• 일반사무, 기획, 영업마케팅, 재무/회계, 구매, 경영, 연구개발 등 지원 업무	• 은행 업무 일반, 조사, 통계, 홍보 등 지원 업무
전형 절차	• 서류전형 → 필기전형 → 면접전형 → 신체검사 → 최종 합격	• 서류전형 → 인·적성검사 → 1차 면접전형(핵심역량면접 및 직무역량면접) → 2차 면접전형(종합면접 및 영어면접) → 신체검사 → 최종 합격	• 서류전형 → 실무자 면접/직무적성검사 → 신체검사 → 최종 합격

| 취업 연계성 | • 채용 미보장
• 인턴 수료 후 70~95% 정규직 전환 | • 채용 미보장
• 인턴평가 및 임원면접에 따라 정규직 전환
• 임원면접 및 채용건강검진 전형만으로 정규직 전환 | • 채용 미보장
• 인턴수료자의 50% 서류전형면제 1회 혜택
• 채용인원 70% 내외 정규직 전환
• 서류전형, 필기전형 면제 |

◆ 삼성전자

• 주요업무

- 입문교육(그룹입문교육, 전자O/T, 사업부교육)

- 실습(실무OJT, 팀 프로젝트, 온라인강의)

- 평가(과제발표회)

• **고용형태**: 인턴(인턴십 수료자에 한하여 입사지원 시 혜택)

• 지원자격

- 졸업 예정인 재학생(석사 제외)

- 병역필 또는 면제자로 해외여행에 결격사유가 없는 자

- 어학자격을 보유한 자(OPIc 및 TOEIC Speaking에 한함)

표 11-2 삼성전자 인턴 지원 자격

지원직군	지원 기준 최소 등급	
	OPIc	TOEIC Speaking
연구개발/설비직/기술직	IL	5급
소프트웨어직	IL	5급
영업마케팅/경영지원직	IM	6급
디자인직	해당 사항 없음	

• **근무기간**: 7주(7~8월)

• **전형절차**: 지원서 작성 → 삼성직무적성검사 → 면접 진행(인성 집중면접) → 인턴 실습

◆ CJ 그룹

- **주요업무**: 지원 직무에 따라 다름
- **고용형태**: 인턴(3개월간 인턴십 근무 후 소정의 평가를 통해 정규직 전환 여부 결정)
- **지원자격**

  - 4년제 대학교 졸업예정자(기졸업자 및 석사 제외)
  - 병역필 또는 면제자로 해외여행에 결격사유가 없는 자
  - 일반직무 어학 기준을 보유한 자

📶 표 11-3 CJ 그룹 일반직무 인턴의 어학기준

언어	OPIC	TOEIC Speaking
영어	IM(6급) 이상	레벨6 이상

※ 어학 성적은 두 시험만 인정(두 가지 시험 중 한 가지 이상 보유 시 지원 가능)

- **근무기간**: 3개월
- **전형절차**: 서류전형 → 면접전형 → 건강검진 및 처우 협의

◆ 현대자동차

- **주요업무**: 전략기획 부문, 개발 부문, 플랜트 부문에 따라 상이함
- **고용형태**: 입사 시기에 따라 신입사원 혹은 인턴으로 구분
- **지원자격**

  - 학사/석사 이상 졸업예정자 및 졸업한 자
  - 주 5일 이상 정상 인턴 수행이 가능한 자(온라인 강의를 포함하여, 학기를 병행하는 경우 지원 불가)
  - 지원 이전 시점 2년 이내 취득한 영어회화 성적 보유자: TOEIC Speaking, OPIC, TEPS Speaking 중 1개 이상
  - 영어를 모국어로 하는 국가의 해외대학 졸업자 제외
  - 해외여행에 결격 사유가 없는 자
  - 남자의 경우 병역을 마쳤거나 면제된 자
- **전형절차**: 서류전형 → 인·적성검사 → 1차 면접전형(핵심역량면접 및 직무역량면접) → 2차 면접전형(종합면접 및 영어면접) → 신체검사 → 최종 합격

◆ LG 인턴십
- **주요업무**: 모집 분야별 상이
- **고용형태**: 인턴
- **지원자격**
  - 졸업예정자
  - 학위: 학사/석사
  - 전공: 모집 분야별 상이
  - 기타: 해외여행에 결격 사유가 없어야 하며, 남자는 병역필 또는 면제(병역특례 지원 불가)
- **전형절차**: 서류전형 → 필기전형 → 면접전형(1차) → 인턴근무 → 임원면접 → 신입 입사

◆ SK
- **주요업무**: 모집 분야별 상이
- **고용형태**: 인턴
- **지원자격**: 모집분야별 우대 조건 상이(전공 무관)
- **근무기간**: 2개월
- **전형절차**: 서류심사 → 필기전형(SKCT) → 면접전형

◆ 일동후디스
- **주요업무**: 일반영업, 유제품영업, 마케팅
- **고용형태**: 인턴
- **지원자격**: 초대졸 이상
- **근무기간**: 11개월
- **전형절차**: 서류접수 → 면접전형 → 최종 합격

◆ POSCO

• 주요업무

.ııll 표 11-4 POSCO 계열회사의 인턴 모집 분야

회사	모집분야(업무)
포스코	• 생산기술, 품질고정, 설비기술, 환경/보건
	• 마케팅, 재무/회계, 구매, 경영 지원
포스코에너지	• 발전소/연료전지 엔지니어
포스코ICT	• IT/ENG 설계
	• 경영 지원
포스코켐텍	• 생산/공정관리
	• 경영관리
포스코 P&S	• 마케팅, 재무/기획

• 고용형태

– 체험형 인턴

• 지원자격

– 대학교 3학년 이상 재학생(8월 중 체험형 인턴 활동이 가능한 자)

– 성적: 전 학년 평점평균 3.0/4.5만점 이상인 자

– 병역필 또는 면제자로 해외여행에 결격 사유가 없는 자

• 근무기간: 4주

• 전형절차: 서류전형 → 실무면접(직무역량평가) → 합격자 발표

◆ 현대오일뱅크

• 주요업무: 주유소 서비스 교육 및 판촉, 제휴 마케팅

• 고용형태: 인턴(종료 시점에 근무 평가 및 심사를 거쳐 정규직 전환)

• 지원자격: 초대졸 이상, 운전가능자, 해외여행 결격 사유가 없는 자

• 근무기간: 4주

• 전형절차: 서류전형 → AI역량검사 → 면접전형 → 채용검진 → 최종 합격

◆ 한국철도공사
- **주요업무**: 사무영업, 운전, 차량, 전기통신, 토목, 건축
- **고용형태**: 체험형 인턴
- **지원자격**
  - 「공사 인사규정」 제16조의 결격사유에 해당되지 않는 자
  - 성별, 학력, 자격, 경력, 거주지 제한 없음
- **근무기간**: 2개월
- **전형절차**: 입사지원 → 서류전형 → 인·적성 직무능력(필기시험) → 면접시험 → 철도적성검사 → 최종 합격

◆ 한국수력원자력
- **주요업무**
  - 사무: 법정, 상경
  - 기술: 기계, 전기, 전자통신, 화학, 원자력, 토목, 건축
- **고용형태**: 체험형 인턴
- **지원자격**
  - 학력 및 전공 제한 없음
  - 당사 신규채용자의 결격 사유에 해당함이 없는 자
  - 당사 체험형 인턴 수료자도 지원 가능
  - 병역필 또는 면제자(단, 고졸자는 미필자도 지원 가능)
- **근무기간**: 6개월
- **전형절차**: 1차 전형(합격자의 2.5배) → 2차 전형(최종 선발예정인원) → 2차전형 합격자 중 신체검사 및 신원조사

◆ 예술의전당
- **주요업무**
  - 예술경영 및 행정(공연기획, 홍보, 경영, 조직관리)
  - 기술·전산·회계(기계, 제어, 전산 프로그래밍, 회계)
- **고용형태**: 인턴
- **지원자격**: 학력 제한 없으나 관련 전공 분야(학과) 졸업자 및 자격증 소지자 우대,

병역필 또는 면제자
- **근무기간**: 1년
- **전형절차**: 서류전형 → 필기시험 → 종합면접 → 최종 합격자 결정 → 근로계약 체결

◆ **한국공항공사**
- **주요업무**: 행정, 토목, 건축, 전기, 통신전자, 보안
- **고용형태**: 인턴
- **지원자격**
  - 만 29세 이하, 공고일 현재 졸업자 및 졸업예정자
  - 다음의 공인어학시험 성적 이상인 자(TOEIC-700, TEPS-572, JPT-700, 신HSK-5급 195, 6급180)
- **근무기간**: 10개월
- **전형절차**: 서류전형 → 면접시험 → 신원조회

◆ **한국학중앙연구원 한국문화교류센터**
- **주요업무**: 국제교류 업무 보조 및 학술행사 진행
- **고용형태**: 인턴
- **지원자격**: 학사 학위 이상 소지자, 병역필 또는 면제자
- **근무기간**: 11개월
- **전형절차**: 서류심사 → 면접심사 → 합격

◆ **IBK 기업은행**
- **주요업무**: 영업점 업무 및 마케팅지원 등
- **고용형태**: 인턴(우수인턴에 대하여는 신입행원공채 시 필기시험 우대 가산점 2년 내 1회 혜택 부여)
- **지원자격**: 기 졸업자 및 졸업예정자(학력·전공 무관)
- **근무기간**: 약 2개월
- **전형절차**: 원서접수 → 서류전형 → 실기시험 → 인턴 실시

◆ **한국산업은행**
- **주요업무**: 은행업무 일반, 조사, 통계, 홍보 등 지원 업무
- **고용형태**: 인턴(1개월 이상 근무―경력증명서, 3개월 이상 근무하고 평가결과가 보통 이상인 우수인턴―인턴수료증 발급)
- **지원자격**: 만 34세 이하, 학력·전공 제한 없음, 기졸업자
- **근무기간**: 5개월
- **전형절차**: 응시원서 접수 → 서류전형 → 면접전형 → 신체검사 → 입행

◆ **한국예탁결제원**
- **주요업무**: 자료조사, 고객 지원, 총무, IT 등
- **고용형태**: 인턴[우리원 인턴 경험자(5개월 이상)의 경우 신입직원 공개채용 시 서류전형 가산점 부여, 우수인턴 선발 시 기관장 명의의 취업추천서 발급]
- **지원자격**: 만 29세 이하, 기졸업자 및 졸업예정자, 병역필 또는 면제자
- **근무기간**: 6개월
- **전형절차**: 서류전형 → 면접전형 → 신체검사·신원조사

◆ **한화증권**
- **주요업무**: 자산관리 영업, 본사 지원, 본사 영업
- **고용형태**: 인턴
- **지원자격**: 병역필 또는 면제자, 해외여행 결격 사유가 없는 자
- **근무기간**: 4주
- **전형절차**: 서류전형 → HAT(한화인·적성검사) → 면접전형(HAT 합격자)

(2) 해외 인턴십

해외 인턴십은 자신이 원하는 외국의 직업 분야에서 일정 기간 동안 직업적인 경험을 하면서 동시에 어학능력을 향상하는 등 다양한 장점을 지닌 프로그램이다. 대학생들은 해외 인턴십을 통하여 폭넓은 시각과 마인드를 형성하고, 국제적인 업무 추진능력 함양 및 글로벌 네트워크를 형성할 수 있다. 아울러 글로벌 인재에 대한 사회적 요구가 늘어나면서 해외 인턴십에 대한 관심은 급속도로 증가하고 있다. 이에 따라 최근 많은 대학에서 해외 인턴십 프로그램을 운영하고 있으며, 대학생들의 해외 인턴십 프

로그램의 참가율이 대학평가의 주요 지표로 사용되면서 해외 인턴십 프로그램을 운영하고 있는 대학의 수가 점점 늘어나고 있다. 전체 대학의 33.5%에서 해외 인턴십 프로그램을 운영하고 있으며, 특히 재학생 2만 명 이상 대학의 84%가 이 프로그램을 운영하고 있다.

해외 인턴십의 종류는 전문가 인턴십(Global Internship Program), 맞춤 인턴십(Global Career Program), 대학연계 인턴십(Global Educational Outreach Internship Program) 등이 있다.

해외 인턴십이 100대 국정과제로 선정되면서 정부의 해외 인턴사업은 날로 확대되고 있다. 정부 해외인턴 프로그램은 2009년부터 추진되고 있는 사업으로 대한민국 대학생과 청년들에게 취업 무대를 세계로 확대하고 해외 기업 등에서 다양한 인턴활동을 통해 실무경험을 쌓도록 기회를 제공하여 글로벌 감각과 해외 취업역량을 강화하도록 지원하는 프로그램이다. 2011년부터 수요자의 이용 편의 개선과 효율적인 운영·지원을 위해 기존에 정부 각 부처가 개별적으로 추진해 오던 사업을 교육부에서 총괄하고 있으며, 2009년부터~2012년까지 약 1만여 명의 청년이 참여하였다. 특히 청년들이 자신에게 맞는 인턴십을 통해 다양한 해외 현장학습 기회를 얻을 수 있도록 13개 해외 인턴 프로그램에서 연간 2,500여 명을 선발하고 있다.

정부 해외 인턴 프로그램 사업 내용을 자세히 살펴보면 다음과 같다.

◆ **대학 글로벌 현장학습**
- **사업목적**: 대학생들에게 다양한 인턴십 기회 제공, 경력 및 진로 설계를 돕고 글로벌 핵심인재로 양성
- **자격요건**
  - 대상: 4년제 국내 대학 4학기 이상 수강완료자
  - 대학: WEST 프로그램에 대해 학점 인정하는 대학
  - 대학평점: 4학기 이상 누계 평점 3.0/4.5 이상인 대학생
  - 어학성적: TOEIC 750점 이상, TOEIC Speaking 5등급(110점) 이상 동시 충족
  - 우대조건: 저소득층 우대 선발
- **선발인원**: 연간 500명 내외
- **파견국가/기간/활동내용**
  - 파견국가: 미국

- 기간: 최장 18개월 이내(어학연수 4~5개월 + 인턴 3~12개월 + 여행 1개월)
- 활동내용: 현지 적응과 실무영어 습득을 겸한 어학연수 후, 다양한 분야에서 인턴 활동. 인턴십은 항공, 패션, 교육기관, NGO, IT 금융, 연구소, 공공기관, 미디어, 언론, 법률 등 다양한 분야에서 실시

- 정부재정지원

표 11-5 대학 글로벌 현장학습의 정부재정지원

참가자 전원(공통사항)	저소득층 참가자
• 해외기업에서 약 16주 간의 해외현장학습 제공 • 항공료, 비자발급비, 현장학습관리운영비, 보험료, 체재비를 권역별 기준에 따라 1인당 290~540만 원 지원(4개월 기준) ※ 온라인 현장학습 전환 시 1인당 474만 원 일괄 지원(4개월 기준)	• 기초생활수급자, 차상위계층, 학자금 지원 1~3구간의 경우 자기부담경비 추가 지원

◆ **한미취업연수(WEST)프로그램**

- **사업목적**: 대학생들에게 다양한 인턴십 기회 제공, 경력 및 진로설계를 돕고 글로벌 핵심인재 양성(WEST: Work, English Study, Travel의 약자)
- **자격요건**
    - 대상: 4년제 대학 4학기 이상 이수한(전문대학 2학기 이상) 재·휴학생, 최근 1년 이내 졸업생
    - 대학: WEST 프로그램에 대해 학점 인정하는 대학
    - 대학평점: 3.0/4.5 이상
    - 어학성적: TOEIC 750점 이상, TOEIC Speaking 5등급(110점) 이상 동시 충족
    - 우대조건: 저소득층 우대 선발
- **선발인원**: 연간 500명 내외
- **파견국가/기간/활동내용**
    - 파견국가: 미국
    - 기간: 최장 18개월 이내 (어학연수 4~5개월 + 인턴 3~12개월 + 여행 1개월)
    - 활동내용: 현지 적응과 실무영어 습득을 겸한 어학연수 후, 다양한 분야에서 인턴활동. 인턴십은 항공, 패션, 교육기관, NGO, IT 금융, 연구소, 공공기관,

미디어, 언론, 법률 등 다양한 분야에서 실시
- 정부재정지원

.oll 표 11-6 한미취업연수(WEST)프로그램의 정부재정지원

참가자 전원(공통사항)	저소득층 참가자
• 왕복항공료(200만 원) • 미국기업(기관) 인턴 근무 시 최장 32주간 생활비 일부 지원(75만 원/4주 지원) (단, 소득 10분위 참가자: 인턴생활비 650달러/4주 지원) • 어학연수비 대출 가능(한국장학재단, 졸업자 제외)	• 소득분위에 따라 참가비(8,500달러) + 어학연수 기간 생활비(1,200달러/4주) + 인턴생활비 일부 차등지원

◆ 한미대학생 단기 연수취업(Compact WEST)
- **사업목적**: 어학연수와 인턴취업을 연계한 정규 WEST 프로그램을 기본 틀로 하고, 2개월의 영어 연수와 4개월의 인턴취업으로 구성한 단기 프로그램(Compact WEST)을 시범운영하여 글로벌 감각을 갖춘 핵심인재를 양성
- **자격요건**
  - 대상: 4년제 대학 4학기 이상 이수한(전문대학 2학기 이상) 재·휴학생, 최근 1년 이내 졸업생
  - 대학: WEST 프로그램에 대해 학점 인정하는 대학
  - 대학평점: 3.0/4.5 이상
  - 어학성적: TOEIC 850점 이상, TOEIC Speaking 6등급(130점) 이상 동시 충족
  - 우대조건: 저소득층 우대 선발
- **선발인원**: 50명 내외
- **파견국가/기간/활동내용**
  - 파견국가: 미국
  - 기간: 최장 6개월 이내 (어학연수 2개월 + 인턴 4개월) 어학연수와 인턴근무 종료 후, 비자 기간 내에 개별적으로 자유여행 가능
  - 활동내용: 현지 적응과 실무영어 습득을 겸한 어학연수 후, 다양한 분야에서 인턴 활동. 인턴십은 미국 기업체, 교육기관, NGO, IT, 금융, 연구소, 공공기관, 미디어 등 다양한 분야에서 실시
- **정부재정지원**

표 11-7 한미대학생 단기 연수취업(Compact WEST)의 정부재정지원

참가자 전원(공통사항)	저소득층 참가자
• 왕복항공료(200만 원) • 미국기업(기관) 인턴 근무 시 최장 16주간 생활비 일부 지원 • (700달러/4주 지원) • 어학연수비 대출 가능(한국장학재단, 단, 졸업자 제외)	• 소득분위에 따라 참가비(어학연수비 + 스폰서비, 5,250달러) 및 어학연수 기간 생활비(1,100~1,320달러/8주) 일부 차등지원

◆ **예비교사 해외진출**

• **사업목적**: 해외학교실습, 현지교사자격증 취득 및 전문교육과정 제공을 통한 우수한 중등 수학·과학 예비교사의 해외진출 기회 확대

• **자격요건**

  – 대상: 미임용 수학 및 과학 정교사 2급 자격증 보유자 및 파견일 기준 취득 예정자

  – 선발인원: 20명 내외

• **파견국가/기간/활동내용**

  – 파견국가: 미국(뉴저지)

  – 기간: 10개월(2013년 8월 중순~2014년 6월 중순)

  – 활동내용: 미국교사자격증 취득연수 및 미국학교 교육실습

• **정부재정지원**: 항공료, 프로그램비, 생활 지원비를 소득분위에 따라 차등지원

◆ **글로벌 무역 인턴십**

• **사업목적**: 정부 '글로벌 청년 리더 양성 사업'의 일환으로, 글로벌 경제 환경변화 인식, 해외현지 실무경험 및 노하우 습득 지원 등을 통해 21세기 글로벌리더로 양성

• **자격요건**

  – 대상: 무역에 관심이 있는 국내 소재 4년제 대학 재학생(4학년만 가능) 및 3년 이내 졸업생으로 다음의 조건을 모두 충족한 자. 휴학생은 가능하나 해외대학 재학생 및 졸업생은 불가

  – 대학평점: 지원마감일 기준 전학기까지 평균 B학점(약 70%) 이상을 받은 자(3.0 이상/4.5기준). 단, 편입생은 편입 후 성적 기준

- 해외여행과 해외취업에 결격 사유가 없는 자
- 남자는 병역필자 또는 면제자
- 각종 국비 지원 사업 중복 참여 불가능
- 어학성적 기준을 충족한 자

표 11-8 글로벌 무역 인턴십의 어학성적 기준

구분	기준
영어	• TOEIC 750 이상 • TOEFL(IBT 80) 이상 • TEPS 601(2) 이상 • IELTS 5.5 이상 • OPIc(IM3) 이상 • TOEIC Speaking Level 6(140) 이상
중국어	• 신 HSK 5급(210점) 이상
일본어	• JPT 750, JLPT N2급 이상
독일어	• B1(ZD) gut
이탈리아	• CELI또는 CILS B1등급 이상

- 상기 자격증 중 하나만 충족해도 지원 가능
- 영어/비영어 공인성적 동시 보유자 우대
- 상기 시험 외 불인정
- 어학점수 허위 기재 시 최종 합격 취소
- 국내에서 취득한 자격증만 인정

- **교육인원**: 연간 약 100명, 상·하반기 각 1회(5월, 11월에 모집공고)
- **선발기준**
  - 1차(서류): 어학능력(영어/제2외국어), 제출서류, 우대요건 해당사항, 참여기업 요청사항 충족 여부, 자기소개서 충실도, 해외 체류경험 유무, 해외취업의지 등 종합평가
  - 2차(면접): 기본인성, 참여동기, 기초지식, 무역관심도, 외국어발표력, 해외취업의지 등을 종합평가
- **교육내용**
  - 국내 사전교육(4주, 170시간 내외: 한국무역협회에서 직접 교육)
  - 해외현장실습(6개월: 해외 인턴십, 120일 이상 근무)

• **추진지역**: 유럽, 미주, 아시아 20개국 내외(글로벌 무역 인턴십 10기 대상)

표 11-9 글로벌 무역 인턴십 추천 지역

대륙	국가명	대륙	국가명
미주(1)	미국	대양주(1)	호주
		유럽(5)	네덜란드
아시아(8)	일본		독일
	중국		벨기에
	싱가포르		스웨덴
	말레이시아		이탈리아
	태국	중동(2)	터키
	베트남		두바이
	인도	CIS(2)	러시아
	인도네시아		카자흐스탄

• **지원사항 및 부담금**

- 국고보조금: 항공료, 비자비, 보험료 및 현지체재비(월 53~97만 원) 지원. 저소득층 및 취업취약계층의 경우 체재비 가산 혜택 있음
- 업체지원금: 최소 월 500달러(USD) 지원
- 연수생 부담금: 등록금 30만 원 및 기타 수속비용(항공, 비자, 보험료)

◆ 섬유 · 패션 해외 인턴

• **사업목적**: 섬유 · 패션산업의 메카인 LA 및 뉴욕 등지의 성공한 패션기업에서 인턴으로 근무하며, 선진국의 패션산업 트렌드를 익히고, 출국 전 사전 국내 교육프로그램을 통해 우수한 인재양성 및 미국 내 장기취업 연계와 함께 참가자의 언어 능력향상과 지식습득 및 글로벌 역량 강화를 목적으로 함

• **자격요건**

- 대상: 섬유 · 패션 분야에 종사하고자 하는 대학(원) 졸업자 또는 졸업예정자(접수일 기준), 해외취업 희망자(대한민국 국적을 가진 해외여행에 결격사유가 없는 자)로 34세 이하인 자

- 대학평점: 지원마감일 기준 전학기까지 성적 B 이상(3.0 이상/4.5 기준)인 자
- 어학성적: 중급 이상의 영어실력 보유자(영어인터뷰 합격자), 공인영어점수 필요 없음
- 우대조건: 저소득층(기초생활수급자, 최저생계비 150% 이하, + 소득1~3분위), 취업취약계층, 섬유·패션 관련 학과 졸업자로 1년 이상의 경력이 있는 자 또는 비전공 졸업자로 5년 이상의 경력이 있는 자

- **선발인원**: 40명
- **파견국가/기간/활동내용**

  - 파견국가: 미국(LA, 뉴욕 등 미국 내 패션산업 중심 도시)
  - 파견기간: 2개월(8주) + 해외취업
  - 활동내용: 패션디자인, 섬유디자인, 머천다이징, 구매, 일반사무, 웹디자인 등
- **정부재정지원**: 항공권, 체재비, 비자 발급비 일부, 보험 및 교육비 지원 등

◆ 호텔관광인턴

- **사업목적**: 글로벌 창의인재 양성 및 해외취업 비전과 기회 제공
- **선발인원**: 40명 내외
- **전형방식**: 서류 및 면접 전형
- **우선선발**: 저소득층 및 취업취약계층 / 토익 750점 이상인 자
- **선발기준**

  - 평가항목: 의지(30), 인성(30), 어학(30), 태도(10) 등을 평가하여 80점 이상인 자 선발
  - 가점자: 직무 관련 업무 경험자(6개월 이상)
- **지원대상**: 대한민국 국적을 가진 34세 이하인 자로 해외취업에 결격사유가 없는 자
- **파견국가/기간/활동내용**

  - 파견국가: 태국, 필리핀, 사이판, 괌 등
  - 파견기간: 3개월 이상
  - 활동내용: 프런트 오피스 호텔 호텔 업무에 필요한 업무(GRO, 프런트 오피스)
- **정부재정지원**

  - 1인당 평균 5,287,500원 지원

표 11-10 호텔관광인턴의 정부재정지원

지원 항목	금액
체제비	2,400,000원
항공료	800,000원
비자발급비	987,500원
교육비	800,000원
보험료	300,000원

• 해외산업체 선정 및 협약: 본 대학학과 3년 이상 교류실적 업체에 파견
  – 교내 '해외취업지원센터' 및 해외 '해외취업산학협의회' 구성 운영
  – 해외 인턴십 지원부서 전담직원 운영
• 국가별 책임 교수제 및 현지 튜터제 운영: 연 3~4회 책임교수현장방문지도
• 각종 SNS를 이용한 유무선 네트워크 활용 상담 및 생활지도

4) 인턴십 준비전략

인턴은 이미 중요한 취업스펙의 한 가지로 자리매김하고 있다. 대부분의 인사담당자들은 지원자가 어떤 회사에서 어떤 일을 얼마나 했느냐보다는 어떤 회사에서 인턴을 했는지를 먼저 보는 경향이 있다. 이는 검증된 인재인가를 확인하기 위해서다. 그러므로 검증된 인재가 되기 위해 자신이 원하는 회사에 인턴으로 채용되는 것이 무엇보다 중요하다. 기업이 원하는 예비 인턴이 되기 위해 다음과 같은 다섯 가지를 준비해 보자(이현택 외, 2009).

◆ 적절한 학점과 관심사

무작정 높은 학점을 위해 목숨을 걸 필요는 없지만 3점대 후반(4.5만점 기준)의 학점을 보유할 필요가 있다. 지나친 재수강은 오히려 시간낭비다. 차라리 공모전을 하나라도 더 준비하는 것이 나을 수 있다. 관심 분야 활동은 다양하되 초점이 있어야 한다. 그렇지 않을 경우 오히려 '닥치는 대로 다 했다.'는 인상을 줄 수 있다.

◆ 특성에 맞는 자격증

기본적인 OA(Office Automation) 자격증 2~3개는 따두는 것이 좋다. 워드프로세서와 컴퓨터 활용능력 같은 자격증을 예로 들 수 있다. 가능하다면 자신의 특성을 살릴

수 있는 자격증을 1개 정도 더 갖추면 좋다. 어학 자격증의 경우 어학 전공자라면 필수
겠지만, 그렇지 않더라도 매력적인 도전 대상이 될 수 있다.

◆ 효과 만점 공모전

공모전은 일명 '맨땅에 헤딩'하는 학생들에게 가장 효과적인 선택사항이다. 시험이
나 경진대회야말로 기존의 경험이나 배경, 인맥과 상관없이 공정하게 능력을 인정받
을 수 있는 좋은 기회이기 때문이다. 공모전 입상 경력은 인턴십을 수행하는 과정에서
도 좋은 배경지식이 될 수 있다. 나아가 실제 취업을 할 때도 면접관들에게 다양한 질
문거리를 제공하여 공모전의 주제, 공모전 수행과정에서 느낀 점, 과제와 지원 회사와
의 연관성 등에 대해 질문을 받을 수 있다.

◆ 영어능력

영어능력은 어딜 가나 필수다. 특출하지는 않더라도 기본적인 영어능력은 꼭 필요
하다. 인턴 선발 시 어느 정도의 영어 테스트는 상식처럼 굳어지고 있기 때문이다. 영
어에 자신이 있는 사람은 영어능력을 주요 경쟁력으로 내세우고, 그렇지 않은 사람은
기본적인 영어능력은 된다는 점을 효과적으로 제시할 수 있어야 한다.

◆ 프레젠테이션 능력

인턴이나 취업을 위해서는 파워포인트와 프레젠테이션 기술이 필수다. 주의할 것
은 자신만이 보여 줄 수 있는, 즉 경험에 기반을 둔 특별한 아이디어를 발표 자료에 담
아낼 수 있어야 한다. 결국 기본적인 프레젠테이션 능력 이후에는 내용의 질로 승부가
갈린다. 물론 인턴이 된 이후에도 깊이 있게 사고하고 그 생각을 표현하는 기술은 중
요하다. 회사가 직면한 당면 과제는 무엇인지, 개인적으로 또 회사 차원에서 이 과제
가 어떤 효용을 가져올 수 있는지, 예상되는 문제점은 없는지, 연관된 비즈니스는 무엇
인지 등을 꾸준히 생각하고 정리해서 발표할 수 있어야 한다.

5) 인턴십 정보탐색 사이트

- 고용노동부 워크넷(www.work.go.kr)
- 정부지원 청년취업인턴십(http://gint.onjob.co.kr)

- 정부해외인턴(http://www.ggi.go.kr)

- 한국산업인력공단 해외취업연수프로그램(http://www.worldjob.or.kr)

- 해외교육문화원(http://www.newels.co.kr)

- 각 대학의 해외인턴프로그램

- 맨파워코리아(www.manpower.co.kr)

- 사람인(www.saramin.co.kr

- 인크루트(www.incruit.com)

- 잡코리아(www.jobkorea.co.kr)

- 커리어(www.career.co.kr)

- 피플앤잡(www.peoplenjob.com)

인턴십 계획하기

◈ 자신이 도전해 보고 싶은 인턴십에 대하여 정리해 보자.

본 인턴십을 선택한 이유			
회사명		업종명	
상장 여부		매출액	
설립일		사원 수	
근무 기간		연봉	
요구하는 학력 및 경력			
자격 요건			
고용 형태			
수행 업무			
전형 절차			

◈ 인턴십에 대하여 조사해 본 소감은 어떠한가?

_____

_____

_____

_____

2. 공모전

1) 들어가기

최근 취업난이 가중되면서 대학생들의 주요 관심사가 취업, 인턴, 경력 등으로 모아지고 있다. 그로 인하여 취업특전, 기업문화 경험, 장학금 등을 동시에 얻을 수 있는 공모전이 취업의 돌파구로 주목받고 있다. 공모전이란 대학생 및 일반 대중을 대상으로 작품이나 제안서 등의 새로운 아이디어를 공개모집하는 것을 말한다. 공모전은 열정이 있는 대학생들의 역량을 가장 빠르고 효과적으로 발휘할 수 있는 무대가 되고, 기업으로서는 참신한 아이디어와 인재확보의 장으로 활용되면서, 대학생과 기업을 이어주는 중개역할을 하고 있다. 특히 기업은 IMF 금융위기 이후 사회 환경의 변화와 더불어 기업경영 환경의 변화에 따라 실제 업무에서 능력을 발휘할 수 있는 인재를 선호하게 되었다. 따라서 기업들은 공모전을 통하여 검증된 인재를 찾으려 하고 있다. 공모전을 주최하는 기업들이 수상자들에게 입사지원 시 혜택을 주는 이유도 여기에 있다.

공모전 전문 사이트 씽굿(www.thinkcontest.com)에서 대학생 280명을 대상으로 '대학생 공모전 의식 설문조사'를 진행한 결과, 공모전에 참여한 경험에 대해 '앞으로 참여해 보고 싶다'가 42.9%로 가장 많았고, '반드시 참여할 생각이다' 36.3%, '참여한 적이 있다' 13.1%, '관심 없다' 4.2%, '적극적으로 참여하고 있다' 3.5%로 나타났다. 대학생 공모전 의식 설문조사 결과에서 알 수 있듯이, 공모전은 대학생에게 높은 관심을 받고 있으며 새로운 대학문화로 정착하고 있다. 공모전을 주체하는 각 기업체들은 공모전에 도전하는 대학생들에게 다양한 특전을 제공하고 있다. 그 특전에는 장학금, 주최하는 기업의 인턴십, 입사지원 시 서류전형의 면제, 어학연수, 전공 분야의 교육 프로그램 수강 기회 제공 등이 있다. 또한 공모전은 단지 취업 준비를 위한 스펙 준비만의 목적이 아니라 전공 분야에 대한 실질적인 경험으로 연결되므로 많은 대학생이 도전하고 있다.

공모전만이 지니는 장점은 다음과 같다. 첫째, 학벌이나 학력보다는 실력을 우선시한다. 둘째, 같은 시기에 다양한 공모전에 도전할 수 있다. 셋째, 팀을 구성하여 도전할 수 있다. 넷째, 자신의 실력을 검증하고 발전시키는 기회를 가진다.

2) 공모전의 분류 및 종류

공모전에 대한 대학생의 뜨거운 열기만큼 기업에서도 새로운 마케팅 전략으로 공모전이 급부상하고 있다. 그 증거로 대다수의 기업이 자체 이름을 건 공모전을 시행하고 있다. 민간기업뿐 아니라 정부기관 및 지방자치단체, 공공기관, 각종 단체에서도 공모전은 미래의 고객인 대학생들에게 긍정적인 이미지를 심어 주는 하나의 수단이 되고 있다. 이에 따라 앞으로 공모전의 종류와 개수는 점차 늘어날 전망이다.

(1) 주최 기관 및 분야에 따른 분류

공모전을 주최하는 기관에 따라 분류하면 정부, 민간기업 및 기타로 구분하면 〈표 11-11〉과 같고, 공모전의 분야에 따라 분류하면 〈표 11-12〉와 같다.

.ⁿ표 11-11 **주최 기관에 따른 공모전의 분류**

구분	주최 기관	구분	주최 기관	구분	주최 기관
1	행정부 조직(부/처/청)	6	공기업	11	학교/재단
2	지방자치단체	7	대기업	12	학회/협회
3	정부투자기관	8	중소기업	13	각종 단체
4	연구소	9	벤처기업	14	신문/방송/언론
5	위원회	10	외국계 기업	15	기타

.ⁿ표 11-12 **분야에 따른 공모전의 분류**

구분	공모 분야	구분	공모 분야	구분	공모 분야
1	건축/건설	9	디자인	17	장학금
2	게임/소프트웨어	10	문학/수기/시나리오	18	전시/페스티벌
3	경품/이벤트	11	봉사활동	19	참여 프로그램
4	과학/공학	12	영상/사진	20	체험/참여
5	광고/마케팅	13	인턴십	21	취업/창업
6	기획/아이디어	14	인테리어	22	캐릭터/만화
7	네이밍/슬로건	15	UCC/SOUND	23	해외
8	논문/리포트	16	음악/미술/무용	24	기타

(2) 공모전의 종류

◆ 삼성

- **공모전명**: 삼성 전기 유튜브 콘텐츠 아이디어 공모전
- **응모자격**: 만 14세 이상 누구나 개인 및 팀(4인 이하)
- **응모분야**: B2B 그룹인 삼성전기를 MZ세대에게 친근하게 알리는 방법
- **특전**
  - 최종 수상자에게 1,000만 원을 나누어 지급
  - 대상 및 최우수상 수상자에게는 삼성전기 유튜브 콘텐츠 제작과정에 직접 참여하는 기회를 부여

◆ 현대 모비스

- **공모전명**: 현대모비스 자동차용품 아이디어 공모전
- **응모자격**: 전국 대학(원)생 누구나 참여 가능
- **응모분야**: 자동차 용품 아이디어
- **특전**
  - 최우수상(1팀): 상금 300만 원
  - 우수상(1팀): 상금 150만 원
  - 장려상(2팀): 상금 100만 원

◆ CJ

- **공모전명**: CJ 미디어 커머스 영상 공모전
- **응모자격**: 국내외 대학교 재학생 및 2년 이내 졸업생 개인
- **응모분야**: 자유로운 형식의 상품홍보 영상
- **특전**
  - 대상(1명): 상금 300만 원
  - 최우수상(2명): 상금 200만 원
  - 우수상(3명): 상금 100만 원
  - 수상자 전원 하반기 CJ ENM 공채 서류전형 면제
  - 수상자 상위 3명은 CJ ENM 쇼크라이브 인턴십 제공

◆ 대한항공

- **공모전명**: 대한항공 여행사진 공모전
- **응모자격**: 여행과 사진을 좋아하는 누구나(내국인, 외국인 제한 없음)
- **응모분야**: 일반 공모(여행의 추억을 담은 작품), Together상(가족, 친구, 연인 동료, 이웃과의 사랑, 우정 등의 사진)
- **특전**
  - 일반 공모: 상패 및 대한항공 노선 왕복 티켓(시상등급별 다름)
  - Together상: 상장 및 카메라

◆ 현대자동차

- **공모전명**: 현대엠엔소프트 아이디어 공모전
- **응모자격**: 전국 만 19세 이상 누구나. 개인 팀(3명 이내) 가능
- **응모분야**: 새로운 개념의 현대엠엔소프트 신상품/신사업 아이디어
- **특전**
  - 대상(1팀): 500만 원
  - 우수상(2팀): 200만 원
  - 장려상(3팀): 100만 원
  - 수상자 중 관심자에 한 해 인턴십 및 아이디어 대사 활동 기회 제공

◆ 방송통신위원회, 한국지능정보사회진흥원

- **공모전명**: 인터넷윤리 창작 콘텐츠 공모전
- **응모자격**: 국민 누구나/전국 초, 중, 고등학교 재직 혹은 예비 교사
- **응모분야**: 함께할수록 빛나는 e 세상, on 세상을 아름답게
- **특전**
  - 각 부문별 대상: 상금 300만 원, 대통령상
  - 대통령상, 국무총리상, 교육부 장관상 등 정부기관 상장을 수여

◆ 소상공인시장진흥공단

- **공모전명**: 혁신과 ESG 경영 강화를 위한 대국민 아이디어 모집
- **응모자격**: 대한민국 국민 누구나

- **응모분야**: 기관혁신, ESG 경영
- **특전**

  - 대상(1명): 100만 원 상금

  - 금상(1명): 50만 원 상금

  - 은상(2명): 25만 원 상금

◆ **한국철도공사**

- **공모전명**: 철도 사진 공모전
- **응모자격**: 국민 누구나
- **응모분야**: 철도와 함께한 아름다운 순간
- **특전**

  - 금상(1점): 시장 표창 및 200만 원 상금

  - 은상(2점): 시장 표창 및 100만 원 상금

  - 동상(3점): 시장 표창 및 50만 원 상금

  - 입선(40점): 20만 원 상금

  - 특별상(4점): 15만 원 상금

◆ **부산광역시청**

- **공모전명**: 2030 부산 월드엑스포 유치 응원 캘리그라피 공모전
- **응모자격**: 대한민국 국민 누구나
- **응모분야**: 지정 문구 중 1개를 선택하여 캘리그라피로 제작, 단, 이에 준하는 창작 문구도 허용
- **특전**

  - 최우수(1명): 200만 원

  - 우수(2명): 각 100만 원

  - 장려(3명): 각 50만 원

  - 입선(14명): 각 10만 원

◆ **한국수력원자력**

• **공모전명**: 고리본부 광고 공모전

• **응모자격**: 부산 울산 경남권 대학 재(휴)학생

• **응모분야**: 종합 에너지 기업 이미지, 지역 경제 기여 등 사회적 기업 이미지

• **특전**

   – 최우수(1팀): 100만 원, 상장

   – 우수(2팀): 각 50만 원, 상장

   – 장려(3명): 각 30만 원, 상장

◆ **한국환경공단**

• **공모전명**: 그린캠퍼스 아이디어 공모전

• **응모자격**: 전국 대학생 및 대학원생 등 캠퍼스 학생 구성원

• **응모분야**: 우리 캠퍼스 온실가스 줄이기, 기후변화 인식 확산

• **특전**

   – 최우수(2팀): 환경부장관상, 각 3,000,000원 상금

   – 우수(2팀): 한국환경공단 이사장상, 각 2,000,000원 상금

   – 장려(2명): 한국환경공단 이사장상, 각 1,000,000원 상금

   – 특별상(4팀): 한국환경공단 이사장상, 각 200,000원 온누리 상품권

◆ **한국수출입은행**

• **공모전명**: 기획봉사 실천활동 공모전

• **응모자격**: 전국 소재 대학교 대학(원)생

• **응모분야**: 환경, 교육 2대 아젠다 사회문제 해결 기획 봉사활동

• **특전**

   – 봉사활동 전문가 컨설팅

   – 봉사시간 인정 및 수료증 발급, 우수팀 표창

◆ **한국투자증권**

• **공모전명**: 한국투자증권 대학생 UCC 공모전

• **응모자격**: 전국 대학생 및 대학원생, 휴학생 포함

- **응모분야**: 나만의 돈 모으기 꿀팁 '내 돈은 내가 지킨다!'
- **특전**

  - 대상(1팀): 500만 원 상금

  - 골드(2팀): 300만 원 상금

  - 실버(3팀): 200만 원 상금

  - 브론즈(5팀): 100만 원

◆ **NH농협**

- **공모전명**: NH농협은행 금융소비자 권리 찾기 크리에이터 공모전
- **응모자격**: 대학(원)생 개인 또는 팀별(4인 이내)
- **응모분야**: 슬기로운 금융생활

  - 금융취약계층(고령자, 장애인, 사회초년생)의 슬기로운 금융생활

  - NH농협은행 디지털 서비스를 활용한 슬기로운 금융생활
- **특전**

  - 공정거래위원장상: 상장, 상금 200만 원

  - 한국소비지원장상: 상장, 상금 200만 원

  - NH농협은행장상: 상장, 상금 200만 원

◆ **부산은행**

- **공모전명**: 부산은행 REDesign SEcurity 공모전
- **응모자격**: 국내거주 대학(원)생 또는 일반인
- **응모분야**

  - 금융보안 관련 연구 사례

  - 금융보안 관련 아이디어
- **특전**

  - 최우수상(2건): 각 200만 원 상금, 은행장 명의 상장

  - 우수상(2건): 각 100만 원 상금, 은행장 명의 상장

  - 장려상(4건): 각 50만 원 상금, 은행장 명의 상장

◆ KB국민은행
- **공모전명**: KB국민은행 대학생 광고공모전
- **응모자격**: 국내 외 2년제 이상 대학생 및 휴학생, 개인 및 팀(3인 이하)
- **응모분야**: KB국민은행 주제별 광고 TV부문/인쇄 부문
- **특전**
   - 시상등급별 상장 및 상금 500만 원 이하
   - 대상 수상자에게는 광고대행사 인턴십 특전

3) 공모전이 주는 혜택

공모전은 참가하는 대학생들에게 다양한 혜택이 주어질 뿐만 아니라 주최하는 기관이나 기업에도 많은 이익을 주기 때문에 대부분의 국가 행정부나 지방자치단체가 공모전을 개최하고 있다. 공모전이 주는 혜택을 요약하면 다음과 같다(김정곤 외, 2010).

첫째, 창의적이고 열정적인 인재로 바뀐다. 공모전의 가장 큰 혜택은 도전자 스스로가 변화되는 것이다. 즉, 자신의 역량을 키우며 자신감을 획득하게 된다. 대부분의 공모전은 팀을 구성하여 진행된다. 팀 운영을 위해 공모전 시작 단계에서부터 팀원 모집, 스케줄 작성, 기획서의 진행, 회의록 작성 등의 경험을 하게 된다. 이와 더불어 타인에게 자신의 의견을 제시하며 설득하는 능력, 의견이 충돌되었을 때 조율하는 능력, 적극적으로 토론하는 능력, 그리고 대중 앞에서 당당하게 프레젠테이션을 할 수 있는 능력 등 사회생활에 필요한 역량을 키울 수 있다. 또한 정해진 기한 내에 공모전의 결과물을 만들어 내야 하기 때문에 많은 토론과 회의가 진행된다. 이 과정에서 도전자들은 문제해결 능력을 배양하며 점차적으로 창의적이고 열정적인 인재로 바뀌게 된다.

둘째, 자신의 상식과 지식을 넓힐 수 있다. 공모전에서는 기업이 요구하는 사안을 준비하기 위해 많은 자료조사와 연구가 필요하다. 최신 공모전이 점차적으로 수준이 상향 조정되면서 참가자에게 기획, 마케팅, 디자인, 파워포인트 제작, UCC 제작 등의 다양한 지식을 요구하고 있다. 뿐만 아니라 참가자들은 주최 기관이나 기업의 산업과 기업, 제품, 서비스에 대해서 조사해야 하며, 경쟁 회사까지 분석하여 자신만의 전략을 수립해야 한다. 이러한 과정에서 공모전 도전자들은 경제, 경영, 마케팅 등의 상식과 지식을 넓힐 수 있다. 특히 학문이 아닌 실제 사회 현상에 적용하므로 새로운 이론을 더 빨리 이해할 수 있고, 문제해결점을 찾기 위하여 더 많은 지식과 정보를 탐색하

는 과정을 거치게 된다.

셋째, 수상금을 받을 수 있다. 공모전 수상 금액은 매년 상승하고 있다. 기업은행에서는 1등 수상자에게 1억 원이라는 파격적인 금액의 공모전을 진행하였고, 부산은행에서도 슬로건 공모전으로 1억 원의 시상금을 내 걸고 공모전을 진행하고 있다. 공모전에서의 큰 수상금은 공모전에 참여하는 사람들에겐 동기부여의 요인이 되며, 기업들에겐 보다 높은 질의 공모전 작품을 얻을 수 있는 계기로 작용한다. 해마다 공모전을 진행하는 기업과 단체의 수가 늘어난 것과 비례하여 그 수상금 또한 점차적으로 높아지는 추세이다.

넷째, 취업 기회 및 다양한 특전의 혜택을 받을 수 있다. 취업이 낙타가 바늘구멍에 들어가는 것처럼 힘들어진 현실에 취업은 대학생들의 최대 지상과제로 떠올랐다. 이러한 현실에서 취업을 준비하는 입사지원자들은 다른 지원자와 다른 자신만의 차별화 방안을 만들어 가야 한다. 그 차별화 방안 중 하나가 바로 공모전이다. 공모전을 통해 입사지원 시 우대, 서류전형 면제, 인턴십 제공의 특전, 해외 견학의 특전 등의 혜택을 누릴 수 있다.

다섯째, 인맥을 형성할 수 있다. 공모전을 진행하다 보면 자연스럽게 인맥을 형성하게 된다. 예를 들어, 공모전 진행 담당자와의 인맥, 팀 구성원들과의 인맥, 경쟁팀의 구성원들과의 인맥, 인터뷰 설문조사를 위한 전문가와의 인맥, 자료 조사와 정보를 위한 관공서의 전문가와의 인맥, 담당 교수와의 인맥 등이 형성될 수 있다. 대학생 신분으로 사회의 전문가를 만나는 것은 쉽지 않다. 그러므로 공모전을 준비하면서 현업에 종사하는 전문가의 조언을 듣기 위해 찾아가다 보면 많은 인맥을 형성할 수 있다.

4) 공모전 정보탐색 커뮤니티 및 사이트

- 공모전의 달인(http://cafe.naver.com/contesting)
- 공상가(http://cafe.daum.net/gongsamo)
- 디자인정글(http://contest.jungle.co.kr)
- 대티즌 닷컴(http://detizen.com)
- 미래를 여는 지혜(http://cafe.daum.net/gointern)
- 스펙업(http://cafe.naver.com/specup)
- 씽굿(http://thinkcontest.com)

- 아웃캠퍼스(http://cafe.naver.com/outcampus)

- IT공모전(http://www.albain.co.kr)

- 유니버스(http://www.univus.co.kr)

- 인쿠르트 공모전(http://gongmo.incruit.com)

- 캠퍼스몬(http://www.campusmon.com)

공모전 계획하기

◈ 자신이 도전해 보고 싶은 공모전에 대하여 정리해 보자.

공모전명			
주최		주관	
후원/ 협찬		접수기간	
응모분야		응모자격	
응모주제			
심사기준			
시상내역			
특전			
기타			

◈ 공모전에 대하여 조사해 본 소감은 어떠한가?

_____

_____

_____

_____

_____

제12장

비전 세우기

| 제12장 |

비전 세우기

1. 비전의 이해

1) 비전의 의미

비전(vision)이란 자신이 미래에 이루고자 하는 것, 되고자 하는 것을 말한다. 사전적 의미로는 '미래에 대한 상'으로 기술되어 있다. 우리말의 '꿈' 또는 '사명'과 유사하게 사용된다. 비전은 미래의 가능성 있는 구체적인 꿈을 말한다. 비전은 목적을 달성해 가는 과정에서 끊임없이 지침을 제공하는 영속적인 것이다. 비전은 현재의 목표가 달성되고 나면 미래를 위한 뚜렷한 방향을 제시하고 새로운 목표를 설정하도록 안내한다. 비전이 없는 경우 현재의 목표가 달성되고 나면 모든 것이 종료되고 만다. 여기서 목표와 비전의 차이를 인식할 수 있다. 일반적으로 목표의 경우, 목적한 바를 성취하고 나면 또다시 새로운 목표를 수립해서 도전해야 된다. 목표를 비전으로 알고 살아간다면 자신이 원하는 것을 성취하더라도 만족보다는 오히려 허무함을 느끼게 된다. 하지만 비전은 끝없이 지속되는 생명력을 가지므로 부정적인 감정보다는 새로운 도전의식을 키워 준다.

비전의 의미를 구체적으로 정리해 보면 다음과 같다. 첫째, 마음속의 구체적이고 분명한 그림이다. 지금은 존재하고 있지 않지만, 실현되기를 원하는 자신의 미래에 대한 분명한 시각적인 이미지가 마음속에 그려져 있는 것을 말한다. 그래서 이런 비전이 있는 사람들은 그것을 다른 사람들에게 분명하게 그려 줄 수가 있다. 둘째, 가장 바람직한 미래의 모습이다. 비전은 미래에 초점이 맞추어져 있는 것으로 자신이 현실을 넘어서서 되고 싶은 가장 바람직한 모습과 관련이 있다. 장차 이루어지기를 바라는 것들의 가장 바람직한 미래의 모습을 가슴에 품고 살아가는 사람, 바로 그가 비전을 품은 사람인 것이다. 셋째, 비전은 가장 가능성 있는 꿈을 꾸는 것이다. 현재 내가 가지고 있는 재능과 생각으로는 불가능하지만, 모든 것이 가능하다는 믿음으로 추진해 나가는 태도가 중요하다. 넷째, 비전은 현재와 미래를 이어주는 거룩한 꿈의 다리다.

이처럼 비전은 우리 각자가 원하는 성공을 성취하도록 만들어 주며, 궁극적으로 행복해지기 위해서 반드시 선행되어야 하는 필수요건이다. 삶의 길잡이 역할을 하는 비전은 우리가 가진 잠재능력을 발휘하는 힘을 부여하며, 우리가 방향을 잃지 않도록 자동 항법장치 역할을 한다. 또한 실패하고 좌절할 때도 다시 일어설 수 있는 동기를 부여해 주고, 우리가 이루고자 하는 꿈이 공중으로 헛되이 날아가지 않도록 우리의 마음에 강력한 신념을 불어 넣어 준다.

2) 비전 수립의 필요성

자신의 꿈을 성취하는 데에 특별한 방법이나 비법이 있는 것은 아니다. 단지 꿈을 이루겠다는 굳은 신념, 그리고 이를 지속시킬 동기가 필요하다. 이러한 측면에서 볼 때 비전은 자신의 꿈을 성취하는 데 있어서 매우 중요하다. 비전은 꿈을 이룰 수 있도록 동기를 부여해 주고, 이를 실천하도록 방향을 설정해 주기 때문이다. 비전 수립의 필요성을 몇 가지로 요약하면 다음과 같다.

첫째, 삶의 의미를 찾기 위해 비전 수립이 필요하다. 인생의 의미를 어떻게 정의하느냐에 따라 삶의 의미는 변할 수 있다. 많은 사람은 현재의 삶이 자신이 평소에 원했던 그런 삶이 아니라고 하소연한다. 지금까지 열심히 살아왔음에도 불구하고 그렇게 생각하는 이유는 무엇일까? 그것은 단지 자신의 능력이 부족하거나 기회가 없어서가 아니라 삶의 의미를 찾을 수 있는 비전을 수립하지 못했기 때문이다. 비전은 우리에게 삶의 의미를 부여한다. 즉, 무의미한 삶이 아니라 의미 있는 삶을 살아가도록 요구한다.

둘째, 비전을 마음속에 각인하기 위해서는 비전 수립이 필요하다. 인간은 망각의 동물이다. 그래서 우리는 무엇이든 쉽게 잊어버린다. 큰 결심이나 각오를 쉽게 잊어버리는 것은 방어적 본능인 망각기능의 부정적 기능 때문일 수 있다. 일반적으로 사람들은 자신의 결심을 머릿속에만 담아 두는 경우가 많다. 그러나 그것을 글로서 기록하면 망각의 부작용을 극복할 수 있다. 이와 같이 기록된 비전은 우리가 원하는 것을 잊지 않도록 반복적으로 뇌리에 각인시켜 주는 역할을 한다.

셋째, 주어진 환경을 뛰어넘기 위해 비전 수립이 필요하다. 우리는 자신의 의지와 상관없이 태어나면서 국가나 지역, 부모, 성별, 외모 등이 결정된다. 우리는 자의식(自意識)이 싹트면서 자신을 둘러싼 상황과 주어진 환경을 의식하기 시작한다. 심리학자 빅터 프랭클(Viktor Emil Frankl)의 연구결과에 따르면, 제2차 세계대전 때 아우슈비츠 수용소에서 살아남은 생존자들의 가장 중요한 요인은 미래에 대한 확고한 비전이었다. 인간이 어떠한 환경에 처하든 자신의 태도와 삶을 선택하는 자유의지는 누구도 침해할 수 없다. 이처럼 비전은 우리를 가로막고 있는 장애물을 뛰어넘을 수 있는 강력한 힘을 준다.

넷째, 성공하기 위해 비전 수립이 필요하다. 인류 역사상 성공한 사람들은 리더십, 뛰어난 판단력, 강한 정신력, 자기 자신에 대한 믿음 그리고 기록하는 습관이 있었다. 대부분의 위대한 성취자들은 비전을 문서로 작성하였고, 강력한 신념을 가슴에 품고 살았다. 우리도 그들처럼 비전을 기록해 두고 의식적으로 자신이 기록한 비전을 매일 바라보고, 그 미래를 연상해 보자. 비전은 인간 개개인으로 하여금 결국에는 성공할 수밖에 없는 존재로 만든다. 성공하고 싶다면 비전부터 수립하자.

2. 비전 설정을 위한 자기변화

1) 자신감 키우기

비전을 설정하기 위해서는 자기변화가 필요하다. 자기변화를 위해서는 자신감을 키워야 한다. 자신감을 높이기 위해서는 우선 인간 개개인이 자신의 삶의 주인이 되어야 한다. 즉, 자기 위주가 되어야 한다. 자기 위주란 이기적인 삶이 아니라 나 자신을 소중히 여기며 산다는 의미다. 참된 의미에서 자기 위주로 사는 사람들은 타인에게도 관용적이며 배려심도 깊다. 현대인은 자기 자신을 위해서나 인류의 진보와 발전을 위해서 자기 위주로 행동해야 한다. 자기 위주가 되어 전문적인 일을 하고, 나아가 재능을 개발하는 것이 개인과 사회 발전의 원동력이 되는 것이다. 창조적이고 우수한 인간이 되기 위해서는 자기 위주가 되어야 한다. 자신이 스스로 변화하기 위해서 자기 위주의 삶은 매우 중요하다. 아울러 자신감을 높이기 위해서는 나만의 스타일을 가져야 한다. 자신만의 스타일이 있는 사람은 상대방을 신뢰하며 정열적이되 일관성 있게 행동한다. 자신감이 없는 사람은 다양한 요인이 장애가 되어 자신의 스타일을 가지기커녕 그것을 생각하는 것조차도 어려울 것이다.

2) 긍정적인 마인드 키우기

많은 사람이 자신의 결점을 외면하고 감추거나 혹은 극복하려고 노력한다. 남보다 모자란 부분인 결점이 있어서 좋을 것은 하나도 없다고 생각하기 때문이다. 그러나 자신의 결점을 또 다른 시각에서 응시해 볼 필요가 있다. 자신이 가지고 있는 결점을 극복해야 할 난관으로만 여기기 전에 그러한 결점에 대해 부끄러워하거나 비난하는 마음을 떨쳐 내는 것이 필요하다. 그렇게 하면 지금까지 결점으로만 여겨졌던 것들이 훌륭한 가능성을 가진 장점이 될 수도 있다. 자신이 가지고 있는 최대 결점을 고치려고만 하지 말고 한번쯤 그것을 사랑하고 존중하는 태도를 가져 보자. 그리고 자신에게 했던 것처럼 주위 사람들의 결점도 있는 그대로 존중해 보자. 그러면 남에게도 또 자신에게도 진실로 매력적인 사람이 될 수 있다.

3) 적극적으로 행동하기

비전을 설정하기 위해서는 어떤 일이든 밝고 긍정적인 사고방식을 갖는 '플러스 적극형 인간'이 되어야 한다. 인간은 할 수 없는 이유를 찾아 곧 체념해 버리는 습성이 있다. 만약 당신이 '할 수 없다' '무리다' '불가능하다'라는 말을 쓰고 있다면 이 순간부터 이런 부정적인 말은 일절 사용하지 말자. 대신 오로지 '어떻게 하면 할 수 있을까?'를 생각하자. 잠재의식 속에 들어간 것은 반드시 현실의 자리에 나타나기 때문이다. 가능한 한 타인을 긍정하고 또 자신까지도 긍정하는 말은 플러스 적극형 인간을 만들어 내는 하나의 열쇠다. 무엇이든 긍정적으로 생각하고 적극적으로 생활하자. '나는 할 수 있다. 하면 된다. 일단 한번 해 보자.'라는 마음을 가지자. 그리고 행동하자. 한 번의 행동이 백 번의 사고보다 낫다.

3. 성공적인 비전 수립

다양한 분야에서 비전의 중요성이 강조되고 있으므로 대부분의 사람들은 비전이 중요하다는 것은 알고 있다. 하지만 어떻게 비전을 수립해야 하는지를 모르는 경우가 많기 때문에 정작 올바른 비전을 가지고 있는 사람은 많지 않다. 비전 수립을 위해 우선적으로 알아두어야 할 것은 무엇일까? 비전 수립을 위해 가장 중요한 것은 비전이 한 번의 작성만으로 완성되지 않는다는 사실을 인식하는 것이다. 즉, 비전은 한 번 작성했다고 해서 그것이 영원히 지속되는 것이 아니라 계속해서 개선해 나가야 한다. 과거에 세운 꿈이 성취되었다고 해서 비전이 완성되는 것이 아니므로, 그것을 성취하기 전에 새롭고 더 큰 꿈을 세워야 한다. 인생의 최종 목표는 편안하고 안락하게 쉬는 것 이상이어야 한다. 물질적인 욕망이 인생의 최종 목표가 되어 이것을 근거로 비전을 수립한다면 자신이 원하는 것을 얻어도 결국 허무할 수 있다. 아울러 목표 달성도 중요하지만 그 과정도 중요하다는 사실을 결코 잊어서는 안 된다. 아무리 잘 만든 비전이라 하더라도 주기적으로 재검토할 필요가 있다.

1) 목표 설정의 조건

◆ 분명한 목표를 설정한다

분명한 목표 설정은 성공에 이르기 위한 출발점이다. 98퍼센트의 사람들이 실패하는 원인은 바로 구체적인 목표 설정이 없었기 때문이며, 있었다 하더라도 이를 실천하기 위한 노력이 없었기 때문이다. 성공한 사람은 모두 분명한 목표가 있고, 목표에 이를 수 있는 구체적 계획을 세우며, 목표를 달성하기 위해 최선을 다해 노력한다. 우리 모두는 더 좋은 것, 이를 테면 돈, 명예, 존경 등을 원한다. 그러나 대부분의 사람들에게 있어서 이러한 희망은 단지 희망사항일 뿐이다. 얻고자 하는 것이 무엇인지 분명히 알고, 그 목표를 달성하겠다는 의지가 강하다면, 그리고 그 목표를 달성하기 위해 철저하게 계획을 세우고 지속적으로 노력한다면, 여러분의 희망과 목표는 달성될 것이다.

◆ **구체적 목표의 장점을 파악한다**

구체적 목표는 자립심, 진취성, 상상력, 열정 및 자율성을 불러일으키고 최선을 다하겠다는 정신과 태도를 갖게 한다. 이는 성공하기 위한 필수조건이다. 이 외에도 구체적 목표의 장점은 다음과 같다.

- **전문화**: 구체적 목표를 갖게 되면 그 분야에 전문가가 되려고 노력할 것이고, 전문성은 그 분야에서 완벽하게 행동하는 데 큰 역할을 한다. 어떤 역할에 대한 능력과 이를 수행하려는 노력은 당신이 무엇인가를 이루는 데 매우 중요한 역할을 한다. 즉, 구체적 목표는 성공에 필요한 전문 지식을 습득할 수 있도록 도와준다.
- **시간과 재정 계획**: 일단 구체적 목표가 설정되고 나면 그 구체적인 목표를 달성하기 위해 어떻게 시간을 활용할지에 대해 계획을 수립해야 하며, 목표를 달성하기 위해 필요한 재정적인 문제를 해결하고, 그 다음에는 최선을 다해 목표에 이를 수 있도록 노력해야 한다.
- **기회에 대한 경각심**: 구체적 목표가 설정이 되면 그 목표와 관련된 기회를 포착하기 위해 촉각을 곤두세우고 있다가 기회가 오면 반드시 붙잡아야 한다. 만약 당신이 다른 사람의 단점을 발견하듯 신속하게 기회를 포착한다면 빠른 시간 안에 성공할 수 있을 것이다.
- **결단력**: 성공한 사람들은 신속하게 결정을 내리고, 그것을 수시로 바꾸지 않는다. 반면, 실패한 사람들은 결정을 내리는 속도가 아주 더디고 자신이 내린 결정을 수시로 바꾼다. 결정을 내리는 것이 두렵다면, 어떻게 해야 이 습관을 바꿀 수 있을까? 먼저 현재 직면한 가장 절박한 문제가 무엇인지 찾아내고 나서 결정을 내린다. 옳든 그르든 간에 결정을 내리는 것은 결정을 내리지 못하고 우물쭈물하는 것보다 낫다. 처음에는 실수가 있겠지만 크게 상관없다. 시간이 지날수록 실수는 줄어들 것이며 처음보다 더 잘할 수 있게 된다.
- **성공에 대한 깨달음**: 자신감은 성공에 대한 깨달음에서 생겨난다. 이를 통해 당신의 가슴은 성공에 대한 신념으로 가득 차게 될 것이고, 어떤 실패도 용납하지 않게 될 것이다.

◆ **적극적인 태도를 일에 적용한다**

가난에서 벗어나 부유해지기 위해서는 그 첫걸음이 가장 어렵다. 이때는 다음과 같은 원리를 이해해야 한다. 재물과 물질을 얻기 위해서는 분명하고 명확한 목표를 먼저 세워야 한다. 목표에 대한 단순한 희망을 집착으로 바꿀 때 자신이 한 걸음 한 걸음 앞으로 나아가고 있다는 사실을 깨닫게 된다. 무엇인가를 성취하는 것은 적극적 태도에서 비롯된다. 무슨 일이든 적극적 태도는 당신에게 힘을 불어넣어 줄 것이다. 적극적 태도란 여러분의 행위와 사고가 목표를 달성하는 데 도움이 되는 것을 의미하는 데 비해, 소극적 태도는 여러분의 행위와 사고가 끊임없이 쏟아 붓는 노력을 헛되게 만드는 것을 의미한다. 적극적 태도로 원하는 것이 무엇인지 드러내야 두려움, 의심, 자기한계를 극복하고 목표를 달성할 수 있다.

◆ 계획을 기록한다

구체적 목표를 적어 보면 바라는 것이 무엇인지 분명하게 깨닫게 된다. 구체적 목표의 힘이 얼마나 위대한지 깨닫는 동시에 그 목표에 어떤 단점이 있는지 알게 될 것이다. 마음속으로 생각하고 있는 목표를 구체적으로 적지 못한다면, 그것은 목표에 대한 확신이 부족하기 때문이다. 일단 계획을 적었으면 매일 최대한 큰 소리로 그것을 읽어 보라. 그러면 계획에 대한 신념이 생기고 내재적 힘이 강화될 것이다.

◆ 성공은 추구할 가치가 있는 목표여야 한다

어떤 사람은 성공 추구에 대한 생각을 비난한다. 그들은 모든 부자는 다른 사람들을 착취해 부를 축적했다고 주장한다. 그러나 성공이란 보통 사람들이 상상하지 못할 정도의 많은 노력과 땀을 필요로 한다. 성공을 위해서는 일련의 경험과 교훈을 쌓고, 막중한 책임을 감당하고, 실제로 가치 있는 비용과 노동을 끊임없이 투자해야 한다. 이러한 과정을 거쳐 본 사람만이 성공을 통해 부를 축적하는 것이 무엇인지 그 가치를 깨달을 수 있다.

2) 비전 수립의 요령

◆ 한 번의 작성으로 비전이 완성되지는 않는다

비전을 가지지 않았던 사람들이 비전을 수립하고 문서로 기록하면 곧바로 긍정적인 현상이 생긴다. 물론 그 정도의 긍정적 유희는 충분히 즐길 만한 것이다. 그러나 시간이 갈수록 들뜬 마음은 사라지고, 비전에 가까이 다가갈 기미가 보이지 않는다고 실망한다. 그리고는 자신이 세운 비전을 포기하는 사람들이 있다. 또 한 부류의 사람들은 과거에 자신이 세운 비전의 결과가 실망스럽다고 해서 다시 비전을 세우지 않는 경우가 있다. 또 어떤 부류의 사람들은 비전을 수립하기 위해서는 오랜 숙고와 고민을 거쳐야 하므로 지금 당장 섣부르게 세울 수는 없다고 말한다. 그리고 지금 당장 섣부르게 글로 쓰는 것은 의미가 없다고 한다.

이렇듯 비전을 세우지도 못한 채 세월만 낭비하는 부류의 사람들이 있다. 믿어지지 않을 수도 있겠지만 비전은 복권보다 훨씬 더 큰 가치가 있다. 다만 제대로 된 비전을 수립하는 데는 수백 번의 갱신과 수년의 시간이 걸릴 수 있다는 사실을 알아야 한다. 비전 수립은 복권처럼 며칠 만에 결과가 나오는 그런 단기적인 형태의 투자 대상이 아니다. 오랜 인내가 필요한 투자다. 중요한 것은 지금 당장 비전을 기록해 보는 것이다. 그리고 끊임없이 그 비전을 검토하고 개선해 나가는 전략이 필요하다.

◆ 목표 달성 이전에 더 큰 비전으로 새롭게 갱신한다

우리는 간혹 목표를 너무 낮게 잡거나, 운이 좋거나, 혹은 자신의 뛰어난 재능이나 노력으로 인해 처음에 세웠던 최종 목표를 계획보다 빨리 성취할 때가 있다. 이 경우 어떤 사람들은 잠시의 희열을 느낄 뿐 오히려 삶의 의욕을 상실하고 방황한다. 만일 자신이 세운 목표 달성이 가까이 다가오고 있다면 그 전에 좀 더 높은 수준의 새로운 비전과 목표를 새롭게 설정해야 한다. 내 능력의 크기가 커졌으므로 자연히 목표도 빠르게 성취되고, 비전도 성취할 수 있는 것이다.

◆ 물질적 욕망에만 머물러서는 안 된다

비전을 처음으로 수립할 때 물질적인 욕망에 따라 비전을 세우는 경우가 많다. 이런 목표나 욕망이 잘못되었다는 것은 아니다. 다만 이러한 물질적인 상태를 인생의 최종 목표로 삼기 때문에 원하는 것을 성취해도 결국 만족하지 못한 삶을 살 수 있다는 것이 문제다. 돈 자체를 목표로 삼은 사람들은 "돈을 벌기 위해서 지금은 어쩔 수 없이 내가 싫어하는 이 일을 하고 있지만, 언젠가는 정말 내가 좋아하는 일을 할 수 있을 거야."라고 말하며 긍정적인 미래를 희망한다. 하지만 이러한 사람들은 억지로 일하기 때문에 실제로는 자신이 바라던 경제적 보상조차 제대로 달성하지 못할 수 있다. 돈을 벌기 위한 삶과 돈을 쓰기 위한 삶을 다르게 분리해서는 안 된다. 돈은 하나의 수단으로 순수하게 받아들일 때 오히려 더 큰 보상을 받을 수 있기 때문이다.

3) 비전 수립 전략

◆ 자신이 정말로 좋아하고 잘할 수 있는 것을 비전으로 잡는다

아무런 대가를 받지 않아도 즐겁게 일할 수 있을 정도로 자신이 정말로 하고 싶은 일을 비전으로 삼자. 세계적인 발명가 토마스 에디슨(Thomas Edison)도 자신의 연구에 대해 "나는 평생 단 하루도 일하지 않았다. 그저 재미있게 한 평생 놀았을 뿐이다."라며 평생 연구했던 것이 일이 아니라 즐거운 놀이였다고 말하고 있다. 자신이 정말로 좋아하고 잘할 수 있는 것을 한다는 것, 평생 그 일만 하더라도 질리지 않고 즐거움과 행복감을 느낄 수 있는 그런 일을 찾아서 비전을 수립한다면 자신의 꿈을 반드시 이룰 수가 있다.

◆ 목표를 가능한 한 크게 잡는다

비전은 질적으로 탁월할 뿐 아니라 양적으로도 크고 원대하게 잡아야 한다. 물론 현실성을 고려한 목표를 세워야겠지만, 너무 낮은 목표는 도전의식을 상실케 하고 달성하고자 하는 의욕을 저하시킨다. 비전을 높고 크게 잡을 때 자신이 가지고 있는 모든 역량을 마음껏 발휘할 수 있다. 따라서 때때로 불가능하다고 생각되는 것도 비전으로 잡아야 한다. 인류 역사는 불가능한 것을 꿈꾸었던 사람들에 의해서 하나씩 이루어져 왔다. 달성하기 너무 쉬운 비전은 더 이상 비전으로서의 가치가 없다.

◆ 비전은 자신과 사회에 긍정적인 영향력을 주어야 한다

자신의 꿈과 비전이 이루어졌을 때 그 결과가 타인에게 부정적인 영향을 주게 된다면 그것은 더 이상 비전으로서의 가치를 상실하게 된다. 꿈과 비전은 자신의 꿈이 이루어졌을 때, 사회 공헌성 여부를 떠나 최소한 다른 사람을 가슴 아프게 하거나 피해를 주어서는 안 된다는 것이다. 예를 들어, 어느 한 나라에 특정 전염병이 유행하기 시작한 시기에 자신의 꿈이 그 나라를 여행하는 것이라는 이유로 여행을 강행한 사람이 있었다. 귀국 후 그는 뒤늦게 자신이 그 전염병에 걸렸다는 사실을 알게 되었고 얼마 지나지 않아 그 전염병은 전 지역으로 확산되었다. 그 사람은 자신의 꿈을 이뤘지만 특정 전염병에 걸린 사람들은 일상으로 돌아가는데 너무나 많은 고통을 겪어야만 했다.

4) 비전을 완성시키는 법

◆ 비전은 주기적인 검토를 통해서 완성된다

때론 우리가 어렵게 세운 비전의 방향이 잘못될 수도 있다. 그 원인은 처음부터 잘못된 방향으로 수립되었을 수도 있고, 시간이 흐름에 따라 변화의 필요성이 생겼기 때문일 수도 있으며, 세상을 향한 자신의 시각이 확대되었기 때문일 수도 있다. 이와 같이 다양한 원인으로 인해 비전의 방향 자체가 잘못 수립되는 경우도 있다. 비전에 대한 충분한 검토 없이 자신이 수립한 비전을 일관되게 밀고 나가며 맹목적으로 맹신하다 보면 오히려 잘못된 방향으로 나아갈 수도 있다. 때론 비전이 처음부터 잘못된 방향으로 설계되었을 수 있다. 문제는 비전이나 믿음, 신념과 같은 강력한 체계의 차이는 금방 알아차리기 어렵다는 것이다. 그렇다고 처음부터 완벽한 비전을 세우는 데 모든 시간을 소요하라는 것은 아니다. 최대한 올바른 방향으로 비전을 세우도록 노력하되 최소한 1년에 한 번씩 주기적으로 자신의 비전을 검토해 보자는 것이다. 비전을 수립할 때 반드시 지켜야 될 신념이 있어야 하는 반면, 유연함과 융통성을 발휘할 필요도 있다. 이렇게 비전을 정기적으로 검토하며 시정해 나간다면 더욱 올바르고 큰 방향으로 비전을 세워 성취할 수 있을 것이다. 그러나 비전의 타당성만 검토하며 시간을 낭비할 것이 아니라 일단 정확한 목표가 설정되면 끊임없이 그 하나에 집중적으로 몰입해야 자신이 원하는 바를 성취할 수 있다.

마지막으로, 비전 수립의 비밀은 모든 일이 계획대로 되지는 않는다는 평범한 사실이다. '어차피 계획대로 되지 않을 바에야 차라리 계획을 세우지 않겠다.'라는 어리석은 생각을 한다면 큰 오류에 빠지게 된다. 비록 인생이 우리가 계획한 대로 이루어지지 않을 수도 있다. 그러나 우리가 계획을 세워 놓고 그 계획에 충실하려고 노력했기 때문에 오히려 더 큰일을 해낼 수도 있는 것이다.

◆ 비전을 공표한다

비전은 비밀스럽게 혼자만 간직하는 것이 아니다. 비전은 다른 사람과 더 많이 공유하면 할수록 성취할 확률이 더욱 높아진다. 무엇보다 먼저 자기 내면의 자아(自我)와 비전을 공유하자. 그러기 위해서는 매일 아침 일어날 때마다 자신의 비전을 떠올리고 마음속으로 다짐하자. 물론 소리 내어 외쳐도 좋다. 가족과 사랑하는 사람들에게 자신의 비전을 이야기하고 조언을 구하자. 가까운 사람들에게는 더욱 쑥스러울 것이다. 초등학교 친구에서부터 대학 친구에 이르기까지 모든 친구에게 이야기하자. 학교나 모임의 선후배에게도 자신이 세운 비전을 이야기하고, 그런 다음 직장 동료, 상사, 부하직원, 사회에서 만나는 모든 사람들에게 자신의 비전을 말하자. 앞에 나서서 이야기할 기회가 올 때마다 자신의 비전을 공공연하게 공표하자. 자신을 소개할 기회가 있을 때마다 자신의 비전을 이야기하자.

처음에는 그렇게 말하고 다니는 것이 마치 엉뚱한 몽상을 떠벌리고 다니는 것처럼 부끄러운 마음이 들 수도 있다. 그러나 오래 지나지 않아 자신이 말로 내뱉은 비전을 이루기 위한 습관이 자리 잡을 것이다. 게다가 짧은 시간 내에 당신이 말한 비전을 성취한 모습을 보고 모두 깜짝 놀랄 것이다. 당신의 마음에서 우러나온 비전은 자신을 감동시키고 다른 사람을 감화시켜 나갈 것이다. 당신의 비전이 당신의 생각을 사로잡을 것이고, 그 생각은 신념으로 강해질 것이며, 그 신념으로 새로운 습관이 자리 잡게 될 것이다. 그 습관은 잘못된 행동을 교정하고 당신이 원하는 꿈을 현실로 만들어 줄 것이다.

4. 비전 달성을 위한 대학생활 3요소

1) 학점 관리

기본적인 자격 요건에 해당하는 요소가 바로 학점이다. 서류전형이나 추천을 통한 채용에서 대학 4년 동안의 성적은 가장 중요하게 고려되는 요소 중의 하나다. 취업에서 학점을 이토록 중시하는 이유는 무엇인가? 학점은 대학 4년 동안 한 개인이 어떻게 생활해 왔는가를 말해 주는 지표이기 때문이다. 학점은 시험 성적, 평소 수행도, 출석, 리포트 등 다양한 측면에서 한 학기 동안 개인을 종합적으로 평가한 결과물이다. 어떤 사항에 대하여 어떠한 자세로 어느 정도의 결과를 성취하였는지를 알 수 있게 해 준다. 그래서 학점은 자기관리 능력이자 목표관리 능력이라 할 수 있다.

학점은 전공 분야에 대한 학문적 성취도의 의미도 있지만, 자신이 처해 있는 환경에 능동적이고 긍정적인 자세로 적응해 온 성실성을 나타내는 척도로서 더 중요한 의미를 갖는다. 이러한 성실성이 새로운 직장에서의 긍정적 적응과 성과를 예측할 수 있는 지표가 되는 것이다. 반대로 학점이 좋지 않다는 것은 학교생활에 만족하지 못하고 부정적으로 또는 소극적으로 살아온 모습을 그대로 나타내는 것이라 할 수 있다. 즉, 새로운 환경에 적응할 수 있을 것이라는 신뢰나 가능성을 갖지 못할 것은 불을 보듯 뻔한 일이다.

저학년일수록 학점이 좋지 않은데, 이는 대학이라는 새로운 환경에 빠르게 적응하지 못하여 생긴 결과다. 대학생활에 빨리 적응해야 하며, 학점 관리를 철저히 해야 한다. 저학년 때부터 졸업 시점을 염두에 두고 모든 과목에 대하여 최선을 다하여 학업 성취도를 높여 가야 할 것이다. 또한 학점은 진로에 적지 않은 영향을 미친다. 편입하려는 사람, 전과를 하고자 하는 사람, 특히 대학원에 진학하려는 사람들에게는 학점이 결정적인 역할을 한다. 현재보다 높은 수준의 수학능력을 요하는 상황에 적응하지 못하는 사람을 굳이 받아들이지 않으려는 것은 지극히 당연한 일이다. 자신이 현재보다 나은 다른 환경으로 이동하려면 최소한의 기본능력을 갖추지 않으면 기회를 놓치게 된다는 것을 인식하여야 한다.

2) 도전과 경험

새로운 도전과 경험은 자기 자신이 원하는 것이 무엇인지 분명하게 알게 하는 기회를 제공해 준다. 인생에 있어서 대학생활은 도전과 경험의 기회를 잡을 수 있는 가장 여유로운 시기다. 그러므로 열정과 도전정신을 가지고 다양한 활동에 참가하는 것이 중요하다. 실패를 해 본 사람은 시작도 하지 않은 사람에 비해 많은 것을 배울 수 있다고 했다. 수많은 도전으로 실패를 했다면 언젠가는 그 목표를 이룰 것이다. 대학생활 동안 경험할 수 있는 활동을 살펴보면 다음과 같다.

첫째, 아르바이트다. '아르바이트 하지 않으면 취업 꿈도 꾸지 말라.'라는 기사가 있었다. 그만큼 아르바이트는 실제 직무를 수행하는 데 긍정적인 영향을 미친다. 최근에 기업들이 경력사원 채용을 중시하는 고용 관행으로 볼 때 대학생들이 보여 줄 수 있는 경력으로서 아르바이트를 꼽을 수 있다. 학업에 크게 영향을 미치지 않는다면 자립심도 키우고 기업을 체험할 수도 있으므로 자신의 여건에 맞는 아르바이트를 해 보는 것이 좋다. 아르바이트를 통하여 새로운 환경에 대한 적응력을 높이는 것은 물론 인맥을 넓히고 각종 상황에 대응할 수 있는 판단력을 증진시킬 수 있다. 뿐만 아니라 아르바이트는 학교에서는 쉽게 배울 수 없는 일을 수행하는 실행력과 기획력 등 실무능력을 키울 수 있는 좋은 기회를 제공한다.

4. 비전 달성을 위한 대학생활 3요소

둘째, 공모전이다. 공모전은 가장 강력한 취업스펙 중의 하나다. 일반적으로 공모전은 상금과 입사특전, 해외견학, 인턴십 기회 제공 등 다양한 특전을 동시에 제공함으로써 괜찮은 일자리의 성공취업을 위한 필수요건으로 떠오르고 있다. 최근 기업의 채용공고를 자세히 보면 공모전 경험을 우대조건으로 제시하는 기업이 매년 증가하고 있다.

셋째, 봉사활동이다. 최근에는 사회적 인식 차원에서 한 개인의 인성을 확인할 수 있는 봉사활동이 각광을 받고 있다. 즉, 봉사활동은 사회 공동체의 일원으로서 함께 나눔을 실천하는 동시에 구직활동에도 도움이 되는 경우가 많다. 온라인 리크루팅 업체의 조사에서 신입사원 채용 시 우대조건을 제시한 공고 항목을 보면 공모전 입상자가 가장 높게 나타났고, 이어서 외국어 우수자, 해외연수자, 다음으로 봉사활동 경험자로 나타났다.

3) 인맥관리

인간은 사회적 동물이기 때문에 사회를 떠나서 살 수가 없으며, 인간이 사회에서 인간답게 살아가는 데 가장 중요한 것 중의 하나가 인간관계다. 조직사회로 접어들수록 인간관계, 특히 인맥관리는 더욱 중요해지고 있다. 모임은 인맥을 만들거나 정보를 얻는 데 적절한 동기를 제공한다. 따라서 모임을 잘 활용하면 정보도 얻고 인맥도 넓힐 수 있다. 모임 장소에 익숙해지는 것이 중요한데, 처음에는 연령별로 모임에 참가하는 것이 좋다. 그 예로, 자신의 나이가 20대면 20대가 중심이 되어 있는 모임에 참가하는 것이 좋다. 왜냐하면 첫 대면에서 거부감이 덜하고 서로 쉽게 친숙해질 수 있기 때문이다. 인맥에도 양과 질이 있다. 우선 양을 채운 뒤에 질을 찾는 것이 좋다. 그리고 소개를 해 준 사람을 따라가서 부드럽게 인맥을 소개받는 쪽이 '질'을 높일 수 있다.

인맥 강화를 위하여 사람이 모이는 곳은 가능하면 얼굴을 내민다. 일반적인 학과 모임뿐만 아니라 동아리 활동, 스터디 그룹 등 사람이 있는 곳에는 무조건 참가하는 것이 좋다. 그리고 모임 구성원들과 경쟁하기 이전에 우정을 쌓는 것이 중요하다. 인맥을 강화하기 위하여 자신을 모든 유형의 회합에 익숙해지도록 만든다면 생각 이상의 효과를 거둘 수 있을 것이다.

나의 꿈을 위한 비전 세우기

◆ 나의 직업 목표 달성을 위하여 대학생활 동안의 '목표, 꼭 해야 할 일, 자원 및 방해 요인'을 시기별로 세분화하여 구체적으로 정리해 보자.

나의 직업 목표는 ＿＿＿＿＿＿＿＿＿＿＿＿이다.

학년 학기	목표	꼭 해야 할 일	긍정적 자원 및 방해 요인 (심리적 · 신체적 · 환경적 측면)

나는 위의 약속을 성실히 이행할 것을 나와 조원들 앞에 엄숙히 약속합니다.

년   월   일

본인: (서명)
조원: (서명)
조원: (서명)
조원: (서명)

◈ 지금까지 수업한 내용을 종합하여 자신의 비전을 세워 보자.

내가 소망하는 인생의 목표는 ＿＿＿＿＿＿＿＿＿＿＿＿＿＿＿이다.

시기	나이	개인적/직업적 목표	긍정적 자원 및 방해 요인 (심리적 · 신체적 · 환경적 측면)
(　)년 이내			• • •
(　)년 이내			• • •
(　)년 이내			• • •
5년 이내			• • •

◈ 자신이 수립한 비전을 보면 어떤 느낌이 드는가? 그 이유는 무엇인가?

＿＿＿＿＿＿＿＿＿＿＿＿＿＿＿＿＿＿＿＿＿＿＿＿＿＿＿＿＿＿

＿＿＿＿＿＿＿＿＿＿＿＿＿＿＿＿＿＿＿＿＿＿＿＿＿＿＿＿＿＿

＿＿＿＿＿＿＿＿＿＿＿＿＿＿＿＿＿＿＿＿＿＿＿＿＿＿＿＿＿＿

＿＿＿＿＿＿＿＿＿＿＿＿＿＿＿＿＿＿＿＿＿＿＿＿＿＿＿＿＿＿

＿＿＿＿＿＿＿＿＿＿＿＿＿＿＿＿＿＿＿＿＿＿＿＿＿＿＿＿＿＿

＿＿＿＿＿＿＿＿＿＿＿＿＿＿＿＿＿＿＿＿＿＿＿＿＿＿＿＿＿＿

◈ 비전 달성을 위해 현재 자신이 극복해야 할 과제는 무엇인가?

_____

_____

_____

_____

_____

_____

◈ '진로와 자기계발' 수업을 마치며 자신에게 하고 싶은 말은 무엇인가?

_____

_____

_____

_____

_____

_____

_____

_____

_____

_____

_____

_____

부록

[부록 1] 업종별 직업정보
커리어(www.career.co.kr)

[부록 2] 직종별 직업정보
커리어(www.career.co.kr)

[부록 3] 개별 법령에 의한 국가자격 현황
한국산업인력공단(www.q-net.or.kr)

[부록 4] 알고 싶은 국가자격 정보
한국고용정보원(www.keis.or.kr)

[부록 5] 자격증 우대 사항 및 지원 자격
해당 기관 및 기업의 홈페이지
사이버 국가고시센터(http://www.gosi.go.kr)

[부록 6] 자격증에 따른 직업
큐넷(http://www.q-net.or.kr)

[부록 7] 자격증별 혜택
컴퓨터 자격증
1) 워드 프로세서: 대한상공회의소 자격평가사업단(http://license.korcham.net)
2) 정보처리기사: 큐넷(http://www.q-net.or.kr)
3) 컴퓨터활용능력: 대한상공회의소(https://license.korcham.net)
4) 정보기술자격시험(ITQ): 정보기술자격센터(http://www.itq.or.kr)

어학 자격증
1) TOEIC: YBM시사닷컴의 어학시험 메뉴(http://exam.ybmnet.co.kr/toeic)
2) JPT: YBM시사닷컴의 어학시험 메뉴(http://exam.ybmnet.co.kr/jpt)
3) SJPT: YBM시사닷컴의 어학시험 메뉴(http://exam.ybmnet.co.kr/sjpt)
4) HSK: HSK한국사무국(http://www.hsk.or.kr)

[부록 8] 직종별 자격증 혜택
큐넷(http://www.q-net.or.kr)
사이버 국가고시센터(http://www.gosi.go.kr)

[부록 9] 국가공무원 채용시험 가산특전
한국고용정보원(www.keis.or.kr)

업종별 직업정보(커리어, www.career.co.kr)

1. 서비스업

분류	직업정보
복지시설	복지시설, 사회복지
연구, 조사, 컨설팅	컨설팅 연구소, 경제연구소, 경영연구소, 조사분석
법무, 세무, 회계	특허사무소, 법률사무소, 법률상담, 로펌, 변호사사무실, 법무사무소, 법무법인, 세무회계사무소, 세부법인, 세무컨설팅, 회계법인, 노무법인, 변리사사무소
호텔, 여행, 항공	호텔, 콘도, 카지노, 여행사, 항공사, 관광, 면세점, 리조트, 펜션, 민박
외식, 프랜차이즈, 음식료	음식료, 식품, 식품연구, 한식당, 일식당, 양식당, 중식당, 제과제빵점, 출장요리, 케이터링, 프랜차이즈, 횟집, 뷔페, 퓨전푸드, 호프, 패밀리레스토랑, 구내식당, 피자, 점포개발, 치킨, 통닭, 카페, 돈까스, 우동, 이태리요리, 프랑스요리, 패스트푸드, 테이크아웃
스포츠, 레저, 여가	스포츠, 레포츠, 놀이공원, 서바이벌게임, 래프팅, 스포츠센터, 골프장, 수영장, 휘트니스센터, 볼링장, 오락실, 당구장, 스키장, 댄스학원, 찜질방, 무술, 격투, PC방, 생활체육, 에어로빅, 카누, 카약, 수상스키, 승마
카센터, AS센터, 주유	경정비, 중정비, 검사소, 카센터, A/S센터, 자동차정비, 주유소
렌탈, 대여	렌탈, 임대, 대여, 렌터카, 오토리스
결혼, 예식장, 상조	예식장, 결혼정보회사, 스튜디오, 사진관, 연회장, 웨딩컨설팅, 장례서비스, 상조서비스, 이벤트
시설관리, 경비, 용역, 파견대행	경비, 시설관리, 기계관리, 전기관리, 방재관리, 청소, 미화, 인재파견, 채용대행, 써치펌, 헤드헌팅, 아웃소싱, 콜센터
미용, 뷰티, 스파	헤어샵, 뷰티, 다이어트, 네일아트, 메이크업, 피부관리, 마사지
기타 서비스업	배달, 포장, 꽃집, 세탁소, 식물원, 동물원

2. 유통 및 무역업

분류	직업정보
유통, 백화점, 도소매	유통, 유통관리, 할인점, 백화점, 홈쇼핑, MD, 판매, 숍마스터, 편의점, 면세점, 서점, 전자제품대리점, 의류매장, 통신기기대리점, 문구음반유통, 잡화매장, 마트, 점포개발, 쇼호스트
무역, 상사	무역, 상사, 해외유통
운송, 운수, 물류	육상운송, 해상운송, 항공운송, 보세운송, 철도, 지하철, 택시, 시내버스, 고속버스, 배송, 퀵서비스, 택배, 포장이사, 주문, 입하, 출하, 보관, 하역, 물류, 물류관리, 물류센터, 운송, 시설관리, 포워딩, 관광버스, 터미널, 컨테이너

3. 금융 및 보험업

분류	직업정보
은행, 저축은행, 캐피탈	일반은행, 특수은행, 종합금융회사, 투자신탁회사, 저축은행, 신용협동조합, 캐피탈, 할부금융, 여신, 국제금융
보험, 증권, 카드	손해보험, 생명보험, 증권, 신용카드, 증권금융, 증권투자, 선물, 자금중개, 투자상담, 손해사정, 채권, 자산관리사, 보험영업, 채권추심, 재정설계, 부동산투자, 부동산운용

4. 의료 및 보건업

분류	직업정보
병원, 한의원	의료, 보건, 대학병원, 종합병원, 전문병원, 한방병원, 요양병원, 한의원, 조산원, 병원, 의원, 보건소, 피부과, 성형외과, 치과, 물리치료, 안과, 정형외과, 산부인과, 소아과, 비뇨기과, 내과, 외과, 응급의학과, 이비인후과, 신경외과, 흉부외과, 영상의학과, 재활의학과, 정신과, 임상병리, 동물병원
제약, 의료기기, 바이오	의약, 제약, 약국, 건강, 한약, 바이오, 생명공학, 의료기기, 치과기공

5. 미디어 및 문화

분류	직업정보
방송, 케이블, 프로덕션	지상파방송, 케이블방송, 위성방송, 인터넷방송, 종합유선방송, DMB방송, 라디오방송, 프로덕션, TV홈쇼핑, 방송협회, 방송장비
신문, 언론사, 출판사	신문사, 잡지사, 언론사, 출판, 인쇄, 편집, 출판기획, 편집디자인, 전자출판, 출력, 복사, 제본, 서점, 그라비아인쇄, 포장인쇄, 집필, 교정, 교열, 실사출력
광고, 홍보, 전시	광고기획, 광고디자인, 광고제작, 광고대행, 홍보대행, 프로모션대행, 전시기획, 전시디자인, 컨벤션, 국제회의, 이벤트대행, ATL, BTL, SIGN, CF
연예, 엔터테인먼트	연예, 연예기획, 스튜디오, 엔터테인먼트사, 매니지먼트, 이벤트기획사, 프로덕션
영화, 음반, 배급	영화제작사, 배급유통사, 영화관, 음반기획사, 투자사, 음반사, 음반협회, 스튜디오, 녹음실, 편집실, 음반제작, 음반배급, 음반판매, 영화기획사, 영화교육기관
문화, 공연, 예술	공연콘서트홀, 공연예술, 극단, 소극장, 오페라단, 문화예술회관, 아카데미, 큐레이터
디자인	디자인, 시각디자인, 산업디자인, 환경디자인, 멀티미디어디자인, 공예디자인, 설계, CAD

6. 정보통신 및 IT

분류	직업정보
SI, SM, ERP, CRM	SI, ERP, CRM, DRM, DW, KMS, NI, DataMining, OLAP, SCM, BPR, SEM, BSC, SM, DataWarehouse, BigData, BI
웹에이전시	웹에이전시, 웹프로덕션
포털, 콘텐츠, 커뮤니티	포털, 콘텐츠, 취업포털, 여성포털, 인터넷영화, 인터넷방송, 인터넷금융, 인터넷교육, 인터넷만화, 인터넷부동산, 인터넷경매, 게임포털, 인터넷여행, 인터넷법률, 인터넷생활정보, 커뮤니티, 소셜네트워크, 인터넷음악, 인터넷서점, 인터넷뉴스, 신문
솔루션, ASP, 소프트웨어	솔루션, ASP, 소프트웨어개발, 모바일앱개발
쇼핑몰, 오픈마켓, 소셜커머스	전자상거래, EC, 쇼핑몰, B2B, 온라인경매, B2C, 상품기획, 오픈마켓, 가격비교, 소셜커머스
통신사, 네트워크	네트워크구축, 홈네트워크, 통신, 텔레콤, VoIP, IMT2000, 별정통신, 유비쿼터스, U-City, 웹호스팅, CDN, 인터넷전화
모바일, 무선	모바일, 무선통신, 와이브로, 블루투스, CDMA, WIPI, WAP, PDA, 모바일게임, Phone, GSM, WindowsMobile, 안드로이드, BREW, 아이폰, 텔레매틱스, mHTML, cHTML, HDML, SKVM, 모바일App, NFC, 스마트폰, 증강현실, RFID
보안, 백신, IT컨설팅	보안소프트웨어, 백신프로그램, 방화벽, IDS, 보안컨설팅, ESM, VPN, SSL, 바이러스, 네트워크보안, 정보보안, 해킹, 스팸, 웜, 보안ASP, IT컨설팅, 인큐베이팅, SAP, ERP, SCM, CRM, IFRS, Oracle, BPM, KMS, DW
컴퓨터, 하드웨어, 주변기기	하드웨어, 유지보수, 펌웨어, AS, 스토리지, 컴퓨터, 코덱, 주변기기, 장비구축
게임	게임, 게임소프트웨어, 모바일게임, 3D온라인게임, 게임운영관리, RPG, 2D온라인게임, Flash게임, Java게임, 게임음악효과음, 콘솔게임, 캐주얼게임, 보드게임, 아케이드게임, 웹게임, 게임배급사

7. 제조업

분류	직업정보
기계, 자동차, 조선, 항공	기계, 기계설비, 기계설계, 기계조립, CAD, CAM, 메카트로닉스, 자동차정비, 자동차, 자동차부품, 조선, 선박, 항공, 항공기계, 포장기계, 공작기계, 건설기계, 발전기, 사출성형기, 전동공구, 목공기계, 프레스, 유압기기, 공압기기, 압출성형기, 분쇄기, 노즐, 기계조립, 기계감리, MEMS, 절삭공구, 인쇄기계, 선반, 금형, 밀링, CNC, 자동화설비, NC, MCT, 감속기, 열교환기, 압력용기, 밸브
전기, 전자, 제어	전기, 전기회로, 전기설비, 전기설계, 전기기술, 전기공사, 전기기사, 자동제어, PLC, 전자, 전자계산, 전자회로, RF, SEM, TEM, Hardware, Firmware, PCB, DVD, Micom, 기구설계, SMT, 제어, 전기제어, SMPS, 전장, HMI, MMI, 프로세서, 회로설계, 가전제품

섬유, 화학, 에너지, 환경	섬유, 섬유디자인, 의류, 디스플레이, 의상디자인, 패션, 패션디자인, 코디네이터, 액세서리, MD, 남성의류, 여성의류, 유아의류, 속옷, 섬유공학, 패턴사
금속, 철강, 재료	제철소, 제선, 제강, 철강, 압연, 시멘트, 유리, 요업, 판금, 절삭공구, 금속, 금속재료, 세라믹스, 용접, 단조, 도금, 도장, 제관, 주조, 금속가공, 금형, 연마, 자재, 건설자재, 건축자재, 레미콘, 와이어
가구, 목재, 제지	목재, 제지, 펄프, 가구, 부엌가구, 사무용가구
식품가공, 농축산, 어업	식음료, 식품가공, 제과제빵, 농업, 어업, 축산, 임업, 광업, 농수산물, 원양어업
반도체, 디스플레이, 광학	반도체, IC설계, ASIC, VLSI, LCD, TGT, 디스플레이, PDP, 반도체장비, SoC, LED, 발광다이오드, 반도체생산, 정밀광학

8. 건설업

분류	직업정보
건설, 토목, 시공, 조경	건설, 산업안전, 건설안전, 시공관리, 지적측량, 건설품질관리, 공무, 토목, 교량, 가설설계, 교량설계, 도로설계, 조경, 해외건설, 구조설계, 도시계획, 견적, 현장관리, 토경, 측량, 토목설계, 해외건설, 토목감리, 토목계측, 토질
건축, 인테리어, 설비, 환경	건축, 건축설계, 건축설비, 건축시공, 실내건축, 인테리어, CAD, 전기설비, 전기배선, 설비, 전기, 통신, 시설, 감리, 공무, 미장, 소방, 산업안전, 견적, 플랜트, 상하수도, 비파괴검사, 공기조화, 공조냉동, 자재, 환경, 입찰
부동산개발, 임대, 중개	택지개발업, 건물분양업, 복합부동산업, 도시개발업, 부동산임대업, 부동산컨설팅, 임대컨설팅, 부동산서비스업, 감정평가, 공인중개사, 부동산중개, 경매, 공매, 빌딩, 사무실, 상가, 토지, 아파트, 오피스텔, 모델하우스, 해외부동산, 매입매각, 양도양수

9. 교육기관

분류	직업정보
학교	교육기관, 대학교, 초등학교, 중학교, 고등학교, 외국인학교, 특수학교
유치원	유아원, 유치원, 어린이집, 유아교육
학원, 학습지	입시학원, 보습학원, 고시학원, 예체능학원, IT학원, 영어학원, 일본어학원, 중국어학원, 어학원, 유학원, 미술학원, 음악학원, 기능학원, 디자인학원, 기업교육, 사회교육

10. 공공기관, 공기업, 협회

분류	직업정보
공공기관, 공사, 공기업	공공기관, 공기업, 공단, 중앙정부기관, 지방자치단체, 도서관
협회, 단체	협회, 조합, 종교단체, 재단법인, 사단법인, 연합회, 연맹, 시민단체, NGO, 국제기구

부록 2   직종별 직업정보(커리어, www.career.co.kr)

1. 관리직

분류	직업정보
경영, 전략, 기획	기획, 전략기획, 사업기획, 사업제휴, 기획조사, 경영기획, 경영혁신, 조직관리, 서비스기획, 타당성분석, 리서치, 모니터링, CEO, COO, MBA, 변화관리, 출판기획, 인수·합병, 신규사업
총무, 법무, 사무	총무, 관리, 사무관리, 사무보조, 일반사무, 문서관리, 자산관리, OA, 자료입력, 전산입력, 행정, 복리후생관리, 법무, 특허, 공무, 인허가업무, DM발송, 저작권관리, 비품관리, 송무, 의약사무, 항공사무, 공무, 문서수발, 시설관리
세무, 회계	경리, 회계, 세무, 결산, 원가회계, 관리회계, 재무회계, 회계감사, 예산관리, 더존, 전산회계, ERP운용, 급여관리, 4대보험, 기장, 출납, 전표입력, 부가세신고, 판매관리, 경영지원, SAP
재무, 자금, IR	자금, 재무, IR, 주식, 외환, 공시, 감사, IPO, CFA, CPA, AICPA, CFO, 내부관리, 재무회계, 재무기획, 세무, 자금조달, 통계, 결산
비서, 수행, 안내	비서, 임원비서, 수행비서, 전문비서, 안내, 리셉션, 호텔컨시어지, 안내데스크
인사, 교육, HR	인사, 인사기획, 인재개발, 채용, 교육(HRD), 노사관리, 급여관리, 성과관리, 목표관리, 변화관리, 노무, 인재파견관리, 복리후생, MBO, 임금관리, 교육기획, 교육훈련, 인사통합, HRM, 교수설계, 인사평가, 직무분석, 보상, 승진, 입학사정관
사무보조, 문서작성	정보처리, 워드, OA, 엑셀, 파워포인트, 전산편집, 문서관리, 일반사무, 사무보조, 홈페이지관리, DM발송, 사서, 문서작성, 전산회계, 더존, 정보처리기사, 자료조사, 콘텐츠관리, 전화응대, 모니터링, 게시판관리

2. 마케팅과 광고

분류	직업정보
마케팅, 브랜드	마케팅, 마케팅기획, 마케팅전략, 브랜딩, 브랜드매니저, 제휴마케팅, 해외 마케팅, 입소문마케팅, 온라인마케팅, 스포츠마케팅, 상품기획, MD, CRM, CMO, 라이센싱, IMC, 업무제휴, 시장분석
홍보, PR, 사보	홍보, 언론홍보, 홍보기획, PR, 사보제작, 사보기자
광고, 광고기획, AE	광고, 광고기획, 광고관리, AE, 카피라이터, 광고제작, 아트디렉터, CM플래너, PPL
리서치, 조사분석, 통계	시장조사, 시장분석, 리서치, 통계, SPSS, SAS, 조사분석
이벤트, 행사, 내레이터	이벤트, 프로모션, 행사, 파티플래너, 이벤트기획, 도우미, 행사진행, 내레이터, 판촉, 이벤트연출, 캐스팅디렉터, 이벤트플래너
전시, 컨벤션	전시, 국제회의, 회의, 컨벤션

3. 전문직

분류	직업정보
특허, 법무	변호사, 법무사, 변리사, 법률서비스, 노무사, 특허출원, 상표출원, ISO인증, 지적재산권, 사무장, 법학전공, 등기업무, 법무대리, 상표대리, 변리사사무장, 변호사사무장, 공증, 로스쿨, 채권관리, 저작권, 소송, 민사, 등기
통역, 번역	번역, 통역, 관광통역, 영어, 일본어, 중국어, 프랑스어, 독일어, 러시아어, 스페인어, 포르투갈어, 베트남어, 태국어, 폴란드어, 아랍어, 말레이어, 인니어, 외화번역
금융, 자산관리	금융컨설팅, 기업심사, 외환딜러 및 관리, 애널리스트, 펀드매니저, 국제금융, 선물중개, 기업금융, 리스크매니저, 재정분석 및 설계, 금융상품개발, 감사, 공인회계사, 신용평가
경영분석, 컨설팅	경영분석, 경영기획, 컨설팅, 경영컨설팅, 창업컨설팅, 부동산컨설팅, 매너컨설팅, 웹컨설팅, HR컨설팅, 이미지컨설팅, 기업심사, 투자유치, MBA, M&A, IR
회계, 세무, CPA	세무, 재무, 회계, CPA, 법인결산, AICPA, 세무사, CFA, 기장, 결산
헤드헌터, 노무, 직업상담	헤드헌터, 직업상담, 인재컨설팅, 인재파견관리, 노무관리

4. 의료 및 보건

분류	직업정보
의사, 한의사	의사, 치과의사, 한의사, 수의사, 성형외과, 피부과, 치과, 내과, 외과, 정형외과, 신경외과, 흉부외과, 재활의학과, 비뇨기과, 산부인과, 소아과, 안과, 이비인후과, 정신과, 영상의학과, 응급의학과, 가정의학과
약사	약사, 한약사, 제약연구
간호사, 간호조무사	간호사, 병동간호사, 응급실간호사, 수술실간호사, 수간호사, 동물간호사, 간호조무사, 수술실보조, 산부인과, 한의원간호사, 조산사, 간병인
의료기사	임상병리사, 방사선사, 치기공사, 치과위생사, 물리치료사, 검안사, 영양사, 응급구조사, 위생사, 운동처방사, 의공기사, 방사선사, 작업치료사
사무, 원무, 코디	원무행정, 코디네이터, 접수, 수납, 예약, 의무기록사, 의약사무, 상담실장

5. 무역 및 유통

분류	직업정보
무역, 해외영업	무역, 무역사무, 무역영어, 수출입사무, 통관대리인, 바이어상담, 오더관리, 바이어관리, 바이어개발, 해외마케팅, 해외무역, 해외영업, 해운, 포워딩, LC, MD, 선적, 영어, 일본어, 중국어, 프랑스어, 독일어, 러시아어, 스페인어, 포르투갈어, 베트남어, 태국어, 폴란드어, 아랍어, 말레이어, 인니어, 외환관리, 수출입계약, 무역일반, 무역중개인, MR

구매, 자재, 재고	구매관리, 재고관리, 창고관리, 자재관리, 자재구매, 외자구매, 자재통합, 자재구매기획, 건설자재, 원부자재관리, 원부자재구매, 소모성자재(MRO), 외주관리, SCM,
유통, 물류	상품입출고, 유통, 유통관리, 물류, 물류센터, 국제물류, 해상운송, 항공운송, 보세운송, 물류관리
배송, 운전, 택배	배송, 운송, 퀵서비스, 화물차운전, 택배기사, 포장이사, 중장비운전, 버스기사, 택시기사, 승용차기사, 지게차운전, 납품, 수행기사, 대리운전, 학원차, 이삿짐센터
상품기획, MD	상품기획, 상품개발, MD, 소비재MD, 생산재MD, 섬유 및 패션MD, VMD, 슈퍼바이저, 프랜차이즈

6. 영업 및 판매

분류	직업정보
일반영업	일반영업, 국내영업, 제약영업, 자동차영업, 장비영업, 의료기영업, 화장품영업, 법인영업, 납품영업, 중고차딜러, 주류영업, 해외영업, 영업관리, 거래선개발, 광고영업, 고객관리, 영업기획, 기술영업, 식품영업, 상조영업
금융 및 보험영업	증권, 투자상담, 보험설계, 보험영업, PB, 방카슈랑스, 여신상담, 금융영업, 자산관리, 재무상담, 텔러, 법인고객영업, 개인고객영업, 대출영업, 카드영업, FC, 금융상담, 대출상담, 대출심사, 담보상담, 퇴직연금, 금융사무, 채권추심, 채권관리, 손해사정, 거래처관리, 고객관리, 입출금관리, 금융자산관리사
기술영업 (IT, 솔루션)	기술영업, 기술지원, 솔루션영업, 시스템영업, 네트워크영업, 하드웨어영업, 의료기기영업, 전자기기영업, 반도체영업, 자동화설비영업, 사이트구축영업
광고영업	광고영업, 온라인광고영업, 매체광고영업, 옥외광고, 키워드광고, 지역광고, 지하철광고, 버스광고
영업관리, 영업지원	영업기획, 매출분석 및 관리, 거래선개발관리, 영업관리, 고객관리, 외주관리, 납품관리, 영업지원, 대리점관리, 가맹점관리, 프랜차이즈관리, 거래처관리
판매, 매장관리	판매, 판매관리, 매장관리, 매장시설관리, 캐셔, 샵마스터, 의류판매, 화장품판매, 도서판매, 가정판매, 잡화판매, 식품판매, 컴퓨터판매, 통신기기판매, 사무용품판매, 꽃판매, 프런트, 예약, PC방, 주차정산원, 카운터계산원, 요금수납원, 홀직원, 홍보판촉, 발권, 가구판매, 주유소직원
TM, 아웃바운더	아웃바운드, TM, 해피콜, 콜센터, 인터넷, 통신, 키워드광고, 신문, 방송, 홈쇼핑, 쇼핑몰, 제조, 기술, 방송, 미디어, 택배, 운송, 백화점, 마트, 은행, 증권, 신용카드, 보험회사, 채권추심, 학습지, 출판, 학원, 유학원, 항공, 여행, 호텔, 콘도, 레저, 스포츠, 부동산, 회원관리, 결혼, 웨딩, 상조
CS, 인바운드, 고객센터	CS, 인바운드, 고객상담, 고객지원, 고객응대, 회원관리, QA, 콘센터, 인터넷, 통신, 광고, 신문, 방송, 홈쇼핑, 쇼핑몰, 제조, 기술, 방송, 미디어, 택배, 운송, 백화점, 증권, 투신, 신용카드, 보험회사, 채권추심, 교육, 출판, 학원, 유학원, 항공, 여행, 호텔, 콘도, 레저, 스포츠, 부동산, 결혼, 웨딩, 상조, 전화안내원, 대형할인점, 학습지업체, 은행, 슈퍼바이저, CS교육

홍보상담, 고객관리	홍보상담, 단순홍보, 제품홍보, 서비스홍보, 회원관리, 고객관리, 리서치
교육상담, 학원관리	교육상담, 회원관리, 회원유치, 수강생관리, 학원에이전트, 프로그램상담, 안내상담, 유학 및 연수상담
부동산, 창업	부동산컨설팅, 감정평가사, 분양상담사, 공인중개사, 부동산경매, 경매입찰, 분양홍보, 상가, 임대컨설팅, 부동산개발, 창업컨설팅, 부동산

7. 연구개발 및 엔지니어

분류	직업정보
기계, 자동차, 조선, 철강	기구설계, 기술연구소, 엔지니어, 메카트로닉스, 생산기술, 연구원, 연구관리, R&D, 제품개발, 자동차, 조선, 철도차량, 철강, CATIA, 금형설계, 제어, CTI, 기계, 금속
디스플레이, 반도체	기구설계, 기술연구소, 엔지니어, 메카트로닉스, 생산기술, 연구원, 연구관리, R&D, 제품개발, 반도체, 정보통신, IT, 전기, 전자, 회로설계, LCD, 목재, 제지, LED, 터치스크린
화학, 에너지, 제약,식품	기구설계, 기술연구소, 엔지니어, 생산기술, 연구관리, 연구원, 제품개발, R&D, 의료, 제약, 환경, 화학 원자력, 생명공학, 실험, 에너지, 음식료, 식품
전자, 제어, 전기	하드웨어, 회로설계, 펌웨어, PCB, 어셈블리, VoIP, PDA, 유지보수, AS, 임베디드, ASIC, DSP, Micom, FPGA, RF, PADS, OrCAD, Analog, Digital, 자동제어, 발전, HMI, MMI, SMPS, SMT, SEM, TEM, 광학, 마이크로프로세서
기계설계, CAD, CAM	CAD, CAM, AutoCad, 기계설계, 조선설계, 금형설계, 3D설계, Pro-e, 자동차설계, 기구설계, 전기설계
정보통신, 네트워크	통신기술, 정보통신, 전자통신, 무선통신, 위성통신, 광통신, 이동통신, 모바일통신, ADSL, HFC, CCTV, GIS, GPS, CDMA, GSM, GVM, VoIP, RF, 통신공사, 와이브로, 블루투스, RFID, WAP, PDA, 유비쿼터스

8. 생산 및 제조

분류	직업정보
생산관리, 품질관리	생산, 품질, 생산관리, 품질관리, 품질보증, 품질검사, 제품시험, 자재관리, 공정관리, 안전, 환경관리, 원가관리, ISO, 공정, TPM, 6시그마, 공장장, QA, HACCP, 미생물실험
생산, 제조, 조립, 설비	기능직, 생산직, 공예, 금속, 기계, 회로, 설비, 용접, 운전, 유리, 조립, 사출, 제관, 제조, 밀링, 절단, 절곡, 연삭, 와이어, 방전, 단순사상원, 연마
설치, 정비, A/S	수리, 정비, 검사, 기계설치정비, 전기및전자기기, 컴퓨터조립수리, 자동차정비, 시설관리, 튜닝, 유지보수, 기술자원, 설치, 에어컨, 도장, 판금, 정수기, A/S
포장, 검사, 가공	기능직, 생산직, 염색, 인쇄, 제본, 그라인딩, 도금, 코팅, 포장

9. 건설

분류	직업정보
건축설계, 인테리어	건축설계, 실내디자인, 인테리어설계, 실내건축, CAD, 리노베이션, 전시디자인, 3DMax, 도면작업, 가설설계, 교량설계, 도로설계, 전시인테리어, 건축설비설계, 건설자재연구, 모형설계
토목, 측량, 조경, 환경	조경, 도시, 상하수도, 교량, 가설, 토목기사, 토목계측, 토목설계, 토목시공, 측량, 계측, 조경설계, 구조공학, 도시계획, 교통, 국토이용계획, 토목감리, 골조공사, 지도제도, 환경, 환경기사, 수질환경, 대기환경, 환경영향평가, 소음진동, 폐기물처리
기계, 전기, 소방, 설비	전기, 전기배선, 전기설비, 전기설계, 전기계장, 전기안전, 전기감리, 설비공사, 통신설비, 소방설비, 소방감리, 기계설비, 건축설비, 공조냉동, 시설, 배관, 파이프, 엘리베이터, 건축설비설계, 플랜트
시공, 현장, 감리, 공무	건축감리, 시공, 공무, 시무, 관리, 현장소장, 현장관리, 견적, 입찰, 자재, 안전, 품질, 건설노무, 인테리어시공, 토목감리, 설계감리, 공사감리, 시공감리, 전기공사, 창호공사, 산업안전, 종합감리, 감리원, 건설현장, 일용직, 목수

10. IT 및 인터넷

분류	직업정보
웹기획, 웹마케팅, PM	웹기획, 웹PD, 웹마케팅, PM, 웹프로모션, 웹광고기획, 정보설계, 스토리보드, 콘텐츠기획, 키워드광고, 웹서비스기획, 온라인마케팅, 커뮤니티기획, UI, IA설계, 웹마스터, 몰마스터, 소셜마케팅, 모바일기획, 쇼핑몰기획
콘텐츠, 사이트운영	사이트운영, 테스트, 콘텐츠운영관리, 헬프데스크, 콘텐츠개발, e러닝, 디버깅, 게시판관리, 쇼핑몰운영관리, 카페 및 블로그관리, 커뮤니티운영관리
웹디자인	웹디자인, 정보설계, 포토샵, 플래쉬, HTML, 드림위버, 나모, 파이어웍스, 스위시, UI디자인, 일러스트레이터, 아바타, 웹UI, 모바일UI, 아이폰, 안드로이드, 온라인광고디자인, 인터페이스디자인
웹프로그래머	웹프로그래머, AS, JSP, JAVA, Servlet, CORBA, PHP, CGI, XML, SQK, MySQL, WML, HTML, mHTML, SCJP, .NET, EJB, VRML, VB.NET, APM, AJAX, MS-SQL, WinForm, HDML
응용프로그래머	응용프로그래머, 전산전공, WindowsMobile, Windows, Unix, Linux, VisualC, VisualC++, VisualBasic, C, C++, MFC, PowerBuilder, Java, Delphi, SQL, 4GL, Oracle, CTI, Win32, CICS, NET, Tuxedo, ActiveX, Pro-C, C++Builder, C#Builder, C#, 액션스크립트, 플래시APP, VB.NET, SAP, ABAP, Embedded, VoIPASP.NET, VoIP, DirectX, API, Fortran, Borland, forms, D2K, 아이폰, 안드로이드, 병역특례, Application, 증강현실
시스템프로그래머	시스템프로그래머, 어셈블리, 임베디드, HMI, MMI, PLC, 펌웨어

서버, 보안, 네트워크, DB	서버관리자, 전자상거래, 네트워크관리, 방화벽, 정보보안, 서버구축, 데이터베이스, MCSE, Apache, Oracle, Windows2000, CCNA, IIS, SQL, Unix, Linux, DBA, DB2, OCP, LAN, Solaris, Cisco, 보안관리, 보안관제, 보안기술, 시스템운영, 네트워크엔지니어
시스템분석, 설계, SE	요구분석, 시스템분석, 모델링, PM, 시스템엔지니어, SE, 튜닝, 시스템설계
게임기획, 개발, 운영	게임기획, 게임마케팅, 게임운영 및 관리, GM, 게임음악 및 음향, 캐릭터, 게임시나리오, 프로게이머, 베타테스터, 게임디자인, 2D디자인, 3D디자인, Flash게임, Java게임, 온라인게임, 게임개발, 멀티미디어, 모바일앱게임
HTML, 코딩, 퍼블리셔	HTML코딩, 자바스크립트, XML, 액션스크립트, CSS, 웹퍼블리셔, 웹접근성, 웹표준, 마크업, HTML5

11. 디자인

분류	직업정보
시각, 광고, 디자인	시각디자인, 광고디자인, POP광고, 아트디렉터, TV광고디자인, 신문광고디자인, 포스터디자인, 폰트디자인, 타이포그래픽, 영상디자인, 정보디자인, 현수막디자인, 전단지디자인, 디지털디자인
출판, 편집디자인	편집디자인, MAC, 북디자인, MAC디자인, QuarkXpress, 잡지편집, 카탈로그편집, 삽화일러스트, 잡지디자인, 서체, IBM
산업, 제품디자인	제품디자인, 산업디자인, 문구디자인, 공업디자인, 포장, 패키지, 금속디자인, 공예디자인, 가구디자인, 조명디자인, POP디자인, 주얼리디자인, 잡화디자인, 액세서리디자인, 벽지 및 패턴디자인, 시계디자인, 팬시디자인, sign디자인, GUI
패션, 의류디자인	패션디자인, 의상디자인, 잡화디자인, 섬유디자인, 벽지 및 패턴, 액세서리, 남성정장디자인, 여성정장디자인, 이너웨어디자인, 유아복, VMD, 디스플레이, 코디네이터, 피팅모델, 핸드백 및 가방, 벨트디자인, 니트디자인, 드레스디자인, 골프웨어, 데님, 청바지, 신발 및 구두, 귀금속디자인, 유니폼 및 단체복, 영캐주얼디자인, 침구, 홈패션, 신발디자인, 지갑디자인, 아동복, 넥타이디자인, 여성캐주얼디자인, 남성캐주얼디자인
캐릭터디자인	플래시, 캐릭터디자인, 애니메이션, 프리미어, 3D, 원화디자인, 아바타디자인, 모션그래픽, 2D, 플래시캐릭터
CG, 그래픽디자인	그래픽디자인, 3D, 3DMax, Maya, 일러스트레이터, 포토샵, 디렉터, 코렐드로우, 도트디자인, CI, BI, GUI, 백터3D, CG
공간, 전시디자인	인테리어, 공간디자인, 실내디자인, 리노베이션, 환경디자인, 전시디자인, 조경디자인, 무대디자인, CAD, 3DMax

12. 서비스

분류	직업정보
레저, 스포츠	스포츠강사, 스쿼시강사, 에어로빅강사, 댄스강사, 헬스트레이너, 골프캐디, 골프강사, 생활체육, 볼링, 수영강사, 요가강사, 휘트니스센터, 스키강사, 무술사범, 래프팅, 승마, 당구, 서바이벌게임
여행, 호텔, 항공	호텔리어, 객실팀, 카지노딜러, 캐셔, 벨맨, 하우스키핑, 호텔프론트, 여행사무, 여행상품개발, 관광통역, 발권사무, 여행가이드, OP, 스튜어디스, 승무원, 골프캐디, 조종사, 여권발급, GRO, 컨시어지, 현지가이드, 비자수속
외식, 식음료, 요리	지배인, 서비스, 매니저, 캡틴, 캐셔, 웨이터, 웨이트리스, 홀서빙, 바텐더, 조리사, 요리사, 주방장, Chef, 바리스타, 푸드스타일, 주방보조, 소믈리에, 파티시에, 제과제빵, 한식, 일식, 중식, 영양사, 찬모, 단체급식, 양식
경비, 보안, 경호	보안, 경호, 순찰, 아파트경비, 매장경비, 현금수송, CCTV, 보안검색, 청원경찰
건물, 시설관리, 주차관리	건물관리, 주차관리, 주차관제, 안전관리, 시설관리, 기계관리, 전기관리, 환경관리, 신호관제, 교통관제, 산업안전, 항공관제, 방재관리
뷰티, 미용, 애완	헤어디자이너, 네일아티스트, 스타일리스트, 메이크업, 피부관리, 코디네이터, 뷰티매니저, 다이어트, 체형관리, 애견미용, 애견관리, 두피관리, 아티스트, 마사지
사회복지, 상담, 자원봉사	사회복지, 심리상담, 심리치료사, 자원봉사, 상담사, 요양보호사, 자원봉사, 재활교사, 특수교사, 케어복지사, 놀이치료사, 자원봉사, 생활지도사

13. 미디어

분류	직업정보
연출, PD, 감독	PD, 연출, 감독, AD, 조연출, FD, 연출보조, 방송기획, 방송제작, 방송편성, 방송엔지니어
시나리오, 방송작가	작가, 방송작가, 구성작가, 시나리오작가, 드라마작가, 스크립터, 대본, 외화번역, 번역작가
방송진행, 아나운서, 리포터	아나운서, 앵커, 리포터, 기상캐스터, VJ, 쇼호스트, 웹자키, 성우, 더빙, MC, 외화번역
카메라, 촬영, 편집	카메라, 방송카메라기사, 영상편집, 프리미어, 방송기술, 촬영보조, 영사기사, 조명기사, 방송미술, 음향, 녹음, 방송CG, 포토샵, 사진촬영기사, 사진관, 스튜디오, 동영상촬영
기자	기자, 신문기자, 방송기자, 잡지기자, 사진기자, 취재기자, 촬영기자, 편집기자, 인터넷기자, 잡지 및 사보기자, 교열기자, 인턴 및 객원기자
공연, 연예, 매니저	공연기획, 공연스텝, 무대제작, 특수효과, 오퍼레이터, 엑스트라, 영사기사, 스크립터, 매니저, 로드매니저, 코디네이터, 메이크업, 탤런트, 배우, 개그맨, 모델, 가수, 연기자, 에이전트, 음반기획 및 제작, 프로듀서, 엔지니어, 작곡, 서양음악, 연주, 성악, 국악, 문화기획, 댄서, 작사
인쇄, 출판, 편집	출판기획, 편집, 집필, 교정, 교열, 편집디자인, 출력, 실사출력, 복사, 인쇄, 포장인쇄, 제본

14. 교육

분류	직업정보
입시, 보습, 속셈학원강사	영어강사, 음대입시, 체대입시, 미대입시, 무용, 국어, 논술, 수학강사, 과학강사, 물리강사, 화학강사, 생물강사, 국사강사, 세계사강사, 지구과학강사, 사회강사, 지리강사, 국민윤리강사, 한문강사, 속셈, 학원강사
외국어, IT, 전문직업강사	OA, 디자인, 영어회화강사, TESOL, TEPS, TOEIC, 토플, GRE, 통역 및 번역, 중국어강사, 일본어강사, 기타 외국어, 국가고시, 기술직강사, 실업계강사, 전문직업강사, 미용학원강사, 요리, 요가, 필라테스, JPT, HSK, 문화센터
학습지, 과외, 방문	학습지교사, 방문교사, 과외교사, 영어강사, 일어강사, 중국어강사, 보육교사, 전화영어, 상담교사, 관리교사
유치원, 어린이집 교사	유치원교사, 보육교사, 어린이집교사, 놀이방교사
교사, 교수, 교직원, 조교	대학교수, 대학강사, 초등교사, 중·고등교사, 기간제교사, 방과후교사, 특수학교교사, 일반사무, 교직원, 행정직, 사무직, 조교, 보건교사, 전산직

부록 3 개별 법령에 의한 국가자격 현황(한국산업인력공단, www.q-net.or.kr)

국가자격 관련 부처	직종	종목	시행기관 (자격증발급기관)
국토해양부	건축사	예비, 자격	대한건축사협회 (건설교통부장관)
	공인중개사	–	한국산업인력공단 (국토해양부장관)
	주택관리사	보, 관리사	
	물류관리사	–	
	감정평가사	–	
	택시운전	–	전국택시운송사업조합연합회 (시・도택시운송사업조합장)
	교통안전관리자	도로, 선박, 항만, 항공, 철도, 삭도	교통안전공단 (교통안전공단이사장)
	사업용조종사	–	
	운송용조종사	–	
	항공운항관리사	–	
	자가용조종사	–	
	항공공장정비사	–	
	항공교통관제사	–	
	항공기관사	–	
	항공사	–	
	항공정비사	–	
	철도차량운전면허	디젤차량, 제1종전기차량, 제2종전기차량, 철도장비, 고속철도차량	
	화물운송종사자격	–	
	수산질병관리사	–	한국해양수산연수원 (국토해양부장관)
	도선사	수습생전형, 도선사	국토해양부 (국토해양부장관)
	구명정수	–	지방해양항만청 (국토해양부장관)
	기관사	1급 내지 6급	한국해양수산연수원 (국토해양부장관)
	소형선박조종사	–	
	운항사	1급 내지 4급	
	통신사	1급 내지 4급	
	항해사	1급 내지 6급	

	의료관리자	–	한국해양수산연수원 (한국해양수산연수원장)
	감정사	–	한국산업인력공단 (국토해양부장관)
	검량사	–	
	검수사	–	
해양경찰청	동력수상레저기구 조정사	제1급 일반조정	(사)한국수상레저안전연합회 (해양경찰청)
		제2급 일반조정, 요트조정	
관세청	보세사	–	한국관세협회(관세청장)
	관세사	–	한국산업인력공단(관세청장)
공정거래위원회	가맹거래사	–	한국산업인력공단 (공정거래위원회장)
과학기술정보 통신부	방사성동위원소 취급자특수면허	–	한국원자력안전기술원 (과학기술정보통신부장관)
	방사성동위원소 취급자일반면허	–	
	방사성취급 감독자면허	–	
	원자로조정 감독자면허	발전용, 교육연구용	
	원자로조정사면허	발전용, 교육연구용	
	핵원료물질 취급감독자	–	
	핵원료물질 취급자면허	–	
교육부	보건교사	1급, 2급	교육부 (교육부장관)
	사서교사	1급, 2급	
	실기교사	–	
	영양교사	1급, 2급	
	전문상담교사	1급, 2급	
	정교사	중등학교 1-2급	
		초등학교 1-2급	
		특수학교 1-2급	
		유치원 1-2급	
	준교사	중등학교	
		초등학교	
		특수학교	
		유치원	
	평생교육사	1급, 2급, 3급	

국세청	주조사	1급, 2급	국세청(국세청장)
	세무사	-	한국산업인력공단 (기획재정부장관)
금융위원회	공인회계사	-	금융감독원(금융감독원장)
	보험계리사	-	보험개발원 (금융감독원장)
	보험중개사	생명보험, 손해보험, 제3보험	
	손해사정사	제1종, 제2종, 제3종대인, 제3종대물차량, 제4종	
고용노동부	공인노무사	-	한국산업인력공단 (고용노동부장관)
	직업능력개발훈련 교사	1급, 2급, 3급	고용노동부 (고용노동부장관)
	산업안전지도사	기계안전, 전기안전, 화공안전, 건설 안전	한국산업안전공단
	산업위생지도사	-	
법무부	변호사	-	법무부(변호사협회)
법원행정처	법무사	-	법원행정처
농림축산식품부	농산물검사원	곡류, 특작·서류, 과실·채소류, 종자류	국립농산물품질관리원 (국립농산물품질관리원장)
	농산물품질관리사	-	한국산업인력공단 (농림수산식품부장관)
	경매사	-	한국산업인력공단 (농수산물유통공사)
	환지사	-	농림수산식품부 (농림수산식품부장관)
	수의사	-	국립수의과학검역원 (농림수산식품부장관)
	가축인공수정사	-	시·도(시·도지사)
방송통신위원회	무선통신사	항공무선, 해상무선, 육상무선, 제한무선	한국전파진흥원 (한국전파진흥원장)
	아마츄어무선기사	제1급, 제2급, 제3급(전신급), 제3급(전화급)	
문화재청	문화재수리기술자	보수, 단청, 실측·설계, 조경, 보존과학, 식물보호	한국산업인력공단 (문화재청장)
	문화재수리기능자	22종류(한식목공, 화공, 한식석공, 조각공 등)	

지식경제부	유통관리사	1급, 2급, 3급	대한상공회의소 (대한상공회의소회장)
중소기업청	경영지도사	인적자원관리, 재무관리, 생산관리, 판매관리	한국산업인력공단 (중소기업청장)
	기술지도사	기계, 금속, 전기전자, 섬유, 화공, 생산관리, 정보처리	
문화체육관광부	경주선수	경륜, 경정	국민체육진흥공단 (국민체육진흥공단이사장)
	경주심판	경륜, 경정	
	무대예술전문인	무대기계, 무대음향, 무대조명 각각 1급 내지 3급	국립중앙극장 (문화체육관광부장관)
	관광통역안내사	–	한국산업인력공단 (한국관광공사장 또는
	호텔관리사	–	
	호텔경영사	–	
	국내여행안내사	–	
	호텔서비스사	–	
	경기지도사	1급 50종목(검도, 골프, 궁도, 근대5종 등) 2급 50종목(검도, 골프, 궁도, 근대5종 등)	국민체육진흥공단 (문화체육관광부장관)
	생활체육지도사	1급 1종목, 2급 42종목(검도, 골프, 권투, 농구, 당구 등), 3급 42종목(검도, 골프, 권투, 농구, 당구 등)	
	한국어교육능력 검정시험	1급, 2급, 3급	한국산업인력공단 (문화체육관광부장관)
	사서	1급정, 2급정, 준	문화체육관광부 (문화체육관광부장관)
	박물관, 미술관 학예사	1급정, 2급정, 3급정, 준	한국산업인력공단 (문화체육관광부장관)
보건복지부	간호조무사	–	한국보건의료인국가시험원- 문제출제, 시·도-검정시행 (시·도지사)
	보건교육사	1급, 2급, 3급	보건복지부 (보건복지부장관)
	안마사	–	시·도(시·도지사)
	사회복지사	1급, 2급, 3급	한국산업인력공단 (보건복지부장관)
	영양사	–	한국보건의료인국사시험원 (보건복지부장관)

	한약업사	–	시·도(시·도지사)
보건복지부	한약사	–	한국보건의료인국가시험원 (보건복지부장관)
	약사	–	
	한약조제사	–	
	위생사	–	
	의무기록자	–	
	안경사	–	
	임상병리사	–	
	방사선사	–	
	물리치료사	–	
	작업치료사	–	
	치과기공사	–	
	치과위생사	–	
	응급구조사	1급, 2급	
	간호사	–	
	의사	–	
	조산사	–	
	치과의사	–	
	한의사	–	
	의지·보조기기사	–	
	전문의	의사 26과목 (내과, 외과, 신경과, 정신과 등)	대한의사협회 (보건복지부장관)
		치과 10과목 (소아치과, 치과교정과, 치주과 등)	대한치과의사협회 (보건복지부장관)
		한의사 8과목 (침구과, 한방내과, 한방부인과 등)	대한한의사협회 (보건복지부장관)
	정신보건간호사	1급, 2급	보건복지가족부 (보건복지부장관)
	정신보건 사회복지사	1급, 2급	
	정신보건 임상심리사	1급, 2급	
	보육교사	1급, 2급, 3급	
	청소년상담사	1급, 2급, 3급	한국청소년활동진흥원 (여성가족부장관)
	청소년지도사	1급, 2급, 3급	
	요양보호사	1급, 2급	시·도지사

특허청	변리사	–	한국산업인력공단 (특허청장)
행정안전부	행정사	일반, 기술, 외국어번역	행정안전부 (행정안전부장관)
경찰청	경비지도사	일반, 기계	한국산업인력공단 (경찰청장)
	자동차운전전문 학원강사	학과, 기능	운전면허시험관리단 (경찰청장)
	자동차운전전문 학원기능검정원	–	
	자동차운전면허	1종대형, 1종보통, 1종특수, 2종보 통, 2종소형, 2종원동기장치자전거	운전면허시험관리단 (지방경찰청장)
소방방재청	소방안전교육사	–	한국산업인력공단 (소방방재청장)
	소방시설관리사	–	
	화재조사관	–	중앙소방학교 (소방방재청장)
환경부	정수시설운영관리사	1등급, 2등급, 3등급	한국산업인력공단 (환경부장관)
	환경측정분석사	수질, 대기	국립환경인력개발원 (환경부장관)
국방부	군항공교통관제사	–	국방부장관

부록 4 알고 싶은 국가자격 정보(한국고용정보원, www.keis.or.kr)

1. 사회복지, 문화예술 및 서비스 직종 전문자격

자격증명	시행기관	진출가능직업
경기지도사	국민체육진흥공단	경기감독 및 코치, 스포츠트레이너, 경기심판, 경기기록원, 스포츠강사, 스포츠 에이전트 등
경매사	한국산업인력공단	농산물 중개인, 농산물경매사, 상품중개인, 경매기록원, 경매장 관리자 등
관광통역 안내사	한국산업인력공단	투어컨덕터, 해외여행가이드, 관광여행기획자, 문화관광해설사, 의료관광코디네이터, 여행상품개발자, 국내여행기획자, 통역사 등
국내여행안내사	한국산업인력공단	등산 안내원, 투어 컨덕터, 국내여행기획자, 테마별여행안내원 등
무대예술 전문인	국립중앙극장	무대감독, 조명감독, 음향감독, 편집감독, 무대디자이너, 세트디자이너, 연극·영화 및 방송기술감독, 연극연출가 등
문화재수리 기술자	한국산업인력공단	박물관관리자, 큐레이터, 문화재보존원, 문화재수리원 등
박물관 및 미술관 학예사	한국산업인력공단	미술관관리자, 박물관관리자, 미술품보존원, 문화재보존원, 문화재수리원 등
보육교사	보건복지부	시설보육사, 놀이방교사, 어린이집교사 등
사서	문화체육관광부	도서관관리자, 사서교사, 기록물관리사 등
사회복지사	한국산업인력공단	• 각 기관(교정담당, 학교, 의료, 산업, 기업, 아동복지시설, 사회복지관)별 사회복지 전문요원, 사회사업가, 사회복지상담원 등 • 사회복지전담공무원, 의료사회복지사, 정신보건사회복지사, 학교사회복지사 및 자원봉사활동관리 전문가, 교정사회복지사, 군사회복지사, 산업사회복지사 등 • 직무능력 확대를 통한 상담전문가, 청소년지도사, 직업상담사, 취업알선원, 커리어코치, 취업지원관, 사회단체활동가 등
생활체육 지도사	국민체육진흥공단	스포츠트레이너, 경기심판, 경기기록원, 스포츠강사, 스포츠에이전트, 레크레이션강사 등
청소년상담사	한국산업인력공단, 한국청소년 상담복지개발원	청소년지도사, 상담심리사, 상담교사, 사회복지상담원, 학교사회복지사, 교정사회복지사 등
청소년지도사	한국산업인력공단, 청소년활동진흥원	청소년상담사, 사회복지사, 취업지원관, 사회단체활동가, 상담심리사, 학교사회복지사 등

2. 경영, 금융, 법률 및 교육직종 전문자격

자격증명	시행기관	진출 가능 직업
감정사	한국산업인력공단	자재관리사무원, 컨테이너화물집하소운영관리자, 화물감정원, 화물검량원, 화물검수원, 화물수취사무원, 화물운송장기록원
감정평가사	한국산업인력공단	부동산감정사, 부동산관리자, 부동산펀드운용원 등
공인노무사	한국산업인력공단	인사사무원, 노무사무원, 경영지원사무원, 직무분석 전문가, 직업연구 및 직업지도 전문가, 인사 컨설턴트 등
공인회계사	금융감독원	인적자원전문가, 경영컨설턴트, 기업인수합병전문가(M&A전문가), 인사 및 노무관리자, 회계사무원, 경영지원사무원 등
관세사	한국산업인력공단	관세사무원, 물류관리 전문가, 조세전문가 등
물류관리사	한국산업인력공단	운송사무원, 물류관리전문가, 경영지원사무원 등
법무사	대법원	인사·노무사무원, 경영지원사무원, 법원집행관, 법률 관련 사무원
변리사	한국산업인력공단	법률사무원, 특허사무원, 기업특허소송전문가 등
변호사	법무부	변호사사무원, 법률 관련 사무원(법무 및 특허사무원), 사회단체활동가 등
보건교사 (영양교사, 사서교사, 전문상담교사)	시·도 교육청	• 보건위생검사원, 보건의료 관련 관리자, 보건전문간호사 • 급식영양사, 상담영양사, 임상영양사 • 도서관관리자, 도서관도우미, 기록물관리사 등
보험계리사	보험개발원	보험리스크매니저, 파생상품개발원, 방카슈랑스상품개발자, 금융상품개발자, 금융설계가, 신용분석가, 금융자산운용가 등
보험중개사	보험개발원	보험대리인 및 중개인, 보험영업원, 보험설계사
세무사	한국산업인력공단	세무사무원, 부동산 컨설턴트, 회계감사관리자 등
손해사정사	보험개발원	보험리스크매니저, 파생상품개발원, 방카슈랑스상품개발자, 금융상품개발자, 금융설계가, 신용분석가, 금융자산운용가 등
유통관리사	대한상공회의소	영업부서관리자, 판매부서관리자, 전자상거래관리자, 대형소매점관리자, 상거래영업지점장, 상품중개인, 시장조사분석가, 경영지원사무원, 물류관리전문가 등
정교사	교육부	• 전공 교과목에 따라 중등 교육과목 교사로 진출. 물리, 생물, 화학, 지구과학 등 과학영역 교사, 영어, 일어, 불어, 독어, 중국어 등 언어영역 교사, 사회, 윤리, 지리, 역사, 한문, 수학 등의 일반교과목 교사, 음악, 미술, 체육, 무용 등 예체능 영역 교사, 디자인, 상업, 공업, 농업, 기술, 전산 등 실기과목영역 교사 등 • 공립 초등학교, 국립초등학교, 사립초등학교의 초등교사로 진출 • 국·공·사립 특수학교와 일반학교 특수학급, 특수교육지원센터 등의 특수교사로 진출
평생교육사	교육부	교육 및 훈련사무원, 교육계열 교수, 교육학연구원, 교육행정사무원 등

3. 보건, 의료직종 전문자격

자격증명	시행기관	진출 가능 직업
간호사	한국보건의료인 국가시험원	• 정신전문간호사, 마취전문간호사, 가정전문간호사, 보건전문간호사, 감염전문간호사, 노인전문간호사, 보험심사 간호사, 산업전문간호사, 연구간호사, 응급전문간호사, 중환자전문간호사, 호스피스전문간호사, 임상간호사 • 장기이식코디네이터, 보건교사, 조산사 등
간호조무사	한국보건의료인 국가시험원 (문제출제)	• 사회복지 관련 종사원, 산후조리원, 건강관리 및 상담자 • 간호사 자격 취득 등 경력 개발을 통한 간호사 진출 가능 직업
물리치료사	한국보건의료인 국가시험원	• 물리요법사, 작업요법사 • 작업치료사 자격 취득 등 경력 개발을 통한 관련 직업 진출 가능
방사선사	한국보건의료인 국가시험원	심혈관조영 기사, 치료 방사선 기사, 의료방사선사, 전산화단층진단 기사, CT촬영기사, 의료초음파촬영기사, 투시진단 기사, MRI촬영기사
수의사	농림수산검역 검사본부	임상수의사, 가축사육종사원, 동물보호사
안경사	한국보건의료인 국가시험원	안경디자이너 등 안경제품 디자인 직종 등
약사	한국보건의료인 국가시험원	병원약사, 약국약사, 의약품심사원, 임상연구요원, 약품안전성연구원, 바이오의약품연구원, 생명공학자, 의약품기술자, 약학연구원, 의약계열교수, 의약품화학공학기술자, 미생물의약연구원, 의약품연구원, 의약품제조관리자, 진단의약개발연구원, 천연물의약연구원, 생명과학시험원, 생명과학연구원, 화학독성연구원 등
영양사	한국보건의료인 국가시험원	영양사 실무경력을 겸비한 임상영양사, 보건영양사, 급식경영영양사, 상담영양사, 산업보건영양사, 식품위생영양사 등
응급구조사	한국보건의료인 국가시험원	응급구조원, 해변 경호원, 인명구조원, 해안경비대원 등
의무기록사	한국보건의료인 국가시험원	의료사무원, 의무기록관리자 등
의사	한국보건의료인 국가시험원	내과 전문 의사, 소아과 전문의사, 산부인과 전문의사, 정신과 전문의사, 안과 전문의사, 이비인후과 전문의사, 결핵과 전문의사, 재활의학과 전문의사, 예방의학과 전문의사, 신경과 전문의사, 가정의학과 전문의사, 산업의학과 전문의사, 핵의학과 전문의사, 응급의학과 전문의사, 일반외과 전문의사, 정형외과 전문의사, 신경외과 전문의사, 흉부외과 전문의사, 성형외과 전문의사, 피부과 전문의사, 비뇨기과 전문의사, 진단방사선과 전문의사, 치료방사선과 전문의사, 마취과 전문의사, 임상병리과 전문의사, 해부병리과 전문의사, 응급의학과 전문의사 등

의지·보조기 기사	한국보건의료인 국가시험원	의료장비기사, 의공산업기사, 의료기수리원, 의료전자기기수리원, 의료전자기기설치원, 의료복지 관련 서비스종사원 등
임상병리사	한국보건의료인 국가시험원	병원미생물실험기사, 해부병리기사, 뇌파기사, 인공심폐기기사, 병원생화학실험기사, 혈액검사기사, 폐기능검사기사, 성분수혈검사기사, 병원세균검사기사, 근전도기사, 심전도기사 등
작업치료사	한국보건의료인 국가시험원	심리치료사, 놀이치료사, 언어치료사, 언어 임상가, 언어청각 임상가, 음악치료사, 미술치료사 등
전문의	대한의사협회 (26과목) 대한치과의사협회 (10과목) 대한한의사협회 (8과목)	• 내과 전문의사, 소아과 전문의사, 산부인과 전문의사, 정신과 전문의사, 안과 전문의사, 이비인후과 전문의사, 결핵과 전문의사, 재활의학과 전문의사, 예방의학과 전문의사, 신경과 전문의사, 가정의학과 전문의사, 산업의학과 전문의사, 핵의학과 전문의사, 응급의학과 전문의사, 일반외과 전문의사, 정형외과 전문의사, 신경외과 전문의사, 흉부외과 전문의사, 성형외과 전문의사, 피부과 전문의사, 비뇨기과 전문의사, 진단방사선과 전문의사, 치료방사선과 전문의사, 마취과 전문의사, 임상병리과 전문의사, 해부병리과 전문의사, 응급의학과 전문의사 등 • 구강악안면과 전문치과의사, 치과보철과 전문치과의사, 치과교정과 전문치과의사, 소아치과 전문치과의사, 치주과 전문치과의사, 치과보존과 전문치과의사, 구강내과 전문치과의사, 구강악안면방사선과 전문치과의사, 구강병리과 전문치과의사 및 예방치과 전문치과의사 • 한방내과 전문한의사, 한방부인과 전문한의사, 한반소아과 전문한의사, 한방신경정신과 전문한의사, 침구과 전문한의사, 한방 안·이비인후·피부과 전문한의사, 한방재활의학과 전문한의사 및 사상체질과 전문한의사
정신보건 전문요원	한국보건의료인 국가시험원	• 정신전문간호사, 노인전문간호사, 가정전문간호사 등 전문간호사 • 의료기관, 사회복지관 등의 사회복지사 및 사회복지 전문요원, 사회복지 상담원, 학교사회복지사 등
치과기공사	한국보건의료인 국가시험원	치의료장비기사, 의지보조기기사 등
치과위생사	한국보건의료인 국가시험원	치의료장비기사, 의지보조기기사 등
치과의사	한국보건의료인 국가시험원	치과의원 개원, 고용 치과의사, 치의학계열 교수, 치과학연구원, 공중보건치과의사 등
한약사	한국보건의료인 국가시험원	의약품심사원, 임상연구요원, 얌품안전성연구원, 바이오의약품연구원, 생명공학자, 한약학연구원, 한의약계열교수, 의약품화학공학기술자, 미생물의약연구원, 의약품연구원, 의약품제조관리자, 천연물의약연구원, 생명과학시험원, 생명과학연구원, 화학독성연구원 등
한의사	한국보건의료인 국가시험원	전문 한의사(한방내과, 한방부인과, 한방소아과, 한방신경정신과, 침구과), 외관과(안과·이비인후과·피부과), 한방재활의학과, 사상체질과 등

4. 공학 등 기술 관련 직종 전문자격

자격증명	시행기관	진출가능직업
건축사	대한건축사협회	건축설계기술자, 실내건축기술자, 건축구조기술자, 건물구조기술자, 건축설비기술자, 건축감리기술자 등
교통안전관리사	한국교통안전공단	교통안전연구원, 교통운영연구원, 교통안전시설물설계자, 교통신호설계 및 분석전문가, 교통안전조사자, 교통안전관리사무원, 교통안전교육강사, 교통안전시설기술자, 도로교통안전진단사, 교통종합관리자, 교통계획 및 설계가 등
기관사	한국해양수산연수원	선박기관장, 선박기관설치원, 선박기관시운전원
도선사	국토해양부	선장, 선박교통관제사, 선박운항관리자 등
무선통신사	한국방송통신 전파진흥원	전자통신장비기술원, 통신장비설치 및 수리원, 통신기기기술자, 통신장비기술자, 무선통신단말기수리원 등
사업용조종사	교통안전공단	교관조종사, 시험비행조종사 등
수산질병관리사	한국해양수산연수원	수산학연구원, 해양수산기술자, 수산물검사원, 수산생물병리연구원, 수산식품위생연구원, 수산종묘관리자, 농림어업 관련 시험원, 어류생명과학시험원, 양식기술개발원, 어촌지도사, 수산생물방역관
운송용조종사	교통안전공단	교관조종사, 시험비행조종사 등
운항사	한국해양수산연수원	선박운항관리사, 화물선운항기획원, 운송사무원 등
철도차량운전 면허	교통안전공단	철도운행안전관리자, 철도안전전문기술자, 철도교통안전관리자, 삭도교통안전관리자, 철도안전시설물설계자, 철도운송종합관리자, 고속철기관사, 철도기관사, 지하철기관사 등
통신사	한국해양수산연수원	전자통신장비기술원, 통신 및 관련 장비 설치 및 수리원, 통신기기기술자, 통신장비기술자, 무선통신단말기수리원, 무선항해통신장비설치원 등
항공교통관제사	교통안전공단	
운항관리사	교통안전공단	
항공정비사	교통안전공단	항공기정비원, 항공기기관정비원, 항공기날개정비원, 헬리콥터정비원 등
항해사	한국해양수산연수원	도선사, 선장, 선박교통관제사, 선박운항관리 등

부록 5 자격증 우대 사항 및 지원 자격(사이버 국가고시센터, http://www.gosi.go.kr)

1. 대기업별 자격증 우대 사항 및 지원 자격

기업명	우대 사항 및 지원 자격

삼성전자	■ 우대 사항
	• 중국어 자격 보유자
	  – 필기: BCT(620점 이상), FLEX 중국어(620점 이상), 신HSK(신5급 195점 이상)
	  – 회화: TSC(Level 4 이상), OPIc 중국어(IM1 이상)
	• 공인한자능력 자격보유자
	  한국어문회(3급 이상), 한자교육진흥회(3급 이상), 한국외국어평가원(3급 이상), 대한검정회(2급 이상)
	• 한국 공학교육인증원이 인증한 공학교육 프로그램 이수자

현대자동차	■ 지원 자격 • 공인 영어성적 보유자(박사 및 해외대학 출신자 제외): 토익, 텝스, G-Telp, 오픽, 토익스피킹에 한함 • 중국어 자격보유자 신HSK(신 5급 200점 이상)
SK 이노베이션	■ 지원서 제출 시, 영어 Verbal Test 성적 필수 기재(BULATS, TOEIC Speaking, OPIc, G-Telp Speaking Test 중 택일)
LG전자	■ 지원 자격 • 국가/국제 공인 영어성적 보유자 • 이공계열: 토익 600, 토익스피킹 5급, OPIc IL, 텝스 600, 토플(CBT) 180, 토플(iBT) 72, G-telp 2급 60점, ESPT Genaral 3급+) • 인문계열: 토익 700, 토익스피킹 6급, OPIc IM, 텝스 600, 토플(CBT) 180, 토플(iBT) 72, G-telp 2급 60점, ESPT Genaral 3급+) • 영어말하기(TOEIC Speaking 등) 성적은 의무 사항이 아님(면접시 별도 영어질문 통해 영어실력 확인예정) • 해외(영어권)대 학위소지자는 어학성적 없이 지원이 가능
롯데홈쇼핑, 롯데호텔	■ 우대 사항 • 외국어 우수자 및 해당 직무 관련 자격증 소지자 우대 • 영어, 중국어, 일어, 베트남어, 말레이어, 인니어, 인도어, 러시아어 등 능통자 우대 • ITT 비즈니스 통번역 자격 소지자
포스코	■ 지원 자격 • 토익스피킹 6급(기술계 130점, 사무계 150점) 또는 OPIc IM(기술계 IM1, 사무계 IM3) 이상 ■ 우대 사항 • 한국사 관련 자격소지자 • 스마트/안전자격증 소지자(정보처리기사, 빅데이터 분석기사 등)

한진해운	■ 지원 자격 • TOEIC 800점 이상 또는 이에 준하는 영어성적 ■ 우대 사항 • ITT 비즈니스 통번역 자격 소지자
한화	■ 우대 사항 • 영어성적 우수자 우대. 특히 영어회화 능통자 우대(ESPT 등 국가공인말하기평가 성적제출자) 단, 해외대학 학위자는 외국어 성적 제출 면제
KT	■ 지원 자격 • 토익 600점 이상 또는 이에 준하는 영어성적 보유자 • 토익스피킹 5급, 텝스 480점, 토플iBT 63점, 오픽 IM 이상 • 청각장애인의 경우, 청각장애인용 TEPS 380점 이상 지원 가능 ■ 우대 사항 • 한국 공학교육인증원(ABEEK)으로 인증받는 공학교육프로그램 이수자는 서류 전형 시 우대
두산	■ 지원 자격 • 어학기준: 어학기준 관련 자세한 사항은 공지사항 참고 • 영어말하기테스트 점수를 의무적으로 제출 • OPIc 등급 중 IM은 1, 2, 3으로 세분화된 등급으로 기입

STX	■ 지원 자격
	• 영어회화 테스트(OPIc, 토익스피킹) 필수기재
	• 어학자격
	  – 인문계열: OPIC IM2, TOEIC Speaking 6등급
	  – 이공계열: OPIC IL, TOEIC Speaking 5등급
	• 어학성적 접수마감일 기준 2년 내 성적만 인정
	• 최종 졸업학교가 영어권 국가인 경우 어학자격 상관없이 지원가능(단, 학교소재지에서 실제 거주하며 수학한 기간이 2년 이상인 자에 한함)
	■ 우대 사항
	• 중국어, 러시아어(CIS 포함), 일본어, 프랑스어, 아랍어, 스페인어, 포르투갈어, 인니말레이어, 베트남어, 터키어, 노르웨이어, 등 회화 능통자 특별채용(이공계 전공자 특히 우대)
	• ITT 비즈니스 통번역 자격 소지자

농협 협동조합	■ 지원 자격 • 연령, 학력, 전공, 학점, 어학점수 제한 없음 • 'IT · 임상수의 · 기술' 분야는 관련 자격증(주) 소지자에 한함 • '원예종묘' 분야는 원예학 · 농학 관련 학사학위 소지(예정)자에 한함 ■ 우대 사항 • 금융전문자격증(국제공인신용장전문가, 국제공인재무설계사, 신용분석사, 국제재무위험관리사 등) 소지자 • 디지털 및 보안 관련 자격증 소지자

GS 칼텍스	■ 지원 자격 • 공인어학성적(최근 2년이내 성적에 한함) • 엔지니어(화공), 엔지니어(전기), R&D, 윤활유기술: 토익 700, 토플(iBT) 80, TEPS 556, Opic IM 1, TOEIC Speaking 120, HSK 4급 이상 • Trading, 기술영업, 영업/마케팅, 재무, 경영기획, 경영지원: 토익 800, 토플(iBT) 91, TEPS 637, Opic IM 2, TOEIC Speaking 130, HSK 5급 이상 • 한국사능력검정시험 2급 이상 필수 ■ 우대 사항 • 외국어(영어/중국어/일어)능통자
CJ	■ 지원 자격 • 영어 말하기시험점수 또는 중국어어학성적 보유자에 한하여 입사지원 가능 • 어학성적은 6개 시험만 인정 • 영어 　– 글로벌해외영업: 오픽 IH, 토익스피킹 7급(160점), 텝스스피킹 71점 　– 공통직무: 오픽 IM, 토익스피킹 6급(130점), 텝스스피킹 41점 　– 일반직무: 오픽 IL, 토익스피킹 5급(110점), 텝스스피킹 31점 • 중국어 　– 글로벌해외영업: BCT 쓰기/말하기 701점, 듣기/읽기 701점, 신HSK 5급, 구HSK 초중등 8급 　– 공통직무: BCT 쓰기/말하기 301점, 듣기/읽기 401점, 신HSK 4급, 구HSK 초중등 5급 　– 일반직무: BCT 쓰기/말하기 201점, 듣기/읽기 201점, 신HSK 4급, 구HSK 초중등 3, 4급 • BCT의 경우 쓰기, 말하기, 듣기, 읽기 모두 필요 • 해외 고등학교 또는 대학교 졸업자 또는 해외 5년 이상 거주자(단, 동일언어권)는 면제 ■ 우대 사항 • 전 직무 외국어 능통자 우대

2. 공기업별 우대 사항

기업명	우대 사항 및 지원 자격	
	사무	
한국전력공사	5점	국어능력인증1급, KBS한국어능력 900점 이상, 한국사능력검정시험 3급 이상, 외국어(TOEIC 스피킹 7등급, OPic IH등급, FLEX(말하기) 1C등급 이상)
	4점	국어능력인증2급, KBS한국어능력 800점 이상
	3점	정보처리기사, 국어능력인증 3급, 한국어능력 700~790점
	2점	정보처리산업기사, 사무자동화산업기사, 국어능력인증4급, KBS한국어능력 600~690점
	1점	컴퓨터활용능력1급, 국어능력인증 5급, KBS한국어능력 500~599점
	* 국어능력(한국언어문화연구원), KBS한국어능력(한국방송공사), 사무자동화와 컴퓨터활용능력증은 동일 종류	

		송변전, 배전, 토목
	10점	토목, 건설재료시험, 측량 및 지형공간정보(기사)
	8점	산업안전, 건설안전, 품질경영, 조경·도시계획, 건축(기사)
	6점	대기환경, 수질환경, 소음진동, 폐기물처리, 건설기계, 전기·정보처리, 소방설비(기사)
	5점	토목, 건설재료시험, 측량 및 지형공간정보(산업기사)
	4점	산업안전, 건설안전, 품질경영, 조경·건출(산업기사)
	3점	대기환경, 수질한경, 소음진동, 폐기물처리, 건설기계, 전기·정보처리, 사무자동화, 소방설비(산업기사)
		통신
	10점	전자, 무선설비, 전파통신, 정보통신(기사)/ 정보시스템감리사
	9점	전파전자, 방송통신(기사)/정보보호전문가1급, 네트워크관리사1급
	8점	정보처리, 전자계산기, 전자계산기조직응용(기사)
	7점	산업안전, 품질경영, 전기공사, 전기(기사)/정보보호전문가2급, 네트워크관리사2급
	6점	전자, 통신선로, 무선설비, 전파통신, 정보통신(산업기사)
한국전력공사	5점	전파전자, 방송통신, 디지털제어, 전자회로설계(산업기사)
	4점	정보처리, 전자계산기(산업기사)
	3점	산업안전, 품질경영, 전기공사, 전기기기, 전기, 사무자동화(산업기사)
		건축
	10점	건축(기사)
	9점	실내건축(기사)
	8점	건축설비(기사)
	7점	토목, 조경(기사)
	6점	도시계획(기사)
	5점	품질경영, 소방설비, 건설안전, 건축·실내건축(산업기사)
	4점	건축설비, 토목, 조경(산업기사)
	3점	품질경영, 소방설비, 건설안전(산업기사)
		원자력(기계)
	10점	일반기계, 건설기계(기사)
	8점	금속, 공조냉동기(기사)
	6점	열관리, 소음진동(기사)
	5점	용접, 비파과검사, 전기·전기공사, 화공, 수질/대기환경(기사)
	4점	전자, 소발설비, 폐기물처리(기사)/일반기계, 건설기개, 컴퓨터응용가공(산업기사)

	3점	산업안전, 품질경영, 토양환경(기사)/금속재료, 공조냉동기계, 열관리, 소음진동(산업기사)
	2점	전보통신, 정보처리, 전자계산기, 전자계산기조직응용(기사)/용접, 비파괴검사(산업기사)
	원자력(원자력)	
	10점	원자력, RI면허, 핵연료물질취급면허(기사)
	5점	RI면허, 핵연료문질취급면허(산업기사)
	원자력(기기)	
	10점	전기, 전공사(기사)
	8점	전자, 소방설비(기사)
한국전력공사	6점	열관리(기사)
	5점	일반기계, 건설기계, 화공, 수질환경, 대기환경(기사)
	4점	금속, 공조냉동기계, 소음진동, 폐기물처리(기사)/전자,전기공사(산업기사)
	3점	산업안전, 품질경영, 용접, 비파괴검사, 토양환경(기사)/전자,소방설비, 전기기기(산업기사)
	2점	정보통신, 정보처리, 전자계산기, 전자계산기조직응용(기사)
한국가스공사	■ 지원 자격 일반직6급(사무/기술): TOEIC 750점(TEPS 322점, TOEFL IBT 85점, TOEIC-SPEAKING 130점, OPIC IM2등급) 이상 ■ 우대 사항 고급자격증 소지자: 사무직은 변호사, 공인회계사(AICPA 포함), 세무사, 공인노무사, 감정평가사, 법무사, CFA, 변리사, 기술직은 해당분야 기술사(건축사 포함), 기능장, 변리사, 한국사능력검정시험 3급 이상, ITT 비즈니스 통번역 자격증		
한국토지 주택공사	■ 지원 자격 TOEIC 700점 이상, 기사자격, 한국사 1급, 2급 ■ 우대 사항 KBS한국어 능력시험 * 입사희망 해당 분야 자격증 소지자 우대		
한국도로공사	5%	변호사, 법무사, 공인회계사, 세무사, 공인노무사
	3%	정보처리기사, 전자계산기조직응용기사
	2%	정보처리산업기사, 사무자동화산업기사,전자계산기산업기사, 컴퓨터활용능력 1급
	1.5%	워드프로세서 1급, 컴퓨터활용능력 2급
	1%	워드프로세서 2급, 컴퓨터활용능력 3급
한국산업 인력공단	■ 우대 사항 기사 또는기능사, 컴활2급, 워드1, 2급 자격증 소지자 우대		

한국전력공사	■ 우대 사항 발송배전, 전기안전, 전기응용, 건축전기설비, 전기기사, 전기공사기사 소지자 총20점 가산 다수의 자격증 소지자는 높은 자격증 2개만 인정	
한국철도공사	관련 분야 경험자 및 자격증 소지자(법령에 의한 국가공인 자격증)	
	공통	변호사, 회계사, 세무사, 감정평가사, 법무사, 공인노무사,
		기술사(품질관리, 공장관리, 교통, 소방, 정보관리, 전자계산조직응용, 지적)
		기사(건설안전, 산업안전, 소방설비, 품질관리, 공장관리, 교통, 품질경영, 정보처리, 전자계산기조직응용, 지적)
		산업기사(건설안전, 산업안전, 소방설비, 품질경영, 정보처리, 사무 자동화, 지적)
	토목	기술사(토질 및 기초, 토목 품질시험, 토목구조, 철도, 토목시공, 측량 및 지형공간정보, 지질 및 기반, 소음진동, 대기 관리, 수질관리, 자연 환경관리, 토양환경, 폐기물처리)
		기사(건설재료시험, 철도보선, 토목, 측량및 지형공간정보, 응용지질, 콘크리트, 소음진동, 대기환경, 수질환경, 자연생태복원, 토양환경, 폐기물처리)
		산업기사(건설재료시험, 철도보선, 토목, 측량 및 지형공간정보, 콘크리트, 소음진동, 대기환경, 수질 환경, 자연생태복원, 폐기물처리)
	※ 기능사, 기능사보: 단, 해당 분야의 기술사(건축사 포함), 기사 및 산업기사 자격증과 관련이 있는 기능사 및 기능사보에 한함	
부산항만공사	■ 우대 사항 해당 분야 경력자 및 국가자격증 소지자 일본어, 중국어, 스페인어, 러시아어 능통자 한국사능력검정시험 1, 2급 소지자	
한국토지공사	5%	공인중개사, 토목기사, 건축기사, 도시계획기사
	8%	공인회계사, 국제재무분석사, 감정평가사, 법무사, 세무사, 변호사

3. 금융권 공기업 우대 사항

기업명	우대 사항
한국은행	• 국가보훈대상자 및 장애인등록증 소지자, 제2외국어 우수자
한국수출입 은행	• 국가보훈대상자 및 장애인등록증 소지자 • 변호사, KICPA, AICPA, CFA, FRM(GARP주관) 자격증 소지자 • 제2외국어 우수자
한국산업은행	• 지역연고자 • 개인금융부문 근무 지원자 • 특정 자격증(해외MBA, 변호사, 공인회계사, 보험계리사, 변리사, CFA, AICAP, FRM (GARP주관), CFP

금융감독원	• 국가보훈대상자 및 장애인등록증 소지자
한국무역 보험공사	• 한국사능력검정시험 3급 이상 취득자에 한하여 가산점 부여 • 국가보훈대상자 및 장애인등록증 소지자 • 공사 업무 관련 자격증 소지자 • 자사가 주최한 대학생 수출보험 논문 공모전 입상자 • 자사 청년인턴 근무자
한국주택 금융공사	• 변호사, 법무사, 공인노무사, 공인회계사, 세무사, 보험계리사, 감정평가사 • AICPA, CFA, FRM, CIA, 신용분석사, 여신심사역 • CRA, 국제금융역, 금융투자분석사, 투자자산운용사 • 공인중개사, 파생상품투자상담사, 증권분석사 • 증권투자상담사, 펀드투자상담사, 신용관리사, 자산관리사 • 정보관리기술사, CCNA, CISA, 전자계산조직응용기술사, 전자계산기기술사, 정보시스템감리사, 전자계산조직응용기사, 전자계산기기사, 정보처리기사, 정보처리산업기사, 사무자동화산업기사, 전자계산산업기사, 정보처리기능사 • PCT A등급, 컴퓨터활용능력 2급, KBS한국어능력시험 2급, 국어능력인증시험 2급, 상공회의소한자 2급, 실용한자 2급, 한국한자검정 2급, 한자급수인증 2급, 한자급수자격검정 2급, 한자능력급수 2급, 한자능력자격 2급, 한자실력급수 2급, 한국사능력검정시험 3급
예금보험공사	• 국가보훈대상자, 장애인등록증 소지자 • CPA, CFA등 금융 관련 자격증 소지자 우대 • 변호사 및 경제, 경영 등 금융 관련 분야 박사 학위 소지자에 대해서는 서류전형 합격 시 필기시험을 면제
한국예탁 결제원	• 보훈대상자, 장애인, 의상자, 사회선행자, 저소득층 자녀 • 정부 및 관련 기관 수상경력자, 우리원 우수논문 수상경력자 • 우리원 청년인턴 기 수료자 또는 우리원 청년인턴 6개월 이상 근무자 • 변호사, 회계사, 세무사, 전산 관련 기술사, CFA, AICPA, 국제공인 IT 자격증 소지자 • 제2외국어(중국어 및 일어) 능통자 • 한국사능력검정시험 2급 이상자
한국거래소 (KRX)	• 서류전형 및 논술시험 면제: 변호사 • 서류전형 면제: 공인회계사 자격증 소지자 • 서류전형우대: 제2외국어 일정점수 이상 취득자, KRC주최 대회 수상자
대한주택보증	• 취업보호대상자 및 장애인등록증 소지자 • 우수인턴사원 • 전문자격증 소지자(변호사, 공인회계사)
한국정책 금융공사	• 보훈대상자, 장애인, 의상자, 사회선행자, 저소득층 자녀 • 정부 및 관련 기관 수상경력자, 우리원 우수논문 수상경력자 • 우리원 청년인턴 기 수료자 또는 우리원 청년인턴 6개월 이상 근무자 • 변호사, 회계사, 세무사, 전산 관련 기술사, CFA, AICPA, 국제공인 IT 자격증 소지자 • 제2외국어(중국어, 일어) 능통자 • 한국사능력검정시험 2급 이상자

한국정책 금융공사	• 보훈대상자, 장애인, 의상자, 사회선행자, 저소득층 자녀 • 정부 및 관련 기관 수상경력자, 우리원 우수논문 수상경력자 • 우리원 청년인턴 기 수료자 또는 우리원 청년인턴 6개월 이상 근무자 • 변호사, 회계사, 세무사, 전산 관련 기술사, CFA, AICPA, 국제공인 IT 자격증 소지자 • 영어 및 제 2외국어(중국어, 일어)능통자 • 한국사능력검정시험 2급 이상자
신용 보증기금	• 채용인원 중 일정률을 장애인, 여성, 지방소재 학교 졸업자, 이공계 출신자로 채용 • 전문자격증(변호사, 공인회계사, CFA, 법무사, 변리사, 감정평가사, 세무사, 노무사, AICPA, 신용분석사, 경영지도사, 관세사, 기술사) 소지자는 서류전형 시 우대 • 신보 인턴경력자('09-'11년), 한국사검정능력시험 인증자(2급 이상)는 서류전형 시 우대
서울보증 보험	• 전문자격증(보험계리사, 공인회계사, 세무사, 재무분석사(CFA), 손해사정사) 소지자 및 취업보호대상자 우대

부록 6   자격증에 따른 직업(한국산업인력공단, www.q-net.or.kr)

1. 공무원, 고등고시, 교원임용

분류	직업정보
고등고시	고등고시
공무원	7급 공무원, 9급 공무원, 경찰공무원, 소방공무원, 철도공무원
교원임용	교원임용
기타	공사공단, 국가정보원, 군무원, 정부산하기관, 지방직, 국회사무처, 법원

2. 국가자격증

분류	직업정보
건축, 건설, 부동산, 주택	감정평가사, 건축사, 공인중개사, 주택관리사(보)
경영, 경제, 금융, 관세	경영지도사, 공인노무사, 공인회계사, 관세사, 기술지도사, 보험계리인, 보험중개인, 세무사, 손해사정인, 유통관리사
교통, 항공, 해상운송	감정사, 검량사, 검수사, 기관사, 운항사, 항공사, 항해사, 통신사, 교통사고분석사, 물류관리사, 사업용조종사, 소형선박조종사, 운송용조종사, 운항관리사, 자가용조종사, 자동차운전면허, 항공공장정비사, 항공교통관제사, 항공기관사, 항공정비사, 기능 검정원 및 감정사, 도로교통 안전관리자, 삭도교통 안전관리자, 선박교통 안전관리자, 철도교통 안전관리자, 항만하역교통 안전관리자, 항공교통 안전관리자
법, 사회, 교육	법무사, 법원서기보, 변리사, 변호사, 사서교사, 사회복지사, 실기교사, 양호교사, 유치원정교사, 전문상담교사, 초등학교정교사, 중등학교정교사, 특수학교정교사, 청소년상담사, 1급청소년상담사, 2급청소년상담사, 3급청소년지도사, 평생교육사, 한글속기
보건, 의료, 건강	간호사, 의사, 약사, 치과의사, 한약사, 한의사, 안경사, 조산사, 방사선사, 간호조무사, 물리치료사, 생활체육지도자 1급, 생활체육지도자 2급, 생활체육지도자 3급, 수의사, 스포츠경영관리사, 요양보호사, 요양보호사 1급, 요양보호사 2급, 위생시험사, 응급구조사 1급, 응급구조사 2급, 의무기록사, 의지보조기기사, 임상병리사, 작업치료사, 정신보건임상심리사, 치과기공사, 치과위생사
식품, 위생	영양사, 위생사, 주조사
안전, 환경, 에너지	기계경비지도사, 일반경비지도사, 소방시설관리사, 원자로조종 조종사(RO), 핵물질취급면허(감독자), 핵물질취급면허(취급자), 방사선취급감독자면허(SRI), 방사성동위원소취급자일반면허(RI), 방사성동위원소취급자특수면허(DRI), 원자로조종 조종 감독자(SRO)
여행, 관광	관광통역안내원, 호텔 1급 지배인, 호텔 2급 지배인, 호텔 총지배인
예술, 문화	무대기계전문인, 무대예술전문인, 무대음향전문인, 무대조명전문인, 문화재수리기능자, 문화재수리기술자, 박물관(미술관) 1급 정학예사, 박물관(미술관) 2급 정학예사, 박물관(미술관) 3급 정학예사, 박물관(미술관) 준학예사

3. 국제자격증

분류	직업정보
경영, 경제, 금융	AICPA(미국공인회계사), CIRM(통합자원관리사), CMA(공인관리회계사), CPIM(생산재고관리사), PMP(프로젝트관리 전문가), CIA(국제공인내부감사사), CPM(미국공인물류및구매관리자자격증), FRM(국제금융위험관리전문가), ASA국제감정평가사(기업감정평가 부문), CFA(국제재무분석사)
어학, 외국어	JPT, TOEFL, TOEIC, JR G-TELP, 토르플(TORFL), GREG-TELP, 고등HSK(한어수평고시), 기초HSK(한어수평고시), 일본어능력시험(JLPT), 초중등HSK(한어수평고시)
IT, 정보통신	ACA(AdobeCertifiedAssociate), ACE(Adobe Certified Expert), Alpha Tru64 UNIX V5.0, ASE Pro High availability and Clustering, ASE Pro Intranet/Internet, ASE Pro Oracle, ASE Pro SQL Server, CCDA, CCDP, CCIE, CCNA, CCNP, CEH(윤리적해커), Certified Macromedia Flash Developer, CHFI(컴퓨터 포렌직), CIP, CISA(국제공인정보시스템감사사), CISSP, CIWAssociate(Foundation), CIW Professionals, CLI-Administrator, CLI-Developer, CLP-Administrator, CLP-Developer, CLP-Principal Admin, CLP-Principal Developer, CNA, CNE, CNI, Compaq/Alpha Linux ASE, Compaq/Intel Linux ASE, CSA, CSQE, ECSA(보안분석), GSEC, HP OVP-NAM, HP OVP-NWM, HP OVP-UAM, HP UX/NTP, HP-UXP, IBM-Cerified Expert, IBM-Cerified Special, IBM-DB2, IC3(Internet and Computing Core Certification), ICDL(International Computer Driving Licence), INFOMIX DBA, LPT(모의 침투테스터), Master CIW, MCAD, MCAS, MCDBA, MCDST, MCITP, MCP, MCP+Site Building, MCSA, MCSD, MCSE, MCSE+Internet, MCT, MCTS, MOS, MOUS, MQFU, NCIP, Netware ASE, Network+ Certification, OCA, OCJP-Oracle, OCP, SAP R3(컨설턴트 인증시험), SCAJ, SCCD, SCJD, SCJP, SCNA, SCP-Associate, SCP-Professional, SIEBEL(SCC/SCCC/SCI/SCBA), StorageWorks ASE, Sybase DBA, Sybase PTS, Tru64/UNIX ASE V4.0, Windows 2000 NT ASE, Windows NT ASE

4. 기술사, 기사, 기능사

분류	직업정보
건축, 토목, 국토개발	거푸집기능사, 건설재료시험기능사, 건설재료시험기사, 건축구조기술사, 건축기계설비기술사, 건축기사, 건축도장기능사, 건축목공기능사, 건축목공산업기사, 건축목재시공기능장, 건축산업기사, 건축설비기사, 건축설비산업기사, 건축시공기술사, 건축일반시공기능장, 건축제도기능사, 건축품질시험기능사, 금속재창호기능사, 농어업토목기술사, 도로 및 공항기술사, 도배기능사, 도시계획기사, 도시계획기술사, 도화기능사, 목재창호기능사, 목재창호산업기사, 건축일반시공산업기사, 건설재료시험산업기사, 상하수도기술사, 미장기능사, 방수기능사, 보선기능사, 비계기능사, 석공기능사, 지적기술사, 측량기능사, 실내건축기사, 지적기사, 철근기능사, 철도기술사, 응용지질기사, 타일기능사, 조경기능사, 조경기사, 조경기술사, 조경산업기사, 조적기능사, 조적산업기사, 지적기능사, 지도제작기능사, 지적기능산업기사, 실내건축산업기사, 수자원개발기술사, 지적산업기사, 포장기능사, 온수온돌기능사, 유리시공기능사, 철도보선기사, 철도보선산업기사, 실내건축기능사, 콘크리트기능사, 콘크리트기사, 콘크리트산업기사, 응용지질기술사, 토목구조기술사, 토목기사토목산업기사, 토목시공기술사, 토목제도기능사, 토목품질시험기술사, 토질 및 기초기술사, 지질 및 지반기술사, 플라스틱창호기능사, 항공사진기능사, 항만 및 해안기술사, 전산응용건축제도기능사, 전산응용토목제도기능사, 측량 및 지형공간정보기사, 측량 및 지형공간정보기술사, 측량 및 지형공간정보산업기사

금속, 기계, 조선	자동차진단평가장, 자동차진단평가사(자동차사정사) 1급, 자동차진단평가사(자동차사정사) 2급, 가스용접기능사, 객화차정비기능사, 객화차정비산업기사, 건설기계기관정비기능사, 건설기계기사, 건설기계기술사, 건설기계산업기사, 건설기계정비기능장, 건설기계정비기능사, 건설기계정비산업기사, 건설기계차체정비기능사, 건축배관기능사, 계량기계기능사, 계량기계산업기사, 계량물리기능사, 계량물리산업기사, 계량전기기능사, 계량전기산업기사, 공기압축기운전기능사, 공유압기능사, 공조냉동기계기능사, 공조냉동기계기사, 공조냉동기계기술사, 공조냉동기계산업기사, 굴삭기운전기능사, 궤도장비정비기능사, 궤도장비정비기사, 궤도장비정비산업기사, 금속가공기술사, 금속기사금속재료기능장, 금속재료기술사, 금속재료산업기사, 금속재료시험기능사, 금속제련산업기사, 금형기술사, 금형제작기능장, 기계가공기능장, 기계공정설계기사, 기계공정설계기술사, 기계설계산업기사, 기계정비기능사, 기계정비기능장, 기계정비산업기사, 기계제도기능사, 기계제작기술사, 기계조립기능사, 기계조립산업기사, 기중기운전기능사, 냉간압연기능사, 농기계운전기능사, 농기계정비기능사, 농업기계기사, 농업기계산업기사, 누설비파괴검사기능사, 누설비파괴검사기사, 누설비파괴검사산업기사, 단조기능사, 동력기계정비기능사, 로우더운전기능사, 로울러운전기능사, 메카트로닉스기사, 메카트로닉스산업기사, 모우터그레이더운전기능사, 밀링기능사, 방사선비파괴검사기능사, 방사선비파괴검사기사, 방사선비파괴검사산업기사, 배관기능장, 배관설비산업기사, 보일러기능장, 보일러산업기사, 보일러시공기능사, 보일러취급기능사, 불도우저운전기능사, 비철야금기술사, 비파괴검사기술사, 사출금형기능사, 사출금형산업기사, 사출금형설계기사, 산업기계기술사, 생산기계산업기사, 생산자동화산업기사, 선박건조기술사, 선박기계기술사, 선박설계기술사, 선반기능사, 선체건조기능사, 선체의장기능사, 수치제어밀링기능사, 수치제어선반기능사, 시계수리기능사, 아스팔트믹싱플랜트운전기능사, 아스팔트피니셔운전기능사, 압연기능장, 양화장치운전기능사, 연삭기능사, 열간압연기능사, 열차조작기능사, 열차조작산업기사, 열처리기능사, 와전류비파괴검사기능사, 와전류비파괴검사기사, 와전류비파괴검사산업기사, 용접기능장, 용접기사, 용접기술사용접산업기사, 원형기능사, 유체기계기술사, 윤활관리산업기사, 인발기능사, 일반기계기사, 일반판금기능사, 자기비파괴검사기능사, 자기비파괴검사기사, 자기비파괴검사산업기사, 자동차검사기능사, 자동차검사기사, 자동차검사산업기사, 자동차정비기사, 자동차정비기능장, 자동차정비기사, 자동차정비산업기사, 자동차차체수리기사, 전기도금기사, 전기용접기사, 프레스금형기사, 정밀측정기사, 정밀측정기사, 정밀측정산업기사, 제강기사, 제강기능장제관기사, 제관산업기사, 제선기사, 타출판금기사, 특수도금기사, 특수용접기사, 판금산업기사, 조선기사, 조선산업기사, 주조기사, 축로기사, 준설선운전기사, 지게차운전기사, 철골구조물기사, 치공구설계기사, 차량기술사, 천장크레인운전기사, 철도동력차기관정비기사, 철도동력차기관정비산업기사, 철도동력차전기정비기사, 철도동력차전기정비산업기사, 철도차량기사, 철도차량기술사, 철도차량산업기사, 철도차량정비기능장, 철야금기술사, 초음파비파괴검사기사, 초음파비파괴검사기사, 초음파비파괴검사산업기사, 주조기능장주조산업기사, 치공구설계산업기사, 침투비파괴검사기사, 침투비파괴검사기사, 침투비파괴검사산업기사, 카일렉트로닉스기사, 판금제관기능장, 표면처리기능장, 표면처리기술사, 표면처리산업기사, 전산응용가공산업기사, 전산응용기계제도기사, 전산응용조선제도기사, 프레스금형산업기사, 프레스금형설계기사, 플랜트배관기사, 제선기능장, 제품응용모델링기사

기초사무	비서 2급, 비서 3급 , 워드프로세서 1급, 워드프로세서 2급, 워드프로세서 3급, 전자상거래운용사, 컴퓨터활용능력 1급, 컴퓨터활용능력 2급, 컴퓨터활용능력 3급, 전산회계운용사(전산회계사) 1급, 전산회계운용사(전산회계사) 2급, 전산회계운용사(전산회계사) 3급
농림, 광업자원	과수재배기능사, 광산보안기능사, 광산보안기사, 광산보안산업기사, 광산차량기계운전기능사, 광산환경기능사, 광해방지기사, 광해방지기술사, 굴착산업기사, 농림토양평가관리기사, 농림토양평가관리산업기사, 농화학기사, 농화학기술사, 목재가공기능사, 목질재료기능사, 버섯종균기능사, 병아리감별사, 산림경영기사, 산림경영산업기사, 산림공학기사, 산림공학산업기사, 산림기능사, 산림기능장산림기사, 산림기술사, 산림산업기사, 산림토목기술사, 시설원예기능사, 시설원예기사, 시설원예기술사, 시설원예산업기사, 시추기능사, 식물보호기능사, 식물보호기사, 식물보호산업기사, 식육처리기능사, 유기농업기능사, 유기농업기사, 유기농업산업기사, 임산가공기사, 임산가공기술사, 임산가공산업기사, 임업종묘기능사, 임업종묘기사, 임업종묘산업기사, 종자기능사, 종자기사, 종자기술사, 종자산업기사, 지하수기사, 지하수산업기사, 지하자원개발기술사, 지하자원처리기술사, 채소재배기능사, 축산기능사, 축산기사, 축산기술사, 축산산업기사, 탐사기술사, 펄프제지기능사, 화약류관리기사, 화약류관리기술사, 화약류관리산업기사, 화약취급기능사, 화훼장식기능사, 화훼장식기사, 화훼재배기능사
산업응용, 안전관리	가스기능사, 가스기능장가스기사, 가스기술사, 가스산업기사, 건설안전기사, 건설안전기술사, 건설안전산업기사, 공장관리기술사, 공정관리기사, 공정관리산업기사, 광학기능사, 광학기사, 기계안전기술사, 기상기사, 농산식품가공기능사, 사업위생관리산업기사, 사진기능사, 사진제판기능사, 산업안전기사, 산업안전산업기사, 산업위생관리기사, 산업위생관리기술사, 산업위생관리산업기사, 생물공학기사, 소방기술사, 소방설비기사, 소방설비기사(기계분야), 소방설비기사(전기분야), 소방설비산업기사, 소방설비산업기사(기계분야), 소방설비산업기사(전기분야), 수산식품가공기능사, 스크린인쇄기능사, 승강기기능사, 승강기기사, 승강기산업기사, 식품기사, 식품기술사, 식품산업기사, 신발류제조기능사, 영사기능사, 영사산업기사, 위험물관리기능사, 인간공학기사, 인간공학기술사, 인쇄기사, 인쇄산업기사, 전기안전기술사, 전자조판기능사, 제판기사, 지구물리기술사, 축산식품가공기능사, 축소사진기능사, 평판인쇄기능사, 포장기사, 포장기술사, 포장산업기사, 품질경영기사, 품질관리기사, 품질관리기술사, 품질관리산업기사, 피아노조율기능사, 피아노조율산업기사, 화공안전기술사
섬유, 공예, 산업디자인	가구도장기능사, 가구제작기능사, 광고도장기능사, 귀금속가공기능사, 귀금속가공기능장, 귀금속가공산업기사, 금속공예기능사, 금속도장기능사, 도자기공예기능사, 도자기공예산업기사, 목공예기능사, 목공예산업기사, 방사기사, 방사기술사, 방사산업기사, 방적기능사, 방적기술사방직기사, 방직산업기사, 보석가공기능사, 보석감정기사, 생사기술사, 석공예기능사, 섬유가공산업기사, 섬유기계기능장, 섬유기계산업기사, 섬유디자인산업기사, 섬유제도디자인기능사, 시각디자인기사, 시각디자인산업기사, 양복기능사, 양복산업기사, 양장기능사, 염색가공기사, 염색가공기술사, 염색기능사, 염색기능장, 웹디자인기능사, 의류기사, 의류기술사, 인장공예기능사, 자수기능사, 자수산업기사, 제포기술사, 제품디자인기사, 제품디자인기술사, 제품디자인산업기사, 조화공예기능사, 직기조정기능사, 직물가공기능사, 칠기기능사, 컬러리스트기사, 컬러리스트산업기사, 컴퓨터그래픽스운용기능사, 패세공기능사, 패션디자인산업기사, 패션머천다이징산업기사, 편물기능사, 편물산업기사, 표구기능사, 한복기능사, 한복산업기사

에너지, 화공, 환경	고분자제품기술사, 고분자제품제조기능사, 고분자제품제조산업기사, 공업화학기사, 공업화학기술사, 공업화학산업기사, 기상예보기술사, 대기관리기술사, 대기환경기사, 대기환경산업기사, 방사선관리기술사, 생물분류기사, 세라믹기능사, 세라믹기사, 세라믹기술사, 세라믹산업기사, 소음진동기사, 소음진동기술사, 소음진동산업기사, 수질관리기술사, 수질환경기사, 수질환경산업기사, 열관리기사, 열관리산업기사, 원자력기사, 원자력발전기술사, 위험물관리기능장, 위험물산업기사, 자연생태복원기사, 자연생태복원산업기사, 자연환경관리기술사, 토양환경기사, 토양환경기술사, 폐기물처리기사, 폐기물처리기술사, 폐기물처리산업기사, 플라스틱성형가공기능사, 핵연료기술사 , 화공기사, 화약류제조기사, 화약류제조산업기사, 화학공장설계기술사, 화학분석기능사, 화학장치설비기술사, 환경기능사
위생, 식음료품	미용기능사, 미용기능장, 복어조리기능사, 세탁기능사, 양식조리기능사, 이용기능사, 이용기능장, 일식조리기능사, 제과기능사, 제과기능장, 제빵기능사, 조리기능장, 조리산업기사, 조주기능사, 중식조리기능사, 한식조리기능사
전기, 전자	건축전기설비기술사, 공업계측제어기능사, 공업계측제어기사, 공업계측제어기술사, 공업계측제어산업기사, 디지털제어산업기사, 메카트로닉스기능사, 반도체설계기사, 발송배전기술사, 생산자동화기능사, 전기공사기능사, 전기공사기능장, 전기공사기사, 전기공사산업기사, 전기기기기능사, 전기기기기능장, 전기기기산업기사, 전기기능사, 전기기사, 전기산업기사, 전기응용기술사, 전기철도기능사, 전기철도기사, 전기철도기술사, 전기철도산업기사, 전자계산기기능사, 전자계산기기사, 전자계산기기술사, 전자계산기산업기사, 전자기기기능사, 전자기기기능장, 전자기사, 전자산업기사, 전자응용기술사, 전자캐드기능사, 전자회로설계산업기사, 철도신호기능사, 철도신호기사, 철도신호기술사, 철도신호산업기사
전문사무	게임그래픽전문가, 게임기획전문가, 게임프로그래밍전문가, 멀티미디어콘텐츠제작전문가, 사회조사분석사1급, 사회조사분석사2급 , 소비자전문상담사1급, 소비자전문상담사2급, 인적자원관리사, 임상심리사1급, 임상심리사2급, 전자상거래관리사1급, 전자상거래관리사2급, 전자출판기능사, 정책분석평가사, 직업상담사1급, 직업상담사2급, 컨벤션기획사1급, 컨벤션기획사2급, 텔레마케팅관리사
정보처리, 통신	무선설비기능사, 무선설비기사, 무선설비산업기사, 무선인터넷관리사, 방송통신기능사, 방송통신기사, 방송통신산업기사, 사무자동화산업기사, 전자계산기조직응용기사, 전자계산기조직응용기사, 전자계산기조직응용산업기사, 정전자계산조직응용기술사, 전파전자기능사, 전파전자기사, 전파전자산업기사, 전파통신기능사, 전파통신기사, 전파통신산업기사, 정보관리기술사, 정보기기운용기능사, 정보기술산업기사, 정보기술산업기사, 전정보처리기능사, 정보처리기사, 정보처리산업기사, 정보통신기사, 정보통신기술사, 정보통신산업기사, 정보통신설비기사, 통신기기기능사, 통신선로기능사, 통신선로산업기사, 통신설비기능장

5. 민간 및 국가 공인자격증

분류	직업정보
경제, 경영, 금융, 무역	국제금융역, 대출심사역, 문서실무1급, 문서실무2급, 문서실무3급, 문서실무4급, 신용분석사, 재경관리사, 전산세무1급, 전산세무2급, 전산회계1급, 전산회계2급, 회계정보사1급, 회계정보사2급, 회계정보처리사1급, 회계정보처리사2급, ERP정보관리사물류1급, ERP정보관리사물류2급, ERP정보관리사생산1급, ERP정보관리사생산2급, ERP정보관리사인사1급, ERP정보관리사인사2급, ERP정보관리사회계1급, ERP정보관리사회계2급, 1종외환관리사, 1종투자상담사, 2종외환관리사, 2종투자상담사, 간접투자증권 판매인력, 경영진단사, 국제무역사, 금융자산관리사(FP), 금융채권관리사, 기술감정평가사, 기업회계1급, 기업회계2급, 기업회계3급, 사이버무역사, 선물거래사(AP), 선물거래상담사, 세무관리사, 세무실무사1급, 세무실무사2급, 세무회계1급, 세무회계2급, 세무회계3급, 소상공인지도사1급, 소상공인지도사2급, 신용관리사, 아웃소싱지도자1급, 아웃소싱지도자2급, 아웃소싱지도자3급, 원가관리사, 일반운용전문인력시험, 일반운용전문인력시험, 재무위험관리사(FRM), 증권분석사, 증권투자상담사, 증권펀드투자상담사, 채권관리사, 투자자산운용사, 특허관리사, 파생상품투자상담사, 회계관리1급, 회계관리2급, 회계실무사1급, 회계실무사2급, 회계실무사3급, 회계실무사4급, AFPK, C.M.P, CFP, CRA(신용위험분석사), ISO9000인증심사원, S.M.P(Sport Marketing planner)
사회, 교육, 관광, 기타	과외학습지도사, 관광종사원, 국내여행안내원, 바리스타1급, 바리스타2급, 사회보험관리사1급, 사회보험관리사2급, 사회보험관리사3급, 조교사, 초등영어교사, 초등영어회화자격검정, 한문교육지도사자격검정, 한문품과자격검정, CS Leaders(관리사), ICPI, MR(의약정보담당자), 한자자격시험, 무역영어, 실용영어, 한국실용글쓰기검정, 한자능력검정, 국어논술 자격검정, 매경 FLEX, 번역사1급, 번역사2급, 번역사3급, 실용일본어, 실용한자, 영어논술교사, 영어발음자격검정, 영어어휘자격검정, 영어회화자격검정, 초등영어, EEPA, G-ETAT, J-TOED, JTRA, PC-TOED, SEPT, S-ETAT 1급, S-ETAT 2급, S-TOED, TEPS, TOED, TWT, Y-TOED, 국어능력인증시험(ToKL), 초등한자, 한자혼용국어실력평가1급, 한자혼용국어실력평가 2급, 한자혼용국어실력평가 3급, 한자혼용국어실력평가 4급, 한자혼용국어실력평가 5급, 한자혼용국어실력평가 6급, 한자혼용국어실력평가 7급, 한자혼용국어실력평가 8급, 한자급수자격검정, 한자급수자격시험, 한자논술성어자격검정, 한자지도사, ABA방송아나운서자격검정, 실용영어회화자격검정, 영어회화능력평가시험(ESPT), 보육영어교사(교육사), 유아영어교사(교육사)
산업, 기능	가구설계제도사, 공작기계절삭가공사, 기계및시스템제어사, 기계설계제도사, 기계전자제어사, 사출금형제작사, 산업기계정비사, 산업전자기기제작사, 자동화설비제어사, 전기계측제어사, 치공구제작사
IT, 정보	네트워크관리사2급, 인터넷정보검색사1급, 인터넷정보검색사2급, 정보기술자격(ITQ), 인증시험, 컴퓨터운용사, E-Test(e-Professionals), PC Master(정비사), PC정비사1급, PC정비사2급, PC활용능력평가시험(PCT), 네트워크전문가2급, 리눅스마스터1급, 리눅스마스터2급, 멀티미디어기술사, 멀티미디어전문가, 아마추어무선기사, 웹프로그래머1급, 웹프로그래머2급, 웹프로그래머3급, 웹마스터전문가1급, 웹마스터전문가2급, 웹서버관리사1급(WSMC), 웹서버관리사2급(WSMC), 웹콜마케터2급, 웹페이지전문가1급, 웹페이지전문가2급, 유비쿼터스지식능력검정, 인터넷보안전문가1급, 전문검색사, 정보검색사1급, 정보검색사2급, 정보검색사3급, 정보검색사인증(KPC), 정보보안관리사1급, 정보보안관리사2급, 정보보호전문가정보설계사, 정보소양, ATC(AutoCAD 기술자격시험)1급, ATC(Auto CAD 기술자격시험)2급, AutoCAD 1급 기술자격시험, AutoCAD 2급 기술자격시험, AutoCAD 공인강사, CAD(3차원 설계 자격증), E-Test(e-Leaders), E-Test(e-Students), GTQInternet 검색사, Inventor 1급, Inventor 2급, IPCT 1급, IPCT 2급, M-Commerce 관리사2급, NetWork Master, NMC(3차원 설계 자격증), PMC(3차원그래픽자격증), RFID-GL, RFID-ML, RFID-SL(H/W), RFID-SL(S/W), RFID-SL(SEnC), SPCT, TIQWeb DB Master

6. 외국어능력인증

분류	직업정보
국어, 한자	한자자격시험, 상공회의소한자, 한자능력검정, 한자급수인증시험
영어	실용영어, 토르플(TORFL), G-ETAT, GRE, G-TELP, JR G-TELP, SEPT, TEPS, TOEFL, TOEIC, S-ETAT 1급(Specialized ETAT), S-ETAT 2급(Specialized ETAT)
중국어	고등 HSK(한어수평고시), 기초 HSK(한어수평고시), 초중등HSK(한어수평고시), HSK고급회화, HSK중급회화, HSK초급회화, 신HSK1급, 신HSK2급, 신HSK3급, 신HSK4급, 신HSK5급, 신HSK6급, OPIc
일본어	신JLPT N1급, 신JLPT N2급, 신JLPT N3급, 신JLPT N4급, 신JLPT N5급, JPT, 일본어능력시험(JLPT), JTRA
기타	관광통역안내원

부록 7 자격증별 혜택

1. 컴퓨터 자격증(국가공인)

(1) 워드 프로세서

워드 프로세서 자격증은 취득하기 쉬울 뿐만 아니라 취득해 두면 다양한 방면에서 유리하다. 워드 프로세스 자격증은 취업에 결정적인 영향을 미치지는 않으나 대부분의 기업에서 직원 채용 시 워드 프로세서 실력과 윈도우 실력을 기본적인 조건으로 요구하고 있으므로 취업경쟁력을 갖출 수 있는 자격증임에는 틀림없다. 최근에는 워드 프로세서 자격증 소지자에게 가산점을 주는 기업이 늘고 있어 앞으로 자격증이 갖는 위상은 더욱 높아질 것으로 예상된다.

- **가산점**
  - 워드 프로세서(구1급): 공무원 사무관리분야 일반직 6급 이하 임용 시 0.5% 가산점
- **학점인정**
  - 워드 프로세서(구1급): 4학점

(2) 정보처리기사

기업체 전산실, 소프트웨어 개발업체, 정부기관, 언론기관, 교육 및 연구기관, 금융기관, 보험업, 병원 등 컴퓨터 시스템을 개발 및 운용하거나, 데이터 통신을 이용하여 정보처리를 시행하는 업체에서 활동하고 있다. 정보통신부의 별정우체국 사무장, 사무주임, 사무보조 등 사무원으로 진출할 수 있다. 또한 취업, 입학 시 가산점을 주거나 병역특례 등 혜택이 있어 실생활에 널리 통용되고 인정받을 수 있다.

- **가산점**
  - 한국주택금융공사 지원 시 가산점 있음
- **정보처리기사 자격취득자에 대한 법령상 우대 현황**

법령명	활용 내용
「경찰공무원 임용령」	특별채용의 자격
「경찰공무원 임용령 시행규칙」	특별채용에 있어서의 임용 예정직에 상응한 자격증
「교원자격검정령 시행규칙」	실기교사무시험검정인 때에는 국가기술자격증 사본(해당 과목에 한한다)을 제출

「국가기술자격법」	국가기술자격 취득자를 우대
「군인사법 시행규칙」	부사관의 자격
「국가기술자격법 시행령」	기술 · 기능분야 국가기술자격의 응시자격
「기술사법」	합동기술사 사무소 개설에 필요한 자격
「법원계약직공무원규칙」	전문계약직공무원의 채용자격기준
「연구직 및 지도직공무원의 임용 등에 관한 규정」	연구사 및 지도사공무원 채용시험 응시하는 경우 점수 가산
「여성과학기술인육성 및 지원에 관한 법률 시행령」	여성과학기술인의 자격

(3) 컴퓨터활용능력

사무자동화의 필수 프로그램인 스프레드시트, 데이터베이스 등의 활용능력을 평가하는 자격시험으로서 기업 입사 시에도 유리하지만, 2002년 대입부터 자격증을 소지한 학생에게 가산점을 주는 정보소양인증제도가 적용되기 때문에 대입에도 유리하게 적용된다. 일반 기업체에서도 가산점 혜택을 확대 실시 중이다.

- **학점은행제 학점 인정**
  - 컴퓨터활용능력 1급: 14학점
  - 컴퓨터활용능력 2급: 6학점

(4) 정보기술자격(ITQ)시험
- **정보기술자격시험의 혜택**
  - 국제수준 정보기술자격(ITQ)시험으로 정착
  - 정보기술 관련 교육 평가 시스템으로 활용
  - 대학 교양컴퓨터강좌의 학점인정제도와 연계
  - 전문대학 정보기술 관련 학과의 학점인정제도와 연계 및 실업계 특별전형 혜택
  - 생산성대상(산업 훈장 · 포장) 신청업체의 인력정보화 평가기준으로 적용
  - 기업체 및 공공기관 단체의 신입사원 채용 시 ITQ 자격증 소지자 우대 및 내부 승진 시 인사고과 자료로 적극 활용 추진

- 정보기술자격시험 도입 기관 또는 기업체

도입 기관	활용 분야	활용 기관
기관 또는 기업체	의무취득, 경진대회, 입사 시 우대, 사원교육제도, 승진가점	국민연금관리공단, 대교, 대구은행, 신무림제지, 신용보증기금, 조광페인트, ㈜동화엔텍, ㈜진합, 한국과학기술연구원, 한국산업은행, 한국생산성본부, 한국수자원공사, 한국전력공사, 한국토지공사, 한국화인케미컬, 홍국생명 등
정부부처 또는 지자체	의무취득, 공무원 채용가점, 공무원 승진가점, 경진대회, 이벤트, 주민정보화교육	경상북도교육청, 공주시청, 광주광역시교육청, 금산군청, 국무조정실, 기상청, 김천시청, 김포시청, 대전시청, 부산광역시교육청, 연천군청, 의정부시청, 전라남도교육청, 전주시청, 중소기업청, 충청북도교육청, 특허청 등

2. 어학 자격증

(1) TOEIC

TOEIC은 영어가 모국어가 아닌 사람들을 대상으로 언어 본래의 기능인 커뮤니케이션 능력에 중점을 두고 일상생활 또는 국제 업무 등에 필요한 실용영어능력을 평가하는 글로벌 평가 시험이다.

- 기업 및 기관의 TOEIC&TOEIC Speaking 활용 현황

기업명	활용 내용
태양금속공업	• 채용: TOEIC, TOEIC Speaking 성적 필수 제출
포스코	• 채용: TOEIC Speaking 130점 이상(사무: 150점 이상) • 사내 특별시험 활용: TOEIC, TOEIC Speaking
한국관광공사	• 채용: TOEIC 750점 이상
한화	• 채용: TOEIC 성적 참고, TOEIC Speaking 성적 참고
CJ	• 채용: TOEIC Speaking 성적 필수 제출
GS건설	• 채용: TOEIC Speaking 성적 참고 • 사내 특별시험 활용: TOEIC Speaking
KB국민은행	• 채용: TOEIC 700점 이상
LG생명과학	• 채용: TOEIC, TOEIC Speaking 성적 필수 제출 • 사내 특별시험 활용: TOEIC
SK	• 채용: TOEIC Speaking 성적 필수 제출 • 사내 특별시험 활용: TOEIC, TOEIC Speaking
SK해운	• 채용: TOEIC Speaking 성적 필수 제출 • 사내 특별시험 활용: TOEIC

TCC동양	• 채용: TOEIC 800점 이상, TOEIC Speaking 레벨6 이상 • 사내 특별시험 활용: TOEIC
경남기업	• 채용: TOEIC 700점 이상
농협중앙회	• 채용: TOEIC, TOEIC Speaking 성적 참고 • 사내 특별시험 활용: TOEIC
대우인터내셔널	• 채용: TOEIC 860점 이상, TOEIC Speaking 레벨7 이상 • 사내특별시험 활용: TOEIC
두산	• 채용: TOEIC Speaking 성적 필수 제출 • 사내 특별시험 활용: TOEIC
롯데건설	• 채용: TOEIC, TOEIC Speaking 성적 참고 • 사내 특별시험 활용: TOEIC
매일유업	• 채용: TOEIC 600점 이상
부산은행	• 채용: TOEIC 700점
삼성전기	• 채용: TOEIC Speaking 연구개발: 레벨5 이상, 경영지원/영업마케팅: 레벨6 이상 • 사내 특별시험 활용: TOEIC
아모레퍼시픽	• 채용: TOEIC 성적 참고, TOEIC Speaking 성적 필수 제출
제일모직	• 채용: TOEIC Speaking 경영지원, 전자재료, 케미칼 영업, 패션상품기획, 영업, 마케팅: 레벨6 이상, 연구개발, 엔지니어: 레벨4 이상 • 사내 특별시험 활용: TOEIC
창명해운	• 채용: TOEIC, TOEIC Speaking 성적 참고
코오롱건설	• 채용: TOEIC Speaking 성적 필수 제출

• **정부기관 채용 및 인사고과시 TOEIC 성적 이용 현황**

기관명	활용 내용
경찰공무원	870점 이상 0.5점, 790점 이상 0.3점, 730점 이상 0.2점 인사 가점 부여
경찰간부 후보생	총경, 경정 700점 이상 / 경감, 경위(간부후보생) 625점 이상
소방간부 후보생	TOEIC 700점 이상 지원 가능
국가정보원	9급, 기능직 모두 TOEIC 성적으로 필기시험 대체
대한법률구조공단	일반직 7급 공개채용 시 TOEIC 700점 이상 취득자만 응시 가능
행정안전부	7급 견습공무원 775점 이상 지원 가능
청와대 경호처	경호공무원 공개채용 시 TOEIC 700점 이상 취득자 응시 가능
국방부	하사관 및 군장교 인사고과에 TOEIC 성적 반영
서울시 공무원	인사고과 시 TOEIC 성적에 따라 가점 부여 700점 이상 0.25점, 640점 이상 0.15점, 595점 이상 0.05점 가점 부여

- **공무원 시험 TOEIC 성적 가산점 부여 현황**

기관명	활용 내용
경찰공무원 시험	900점 이상 5점, 700점 이상 4점, 600점 이상 2점
초·중등교원임용시험	점수 별로 0.5점~3점의 가산점 부여(지역별로 다름, 중등은 영어과만 해당)
해양경찰공무원시험	800점 이상 3점, 700점 이상 2점, 600점 이상 1점

- **군무원 시험 TOEIC 성적 이용 현황**

시험명	적용 시기	기준 성적
군무원 5급	2006년	700점
군무원 7급	2007년	570점
군무원 9급	2007년	470점

- **군인 선발 시 TOEIC 성적 이용 현황**

기관명	활용 내용
카투사	카투사 선발 시 TOEIC 780점 이상 지원 자격 제한
영어 어학병	영어 어학병 선발 시 TOEIC 900점 이상 취득자 응시 가능

- **공공기관 TOEIC 점수대별 성적 이용 현황**

점수	공공기관명
600점 이상	주택관리공단, 한국도로공사(영업), 한국산업안전공단, 6환경관리공단(기술직), 한국전력공사(송배전 및 통신)
650점 이상	서울도시개발공사(기술직), 한국지역난방공사(기술직)
700점 이상	교통안전공단(연구교수 6급, 행정 6급), 국민체육진흥공단(전산직), 국방품질관리소, 근로복지공단(5급), 농업기반공사, 대한주택공사, 산업인력관리공단(일반4급), 수도권매립지관리공사(6, 7급), 에너지관리공단, 주택금융공사, 한국가스기술공업㈜, 한국감정원, 한국공항공사, 한국남동발전㈜, 한국동서발전㈜, 한국산업인력관리공단(4급), 한국서부발전㈜, 한국중부발전㈜, 한국지역난방공사(사무직), 한국토지공사
750점 이상	국민체육진흥공단(사무직), 서울도시개발공사(사무직), 인천국제공항공사(시설직, 기술직), 한국가스공사(기술직 5급), 한국전력공사(사무직), 한국통신, 한국수자원공사(5급)
800점 이상	농수산물유통공사, 대한무역투자진흥공사(830점 이상), 서울시농수산물공사, 인천국제공항공사(사무직), 한국가스공사(사무직5급), 한국공항공사(사무직), 한국관광공사, 한국도로공사(사무일반)
850점 이상	경기관광공사

- **신입채용 시 TOEIC 성적으로 영어시험 대체 가능한 공공기관**

  국가정보원, 농업기반공사, 서울시농수산물공사, 에너지관리공단, 인천도시개발공사, 한국가스공사, 한국담배인삼공사(5급), 한국마사회, 한국방송공사, 한국방송광고공사, 한국수력원자력㈜, 한국수출보험공사, 한국은행, 한국토지공사

- **신입채용 시 TOEIC 성적을 참고하는 공공기관**

  고속도로관리공단, 공무원연금관리공단, 근로복지공단, 도로교통안전관리공단, 예금보험공사, 한국교육방송공사, 한국산업단지공단

- **국가고시 TOEIC 성적 이용 현황(영어시험 대체)**

시험명	기준 성적	시행처
5급 공채(외무)	775점	행정안전부
5급 공채(행정, 기술)	700점	행정안전부
사법고시	700점	법무부
입법고시	700점	국회사무처

- **국가자격증 TOEIC 성적 이용 현황(영어시험 대체)**

시험명	기준 성적	시행처
광광통역안내사	760점	한국관광공사
호텔관리사	700점	
호텔경영사	800점	
변리사시험	775점	한국산업인력공단
공인회계사(CPA)	700점	기획재정부
감정평가사	700점	건설교통부
공인노무사	700점	노동부
세무사	700점	국세청
보험계리사	700점	금융감독원

(2) JPT

JPT 일본어능력시험은 청해와 독해 Test만으로도 Speaking 능력과 Writing 능력을 간접적으로 평가할 수 있게 하였으며, 각 Part별로 쉬운 문항에서 어려운 문항들을 고르게 분포시키는 등 각

각의 문제에 대한 객관성, 실용성, 신뢰성을 유지하여 수험자의 언어구사 능력을 정확하게 측정한다.

- **공공기관 채용시 JPT 성적 이용 현황**

기관명	활용내용
한국관광공사	인턴 채용 시 800점 이상 지원 가능(외국어 부문)
	인턴 채용 시 800점 이상 보유자 가산점(일반 부문)
한국산업인력공단	관광 통역안내사 선발 시 740점 이상 지원 가능
	호텔 서비스사 선발 시 510점 이상 지원 가능
교육과학기술부	전문대학생 해외 인턴십 파견 학생 선발 시 415점 이상 지원 가능
	해외 파견자 선발 시 500점 이상 지원 가능
경상북도교육공무원	승진 후보자 외국어 능력 평가 시 750점 이상부터 가산점 부여
한국농어촌공사	신입 채용 시 700점 이상 지원 가능 지원 가능
한국수자원공사	신입 채용 시 750점 이상 보유자 지원 가능
한국의류시험연구원	신입 채용 시 500점 이상 취득자 우대

- **신입사원 채용 시 JPT 성적 반영기업(서류전형 가산점 또는 우대 사항)**

고려개발, 세보엠이씨, 한국관광공사, 농협중앙회, 신창전기그룹, 한국니토옵티칼, 니콘이미징코리아, 아모텍, 한국알프스, 대성산업, 애경유화, 한국농어촌공사, 대성산업가스, 앰코테크놀로지코리아, 한국무역협회, 대성전기공업, 에너지관리공단, 한국미쓰이물산, 대우증권, 엘지애드, 한국수력원자력, 대원강업, 오뚜기라면, 한국야스카와전기, 대한주택공사, 오리엔탈정공, 한국의류시험연구원, 롯데홈쇼핑, 오스템, 한국전력기술, 무인양품, 요꼬가와전기, 한라공조, 범주해운, 조광페인트, 한솔 CNS, 포스코강판, LG전자, 성창기업, 하나투어, LS그룹, NH투자증권, 포스틸, KRX한국거래소, 서울디자인재단, 포스코, 한화, 한솔 LCD, 삼광유리공업, 보광훼미리마트, 카버코리아, 파나소닉전공코리아, 삼양사, AK유통그룹, 삼남석유화학, 포스콘, 삼보지질

(3) SJPT(일본어 말하기 시험)

SJPT(Spoken Japanese Proficiency Test)는 국내 최초의 컴퓨터-기반 시험(Computer Based Test: CBT) 방식의 일본어 Speaking Test로, 일본어 학습자의 말하기 능력을 직접적으로 평가할 수 있는 실용적인 시험이다.

• SJPT 활용 기업(서류전형 가산점 또는 우대 사항)

그룹	그룹계열
삼성	삼성경제연구소, 삼성물산(건설), 삼성에버랜드, 삼성전자, 삼성증권, 삼성테크윈, 삼성SDI, 제일기획, 삼성서울연구소어학과정, 삼성지역전문가과정, 삼성국제경영연구원과정, 삼성네트웍스, 삼성물산(상사, 전사), 삼성엔지니어링, 삼성중공업(건설), 삼성카드, 삼성토탈, 삼성SDS, 제일모직, 삼성모바일디스플레이, 삼성생명보험, 삼성전기, 삼성중공업(조선), 삼성코닝정밀유리, 삼성화재, 에스원, 호텔신라
LG	LG경영개발원 인화원
롯데	롯데제과
동부	동부제강, 동부익스프레스, 동부제철, 동부엔지니어링, 동부저축은행, 동부하이텍, 동부화재, 동부정밀화학, 동부생명, 동부캐피탈, ㈜동부CNI, 동부건설, 동부메탈, 동부증권, 동부자산운용
포스코	포스코, 포스코건설, 포스데이타, 포스틸
기업 및 기관	도레이새한㈜, 스템코(주), 코오롱, DKUIL, 동국제강, 신세계백화점, 파주전지초자, LS엠트론, 동우화인켐, 앰코코리아, 한국능률협회, 서울통신기술, 중외제약, 한국후지쯔(주)
공기업 및 기관	부경대 언어교육원, 인천광역시 인재개발원, 행정안전부 지방혁신인력개발원

(4) HSK

HSK는 제1언어가 중국어가 아닌 사람의 중국어능력을 평가하기 위해 만들어진 중국정부 유일의 국제 중국어능력 표준화고시로, 생활, 학습, 업무 등 실생활에서의 중국어 운용능력을 중점적으로 평가하며, 현재 세계 58개 국가, 159개 지역에서 시행되고 있다. 개정된 HSK는 HSK 1~6급의 필기시험과 HSK 초급·중급·고급 회화 시험으로 나뉘어 시행되며, 필기시험과 회화 시험은 각각 독립적으로 실시됨으로 개별적으로 응시할 수 있다.

• 신입채용 시 HSK 채택 기업(서류전형 가산점 또는 우대 사항)

국민은행, 금호타이어, 남해화학, 대보해운, 대성산업, 대신증권, 대우건설, 대우인터내셔널, 대우증권, 대한유화공업, 대한전선, 대한통운, 대한펄프, 대한항공, 롯데리아, 롯데쇼핑, 만도, 벽산건설, 삼성그룹, 삼천리, 신라호텔, 신원, 신한생명, 신한은행, 아모레퍼시픽, 아시아나항공, 우림건설, 웅진코웨이, 유한킴벌리, 쿠쿠, 크라운제과, 태광산업, 파라다이스워커힐카지노, 포스코, 포스틸, 하나은행, 하이닉스반도체, 한국델파이, 한국타이어, 한라공조, 한솔제지, 한진중공업, 한화그룹, 해태제과, 현대모비스, 현대제철, 현대종합상사, 현대중공업, 호남석유화학, 효성그룹, 후지제록스, 히타지LG데이터스토리지코리아, CJ그룹, GS칼텍스, LG디스플레이, LG상사, LG이노텍, LG전자, LG화학, LS산전, MBC문화방송, NH투자증권, SK가스, SK그룹, SK네트웍스, SK에너지, SK케미칼, SK텔레콤, SK해운, SKC, SK&C, SKE&S, STX건설, STX중공업

- **신입채용 시 HSK 채택 기관(서류전형 가산점 또는 우대 사항)**

> 경찰청, 공무원연금관리공단, 국민체육진흥공단, 농수산물유통공사, 대한상사중재원, 도로교통관리공단, 소방방재청, 에너지관리공단, 인천항만공사, 중소기업은행, 한국가스안전공사, 한국방송광고공사, 한국방송예술교육, 한국관광공사, 한국광물자원공사, 한국농어촌공사, 한국동서발전, 한국무역협회, 한국거래소, 한국공항공사, 윤리위원회, 한국산업단지공단, 한국소방안전협회, 한국수자원공사, 한국예탁결제원, 한국은행, 한국전력공사, 한국의류시험연구원, 한국전력기술, 한국정보통신진흥협회, 한국철도공사, 한국청소년상담원, 한국컨테이너부두공단, 한국토지공사

3. 한국사능력검정시험 자격증

- **한국사능력검정시험 자격증 활용 및 특전**
  - 2012년부터 한국사능력검정시험 2급 이상 합격자에 한 해 인사 혁신처에서 시행하는 5급 국가공무원 공개경쟁채용시험 및 외교관후보자 선발시험에 응시자격 부여
  - 2013년부터 한국사능력검정시험 3급 이상 합격자에 한 해 교원임용시험 응시자격 부여
  - 국비 유학생, 해외파견 공무원, 이공계 전문연구요원(병역) 선발 시 국사시험을 한국사능력검정시험(3급 이상 합격)으로 대체
  - 일부 공기업 및 민간기업의 사원 채용이나 승진 시 반영
  - 2014년부터 한국사능력검정시험 2급 이상 합격자에 한 해 인사 혁신처에서 시행하는 지역인재 7급 수습직원 선발시험에 추천 자격요건 부여
  - 대학의 수시모집 및 공군·육군·해군·국군 간호 사관학교 입시 가산점 부여
    * 인증서 유효 기간은 인증서를 요구하는 각 기관에서 별도로 정함

- **시험관리 및 시행기관**
  - 시험 주관 및 시행 기관: 국사편찬위원회
  - 기본계획 수립 및 업무처리지침 제작 배부
  - 홍보물 및 원서 제작 배포
  - 응시원서 교부 및 접수
  - 시험 문제 출제
  - 시험 실시 및 채점
  - 성적 및 인증서 관리

- 시험요강
  - 평가등급[6개 등급 (1~6급)]

시험구분		고급	중급	초급
인증등급		1급(70점 이상)	3급(70점 이상)	5급(70점 이상)
		2급(60~69점)	4급(60~69점)	6급(60~69점)
문항 수		50문항(5지 택1형)	50문항(5지 택1형)	40문항(4지 택1형)

  - 제4회 시험부터 1급과 2급은 고급으로, 5급과 6급은 초급으로 각각 문제가 통합됨
  - 제11회부터 3급과 4급은 중급으로 문제가 통합됨
  - 급수별 합격 점수에 따라 인증 등급이 달라짐

- 응시대상
  - 한국사에 관심 있는 대한민국 국민(외국인도 가능)
  - 한국사 학습자
  - 상급 학교 진학 희망자
  - 공공기관이나 기업체 취업 및 해외 유학 희망자 등

부록 8   직종별 자격증 혜택

1. 직종별 자격증 혜택

(1) 국가정보원

- 특기를 2개 이상 소지한 경우에는 가산점을 합산(단, 동일 자격 분야는 한 가지만 인정)

자격분야	모집분야	인정 자격 · 특기	인정기준
전산, 통신	정보, 안보수사, 보안방첩	정보관리, 정보처리, 전자계산기조직응용 국가기술자격증	산업기사 이상
		P.C.T(정보산업연합회)	700점 이상
		컴퓨터활용능력(대한상공회의소)	1급
	전산, 통신	전산, 통신 관련 국가기술자격증	기사 이상
		전산, 통신 관련 전공분야 학위	석사학위 이상
		관련 분야 국제 공인 또는 민간자격증	개별 심사 후 가산점 부여
어학	공통	중국어 능력검정시험(HSK)	중등A 이상
		일본어 능력검정시험(JLPT 1급)	330점 이상
		불어 능력검정시험	DELF B2 이상
		독일어 능력검정시험	ZMP 이상
		러시아어 능력검정시험	3단계 이상
		스페인어 능력검정시험	중급 이상
무술	공통	무술 공인유자(태권도, 검도, 유도, 합기도)	3단 이상
한자	공통	한자능력검정시험	국가공인 3급 이상

(2) 대통령 경호실

- 영어능력 검정시험 종류 및 기준 점수

토플(TOEFL)			토익(TOEIC)	텝스(TEPS)
PBT	CBT	IBT		
530	197	71	700	625

(3) 코트라(KOTRA)

• 별도의 영어시험 없이 최근 2년 내에 다음 기준을 통과하여야만 시험 응시 자격 부여

토플(TOEFL)		토익(TOEIC)	텝스(TEPS)
CBT	PBT		
237점 이상	577점 이상	830점 이상	748점 이상

• 가산점 부여, 우대

자격증	가산점 및 우대
한국사능력검정시험 1~2급	필기시험의 1% 내에서 가산점 부여
매경 TEST(MK Test of Economic & Strategic business Thinking)	우대

(4) 공사/공단

• 분야별 추천 자격증

분야	추천 자격증
컴퓨터	워드프로세서, 컴퓨터 활용능력, PCT, 정보처리기사, 산업기사, 사무자동화산업기사, 인터넷정보검색사, 전자상거래관리사, PC정비사 등
국어	KBS 한국어 능력시험, 한국어 능력시험, 국어능력인증시험
한자	한자능력검정시험
금융	투자상담사, 증권분석사, 금융자산관리사, 선물거래중개사, 외환관리사
관광	관광통역안내원, 국내여행안내원, 호텔지배인
부동산	공인중개사, 세무사, 전산회계사, 세무관리사
국제	국제무역사, 관세사, 무역영어검정시험
회계	공인회계사, 세무사, 전산회계사, 세무관리사
보험	보험중개인, 보험계리인, 손해사정인, 사회보험관리사
기타	법무사, 물류관리사, 직업상담사, 사회조사분석사, 공인노무사, 변리사, 사회복지사

• **공사/공단 가산점 자격증**

자격증	공사 및 공단
한국사능력 검정시험	대한무역투자진흥공사(KOTRA), 공무원연금공단, 근로복지공단, 신용보증기금, 한국자산관리공사, 한국주택금융공사, 한국무역보험공사, 한국전력공사, 한국철도공사(공사/공단 가산점), 국민연금공단, 한국관광공사, 한국공항공사, 인천국제공항공사
국어능력 인증시험	근로복지공단, 한국전력공사, 인천국제공항공사, 국민연금공단, 경찰청, 한국농어촌공사
국가공인 한자자격증	신입직원 채용 시 시험과목 가산점 및 승진시 반영 — 한국전력공사, 한국공항공사
	논술에서 한자 사용시 가산점 — 한국전력공사 한국수력원자력, 금융권공기업 등
매경 TEST	수협, 금융투자협회, 한국정책금융공사, 한국신용정보, 한국남동발전, 전국경제인연합회, 전문건설공제조합, 중소기업진흥공단, 국민건강보험공단, 한국교직원공제회, 한국마사회, 한국산업단지공단
TESAT	중소기업진흥공단, 한국관광공사, 한국산업단지공단, 한국경영자총협회, 상장회사협의회

(5) 금융권 공기업 우대 사항

기업명	우대 사항
한국은행	• 국가보훈대상자 및 장애인등록증 소지자, 제2외국어 우수자
한국수출입 은행	• 국가보훈대상자 및 장애인등록증 소지자 • 변호사, KICPA, AICPA, CFA, FRM(GARP주관) 자격증 소지자 • 제2외국어 우수자
한국산업 은행	• 지역연고자 • 개인금융부문 근무 지원자 • 특정 자격증[해외MBA, 변호사, 공인회계사, 보험계리사, 변리사, CFA, AICAP, FRM(GARP주관), CFP]
금융감독원	• 국가보훈대상자 및 장애인등록증 소지자
한국무역 보험공사	• 한국사능력검정시험 3급 이상 취득자에 한하여 가산점 부여 • 국가보훈대상자 및 장애인등록증 소지자 • 공사 업무 관련 자격증 소지자 • 자사가 주최한 대학생 수출보험 논문 공모전 입상자 • 자사 청년인턴 근무자
한국주택 금융공사	• 변호사, 법무사, 공인노무사, 공인회계사, 세무사, 보험계리사, 감정평가사 • AICPA, CFA, FRM, CIA, 신용분석사, 여신심사역 • CRA, 국제금융역, 금융투자분석사, 투자자산운용사 • 공인중개사, 파생상품투자상담사, 증권분석사

	• 증권투자상담사, 펀드투자상담사, 신용관리사, 자산관리사 • 정보관리기술사, CCNA, CISA, 전자계산조직응용기술사, 전자계산기기술사, 정보시스템감리사, 전자계산조직응용기사, 전자계산기기사, 정보처리기사, 정보처리산업기사, 사무자동화산업기사, 전자계산산업기사, 정보처리기능사 • PCT A등급, 컴퓨터활용능력 2급, KBS한국어능력시험 2급, 국어능력인증시험 2급 상공회의소한자 2급, 실용한자 2급, 한국한자검정 2급, 한자급수인증 2급, 한자급수자격검정 2급 한자능력급수 2급, 한자능력자격 2급, 한자실력급수 2급, 한국사능력검정시험 3급
예금보험 공사	• 국가보훈대상자, 장애인등록증 소지자 • CPA, CFA등 금융 관련 자격증 소지자 우대 • 변호사 및 경제, 경영 등 금융 관련 분야 박사 학위 소지자에 대해서는 서류전형 합격 시 필기시험을 면제
대한 주택보증	• 취업보호대상자 및 장애인등록증 소지자 • 우수인턴사원 • 전문자격증 소지자(변호사, 공인회계사)
한국 거래소 (KRX)	• 서류전형 및 논술시험 면제: 변호사 • 서류전형 면제: 공인회계사 자격증 소지자 • 서류전형우대: 제2외국어 일정점수 이상 취득자, KRC주회 대회 수상자
한국예탁 결제원	• 보훈대상자, 장애인, 의상자, 사회선행자, 저소득층 자녀 • 정부 및 관련 기관 수상경력자, 우리원 우수논문 수상경력자 • 우리원 청년인턴 기 수료자 또는 우리원 청년인턴 6개월 이상 근무자 • 변호사, 회계사, 세무사, 전산 관련 기술사, CFA, AICPA, 국제공인 IT 자격증 소지자 • 제 2외국어(중국어, 일어)능통자 • 한국사능력검정시험 2급 이상자
한국정책 금융공사	• 보훈대상자, 장애인, 의상자, 사회선행자, 저소득층 자녀 • 정부 및 관련 기관 수상경력자, 우리원 우수논문 수상경력자 • 우리원 청년인턴 기 수료자 또는 우리원 청년인턴 6개월 이상 근무자 • 변호사, 회계사, 세무사, 전산 관련 기술사, CFA, AICPA, 국제공인 IT 자격증 소지자 • 영어 및 제 2외국어(중국어, 일어)능통자 • 한국사능력검정시험 2급 이상자
한국정책 금융공사	• 영어 및 제2외국어능력 우수자 • 특정 자격증(변호사, 공인회계사, CFA, AICPA, 국제FRM) 보유자 • 해외 MBA 출신자 • 취업지원대상자 및 장애인등록증 소지자
신용 보증기금	• 채용인원 중 일정률을 장애인, 여성, 지방소재 학교 졸업자, 이공계 출신자로 채용 • 전문자격증(변호사, 공인회계사, CFA, 법무사, 변리사, 감정평가사, 세무사, 노무사, AICPA, 신용분석사, 경영지도사, 관세사, 기술사) 소지자는 서류전형시 우대 • 신보 인턴경력자('09~'11년), 한국사검정능력시험 인증자(2급 이상)는 서류전형시 우대
서울보증 보험	• 전문자격증 소지자 및 취업보호대상자 우대 • 전문자격증: 보험계리사, 공인회계사, 세무사, 재무분석사(CFA), 손해사정사

(6) 국립외교원 선발시험 – 5급 외교통상직

• **검정시험으로 대체하는 과목**: 한국사, 영어, 외국어 선택과목

종류	자격증
한국사	한국사능력검정시험 2급
영어	토플, 토익, 텝스, 지텔프, 플렉스 등 민간분야 어학능력 검정시험
외국어 선택과목	• 일반전형: 독어, 불어, 러시아어, 중국어, 일어, 스페인어 중 1과목 • 지역전형: 불어, 러시아어, 중국어, 일어, 스페인어, 아랍어, 포르투갈어, 말레이인도네시아어 중 1과목 • 전문분야전형: 외국어 선택과목 생략

(7) 5급 국제통상직

• **영어능력검정 대상시험 및 기준점수**

TOEFL			TOEIC	TEPS	G-TELP	FLEX
PBT	CBT	IBT				
530	197	71	700	625	65(level2)	625

• **한국사능력검정시험 기준점수**

적용분야	자격증
5(등)급 공채(행정, 기술, 외무)	한국사능력검정시험(국사편찬위원회) 2급 이상

(8) 7·9급 공무원(출처: 해커스 패스 닷컴 공무원학원)

• 과목별 득점에 과목별 만점의 일정 비율(0.5~1%)에 해당하는 점수를 가산

• 과목 만점의 40% 이상 득점자에 한하며, 2대 이상의 자격증이 중복되는 경우 유리한 것 1개만 가산

• 폐지된 자격증으로서 「국가기술자격법」 등에 의하여 그 자격이 계속 인정되는 자격증은 가산대상으로 인정

(9) 경찰 공무원

• 자격증 등의 가산점 기준표(「경찰공무원 채용시험에 관한 규칙」 제15조의2 제4항)

구분	관련 자격증 및 가산점		
	5점	4점	2점
학위	• 박사학위	• 석사학위	
정보 처리	• 정보관리기술사 • 전자계산기조직응용기술사	• 정보처리기사 • 전자계산기조직응용기사 • 정보보안기사	• 정보처리산업기사 • 사무자동화산업기사 • 컴퓨터활용능력1 · 2급 • 워드프로세서 • 정보보안산업기사
전자 통신	• 정보통신기술사 • 전자계산기기술사	• 무선설비 · 전파통신 · 전파 전자 · 정보통신 · 전자 · 전 자계산기기사 • 통신설비기능장	• 무선설비 · 전파통신 · 전 파전자 · 정보통신 · 통신선 로 · 전자 · 전자계산기산업 기사
국어	• 한국실용글쓰기검정 750점 이상 • 한국어능력시험 770점 이상 • 국어능력인증시험 162점 이상	• 한국실용글쓰기검정 630점 이상 • 한국어능력시험 670점 이상 • 국어능력인증시험 147점 이상	• 한국실용글쓰기검정 550점 이상 • 한국어능력시험 570점 이상 • 국어능력인증시험 130점 이상
영어	• TOEIC 900 이상 • TEPS 850이상 • IBT 102 이상-PBT 608이 상 • TOSEL(advanced) 880 이 상 • FLEX 790 이상 • PELT(main) 446 이상	• ·TOEIC 800 이상 • ·TEPS 720이상 • ·IBT 88 이상 • ·PBT 570 이상 • ·TOSEL(advanced) 780이 상 • FLEX 714 이상 • PELT(main) 304 이상	• TOEIC 600 이상 • TEPS 500이상 • IBT 57 이상 • PBT 489 이상 • TOSEL(advanced) 580 이 상 • FLEX 480 이상 • PELT(main) 242 이상
일어	• JLPT 1급(N1) • JPT 850 이상	• JLPT 2급(N2) • JPT 650 이상	• JLPT 3급(N3, N4) • JPT 550 이상
중국어	• HSK 9급이상(新 HSK 6급)	• HSK 8급 (新 HSK 5급-210 점 이상)	• HSK 7급(新 HSK 4급-195 점 이상)
노동	• 공인노무사		
무도		• 무도4단 이상	• 무도2 · 3단
부동산	• 감정평가사		• 공인중개사
교육	• 청소년 상담사 1급	• 정교사 2급 이상 • 청소년지도사 1급 • 청소년상담사 2급	• 청소년 상담사 3급 • 청소년 지도사 2 · 3급

재난안전관리	• 건설안전, 전기안전, 소방, 가스기술사	• 건설안전, 산업안전, 소방설비, 가스, 원자력기사 • 위험물기능장 • 핵연료물질취급감독자면허 • 방사선취급감독자면허 • 경비지도사	• 산업안전, 건설안전, 소방설비, 가스, 위험물산업기사 • 1종 대형면허 • 특수면허(트레일러, 레커) • 조종면허(기중기, 불도우저) • 응급구조사 • 핵연료물질취급자면허 • 방사성동위원소취급자면허
화약	• 화약류관리기술사	• 화약류제조기사 • 화약류관리기사	• 화약류제조산업기사 • 화약류관리산업기사
교통	• 교통기술사 • 도시계획기술사	• 교통기사 • 도시계획기사 • 교통사고분석사 • 도로교통사고감정사	• 교통산업기사
토목	• 토목시공기술사 • 토목구조기술사 • 토목품질시험기술사	• 토목기사	• 토목산업기사
법무	• 변호사	• 법무사	
세무회계	• 공인회계사	• 세무사 • 관세사	• 전산세무회계 1 · 2급 • 전산회계 1급
의료	• 의사 • 상담심리사 1급	• 약사 • 정신보건임상심리사 1급 • 임상심리사 1급 • 상담심리사 2급	• 임상병리사, 물리치료사, 방사선사, 간호사, 의무기록사, 치과기공사 • 정신보건임상심리사 2급 • 임상심리사 2급 • 작업치료사
특허	• 변리사		
건축	• 건축구조, 건축기계설비, 건축시공, 건축품질시험기술사	• 건축, 건축설비기사	• 건축, 건축설비, 건축일반시공산업기사
전기	• 건축전기설비, 전기응용기술사	• 전기 · 전기공사기사	• 전기, 전기기기, 전기공사산업기사
식품위생	• 식품기술사	• 식품기사	• 식품산업기사
환경	• 폐기물처리기술사 • 화공기술사 • 수질관리기술사 • 농화학기술사 • 대기관리기술사	• 폐기물처리기사 • 화공기사 • 수질환경기사 • 농화학기사 • 대기환경기사	• 폐기물처리산업기사 • 화공산업기사 • 수질환경산업기사 • 대기환경산업기사

- 자격증 가산점은 최대 5점까지 인정, 동일 분야에서는 점수가 높은 하나의 자격증만 인정
- 무도분야 자격증은 대한 체육회에 가맹한 경기단체가 인정하는 것 또는 법인으로 중앙본부 포함 8개 이상 광역지방자치단체에 지부를 등록하고 3년 이상 활동 중인 단체에서 인정하는 것을 말함
- 어학능력자격증은 면접시험일 기준으로 2년 이내의 것만을 인정
- 최종합격자 결정: 필기시험(50%), 체력검사(25%), 면접시험(20%), 가산점(5%)를 합산한 성적의 고득점 순으로 선발예정인원을 최종합격자로 결정
- 경찰특공대: 체력(45%)+필기(30%)+면접(20%)+가산점(5%)

2. 직렬별 적용 가산점

(1) 행정직

직렬	직류	국가기술자격법에 따른 자격증	그 밖의 법령에 따른 자격증	가산비율
교정	교정	-	변호사, 법무사	5%
	교회	-		
	분류	-		
보호	보호	-		
검찰사무	검찰사무	-	변호사, 공인회계사, 법무사	5%
	검찰수사	-		
마약수사	마약수사	-		
철도공안	철도공안	-	변호사, 법무사	5%
행정	일반행정	-	변호사, 변리사	5%
	법무행정	-		
	재경	-	변호사, 공인회계사, 감정평가사	5%
	국제통상	-		
	교육행정	-	변호사	5%
세무	세무	-	변호사, 공인회계사, 세무사	5%
관세	관세	-	변호사, 공인회계사, 관세사	5%
사회복지	사회복지	-	변호사	5%
통계	통계	사회조사분석사 1급		7급 3%
		사회조사분석사 2급		9급 5%
감사	감사	-	변호사, 공인회계사, 감정평가사, 세무사	5%

(2) 기능직

구분	6 · 7급, 기능직 기능7급 이상		8 · 9급, 기능직 기능8급 이상	
	기술사, 기능장, 기사	산업기사	기술사, 기능장, 기사, 산업기사	기능사
가산비율	5%	3%	5%	3%

• 「국가기술자격법」이 아닌 기타 법령에서 정한 자격증에 대한 가산비율을 같은 법 시험령 별표 12의 기타 법령에 의한 자격증란에서 정한 가산비율 적용(건축사–건축직 6급 이하: 5%/농산물품질관리사–8급 이하: 3%)

부록 9 국가공무원 채용시험 가산특전(한국고용정보원, www.keis.or.kr)

1. 가산특전 대상자 및 가산점 비율

구분		가산비율	비고
취업지원대상자		과목별 만점이 10% 또는 5%	• 취업지원대상자 가산점과 자격증 가점은 각각 적용
자격증 소지자	직렬별 가산점	과목별 만점의 3~5% (1개의 자격증만 인정)	• 자격증 가산점은 최대 2개까지 인정(공통적용 가산점 1, 직렬별 가산점 1)

2. 취업지원 대상자 가산특전

• 각 과목 만점의 40% 이상 득점한 자에 한하여 필기시험의 각 과목별 득점에 각 과목별 만점의 10% 또는 5%를 가산

대상별	10% 가산	5% 가산
독립유공자	• 애국지사 본인 • 순국선열 유족 • 등록일 전 사망한 애국지사 유족	• 애국지사 가족 • 등록일 이후 사망한 애국지사 유족 • 장손인 손자녀의 자녀 중 1인
국가유공자	• 국가유공자 본인 • 전몰군경, 순직군경, 4·19 혁명 사망자, 순직공무원, 특별공로순직자의 유족	• 국가유공자의 가족 • 국가유공자가 사망한 경우의 그 유족 • 사망한 국가 유공자의 제매 중 1인 • 전몰·순직 유자녀의 자녀 중 1인
5·18 민주유공자	• 5·18 민주화운동 부상자 본인 • 기타 5·18 민주화운동 희생자 본인 • 5·18 민주화운동 사망자의 유족 또는 행방불명자의 가족	• 5·18 민주화운동 희생자의 가족 • 5·18 민주화운동 부상자 및 기타 • 5·18 민주화운동 희생자가 사망한 경우의 그 유족 • 사망한 5·18 민주유공자의 제매 중 1인
특수임무수행자	• 특수임무부상자 • 특수임무공로자 본인 • 특수임무사망자의 유족 또는 행방불명자의 가족	• 특수임무부상자 • 특수임무공로자의 가족 • 특수임무부상자 • 특수임무공로자가 사망한 경우의 그 유족 • 특수임무사망자 또는 행방불명자의 제매 중 1인
고엽제후유의증	• 고엽제후유의증환자 본인	• 고엽제후유의증환자 가족

3. 직렬별 가산특전 자격증

- 과목별 득점에 과목별 만점의 일정 비율(3% 또는 5%)에 해당하는 점수 가산
- 각 과목 만점의 40% 이상 득점자에 한하며, 2개 이상의 자격증이 중복되는 경우 유리한 것 1개만 가산

- 자격증 등급별 가산비율

구분	6 · 7급, 기능직 기능7급 이상		8 · 9급, 기능직 기능8급 이상	
	기술사, 기능장, 기사	산업기사	기술사, 기능장, 기사, 산업기사	기능사
가산비율	5%	3%	5%	3%

- 직렬별 자격증 가산비율

직렬	직류	국가기술자격법에 따른 자격증	그 밖의 법령에 따른 자격증	가산비율
교정	교정	–	변호사, 법무사	5%
	교회	–		
	분류			
보호	보호	–	변호사, 공인회계사, 법무사	5%
검찰사무	검찰사무	–	변호사, 공인회계사, 법무사	5%
	검찰수사	–		
마약수사	마약수사	–		
철도공안	철도공안	–	변호사, 법무사	5%
행정	일반행정	–	변호사, 변리사	5%
	법무행정	–		
	재경	–	변호사, 공인회계사, 감정평가사	
	국제통상	–		
	교육행정	–	변호사	
세무	세무	–	변호사, 공인회계사, 세무사	5%
관세	관세	–	변호사, 공인회계사, 관세사	5%
사회복지	사회복지	–	변호사	5%
통계	통계	사회조사분석사 1급		5%
		사회조사분석사 2급		7급 3%, 9급 5%
감사	감사	–	변호사, 공인회계사, 감정평가사, 세무사	5%

참고문헌

강현규(2011). 기업의 취업비밀을 훔쳐라. 서울: 인앤잡.

공호근(2010). 취업능력개발론. 서울: 삼영사.

권순종, 김병, 김병찬, 김봉순, 김종표, 배은영, 원요한, 유용식, 이상주, 이은혜, 이태희(2008). 자원봉사론. 경기: 양서원.

권인호(1997). 인적자원관리: 사례를 중심으로. 서울: 명경사.

김동규(2010). 멜랑콜리 미학. 경기: 문학동네.

김용환(2010). 피할 수 없는 인맥 만들기. 서울: 비틀미디어.

김우영(2009). 정부지원 인턴제도에 관한 제도. 고려대학교 대학원 석사학위논문.

김충기(1995). 미래를 위한 진로교육. 서울: 양서원.

김충기(2001). 진로교육과 진로상담. 서울: 동문사.

김충기, 김현옥(1996). 진로교육과 진로상담. 서울: 건국대학교 출판부.

김태희, 이영남, 박홍현(2001). 인턴십 만족도가 입사지원 의향에 미치는 영향. 호텔관광연구, 7, 203-228.

김환식(2005). 정부지원 국내 인턴십 활성화 방안. 서울: 교육인적자원부.

김희진(2010). 인간관계와 커뮤니케이션. 서울: 대영사.

노지양(2011). 사람의 마음을 움직이는 인간관계의 기술. 서울: 미래지식.

대한불안장애학회 스트레스관리연구특별위원회(2005). 스트레스 다스리기. 서울: 가림출판사.

민청기 역(2011). 시간 지배자. 서울: 대림북스.

박민정(2007). 공교육체제에서 인턴십학습의 가능성 탐색: 미국의 메트하이스쿨 사례를 중심으로. 교육연구논총, 28(1), 21-44.

배성근, 이희숙, 정제영(2011). 인턴십 과정모형을 활용한 대학생 해외인턴십 실태분석. 교육방법
　　연구, 23(2), 437-456.

성기영 역(2012). 사람 사귀는 법에 서툰 이들을 위한 인간관계 맺는 기술. 서울: 청림출판.

송성자, 정문자(2003). 경험적 가족치료. 서울: 중앙적성출판사.

송원영, 김지영(2009). 대학생의 진로 설계. 서울: 학지사.

송윤애(2008). 대학생 대상 공모전이 기업이미지에 미치는 영향. 숙명여자대학교 대학원 석사학
　　위논문.

신유근(2006). 경영학 원론. 서울: 다산출판사.

안진경 역(2007). 20대를 위한 석세스 바이블. 서울: 시아출판사.

안창규, 안현의(2002). Holland의 직업선택이론. 서울: 한국가이던스.

양광모(2009). 행복한 관계를 맺는 인간관계 불변의 법칙. 서울: 청년정신.

유용미(2003). 세상에서 가장 든든한 인맥지도를 그려라. 서울: 아라크네.

윤은기(2004). 시(時)테크. 서울: 무한출판사.

이기대(2004). 스무살 이제 직업을 생각할 나이. 서울: 미래의 창.

이기학(2003). 대학생의 진로선택유형에 따른 진로태도성숙과 진로미결정요인에 대한 연구. 청소
　　년상담연구, 11(1), 13-21.

이선아 역(2006). 2% 부족한 나를 채워주는 인맥의 힘. 서울: 미래의 창.

이영분, 신영화, 권진숙, 박태영, 최선령, 최현미(2008). 가족치료-모델과 사례. 서울: 학지사.

이은주(2008). 자이베르트 시간관리. 서울: 한스미디어.

이정선(2011). 대학생의 셀프리더십이 취업전략에 미치는 영향. 숙명여자대학교 사회교육대학원
　　석사학위논문.

이종혁(2006). PR프로젝트 기획. 서울: 커뮤니케이션북스.

이한검, 이수광(2000). 인간관계. 서울: 형설출판사.

이현택, 유용수, 김주민(2009). 대한민국 20대, 스펙을 높여라: 취업 승리를 위한 인턴십의 모든 것. 서
　　울: 비즈니스맵.

이형득(1988a). 인간관계훈련의 실제. 서울: 중앙적성출판사.

이형득(1998b). 집단상담의 실제. 서울: 중앙적성출판사.

이홍재 역(2003). 나를 새롭게 바꾸는 21가지 법칙. 서울: 오늘의 책.

임혜원(2006). 아르바이트 경험이 청소년의 직업가치관에 미치는 영향. 강남대학교 사회복지전문
　　대학원 석사학위논문.

장현갑, 강성군(1996). 스트레스와 정신건강. 서울: 학지사.

전옥표(2007). 이기는 습관. 서울: 쌤앤파커스.

정범모(2002). 가치관과 교육. 서울: 배영사.

정병식, 이장희(2010). 직업세계의 이해. 서울: 대왕사.

정철상(2007). 비전에 생명력을 불어넣어라. 서울: 중앙경제평론사.

정호준(2010). 기업체 인턴십 프로그램 참여자의 만족도 분석. 숭실대학교 대학원 석사학위논문.

조천제 역(2006). 비전으로 가슴을 뛰게 하라. 서울: 21세기북스.

조휘일(1999). 현대사회와 자원봉사. 서울: 홍익재.

주성수(2005). 자원봉사이론, 제도, 정책. 서울: 아르케.

최봉재(2007). 한국 대학생의 취업전략에 관한 연구. 부산대학교 대학원 석사학위논문.

최정윤, 김미란(2008). 고등교육 국제화 지표 및 지수 개발연구. 서울: 한국교육개발원.

한국교육심리학회(2000). 교육심리학 용어사전. 서울: 학지사.

홍대식(2011). 성공적 인간관계. 서울: 박영사.

Brissette, I., Scheier, M. F., & Carver, C. S. (2002). The role of optimism in social network development, coping and psychological adjustment during a life transition. *Journal of Personality and Social Psychology, 82*(1), 102-111.

Centers, R. (1949). *Psychology of social class.* Princeton, NJ: Princeton University Press.

Chi, C. G., & Gursoy, D. (2009). How to help your graduates secure better jobs? An industry perspective. *International Journal of Contemporary Hospitality Management, 21*(3), 117-136.

Collins, N. L., & Feeney, B. C. (2004). Working models for attachment shape perceptions of social support: Evidence from experimental and observational studies. *Journal of Personality and Social Psychology, 87*, 363-383.

Eisenberg, D., Gollust, S. E., Golberstein, E., & Hefner, J. L. (2007). Prevalence and correlates of depression, anxiety, and suicidality among university students. *American Journal of Orthopsychiatry, 77*(4), 534-542.

Erikson, E. H. (1986). *The life cycle completed: A review.* New York: Norton.

Fromme, E. (1963). *The art of loving.* New York: Bantam Book.

Garvan, T. N., & Murphy, C. (2001). The co-operative education process and organizational socialization: A qualitative study of student perceptions of its effectiveness. *Education & Training, 43*(6), 281-302.

Ginzberg, E. (1990). Career development. In D. Brown, L. Brooks, & Associates (Eds.), *Career choice and development.* San Francisco: Jossey-Bass.

Ginzberg, E., Ginsberg, S. W., Axelrad, S., & Herma, J. L. (1951). *Occupational Choice: an approach to general theory.* New York: Columbia University Press.

Girdano, D. A., Everly, G. S., Dusek, D. E. (1990). *Controlling Stress and Tension: A holistic approach.* Hoboken: Prentice-Hall.

Goldberg, L. R. (1990). An alternative description of personality: The big-five factor structure. *Journal of Personality and Social Psychology, 59*(6), 1216-1229.

Gordon, V. N., Coscarelli, W. C., & Sears, S. J. (1986). Comparative assessments of individual differences in learning and career decision making. *Journal of College Student Personnel, 27*, 233-242.

Holland, J. L. (1992). *Making vocational choice: A theory of vocational personalities and work environment.* Englewood Cliffs, NJ: Prentice Hall.

Judge, T. A., & Bretz, R. D. (1992). Effects of work values on job choice decisions. *Journal of Applied Psychology, 77*(3), 261-271.

Kalleberg, A. L. (1977). "Work values and job reward: A theory of job satisfaction". *American Sociological Review, 42*(1), 124-143.

Kazanas, H. C., Hannah, L. D., & Gregor, T. G. (1975). An instruments to measure the meaning and the value associated with work. *Journal of Industrial Teacher Education, 12*(4), 66-73.

Ko, W. (2007). Training satisfaction with internship programs and confidence about future careers among hospitality students: A case study of university in Twain. *Journal of Teaching in Travel and Tourism, 7*(4), 1-15.

Lambert, M. J., & Vermeersch, D. A. (2008). Measuring and improving psychotherapy outcome in routine practice. In S. D. Brown & R. W. Lent (Eds.), *Handbook of counseling psychology.* New York: Wiley.

Miller, M. F. (1974). Relationship of vocational maturity to work values. *Journal of Vocational Behavior, 5*, 367-371.

Millon, T. (1982). On the Renaissance of Personality Assessment and Personality Theory. *Journal of personality assessment, 48*(5), 450-466.

Phares, E. J. (1976). Locus of control in personality. NJ: Sliver Burdett company.

Redfield, C. E. (1958). *Communication in management.* Chicago: University of Chicago Press.

Reevem, J., & Jang, H. (2006). What reachers say do to support student's autonomy during a learning activity. *Journal of Educational Psychology, 98*, 209-218.

Rosenberg, M. (1957). *Occupation and values.* Glencoe: The Free Press.

Saks, A. M., & Ashforth, B. E. (2000). Change in job search behaviors and employment outcomes. *Journal of Vocational Behavior, 56*, 277-287.

Satir, V. (1972). *People making.* Palo Alto, CA: Science and Behavior Book, Inc.

Scott, M. E. (1992). Internships add value to college recruitment. *Personnel Journal April*, 59-63.

Selye, H. (1975). Implications of stress concept. *New York State journal of medicine, 75*(12), 2139-2145.

Skorikov, V. (2007). Continuity in adolescent career preparation and its effects on adjustment. *Journal of Vocational Behavior, 70*(1), 8-24.

Super, D. E. (1962). The structure of work values in relation to status, achievement, interest, and adjustment. *Journal of applied psychology, 46*, 277-239.

Swenson, C. H. (1973). *Introduction to interpersonal relations.* IL: Scott, Foresman and Company.

Tayor, M. S. (1988). The roles of occupational knowledge and vocational self-concept crystallization in students' school-to-work transition. *Journal Counseling Psychology, 32*, 539-550.

Thiel, G. R., & Hartley, N. T. (1997). Cooperative education: A natural synergy between business and academia. *SAM Advanced Management Journal, 62*(3), 19-24.

Tovey, J. (2001). Building connections between industry and university, implementing an internship program at a regional university. *Technical Communication Quarterly, 10*(2), 225-239.

Zopiatis, A. (2007). Hospitality internships in Cyprus: A genuine academic experience or a continuing frustration? *International Journal of Contemporary Hospitality Management, 19*(1), 65-77.

〈인터넷 참고 사이트〉
IT공모전 http://www.albain.co.kr
공모전의달인 http://cafe.naver.com/contesting
공상가 http://cafe.daum.net/gongsamo
국제워크캠프기구 http://workcamp.org
기아대책 http://kfhi.or.kr
대티즌닷컴 http://detizen.com
디자인정글 http://contest.jungle.co.kr
맨파워코리아 http://www.manpower.co.kr
미래를여는지혜 http://cafe.daum.net/gointern
사람인 http://www.saramin.co.kr
스펙업 http://cafe.naver.com/specup
시너지컨설팅 http://www.thesynergy.co.kr
씽굿 http://thinkcontest.com
아시아교류협회 http://www.asiaea.or.kr
아웃캠퍼스 http://cafe.naver.com/outcampus
어학연수꼭성공하기 http://daum.net/uhakadvice
외교부워킹홀리데이인포센터 http://www.whic.kr
워크넷 http://www.work.go.kr
월드프렌즈IT봉사단 http://www.nia.or.kr/kiv
유니버스 http://www.univus.co.kr
인쿠르트 http://www.incruit.com
잡코리아 http://www.jobkorea.co.kr
정부지원청년취업인턴십 http://gint.onjob.co.kr
정부해외인턴사업 http://www.ggi.go.kr

지구촌사랑나눔 http://www.g4w.net

캠퍼스몬 http://www.campusmon.com

커리어 http://www.career.co.kr

코피온 http://www.copion.or.kr

피플앤잡 http://www.peoplenjob.com

한국JTS http://www.jts.or.kr

한국국제협력단 KOICA http://www.koica.go.kr

한국산업인력공단해외취업연수프로그램 http://www.worldjob.or.kr

한국해비타트 http://www.habitat.or.kr

해외교육문화원 http://www.newels.co.kr

찾아보기

| 내용 |

마음산책

저자 소개

유채은(Yu, Chae-Eun)
동아대학교 대학원 교육학 박사(교육상담 전공)
한국상담심리학회 상담심리전문가(제709호)
한국상담학회 수련감독 전문상담사(S235호)
한국심리학회 중독심리전문가(제89호)
한국게슈탈트상담심리학회 게슈탈트상담심리전문가(제77호)
한국모래놀이치료학회 모래놀이치료전문가(SPTS-15-014호)
한국가족상담협회 가족상담전문가(제77호)
현 동아대학교 교육대학원 교수
　한국게슈탈트모래놀이치료협회장

〈주요 저서〉
인간관계의 심리(공저, 학지사, 2013)
교육학개론(공저, 양서원, 2010)

조규판(Cho, Gyu-Pan)
University of Alabama Ph.D.(교육심리측정 전공)
현 동아대학교 교육대학원장/교육학과 교수
　동아대학교 교육혁신원장

〈주요 저서 · 역서〉
교육심리학(2판, 공저, 학지사, 2019)
마이어스의 인간행동과 심리학(공역, 시그마프레스, 2018)
재미있는 심리학 이야기(공역, 시그마프레스, 2012)

진로와 자기계발(3판)
Career and Self-Development (3rd ed.)

2014년 8월 25일 1판 1쇄 발행
2016년 2월 25일 1판 3쇄 발행
2017년 8월 30일 2판 1쇄 발행
2021년 8월 20일 2판 3쇄 발행
2022년 2월 25일 3판 1쇄 발행

지은이 • 유채은 · 조규판
펴낸이 • 김진환
펴낸곳 • (주) **학지사**

04031 서울특별시 마포구 양화로 15길 20 마인드월드빌딩
대표전화 • 02)330-5114   팩스 02)324-2345
등록번호 • 제313-2006-000265호

홈페이지 • http://www.hakjisa.co.kr
페이스북 • https://www.facebook.com/hakjisa

ISBN 978-89-997-2578-4 93370

정가 20,000원

출판 · 교육 · 미디어기업 **학지사**

간호보건의학출판 **학지사메디컬** www.hakjisamd.co.kr
심리검사연구소 **인싸이트** www.inpsyt.co.kr
학술논문서비스 **뉴논문** www.newnonmun.com
교육연수원 **카운피아** www.counpia.com